广东社会统计年鉴

GUANGDONG SOCIAL STATISTICAL YEARBOOK

2022

广 东 省 统 计 局 编

中国统计出版社
China Statistics Press

图书在版编目（CIP）数据

广东社会统计年鉴 .2022 = Guangdong Social Statistical Yearbook 2022 / 广东省统计局编 . -- 北京 ：中国统计出版社，2022.11
ISBN 978-7-5037-9986-0

Ⅰ . ①广… Ⅱ . ①广… Ⅲ . ①社会统计 - 统计资料 - 广东 -2022- 年鉴 Ⅳ . ① C832.65-54

中国版本图书馆 CIP 数据核字(2022) 第 177386 号

广东社会统计年鉴 2022

作　　者 / 广东省统计局
责任编辑 / 高媛媛
装帧设计 / 广州九禾教育信息咨询有限公司
出版发行 / 中国统计出版社有限公司
地　　址 / 北京市丰台区西三环南路甲 6 号
邮政编码 / 100073
电　　话 / 邮购（010）63376909　书店（010）68783171
网　　址 / http://www.zgtjcbs.com
印　　刷 / 广州今人彩色印刷有限公司
经　　销 / 新华书店
开　　本 / 890mm×1240mm　1/16
字　　数 / 1130 千字
印　　张 / 32.5
版　　别 / 2022 年 11 月第 1 版
版　　次 / 2022 年 11 月第 1 次印刷
定　　价 / 360.00 元

本书附同版本 CD-ROM 一张，光盘内容以书面文字为准。
如有印装差错，由本社发行部调换。

《广东社会统计年鉴 2022》
编辑委员会和编辑部

编 者 说 明

《广东社会统计年鉴2022》（以下称《年鉴》）是广东省社会综合统计资料，主要收录了全省及各地级以上市、县（区）2015—2021年和部分1978年以来的社会各方面的统计数据，是一部全面反映广东社会发展情况的资料性年刊。

《年鉴》分为12个篇章，包括：一、基本情况；二、教育；三、卫生；四、文化；五、劳动就业和社会保障；六、社会安全；七、民政和退役军人事务；八、体育；九、广播电影电视、新闻出版、档案；十、社会参与；十一、基本公共服务主要指标；十二、分县（市、区）和全国各地部分指导。

《年鉴》由广东省统计局主编，34个省有关单位参编，各篇章数据资料收集分工为：第一篇《基本情况》主要由省民政厅、省统计局、省市场监管局、省药品监管局、国家统计局广东调查总队负责；第二篇《教育》由省教育厅、省人力资源社会保障厅负责；第三篇《卫生》由省卫生健康委负责；第四篇《文化》由省文化和旅游厅、省委办公厅（档案局）负责；第五篇《劳动就业和社会保障》由省人力资源社会保障厅、省医保局负责；第六篇《社会安全》由省检察院、省法院、省委网信办、省公安厅、省司法厅、省应急厅、省信访局、省消防救援总队负责；第七篇《民政和退役军人事务》由省民政厅、省退役军人事务厅负责；第八篇《体育》由省体育局负责；第九篇《广播电影电视、新闻出版、档案》由省委宣传部（新闻出版、电影）、省广电局负责；第十篇《社会参与》由省人大常委会相关工作部门、省政协相关工作部门、省总工会、团省委、省妇联、省残联、省民族宗教委、省文联负责；第十一篇《基本公共服务主要指标》由省教育厅、省人力资源社会保障厅、省民政厅、省卫生健康委、省住房城乡建设厅、省财政厅、省市场监管局、省药品监管局等基本公共服务均等化指标单位提供指标数据，省统计局负责综合；第十二篇《分县（市、区）部分指标和主要指标全国对比》由省教育厅、省卫生健康委、省民政厅、省统计局负责。

《年鉴》所涉及的全国性统计数据，除特殊注明外，均未包括香港、澳门特别行政区和台湾省数据。

《年鉴》统计表中的符号使用说明：1. 数据表原则上只保留1位小数，但特殊情况除外；2. “…”表示数据不足本表最小单位数； 3.“ # ”表示其中主要项；4.“ 空格”表示该项统计指标数据不详或无该项数据；5.“ ①”表示本表下有注解。本书中因小数取舍而产生的误差均未做配平处理。

对各参编单位和参编人员的辛勤劳动，我们一并表示感谢。由于《年鉴》涉及面广，数据收集、审核难度极大，疏漏不足之处在所难免，敬请读者批评指正。

目　录

四、文化

六、社会安全

七、民政和退役军人事务

八、体育

九、广播电影电视、新闻出版、档案

十、社会参与

一、基本情况

简要说明

1．本篇资料主要反映广东省经济社会基本概况。

2．本篇资料主要包括：

(1) 行政区划、人口、经济、人民生活、社会综合等资料，主要包括人口数、地区生产总值、学生数、卫生机构数、社会保险人数等指标。

(2) 地区分全省和 21 个地级以上市。

(3) 年份有当年、近 5 年和 1978 年以来连续年份。

3．统计资料来源：本篇资料由广东省民政厅、广东省统计局、省市场监管局、省药品监督局、国家统计局广东调查总队等部门负责整理、审核、综合、提供。

1-1 行政区划（2021年）

单位：个

市　别	地级市	县级市	县	自治县	市辖区	市辖镇	乡	民族乡	街道
全　省	**21**	**20**	**34**	**3**	**65**	**1112**	**4**	**7**	**486**
广　州	1				11	34			142
深　圳	1				9				74
珠　海	1				3	15			10
汕　头	1		1		6	30			37
佛　山	1				5	21			11
韶　关	1	2	4	1	3	94		1	10
河　源	1		5		1	94		1	6
梅　州	1	1	5		2	104			6
惠　州	1		3		2	48		1	22
汕　尾	1	1	2		1	40			14
东　莞	1					28			4
中　山	1					15			8
江　门	1	4			3	61			12
阳　江	1	1	1		2	38			10
湛　江	1	3	2		4	82	2		38
茂　名	1	3			2	86			26
肇　庆	1	1	4		3	87		1	17
清　远	1	2	2	2	2	77		3	5
潮　州	1		1		2	41			5
揭　阳	1	1	2		2	62	2		21
云　浮	1	1	2		2	55			8

注：本行政区划截至2021年底。

1-2 人口主要指标

项目	单位	2000	2010	2015	2019	2020	2021
年末常住人口	**（万人）**	**8650.03**	**10440.94**	**11678.00**	**12489.00**	**12624.00**	**12684.00**
男性比例	（%）	50.90	52.15	52.29	52.27	53.07	52.77
女性比例	（%）	49.10	47.85	47.71	47.73	46.93	47.23
0-14 岁人口比例	（%）	24.17	16.88	17.37	16.28	18.85	18.73
15-64 岁人口比例	（%）	69.78	76.33	74.15	74.72	72.57	72.15
65 岁及以上人口比例	（%）	6.05	6.79	8.48	9.00	8.58	9.12
城镇人口比例	（%）	55.00	66.18	69.51	72.65	74.15	74.63
人口密度	（人/平方公里）	486	581	650	695	702	706
户籍人口							
年末总户数	（万户）	1901.91	2296.61	2415.90	2577.14	2622.10	2681.91
年末总人口	（万人）	7498.54	8521.55	9008.38	9663.41	9808.66	9946.95
性别比	（女 =100）	106.70	106.20	106.08	105.25	104.97	104.75
人口变动情况	**（‰）**						
出生率		12.91	11.18	11.12	12.54	10.28	9.35
死亡率		4.77	4.21	4.32	4.46	4.70	4.83
自然增长率		8.14	6.97	6.80	8.08	5.58	4.52
迁入率		16.59	12.07	8.34	15.48	14.65	14.65
迁出率		12.94	8.35	7.45	8.86	8.71	8.43
总迁移率		29.53	20.42	15.79	24.34	23.37	23.08
净迁移率		3.65	3.72	0.89	6.62	5.94	6.23
跨省净迁移率		1.01	2.52	0.80	6.19	5.51	5.87

注：1. 2000 年全省数据含根据普查误差率推算的漏登人口。

2. 2011-2019 年年末常住人口根据 2020 年第七次全国人口普查初步汇总数据进行平滑调整。

1-3 各市年末常住人口数

单位：万人

市　别	2000	2015	2018	2019	2020	2021
全　省	**8650.03**	**11678.00**	**12348.00**	**12489.00**	**12624.00**	**12684.00**
广　州	994.80	1594.95	1798.13	1831.21	1874.03	1881.06
深　圳	701.24	1414.21	1666.12	1710.40	1763.38	1768.16
珠　海	123.65	189.75	220.90	233.18	244.96	246.67
汕　头	467.78	545.62	548.59	549.31	550.37	553.04
佛　山	534.05	864.34	926.04	943.14	951.88	961.26
韶　关	273.65	283.47	284.78	285.07	285.53	286.01
河　源	226.78	291.24	285.89	284.83	283.56	284.09
梅　州	380.52	407.01	395.51	391.96	387.10	387.69
惠　州	321.80	550.41	584.72	597.23	605.72	606.60
汕　尾	245.71	277.06	270.50	268.85	266.94	268.69
东　莞	644.84	999.57	1043.77	1045.50	1048.36	1053.68
中　山	236.47	396.96	428.82	438.73	443.11	446.69
江　门	395.24	458.02	470.38	475.32	480.41	483.51
阳　江	217.20	252.06	257.26	259.09	260.59	262.07
湛　江	603.43	698.78	698.23	698.16	698.07	703.09
茂　名	524.82	592.62	605.95	612.26	618.00	621.97
肇　庆	337.69	400.30	406.58	409.24	411.69	412.97
清　远	314.98	386.29	393.12	395.48	397.40	398.28
潮　州	240.44	259.76	258.81	258.29	256.66	257.46
揭　阳	524.61	578.54	565.81	563.42	557.87	561.68
云　浮	215.49	237.05	238.09	238.33	238.37	239.33
按经济区域分						
珠三角	4289.78	6868.51	7545.46	7683.95	7823.54	7860.60
东　翼	1478.54	1660.98	1643.71	1639.87	1631.84	1640.87
西　翼	1345.45	1543.46	1561.44	1569.51	1576.66	1587.13
山　区	1411.42	1605.06	1597.39	1595.67	1591.96	1595.40

注：1. 2000 年全省数据含根据普查误差率推算的漏登人口。
2. 2017 年开始，深圳市包含深汕合作区人口数。
3. 2011-2019 年年末常住人口根据 2020 年第七次全国人口普查初步汇总数据进行平滑调整。

1-4 就业人员年末人数

单位：万人

年份	就业人员年末人数	# 城镇非私营单位就业人员	国有单位	城镇集体单位	其他单位	城镇就业人员	乡村就业人员
1978	2275.95	515.85	369.04	146.81			
1979	2304.95	535.37	378.57	156.80			
1980	2367.78	563.62	400.19	163.43			
1981	2423.79	587.34	422.03	165.31			
1982	2521.38	608.12	443.43	164.69			
1983	2569.70	612.65	446.51	166.14			
1984	2637.49	631.77	429.65	197.89	4.23		
1985	2731.11	660.82	449.40	203.32	8.10		
1986	2811.92	686.20	465.59	208.85	11.76		
1987	2910.99	720.34	485.59	216.16	18.59		
1988	2994.72	747.67	503.20	216.96	27.51		
1989	3041.27	762.61	511.88	212.50	38.23		
1990	3118.10	785.49	528.13	207.62	49.74		
1991	3259.20	827.58	544.55	216.86	66.17	19.58	121.63
1992	3367.21	858.12	559.71	216.57	81.84	26.21	146.75
1993	3433.91	877.16	563.63	199.99	113.54	39.51	191.30
1994	3493.15	901.57	568.80	202.86	129.91	58.22	209.90
1995	3551.20	931.58	565.48	204.12	161.98	76.00	168.90
1996	3641.30	920.55	565.68	193.24	161.63	89.40	241.76
1997	3701.90	912.74	556.56	181.44	174.74	105.80	250.71
1998	3783.87	897.98	521.34	161.50	215.13	126.42	265.08
1999	3796.32	793.54	449.87	122.70	220.97	132.95	268.00
2000	3989.32	759.21	425.52	105.97	227.73	161.73	278.40
2001	4058.63	737.12	400.12	91.33	245.67	182.09	280.71
2002	4134.37	751.23	382.91	82.81	285.51	303.07	295.68
2003	4395.93	781.14	376.56	78.47	326.11	443.70	346.56
2004	4681.89	830.72	374.34	72.28	384.10	541.21	365.38
2005	5022.97	904.27	380.19	68.70	455.38	660.05	369.17
2006	5177.02	954.44	384.78	67.25	502.41	666.04	324.98
2007	5341.50	1001.46	381.00	65.49	554.97	733.14	371.53
2008	5471.72	1007.87	385.14	60.64	562.09	761.43	375.79
2009	5688.62	1055.03	389.17	58.33	607.53	834.06	433.40
2010	6051.00	1118.52	400.65	57.66	660.21	4004.55	2046.45
2011	6087.00	1238.22	423.88	62.83	751.51	4150.51	1936.49
2012	6171.00	1303.98	430.33	55.28	818.38	4305.70	1865.30
2013	6273.00	1966.98	402.75	58.52	1505.71	4454.56	1818.44
2014	6428.00	1973.28	396.20	56.69	1520.39	4642.00	1786.00
2015	6566.00	1948.04	388.81	50.34	1508.89	4822.00	1744.00
2016	6703.00	1957.57	387.75	47.83	1521.99	4998.00	1705.00
2017	6858.00	1963.10	384.09	45.46	1533.56	5187.00	1671.00
2018	6960.00	1994.14	375.11	42.62	1576.41	5314.00	1646.00
2019	6995.00	2064.59	385.06	37.94	1641.59	5364.00	1631.00
2020	7039.00	2085.27	423.26	36.85	1625.16	5418.00	1621.00
2021	7072.00	2110.88	431.54	36.32	1643.02	5473.00	1599.00

注：2006-2009 年就业人员人数，根据第六次全国人口普查资料作了相应调整。从 2020 年起，国家统计局对各省、自治区、直辖市就业人数及其产业构成以常住人口口径统一测算，同时对 2010-2019 年就业人数及其产业结构进行平滑修正。1993 年及以前城镇单位就业人员为城镇单位职工人数。

1-5 城镇非私营单位就业人员和在岗职工年末人数（2021年）

单位：万人

行业	就业人员	国有单位	城镇集体单位	其他单位
全 省	**2110.88**	**431.54**	**36.32**	**1643.02**
农、林、牧、渔业	2.13	1.23	0.04	0.85
采矿业	1.41	0.12		1.29
制造业	829.95	2.91	2.67	824.37
电力、热力、燃气及水生产和供应业	27.51	3.92	0.90	22.69
建筑业	124.47	13.62	12.95	97.90
批发和零售业	109.60	3.24	0.69	105.67
交通运输、仓储和邮政业	81.12	9.63	0.50	70.99
住宿和餐饮业	41.66	1.50	0.20	39.96
信息传输、软件和信息技术服务业	80.57	2.31	0.04	78.22
金融业	83.68	7.39	0.05	76.24
房地产业	90.79	4.68	2.02	84.09
租赁和商务服务业	119.23	13.54	5.74	99.96
科学研究和技术服务业	51.46	11.73	0.27	39.45
水利、环境和公共设施管理业	21.74	8.85	0.52	12.37
居民服务、修理和其他服务业	12.35	1.22	0.18	10.95
教育	170.20	111.06	5.79	53.36
卫生和社会工作	95.67	77.66	3.18	14.83
文化、体育和娱乐业	13.09	5.30	0.10	7.69
公共管理、社会保障和社会组织	154.23	151.65	0.46	2.12

1-5 续表

单位：万人

行业	在岗职工	国有单位	城镇集体单位	其他单位
全　省	**2027.04**	**416.33**	**34.14**	**1576.56**
农、林、牧、渔业	2.07	1.21	0.04	0.81
采矿业	1.37	0.12		1.25
制造业	823.47	2.79	2.66	818.02
电力、热力、燃气及水生产和供应业	27.32	3.85	0.85	22.62
建筑业	111.39	11.34	11.99	88.06
批发和零售业	106.74	3.09	0.68	102.97
交通运输、仓储和邮政业	79.58	9.38	0.37	69.82
住宿和餐饮业	37.05	1.45	0.20	35.41
信息传输、软件和信息技术服务业	79.30	2.26	0.04	77.01
金融业	54.54	7.05	0.05	47.44
房地产业	89.09	4.62	1.82	82.65
租赁和商务服务业	112.83	12.95	5.20	94.67
科学研究和技术服务业	50.06	11.15	0.26	38.65
水利、环境和公共设施管理业	20.61	8.09	0.46	12.06
居民服务、修理和其他服务业	11.92	1.20	0.18	10.55
教育	164.36	107.35	5.67	51.34
卫生和社会工作	93.21	76.06	3.13	14.02
文化、体育和娱乐业	12.39	5.10	0.09	7.19
公共管理、社会保障和社会组织	149.77	147.28	0.45	2.03

1-6 各市城镇非私营单位就业人员工资总额和在岗职工年平均工资（2021 年）

市别	就业人员工资				在岗职工工资			
	合计	国有单位	城镇集体单位	其他单位	合计	国有单位	城镇集体单位	其他单位
总额（亿元）								
全 省	**24978.70**	**6855.32**	**273.36**	**17850.02**	**24346.28**	**6749.41**	**262.95**	**17333.93**
广 州	5988.70	1841.00	48.31	4099.39	5795.44	1813.54	46.26	3935.64
深 圳	7887.90	1426.42	6.13	6455.35	7752.34	1402.03	6.06	6344.24
珠 海	957.26	225.36	1.97	729.94	927.39	222.29	1.81	703.30
汕 头	431.17	190.78	21.07	219.32	417.37	186.84	20.27	210.27
佛 山	1596.89	406.24	29.33	1161.33	1544.43	404.21	28.95	1111.26
韶 关	301.36	176.79	4.77	119.81	290.84	174.66	4.73	111.45
河 源	249.79	127.15	5.44	117.20	243.83	124.06	5.42	114.35
梅 州	244.87	149.80	6.07	88.99	238.15	147.94	5.93	84.28
惠 州	1044.71	298.07	4.57	742.07	1023.37	293.86	4.51	725.00
汕 尾	192.91	112.97	4.68	75.26	188.91	111.88	4.50	72.53
东 莞	2562.48	320.47	71.34	2170.67	2525.43	311.46	69.70	2144.28
中 山	776.79	196.27	12.01	568.52	751.88	192.05	11.93	547.90
江 门	583.99	208.65	11.73	363.61	564.66	206.71	10.99	346.97
阳 江	156.78	89.44	3.52	63.83	153.15	87.77	3.16	62.22
湛 江	429.90	235.40	4.89	189.61	397.82	231.26	4.62	161.95
茂 名	417.02	233.72	14.02	169.28	405.21	229.52	13.68	162.02
肇 庆	334.04	164.38	4.23	165.42	327.47	162.33	4.21	160.92
清 远	316.36	165.67	3.59	147.09	308.28	163.17	3.54	141.58
潮 州	142.41	68.01	9.20	65.20	134.91	67.65	6.48	60.78
揭 阳	196.70	123.92	5.21	67.58	192.58	121.66	4.95	65.97
云 浮	166.67	94.83	1.30	70.54	162.79	94.54	1.24	67.01
平均工资（元）								
全 省	**118133**	**160329**	**76875**	**108095**	**120299**	**163492**	**78446**	**109884**
广 州	139802	197973	88473	124254	144288	201205	90699	128438
深 圳	153471	230122	91455	143035	155563	235268	91297	144818
珠 海	120162	207427	87951	106442	121449	209679	88330	107284
汕 头	85920	105010	47055	79644	86951	106954	46497	80338
佛 山	103417	171479	102515	90827	104280	172241	103804	91202
韶 关	105143	140220	68892	77989	109157	143040	69284	81052
河 源	87047	106338	70303	73410	89802	110356	70344	75529
梅 州	83286	99267	57494	67146	86743	100779	58126	71699
惠 州	97935	148231	64761	86428	99329	153283	65004	87178
汕 尾	91944	124061	46889	69189	94350	126797	46395	70907
东 莞	88535	180071	115675	81768	88965	187964	119434	82011
中 山	98515	208335	83419	83618	98818	207329	83937	83773
江 门	91618	130734	85130	78357	93578	132778	90645	79650
阳 江	88769	96709	47321	83213	90786	97805	46310	86258
湛 江	95659	108275	50919	85260	99827	111118	52012	89220
茂 名	89141	108878	57611	73979	91781	111797	58850	76079
肇 庆	90280	116634	78583	73956	91792	118861	79374	74893
清 远	93857	125719	83858	73181	96112	129892	84691	74140
潮 州	81889	109337	51518	69478	85052	109974	50534	72117
揭 阳	74620	89856	34956	60990	75450	91161	35174	61247
云 浮	94789	117173	46879	76571	97179	118123	47333	78960

1-7 城镇非私营单位在岗职工工资总额（2021 年）

单位：亿元

行业	合计	国有单位	城镇集体单位	其他单位
全 省	**24346.28**	**6749.41**	**262.95**	**17333.93**
农、林、牧、渔业	16.68	8.56	0.22	7.90
采矿业	27.19	1.67	0.02	25.50
制造业	7639.82	26.86	15.71	7597.26
电力、热力、燃气及水生产和供应业	452.55	51.39	4.75	396.41
建筑业	916.72	96.88	57.34	762.51
批发和零售业	1135.58	42.09	4.03	1089.47
交通运输、仓储和邮政业	986.34	118.90	2.09	865.35
住宿和餐饮业	218.06	10.78	1.13	206.15
信息传输、软件和信息技术服务业	1678.81	33.99	0.47	1644.35
金融业	1551.72	174.89	0.57	1376.26
房地产业	922.92	55.04	13.54	854.34
租赁和商务服务业	1127.89	117.67	33.77	976.45
科学研究和技术服务业	856.56	224.08	2.62	629.87
水利、环境和公共设施管理业	171.90	83.89	3.36	84.65
居民服务、修理和其他服务业	80.93	13.24	0.95	66.74
教育	2269.57	1720.04	68.71	480.82
卫生和社会工作	1628.21	1416.21	47.86	164.13
文化、体育和娱乐业	163.42	82.59	0.89	79.93
公共管理、社会保障和社会组织	2501.41	2470.65	4.92	25.84

1-8 城镇非私营单位就业人员工资总额（2021年）

单位：亿元

行业	合计	国有单位	城镇集体单位	其他单位
全 省	**24978.70**	**6855.32**	**273.36**	**17850.02**
农、林、牧、渔业	16.94	8.64	0.22	8.07
采矿业	27.40	1.67	0.02	25.71
制造业	7707.95	27.66	15.79	7664.50
电力、热力、燃气及水生产和供应业	453.33	51.54	4.86	396.93
建筑业	1012.98	115.78	62.40	834.80
批发和零售业	1151.57	42.68	4.12	1104.77
交通运输、仓储和邮政业	999.73	120.58	2.52	876.63
住宿和餐饮业	225.58	11.04	1.15	213.39
信息传输、软件和信息技术服务业	1690.98	34.47	0.47	1656.05
金融业	1796.69	177.09	0.57	1619.03
房地产业	932.19	55.30	14.15	862.74
租赁和商务服务业	1169.32	120.72	36.30	1012.31
科学研究和技术服务业	870.61	230.03	2.67	637.90
水利、环境和公共设施管理业	176.00	86.42	3.63	85.95
居民服务、修理和其他服务业	82.91	13.36	0.98	68.57
教育	2310.75	1741.39	69.47	499.89
卫生和社会工作	1654.72	1439.36	48.17	167.19
文化、体育和娱乐业	173.53	83.38	0.94	89.21
公共管理、社会保障和社会组织	2525.53	2494.21	4.96	26.36

1-9 城镇非私营单位在岗职工年平均工资（2021 年）

单位：元

行业	合计	国有单位	城镇集体单位	其他单位
全 省	**120299**	**163492**	**78446**	**109884**
农、林、牧、渔业	78863	69158	52718	94556
采矿业	192100	138354	43081	197554
制造业	92288	95552	58997	92385
电力、热力、燃气及水生产和供应业	165520	132392	57384	175157
建筑业	85220	93933	49914	88901
批发和零售业	105851	140765	59302	105149
交通运输、仓储和邮政业	122994	125629	54874	123007
住宿和餐饮业	59499	75918	55819	58855
信息传输、软件和信息技术服务业	215115	150938	126482	217065
金融业	285612	249123	115896	291208
房地产业	101364	121746	75421	100827
租赁和商务服务业	101522	89954	65420	105159
科学研究和技术服务业	173330	203850	100362	165039
水利、环境和公共设施管理业	82654	103024	71931	69455
居民服务、修理和其他服务业	68174	111057	54386	63537
教育	138807	161205	122107	93948
卫生和社会工作	177530	189096	153591	119765
文化、体育和娱乐业	132078	163267	98734	110656
公共管理、社会保障和社会组织	167623	168373	108659	126709

1-10 城镇非私营单位就业人员年平均工资（2021 年）

单位：元

行业	合计	国有单位	城镇集体单位	其他单位
全 省	**118133**	**160329**	**76875**	**108095**
农、林、牧、渔业	77837	68581	52294	92430
采矿业	187947	138339	43081	192848
制造业	92303	94223	58983	92403
电力、热力、燃气及水生产和供应业	164727	130485	55928	174845
建筑业	83706	91762	50244	86978
批发和零售业	104679	136629	58958	104040
交通运输、仓储和邮政业	121907	124155	49365	122118
住宿和餐饮业	54516	74643	55425	53762
信息传输、软件和信息技术服务业	213031	149342	126482	214981
金融业	202771	240318	115896	199416
房地产业	100580	120702	71782	100169
租赁和商务服务业	98762	88318	64541	102145
科学研究和技术服务业	171581	199392	98121	163854
水利、环境和公共设施管理业	80231	97007	69021	68749
居民服务、修理和其他服务业	67286	109537	53680	62793
教育	136671	158068	120877	94036
卫生和社会工作	175780	188217	152548	115269
文化、体育和娱乐业	132893	159189	93178	115569
公共管理、社会保障和社会组织	164533	165278	106422	124301

1-11 各市城镇新增就业人数

单位：人

市 别	2016	2017	2018	2019	2020	2021
全 省	**1470549**	**1488981**	**1476511**	**1399571**	**1336995**	**1403322**
广 州	427346	413825	407783	337337	295033	335530
深 圳	103117	100844	109174	160302	173003	187476
珠 海	46968	46923	47095	40856	38040	42427
汕 头	54806	61845	53923	49130	49700	45082
佛 山	80852	85918	85741	86570	86176	105181
韶 关	34846	35001	33414	30342	25342	20701
河 源	40587	43453	45839	36426	36417	28874
梅 州	30679	30726	25788	22085	20942	21228
惠 州	71685	75408	73443	71577	71004	76236
汕 尾	48633	48634	50477	50051	52256	55106
东 莞	83269	85011	95362	94977	94771	112709
中 山	47128	61073	62009	57094	56989	63074
江 门	47520	48227	48810	47118	45945	47585
阳 江	41919	39321	36756	33121	25302	17032
湛 江	78482	79831	79821	73809	71914	57949
茂 名	71252	70566	64743	60124	50546	50916
肇 庆	43516	42740	43791	44684	42128	45605
清 远	46356	47838	44111	37139	36185	39807
潮 州	20213	18733	15181	15179	15151	12645
揭 阳	30952	32029	32633	31615	30620	18360
云 浮	20423	21035	20617	20035	19531	19799
按经济区域分						
珠三角	951401	959969	973208	940515	903089	1015823
东 翼	154604	161241	152214	145975	147727	131193
西 翼	191653	189718	181320	167054	147762	125897
山 区	172891	178053	169769	146027	138417	130409

1-12 教育、科技主要指标

指标	单位	2000	2010	2015	2019	2020	2021
在校学生数	（万人）						
普通本专科		29.95	142.66	185.64	205.40	240.02	253.98
成人本专科		20.14	46.40	66.45	93.15	110.31	97.51
中等学校		541.72	939.23	736.79	716.50	743.40	783.17
#普通中学		460.69	709.05	560.72	572.77	595.82	629.98
高等教育毛入学率	（%）	11.35	28.00	33.00	48.80	53.41	57.65
高中毛入学率	（%）	38.70	86.20	95.70	96.88	97.29	97.71
小学毕业生升学率	（%）	96.15	95.51	95.85	96.50	96.60	97.20
学龄儿童入学率	（%）	99.70	99.95	99.98	100.00	100.00	100.00
每万人口普通本专科在校学生数	（人）	41.19	140.83	173.10	181.03	208.33	201.55
科技研究机构数	（个）		4452	8164	32347	31772	37172
研究与实验发展（R&D）人员	（万人）		44.66	68.02	109.15	117.54	124.85
R&D人员全时当量	（万人年）	7.11	36.47	50.17	80.32	87.22	88.52
研究与实验发展（R&D）经费内部支出	（亿元）	107.12	808.75	1798.17	3098.49	3479.88	4002.18
#基础研究			16.72	54.21	141.86	204.10	274.27
应用研究			37.32	165	247.28	319.89	356.72
试验发展			754.70	1478.96	2709.36	2955.90	337.12
#政府资金		101.38	65.76	145.85	397.26	440.57	474.26
企业资金		86.44	708.93	1606.21	2649.95	2988.29	346.25
R&D经费支出占地区生产总值比例	（%）	0.99	1.74	2.43	2.88	3.14	3.22
研究与实验发展（R&D）课题（项目）数	（个）		72747	112680	224904	263694	284693.00
省级及以上科技奖励成果	（项）	289	296	269	223		
专利申请受权量	（件）	15799	119346	241176	527389	709725	872209.00
#发明专利		261	13691	33477	59742	70695	102850.00
技术合同成交额	（亿元）	48.21	242.5	663.53	2272.78	3465.92	4292.73

注：1. 全省小学毕业生升学率，按照教育部统一口径，根据教育统计报表，当年本省初中招生数除以小学毕业生数计算，不考虑学生跨省流动。

2. R&D经费支出占地区生产总值比例指标历史数据，已根据修订后的地区生产总值数据进行调整。

3. 中等学校含中等职业学校、技工学校、普通高中、初中。

1-13 文化、体育主要指标

指标	单位	2000	2010	2015	2019	2020	2021
电影放映单位	（个）	1626	1392	1793	2666	2845	3026
艺术表演团体	（个）	138	133	72	72	71	76
文化馆	（个）	118	129	146	145	144	144
公共图书馆	（个）	125	133	140	146	148	150
公共图书馆藏量	（万册、件）	2330	4615	7008	10543	11687	12687
博物馆（含美术馆）	（个）	131	169	193	259	324	385
博物馆藏品数（含美术馆）	（万件）	49.09	84.46	101.83	131.12	265.82	268.17
全省每万人拥有公共文化设施面积	（平方米）		416.00	1189.24	1347.30	1299.45	1379.26
档案馆	（个）	161	205	217	189	186	189
利用档案	（万卷次）	36.32	301.00	495.00	661.00	669.65	873.84
图书出版量	（万册）	26978	23134	31287	39467	43448	50597
杂志出版量	（万册）	26299	21201	14458	10480	9887	9539
报纸出版量	（亿份）	34.63	45.59	32.77	17.16	15.33	14.48
广播电台	（座）	106	22	22	2	2	2
电视台	（座）	67	24	24	3	3	3
广播电视台	（座）	83	79		95	95	95
广播综合人口覆盖率	（%）	96.0	98.0	99.9	99.9	99.9	99.98
电视综合人口覆盖率	（%）	96.4	98.0	99.9	99.9	99.9	99.98
举办全民健身活动次数	（次）		9477	5000	5971	2959	2000.0
全省人均拥有公共体育设施面积	（平方米）	1.91	2.01		2.46	2.39	2.54

注：1. 由于统计口径出现变化，已对 2012 年全省公共图书馆藏量数进行了调整。

2. 由于文化部门改制，2012 年起只统计事业单位和省直企业中的文化部门艺术表演团体。自 2013 年起，艺术表演团体口径进行调整，分为公有制艺术表演团体（事业）和公有制艺术表演团体（企业）。

3. 2019 年博物馆的统计范围增加了民办博物馆。

4. 2019 年起，广播电台、电视台数据只包含独立的广播电台和电视台，广播电台和电视台合并机构纳入广播电视台统计。

5. 2020 年全省人均体育场地面积数据依据最新人口统计数据统计。

1-14 卫生、社会福利和其他主要指标

指标	单位	2000	2010	2018	2019	2020	2021
医疗卫生机构数	（个）	8984	44880	51527	53928	55900	57955
#医院、卫生院		2426	2444	2745	2817	2875	2935
医疗卫生机构床位数	（万张）	16.81	30.01	51.70	54.52	56.47	58.90
#医院、卫生院床位		15.72	27.71	47.75	50.39	52.39	54.66
卫生技术人员数	（万人）	26.50	45.55	75.78	79.51	83.21	87.58
#执业（助理）医师		11.12	17.51	27.74	29.21	30.73	32.09
平均每千人口有卫生机构床位数	（张）	1.94	2.87	4.56	4.73	4.48	4.64
平均每千人口有卫生技术人员数	（人）	3.07	4.36	6.68	6.90	6.60	6.90
#执业（助理）医师		1.29	1.68	2.44	2.54	2.44	2.53
社会救济总人数	（万人）	154.70	288.00	177.62	176.64	180.35	173.95
全省常住人口社保卡持卡率	(%)		17.34	91.19	97.5	98.95	94.2
登记结婚件数	（对）	562118	857146	713814	674522	633341	591124
离婚总数	（对）	47521	127048	228815	248061	245816	167209
执业律师人数	（人）	7292	20230	43434	48971	54957	61946
公证人员数	（人）	1380	1694	2512	2524	2750	2928
人民调解委员会调解人员数	（人）	135192	194224	170775	172280	172816	182304
亿元生产总值生产安全事故死亡率		1.08	0.15	0.03	0.03	0.02	0.019
交通事故发生数	（起）	66072	30480	24293	23630	26444	48206
交通事故损失折款	（万元）	27526	8051	7977	7689	7673	10534
火灾事故发生数	（起）	8622	6065	13064	13197	54683	64134
火灾事故损失折款	（万元）	10065	17500	27172	31738	55374	79930.57

注：1. 2010 年起医疗卫生机构、人员数总数含村卫生室数，千人口数据分母为常住人口。

2. 2019 年火灾事故发生数不含森林、草原、军队、矿井地下部分快报数。

3. 2020 年火灾指数升高与统计口径变化有关。

1-15 食品药品监管基本情况

指标	单位	2015	2017	2018	2019	2020	2021
一、每万人口食品药品监管人员数	人	0.8	0.95	1.18	2.68	2.5	2.20
二、每百万人口药品不良反应报告数	份	497	595	721	698	748	947
三、食品抽检量	批次		447350	554201	673780	778997	823825
四、食品抽检合格率	%		97.3	97.6	98	97.9	97.4
五、受理药品投诉	件	3939	7239	6152	6163	17057	12132
六、受理医疗器械投诉	件	1183	1878	2266	1777	26596	5568
七、受理化妆品投诉	件	7466	8385	11825	10281	67425	29268
八、查处药品案件	件	4245	8332	5438	4155	3331	5672
九、查处医疗器械案件	件	331	706	714	542	1456	1566
十、查处化妆品案件	件	783	1432	1483	1576	2665	2623

注：根据2021年广东省统计局对全省常住人口数据进行平滑调整，2015-2020年“每百万人口药品不良反应报告数”进行了相应调整。

1-16 全省居民家庭基本情况

指标	单位	2015	2017	2018	2019	2020	2021
调查户数	**（户）**	**7972**	**8082**	**7900**	**7900**	**7900**	**7900**
平均每户常住人口	（人）	2.99	3.08	3.26	3.28	3.29	3.46
平均每户就业人口	（人）	1.74	1.77	1.75	1.74	1.70	1.80
人均住房建筑面积	**（平方米）**	**35.44**	**36.94**	**38.46**	**39.75**	**40.89**	**42.23**
人均可支配收入	**（元）**	**27858.9**	**33003.3**	**35809.9**	**39014.3**	**41028.6**	**44993.3**
1. 工资性收入		19878.2	23052.9	24749.0	26554.3	27824.4	30777.3
2. 经营净收入		3748.1	4420.9	4734.5	5154.7	5037.4	5729.1
3. 财产净收入		2683.2	3602.0	4131.4	4776.9	5339.1	5831.3
4. 转移净收入		1549.4	1927.5	2194.9	2528.4	2827.7	2655.6
人均消费支出	**（元）**	**20975.7**	**24819.6**	**26054.0**	**28994.7**	**28491.9**	**31589.3**
1. 食品烟酒		7236.7	8317.0	8480.8	9369.2	9629.3	10484.6
2. 衣着		1103.4	1230.3	1135.3	1192.2	1044.5	1278.0
3. 居住		4677.1	5790.9	6643.3	7329.1	7733.0	8189.6
4. 生活用品及服务		1245.3	1447.4	1440.8	1560.2	1560.6	1614.1
5. 交通通信		3020.2	3380.0	3423.9	3833.6	3808.7	4164.6
6. 教育文化娱乐		2117.3	2620.4	2750.9	3244.4	2442.9	3241.6
7. 医疗保健		976.1	1319.5	1520.8	1770.4	1677.9	1900.9
8. 其他用品及服务		599.8	714.1	658.2	695.5	595.1	715.9
全省居民每百户主要耐用消费品拥有量							
家用汽车	（辆）	24.58	31.58	36.94	41.27	42.68	47.63
摩托车	（辆）	60.75	64.24	67.25	66.44	65.54	63.55
助力车	（台）	23.05	30.88	34.60	39.65	41.77	54.64
洗衣机	（台）	69.28	78.18	89.73	92.65	93.16	98.08
电冰箱（柜）	（台）	76.10	84.44	94.41	97.64	98.23	103.16
微波炉	（台）	33.96	38.13	39.16	41.12	41.82	42.84
彩色电视机	（台）	104.27	106.91	109.07	110.19	110.48	108.36
空调	（台）	122.24	145.24	176.07	187.85	190.13	224.33
热水器	（台）	81.98	88.72	99.43	101.52	104.22	104.65
排油烟机	（台）	49.98	55.35	65.54	68.33	69.39	72.29
移动电话	（部）	233.72	248.76	268.23	270.56	268.44	280.13
计算机	（台）	70.90	75.83	69.34	72.59	74.33	67.81
照相机	（台）	28.36	24.61	15.88	16.26	16.21	11.41

注：2013 年国家统计局实行城乡住户一体化调查改革，将过去城镇与农村分别开展的调查体系，按照统一指标、统一方法、统一标准、统一调查、统一程序的原则，整合为城乡一体化住户调查新体系。从 2013 年开始正式对外发布全省居民人均可支配收入与支出数据。

1-17 城镇居民家庭基本情况

指标	单位	2015	2017	2018	2019	2020	2021
调查户数	**(户)**	**5453**	**5500**	**5550**	**5550**	**5550**	**5550**
平均每户常住人口	(人)	2.77	2.87	3.18	3.21	3.23	3.35
平均每户就业人口	(人)	1.63	1.67	1.73	1.73	1.69	1.77
人均住房建筑面积	**(平方米)**	**32.25**	**33.09**	**34.49**	**35.73**	**37.35**	**38.79**
城镇居民人均可支配收入	**(元)**	**34757.2**	**40975.1**	**44341.0**	**48117.6**	**50257.0**	**54853.6**
1. 工资性收入		26136.9	30087.3	32180.1	34151.9	35429.3	38605.8
2. 经营净收入		3823.2	4560.8	4872.6	5473.8	5237.3	5855.2
3. 财产净收入		3799.5	5077.2	5816.6	6686.2	7425.9	8020.1
4. 转移净收入		997.6	1249.8	1471.7	1805.7	2164.4	2372.5
城镇居民人均消费支出	**(元)**	**25673.1**	**30197.9**	**30924.3**	**34424.1**	**33511.3**	**36621.1**
食品烟酒		8533.4	9711.7	9780.2	10757.5	10794.7	11622.0
衣着		1453.7	1587.1	1415.3	1480.8	1282.1	1519.9
居住		5715.3	7127.8	8147.8	8961.6	9457.9	9696.4
生活用品及服务		1526.3	1782.8	1726.2	1894.8	1895.3	1874.8
交通通信		3905.0	4285.5	4107.3	4597.1	4626.3	5008.5
教育文化娱乐		2671.5	3284.3	3335.7	3984.5	2958.7	3872.8
医疗保健		1096.4	1503.6	1591.3	1883.0	1748.6	2143.7
其他用品及服务		771.4	915.1	820.5	864.9	747.7	882.9
城镇居民每百户主要耐用消费品拥有量							
家用汽车	(辆)	29.67	36.69	42.92	47.63	48.88	53.77
摩托车	(辆)	40.15	42.62	46.42	45.55	44.90	45.13
助力车	(台)	20.20	28.10	34.08	39.31	41.50	53.95
洗衣机	(台)	70.91	78.08	91.84	93.75	94.33	98.65
电冰箱	(台)	75.30	83.18	95.04	97.91	98.55	103.27
微波炉	(台)	39.40	43.69	44.28	46.14	46.91	46.15
彩色电视机	(台)	99.53	101.97	105.94	107.57	108.23	106.94
空调	(台)	144.26	164.88	202.39	212.11	213.87	244.28
热水器	(台)	83.50	88.81	101.71	102.99	105.27	105.84
排油烟机	(台)	57.50	61.90	72.47	75.09	75.91	77.53
移动电话	(部)	221.45	234.79	258.88	263.99	264.56	274.77
计算机	(台)	84.45	88.29	83.66	86.82	88.63	80.19
照相机	(台)	37.10	32.00	20.50	21.21	21.42	14.82

1-18 农村居民家庭基本情况

指标	单位	2015	2017	2018	2019	2020	2021
调查户数	**（户）**	**2602**	**2605**	**2350**	**2350**	**2350**	**2350**
平均每户常住人口	（人）	3.60	3.65	3.45	3.47	3.45	3.74
平均每户就业人口	（人）	2.04	2.03	1.81	1.76	1.72	1.88
农村居民人均住房建筑面积	**（平方米）**	**42.14**	**45.27**	**47.1262**	**48.68**	**48.92**	**50.14**
农村居民人均可支配收入	**（元）**	**13360.4**	**15779.7**	**17167.7**	**18818.4**	**20143.4**	**22306.0**
1. 工资性收入		6724.0	7854.6	8510.7	9698.7	10613.5	12765.0
2. 经营净收入		3590.1	4118.6	4432.7	4446.9	4584.9	5438.8
3. 财产净收入		337.0	414.8	448.9	541.0	616.1	795.3
4. 转移净收入		2709.3	3391.7	3775.5	4131.7	4328.9	3306.8
农村居民人均消费支出	**（元）**	**11103.0**	**13199.6**	**15411.3**	**16949.4**	**17132.3**	**20011.8**
食品烟酒		4511.3	5303.9	5641.2	6289.3	6991.8	7867.4
衣着		367.1	459.5	523.6	552.0	506.9	721.4
居住		2494.8	2902.4	3355.8	3707.4	3829.2	4722.4
生活用品及服务		654.6	722.8	817.0	817.9	803.2	1014.2
交通通信		1160.4	1423.6	1930.4	2139.8	1958.1	2222.9
教育文化娱乐		952.4	1186.0	1473.0	1602.7	1275.5	1789.4
医疗保健		723.1	921.7	1366.7	1520.7	1517.9	1342.2
其他用品及服务		239.1	279.7	303.6	319.8	249.8	331.8
农村居民每百户主要耐用消费品拥有量							
家用汽车	（辆）	10.67	17.57	22.73	26.01	27.69	31.84
摩托车	（辆）	116.95	123.63	116.729	116.58	115.45	110.87
助力车	（台）	30.80	38.50	35.84	40.49	42.42	56.40
洗衣机	（台）	64.82	78.46	84.7105	89.98	90.32	96.62
电冰箱	（台）	78.29	87.93	92.9377	97.00	97.48	102.86
微波炉	（台）	19.10	22.90	27.01	29.09	29.52	34.33
彩色电视机	（台）	117.22	120.47	116.506	116.47	115.93	112.01
空调	（台）	62.15	91.33	113.529	129.63	132.71	173.09
热水器	（台）	77.71	88.49	94.02	97.99	101.70	101.59
排油烟机	（台）	29.50	37.30	49.07	52.12	53.62	58.82
移动电话	（部）	267.18	287.121	290.443	286.34	277.85	293.90
计算机	（台）	33.93	41.61	35.2914	38.45	39.75	36.02
照相机	（台）	4.50	4.20	4.88	4.38	3.60	2.65

1-19 全省、城镇、农村居民人均可支配收入及消费支出(2013-2021 年新口径)

年　份	人均可支配收入（元）	实际增长（%）	人均消费支出（元）	实际增长（%）	恩格尔系数（%）
全省居民					
2013	23420.7	7.4	17421.0	6.2	35.0
2014	25685.0	7.2	19205.5	7.7	34.3
2015	27858.9	6.9	20975.7	7.6	34.5
2016	30295.8	6.3	23448.4	9.3	34.2
2017	33003.3	7.3	24819.6	4.2	33.5
2018	35809.9	6.2	26054.0	2.7	32.6
2019	39014.3	5.3	28994.7	7.6	32.3
2020	41028.6	2.5	28491.9	-4.2	33.8
2021	44993.3	8.8	31589.3	10.0	33.2
城镇居民					
2013	29537.3	6.9	21621.5	5.3	33.6
2014	32148.1	6.4	23611.7	6.7	33.2
2015	34757.2	6.4	25673.1	7.0	33.2
2016	37684.3	5.9	28613.3	8.8	32.9
2017	40975.1	6.9	30197.9	3.7	32.2
2018	44341.0	5.9	30924.3	0.2	31.6
2019	48117.6	5.2	34424.1	8.0	31.2
2020	50257.0	1.8	33511.3	-5.1	32.2
2021	54853.6	8.1	36621.1	8.2	31.7
农村居民					
2013	11067.8	7.8	8937.8	9.0	42.1
2014	12245.6	8.3	10043.2	10.1	39.5
2015	13360.4	7.7	11103.0	9.2	40.6
2016	14512.2	6.5	12414.8	9.6	40.4
2017	15779.7	7.8	13199.6	5.5	40.2
2018	17167.7	6.8	15411.3	14.6	36.6
2019	18818.4	4.8	16949.4	5.2	37.1
2020	20143.4	3.9	17132.3	-1.9	40.8
2021	22306.0	10.6	20011.8	16.7	39.3

注：2013 年国家统计局实行城乡一体化调查改革，由于新老调查体系在调查范围和对象、城乡划分标准、样本抽选方法、计算和汇总方式、指标名称和口径等都发生了一定变化，前后数据存在不可比因素。2013 年用新口径计算。

1-20 各市全体、城镇、农村居民人均可支配收入和消费支出（2021年）

单位：元

市别	全体居民人均可支配收入	全体居民人均消费支出	城镇居民人均可支配收入	城镇居民人均消费支出	农村居民人均可支配收入	农村居民人均消费支出
广州	68908.3	44253.1	74416.2	47161.9	34533.3	26099.2
深圳	70847.3	46285.7	70847.3	46285.7		
珠海	61390.0	42333.7	64233.7	43956.5	34394.0	26928.2
汕头	30969.7	22493.0	35600.7	25268.0	20819.2	16914.0
佛山	61700.2	40545.2	62942.3	41327.2	37067.0	25035.2
韶关	30211.5	21335.8	37623.5	25079.0	20252.9	16306.6
河源	24626.5	18030.4	30445.7	20165.0	19146.3	16020.0
梅州	26209.8	18931.3	32751.5	21415.2	19241.2	16285.3
惠州	43350.6	29175.7	49243.0	32431.0	27580.0	20462.9
汕尾	27422.8	20497.6	33081.8	24292.0	19884.5	15443.0
东莞	62126.5	39078.9	63739.8	39802.6	43187.8	30583.7
中山	57900.8	37852.7	60322.7	39143.7	41749.9	29243.7
江门	37068.4	24192.8	43621.8	27912.1	23376.4	16422.2
阳江	29167.9	21018.8	35069.1	23892.6	22195.6	17623.3
湛江	27646.3	18858.3	35988.8	23270.4	20692.7	15180.8
茂名	26728.6	18276.5	33423.9	20638.6	21561.2	16453.4
肇庆	30394.1	19094.7	37791.4	23028.1	22688.7	14997.4
清远	28741.3	20404.0	36171.6	23987.5	19841.2	16111.6
潮州	25083.7	18887.9	28403.1	20533.8	19133.6	15937.7
揭阳	23780.5	17824.2	29397.1	19781.6	18015.8	15815.3
云浮	24610.9	16428.5	30951.9	19057.1	19675.1	14382.1

注：农村因深圳完全城市化，无相关数据。

主要统计指标解释

总人口 指一定时点、一定地区范围内有生命的个人的总和。按不同的统计范围可分为常住人口和户籍人口；统计时点通常为每年12月31日24时。

城镇人口比例 指城镇人口与同期总人口之比，反映该区域人口的城镇化水平。通常以百分比表示。

国内(地区)生产总值 指按市场价格计算的一个国家（或地区）所有常住单位在一定时期内生产活动的最终成果。国内（地区）生产总值有3种计算方法，即生产法、收入法和支出法。3种方法分别从不同的方面反映国内生产总值及其构成。

就业人员 指在一定年龄以上，有劳动能力，为取得劳动报酬或经营收入而从事一定社会劳动的人员。具体指年满16周岁，为取得报酬或经营利润，在调查周内从事了1小时(含1小时)以上劳动的人员：或由于学习、休假等原因在调查周内暂时处于未工作状态，但有工作单位或场所的人员；或由于临时停工放假、单位不景气放假等原因在调查周内暂时处于未工作状态，但不满三个月的人员。

单位就业人员 指报告期末最后一日24时在本单位中工作，并取得工资或其他形式劳动报酬的人员数。该指标为时点指标，不包括最后一日当天及以前已经与单位解除劳动合同关系的人员，是在岗职工、劳务派遣人员及其他就业人员之和。就业人员不包括：

（1）离开本单位仍保留劳动关系，并定期领取生活费的人员；

（2）在本单位实习的各类在校学生；

（3）本单位因劳务外包而使用的人员。

在岗职工 指在本单位工作且与本单位签订劳动合同，并由单位支付各项工资和社会保险、住房公积金的人员，以及上述人员中由于学习、病伤、产假等原因暂未工作仍由单位支付工资的人员。在岗职工还包括：

（1）应订立劳动合同而未订立劳动合同人员（如使用的农村户籍人员）；

（2）处于试用期人员；

（3）编制外招用的人员；

（4）派往外单位工作，但工资仍由本单位发放的人员（如挂职锻炼，外派工作等情况）。

工资总额 指根据《关于工资总额组成的规定》（1990年1月1日国家统计局发布的一号令）进行修订，在报告期内（季度或年度）直接支付给本单位全部就业人员的劳动报酬总额。包括计时工资、计件工资、奖金、津贴和补贴、加班加点工资、特殊情况下下支付的工资，是在岗职工工资总额、劳务派遣人员工资总额和其他就业人员工资总额之和。

工资总额是税前工资，包括单位从个人工资中直接为其代扣或代缴的房费、水费、电费、住房公积金、职工年金和社会保险基金个人缴纳部分等。

工资总额不论是计入成本的还是不计入成本的，不论是以货币形式支付的还是以实物形式支付的，均列入工资总额的计算范围。

平均工资 是指在报告期内单位发放工资的人均水平。计算公式为：

$$\text{平均工资}=\frac{\text{报告期工资总额}}{\text{报告期平均人数}}$$

平均工资通常是以年平均工资的形式表现，月平均工资就是用年平均工资除以12求得。

二、教育

简要说明

1．本篇资料主要反映广东省教育概况。

2．本篇资料主要包括：

(1) 高等教育、成人教育、中等职业教育、普通高中、义务教育及幼儿学前教育，主要包括学校数、在校生数、招生数、毕业生数、教职工数和专任教师数等。

(2) 地区分全省和21个地级以上市。

(3) 年份有当年、近5年和1978年以来连续年份。

3．统计资料来源：本篇资料由广东省教育厅、广东省人力资源和社会保障厅负责整理、审核、提供。

统筹发展和安全 推动教育高质量发展

2021年，在省委、省政府的正确领导下，省教育厅党组坚持以习近平新时代中国特色社会主义思想为指导，全面贯彻党的十九大和十九届历次全会精神，全面贯彻党的教育方针，坚定不移走中国特色社会主义教育发展道路，落实立德树人根本任务，围绕“1+1+9”工作部署，团结一心、迎难而上，统筹抓好疫情防控和教育改革发展，全力确保校园安全稳定，教育公平日益彰显，教育质量不断提升。

一、大力深化教育领域综合改革。制定《广东省深化新时代教育评价改革试点工作方案》，统筹推进办学模式、育人方式、管理体制、保障机制改革，教育评价的“四梁八柱”基本健全，积极创建教育评价改革试点省。研制省政府规章《广东省教育教学成果奖励办法》并推动颁布实施。开展对市县级人民政府履行教育职责评价并“点对点”反馈政府履行教育职责评价结果，推动教育督导“长牙齿”。注重素质教育，推动学校体育美育高质量发展，参加第十四届全国学生运动会斩获113枚奖牌，排名全国第三。落实最高标准、最严要求、最强保障，稳妥做好新高考落地。推进大湾区教育合作发展和深圳教育体制改革先行先试，积极推进大湾区大学等筹建工作，重点推进香港科技大学（广州）建设工作，天津大学佐治亚理工深圳学院等一批不具有法人资格中外合作办学机构获教育部批准设立，部省全面启动深圳职业教育创新发展高地创建工作。加强语言文字工作，推进开展港澳居民普通话水平测试。

二、稳步推进基础教育高质量发展。印发实施《广东省推动基础教育高质量发展行动方案》，着力加强教师队伍建设和增加公办优质学位供给。促进普惠性学前教育扩学位、提质量。全年新增公办学位28.84万个，新增公办学位和普惠性民办园学位42.51万个，超额完成2021年省民生实事建设任务。加强义务教育公办学位供给，全省进城务工人员随迁子女公办学校就读比例达85%以上，民办中小学在校生比例进一步降低。制定《关于进一步减轻义务教育阶段学生作业负担和校外培训负担的若干措施》，开展“双减百日会战”，推进校内减负提质措施落地落细落实；学科类校外培训机构数量累计压减95%以上，义务教育阶段学生校外培训负担有效减轻。新改扩建农村寄宿制学校835所，累计增加寄宿制学位37.65万个。出台《关于进一步加强普通高中招生管理工作的实施意见》。开展省优质基础教育集团遴选培育工作，遴选首批优质基础教育集团72个。义务教育阶段适龄残疾学生入学安置率达到99%以上。制定出台《关于加强专门学校建设和专门教育工作的实施办法（试行）》。首批遴选145个省级基础教育教研基地项目，加快建设高质量教研体系。

三、实施扩容提质，增强职业教育适应性。加强高水平学校建设，推进实施“双高”计划，启动省级高水平高职院校建设项目，立项71所高水平中职学校建设单位和17所培育单位，立项127个省级高职高水平专业群和第三批92个省级中职教育“双精准”示范专业，大力实施一流高职院校结对帮扶计划，推动第一批7所高职院校平稳有序做好省属职业院校集团办学工作。高质量推进省职业教育城建设，目前已进驻10所院校，在校生约11万人。深入推进1＋X证书制度试点，超额完成高职扩招任务，国家级职业教育示范性虚拟仿真实训基地入选数全国第一，荣获2021年全国职业院校技能大赛“突出贡献奖”。全国职业教育大会对粤港澳大湾区职业院校对接产业设置专业给予高度肯定，职业教育工作再次获国务院办公厅督查激励表扬。

四、提升高等教育内涵发展水平。印发《高等教育“冲一流、补短板、强特色”提升计划实施方案（2021-2025年）》，启动实施新一轮“冲补强”计划。123个学科入围ESI排名前1%，较2017

年增长 121%，增幅全国第一。学位授权审核工作取得自 1984 年以来历史最好成绩，新增博士、硕士学位授予单位各 3 个。新增 201 个专业入选国家一流本科专业建设点，全省半数以上高校拥有“国一流”专业建设点。258 门课程入选国家首批一流本科课程。建有 173 个产业学院，遴选认定 26 个省级示范性产业学院，数量居全国首位。推动印发《广东省人民政府办公厅关于调整优化高等教育学科专业结构的实施意见》，提升学科专业与经济社会发展尤其是产业发展契合度。深化医学教育改革发展，印发《广东省加快医学教育创新发展实施方案》。完善高等教育布局，调整广东石油化工学院等 5 所省市共建高校为省属高校；加快推进粤东粤西粤北地区高校（校区）建设，11 所新建高校（校区）顺利开学，实现地级以上市本科院校、高职院校全覆盖。用心用情用力做好高校毕业生稳就业工作，就业率达到 96% 以上，实现有就业意愿的家庭困难毕业生百分百就业。在第七届中国国际“互联网 +”大学生创新创业大赛中斩获 27 金 53 银，实现了“走在前列”的参赛目标。

五、提升教育保障能力和水平。推进实施“新强师工程”，完善新时代教师发展体系。开展基础教育全口径全方位融入式对口帮扶，制定《高校教育人才“组团式”帮扶工作优化提升实施方案（2022-2024 年）》，启动新一轮组团帮扶工作。建立健全新时代基础教育教研体系，挂牌成立 147 所市县级教师发展中心。实现县域内义务教育教师平均工资收入水平不低于或高于当地公务员平均工资收入水平。加强乡村教师队伍建设，新增招收公费定向培养本专科师范生和教育硕士 2109 名。深入推进中小学教师“县管校聘”管理改革和教师评价制度改革。狠抓教育经费投入，我省连续 4 年实现“两个逐年只增不减”。深化教育预算管理制度改革，建立教育支出大事要事保障机制，落实“先谋事后排钱”要求，集中财力保教育发展重点。提高国家助学贷款额度，将本专科生和研究生国家助学贷款额度每人每年提高 4000 元。全面推进依法治教，开展全省教育系统“法治建设年”活动，推进新一轮高校章程修改、核准工作，将党的创新理论和党的建设相关内容写入章程，完善治理结构和提升治理能力。全面提升教育管理信息化水平，加快推进教育信息化融合创新应用。巩固教育脱贫攻坚成果同乡村振兴有效衔接，推进对口帮扶揭东区龙尾镇驻镇帮镇扶村工作；实施“组团式”教育援疆援藏，与黑龙江、贵州、广西等省区加强教育结对协作，成效得到教育部和受援地充分肯定，并受邀在 2021 中国 - 东盟教育交流周等会议上作经验介绍。

六、推动技工教育高质量发展。2021 年，我省技工教育事业改革发展迈出新步伐、取得新成效、实现新突破，新时代广东技工教育迎来了高质量发展的崭新局面。基本建成全国最大的技工教育体系。全省共有 148 所技工院校，其中技师学院 40 所，2021 年全省技工院校招生 21.9 万人，在校生达 62.9 万人，约占全国 1/7。全省技工院校招生数、在校生数、毕业生数连续六年稳居全国首位，应届毕业生就业率保持 98% 以上。高规格出台《关于推动“广东技工”工程高质量发展的意见》《广东省推动技工教育高质量发展若干政策措施》两份重磅文件，印发《广东省技工教育高质量发展“十四五”规划》，技工教育政策创新取得历史性突破。在厅属技校实施党委领导下的校长负责制改革试点取得圆满成功，党的领导在技工院校得到全面加强。将 9 所厅属技校整合为 7 所，积极推进校园建设，改善办学条件，学校可持续发展迈出坚实步伐。潮州、汕尾、揭阳高级技工学校晋升为技师学院，历史性实现技师学院 21 个地市全覆盖。以产业发展为导向加强专业建设，2021 年扶持建设 50 个省级重点专业和 10 个省级特色专业，新增芯片设计与制造、新能源应用技术等 6 个新专业。推动全省技工院校与 100 多家世界 500 强企业及国内 800 多家大型企业深入开展校企合作。建设省技工教育师资培训学院，依托“学院＋基地”培训网络，开展师资培训 99 期共 4082 人次。技工教育助力乡村振兴开创崭新局面，2021 年全省技工院校共有约 41.11 万名农村、县镇户籍学生和涉农专业学生免学费接受教育，约 2.8 万名家庭经济困难学生和涉农专业学生享受国家助学金，中央和省财政统筹安排资助资金约 11 亿。大力开展技工教育援疆援藏工作，喀什技师学院成为南疆最大的技师学院，林芝市技工学校成为西藏 7 地市第一所技工院校。

撰稿：魏天翔 张传宇

2-1 各级各类教育基本情况(2021)

指　标	学校数（所）	毕业生数（人）	招生数（人）	在校生数（人）	教职工数（人）	专任教师数（人）
一、高等教育						
研究生	32	38911	64501	174309		
普通本专科	160	574407	751886	2539779	190310	128811
本科	67	282227	354583	1285727		
专科	93	292180	397303	1254052		
成人本专科	14	299581	431525	975147	3212	2079
本科		98587	163481	380130		
专科		200994	268044	595017		
网络本专科		120039	150451	398939		
二、中等职业教育	382	260465	335993	903049	57214	44944
三、普通高中	1076	592106	705236	2007726	292107	157383
四、普通初中	3832	1263627	1546199	4292084	417194	315086
五、小学	10599	1590812	1838010	10790100	511483	592196
六、幼儿教育	21101	1800294	1672236	5003933	652841	345057
七、特殊教育	150	9289	13198	71170	8407	6589
八、工读学校	5	144	361	643	285	165

注：1. 研究生学校数为培养研究生单位数，普通本专科、成人本专科学校数为普通高校、成人高校学校数。中等职业教育不含技工数。2014 年起中国科学院大学所辖的广州化学研究所、南海海洋研究所、华南植物研究所、广州能源研究所和广州地球化学研究所的教育事业统一归口中国科学院大学管理。从 2014 年起研究生数据均不含以上培养研究生单位数据。

2. 普通本专科学生数和教职工数包含独立学校数。教职工数自 2020 年起取全口径教职工数（下同）

3. 自 2020 年起，小学教职工仅统计小学及小学教学点学校的教职工数；普通初中教职工数仅统计初级中学、职业初中及九年一贯制学校的教职工数；普通高中仅统计十二年一贯制学校、完全中学及高级中学学校的教职工数；专任教师数则按教育层次进行归类。

4. 特殊教育学生数含在普通中小学随班就读及送教上门学生数。

5. 研究生招生数和在校生数自 2020 年起，含在职人员攻读硕士学位学生。

6. 研究生培养单位含 2021 年新增但未招生的肇庆学院、广东石油化工学院。

2-2 普通高等教育基本情况(2021)

项　目	学校数（所）	毕业生数（人）	招生数（人）	在校学生数（人）	教职工数（人）	#专任教师
合　计	**160**	**574407**	**751886**	**2539779**	**190310**	**128811**
#女性		303861	371928	1266170	95161	63933
按隶属关系分						
中央属	4	22598	26088	99848	21621	10640
地方属	156	551809	725798	2439931	168689	118171
按学校类别分						
综合大学	71	260213	305314	1079714	88622	55525
理工院校	36	153095	214040	693563	42481	30925
农业院校	4	21940	31266	113782	7678	5848
医药院校	12	27311	42125	135535	13952	10122
师范院校	10	29904	53047	169994	14031	9285
语文院校	2	6877	6741	28618	3095	1940
财经院校	14	60687	81445	264185	14979	11886
政法院校	2	3188	3803	12255	981	559
体育院校	3	3777	5093	14729	1458	851
艺术院校	6	7415	9012	27404	3033	1870

2-3 中等教育基本情况(2021)

项 目	学校数（所）	毕业生数（人）	招生数（人）	在校学生数（人）	教职工数（人）	
						# 专任教师
中等职业教育	**382**	**260465**	**335993**	**903049**	**57214**	**44944**
调整后中等职业学校	236	163807	206590	550381	34660	26806
普通中专学校	54	33611	44056	116575	6792	4790
成人中专学校	1	1327	1858	4943	251	205
职业高中学校	91	54364	70496	198505	14540	11904
其他机构	19	5628	8488	22864	971	759
附设中职班	26	1728	4505	9781		480
技工学校	148	154507	219396	628794	32677	24866
普通中学	**4908**	**1855733**	**2251435**	**6299810**	**709301**	**472469**
# 高中	1076	592106	705236	2007726	292107	157383

注：1. 自2020年起，教职工数取普通中学学校教职工数，其中九年一贯制学校、十二年一贯制学校的教职工数计入普通中学教职工数；专任教师数则按教育层次进行归类。

2. 中等技术学校、中等师范学校归并到普通中等学校。

3. 其他机构和附设中职班不计学校数。

2-4 技工学校基本情况(2021)

项　目	单位	合计	地方劳动保障部门办	行业办	企业办	民办
技工学校个数	(所)	148	60	8	11	69
招生学校数	(所)	138	59	7	8	64
在职教职工人数	(人)	32677	19823	1196	641	11017
文化技术理论课教师		17011	11498	616	233	4664
#高级讲师		3292	2592	112	24	564
生产实习指导老师		7855	4106	271	250	3228
#高级实习指导教师		632	484	30	13	105
一体化教师		12068	8679	389	197	2803
兼职教师	(人)	3293	1180	49	71	1993
文化技术理论课教师		1858	722	35	22	1079
生产实习指导老师		1339	444	14	49	832
招生人数	(人)	219396	115949	5709	4604	93134
高级班学生		93744	69896	2834	1111	19903
技师和预备技师班学生		2644	1734	137	0	773
在校生人数	(人)	628794	359607	16427	12021	240739
高级班学生		290977	223728	7046	3632	56571
技师和预备技师班学生		9248	7674	323	0	1251
毕业生人数	(人)	154507	89890	3288	3585	57744
高级班学生		68118	49886	1687	1150	15395
技师和预备技师班学生		2444	1966	100	0	378
就业人数	(人)	152141	88640	3235	3546	56720
高级班学生		67508	49418	1687	1140	15263
技师和预备技师班学生		2437	1959	100	0	378
培训社会人员数	(人)	265063	126488	12321	35816	90438
培训社会人员结业人数	(人)	188384	80782	11259	31178	65165
获取初级职业资格证		12660	10101	0	211	2348
获取中级职业资格证		14703	4096	361	505	9741
获取高级职业资格证		5082	2363	28	67	2624
获取技师和高级技师资格证		222	103	0	30	89

注：广东无国务院部委办。

2-5 各市普通高等教育基本情况(2021)

市 别	学校数（所）	毕业生数（人）	招生数（人）	在校学生数（人）	教职工数（人）	专任教师数（人）
合 计	**160**	**574407**	**751886**	**2539779**	**190310**	**128811**
广 州	83	319777	424042	1412569	111499	75682
深 圳	8	21128	28554	104343	16864	6731
珠 海	6	25232	17996	80520	5471	4216
汕 头	4	5516	10154	30428	3236	2004
佛 山	6	23486	29465	97522	5924	4405
韶 关	2	10657	16668	49595	3221	1928
河 源	1	4597	5086	16482	851	680
梅 州	2	6309	6990	28892	2064	1612
惠 州	5	14755	20914	70116	3975	2722
汕 尾	1	2869	2908	9834	654	451
东 莞	7	24322	29252	104388	6960	5090
中 山	3	10597	9600	37631	2097	1539
江 门	5	13704	22123	76884	4063	3378
阳 江	1	3687	3825	12909	607	466
湛 江	6	31860	38954	133652	8532	6527
茂 名	5	16258	25262	86275	3767	3149
肇 庆	6	22248	32265	109719	6016	4760
清 远	3	4574	10256	28225	1298	953
潮 州	2	5156	7172	23023	1744	1362
揭 阳	2	4027	4376	12688	734	548
云 浮	2	3648	6024	14084	733	608

注：1. 以学校为单位统计，含分校区数据。
2. 教职工数自2020年起取全口径教职工数。

2-6 各市中等职业教育基本情况(2021)

市 别	学校数（所）	毕业生数（人）	招生数（人）	在校学生数（人）	教职工数（人）	专任教师数（人）
合 计	**382**	**260465**	**335993**	**903049**	**57214**	**44944**
广 州	78	57864	57152	171402	9541	6905
深 圳	15	12519	14144	40186	3985	2886
珠 海	8	6407	7142	20634	1269	1078
汕 头	15	7656	11784	30214	2039	1646
佛 山	27	17245	22915	66284	5111	3829
韶 关	14	9050	11940	34127	2243	1866
河 源	13	6260	11129	27200	1533	1230
梅 州	16	7641	8704	24832	1323	1007
惠 州	24	14801	21370	53142	3203	2472
汕 尾	10	4295	7397	17558	1036	855
东 莞	21	18284	22252	57362	4356	3229
中 山	7	7661	10218	26333	1866	1568
江 门	17	10068	11983	32533	2051	1784
阳 江	6	3792	6799	16840	896	707
湛 江	38	16327	25475	65865	3302	2719
茂 名	12	19967	26948	67182	3805	3313
肇 庆	16	16639	22892	61176	3482	2920
清 远	14	8300	13894	34293	2102	1790
潮 州	8	2718	3906	9835	910	720
揭 阳	15	8015	10813	26927	2114	1498
云 浮	8	4956	7136	19124	1047	922

注：中等职业教育数据不含技工学校数据。

2-7 各市普通高中基本情况（2021）

市　别	学校数（所）	毕业生数（人）	招生数（人）	在校学生数（人）	普通中学教职工数（人）	专任教师数（人）
合　计	**1076**	**592106**	**705236**	**2007726**	**709301**	**157383**
广　州	124	51850	54844	161633	73369	14713
深　圳	105	44718	64932	169533	97258	14344
珠　海	19	10276	12552	35443	12261	2946
汕　头	98	43219	47929	140739	41860	10767
佛　山	66	39917	46756	133772	45355	10452
韶　关	25	16517	18384	53177	15593	4277
河　源	35	21351	26468	74669	24028	5913
梅　州	60	26451	29566	87545	24935	7356
惠　州	46	30502	40458	112554	40903	7726
汕　尾	34	17508	20620	57508	18172	4196
东　莞	53	27563	41943	107201	56079	7642
中　山	20	15086	18878	54507	22210	4029
江　门	50	24923	29427	84916	22664	6460
阳　江	20	14575	17936	51161	17503	3497
湛　江	57	42246	45267	130341	40215	10257
茂　名	69	50690	54484	161504	41878	13390
肇　庆	42	22810	25997	78014	24869	6267
清　远	32	21191	25223	72035	23458	5594
潮　州	33	15746	17622	51371	14756	4193
揭　阳	65	40069	49395	142326	38127	9751
云　浮	23	14898	16555	47777	13808	3613

注：自 2020 年起，教职工数取普通中学学校教职工数，其中九年一贯制学校、十二年一贯制学校的教职工数计入普通中学教职工数；专任教师数则按教育层次进行归类。

2-8 各市普通初中基本情况(2021)

市别	学校数(所)	毕业生数(人)	招生数(人)	在校学生数(人)	专任教师数(人)
合计	**3832**	**1263627**	**1546199**	**4292084**	**315086**
广州	427	114209	145159	407956	32454
深圳	370	106840	143846	393641	31526
珠海	68	22170	27470	78311	5703
汕头	214	75523	87366	245991	18584
佛山	162	75764	92769	260195	19370
韶关	128	36146	40350	112300	8305
河源	165	46641	55944	157861	11790
梅州	179	52321	61253	174483	13354
惠州	254	77008	93084	255570	17485
汕尾	130	41202	44674	124427	9077
东莞	205	79431	104844	276080	18972
中山	92	38122	47242	130424	8989
江门	147	46011	54042	151976	10991
阳江	100	33045	41561	112341	7748
湛江	245	88405	111706	304459	20970
茂名	200	92625	109918	305187	22060
肇庆	162	53262	65295	180434	11605
清远	155	46964	60657	166415	11320
潮州	112	26794	32423	92630	7350
揭阳	234	78932	86589	249477	19498
云浮	83	32212	40007	111926	7935

2-9 各市小学基本情况(2021)

市别	学校数（所）	毕业生数（人）	招生数（人）	在校学生数（人）	教职工数（人）	专任教师数（人）
合计	**10599**	**1590812**	**1838010**	**10790100**	**511483**	**592196**
广州	986	159637	211956	1164403	57417	64993
深圳	343	155758	204514	1133041	33642	63640
珠海	144	27543	34833	194961	9717	10424
汕头	733	89789	99581	584147	25051	29924
佛山	417	91992	115707	664264	33858	36648
韶关	215	40091	41433	269636	14165	15188
河源	363	54222	46345	303570	18112	20738
梅州	452	60535	59914	373597	21516	21961
惠州	577	94606	105655	633683	26441	33864
汕尾	451	44010	48705	289694	16242	16917
东莞	337	123454	143850	848515	34460	44168
中山	211	49432	61507	350094	14612	18117
江门	326	54132	60154	360059	16269	18417
阳江	165	41455	40826	260989	11768	15219
湛江	918	111460	134215	770820	37992	40475
茂名	1398	108450	118693	712258	42595	40927
肇庆	237	64502	64182	408882	19061	21194
清远	353	59474	68962	421202	21100	22668
潮州	579	33632	35310	213900	10866	11379
揭阳	1212	86343	99139	567135	30257	30154
云浮	182	40295	42529	265250	16342	15181

注：自2020年起，小学教职工数仅统计小学及小学教学点的教职工数；专任教师数则按教育层次进行归类。

2-10 各市学前教育基本情况(2021)

市别	学校数（所）	毕业生数（人）	招生数（人）	在校学生数（人）	教职工数（人）	专任教师数（人）
合计	**21101**	**1800294**	**1672236**	**5003933**	**652841**	**345057**
广州	2155	184519	206847	633203	94942	44206
深圳	1896	192965	192791	597569	91756	42408
珠海	403	28885	32647	100457	15507	7658
汕头	1209	89132	67312	216751	28385	17531
佛山	1058	111788	118050	358462	51885	25349
韶关	612	40672	37453	122028	15542	7776
河源	575	48372	43569	118396	13586	7006
梅州	934	65358	56287	164728	18218	11356
惠州	850	89308	89292	242747	30483	15311
汕尾	535	45168	32385	103559	12245	6938
东莞	1244	131371	120139	388436	56181	26579
中山	560	51666	51353	161069	21017	10194
江门	642	50921	54501	158150	20178	10266
阳江	699	39080	34520	109221	14585	7785
湛江	2073	152835	119197	354285	36768	22533
茂名	1628	152988	124831	339475	36964	26875
肇庆	698	64841	66544	163935	20092	10427
清远	834	65918	63231	173553	21476	11073
潮州	702	35487	31526	104002	13533	7968
揭阳	1315	112968	84902	279106	26745	18159
云浮	479	46052	44859	114801	12753	7659

2-11 各市特殊教育基本情况(2021)

市 别	学校数（所）	毕业生数（人）	招生数（人）	在校学生数（人）	教职工数（人）	专任教师数（人）
合 计	**150**	**9289**	**13198**	**71170**	**8407**	**6589**
广 州	19	979	1750	7571	1533	1281
深 圳	10	473	1006	4979	1002	828
珠 海	2	150	194	1220	253	199
汕 头	8	705	623	4174	304	268
佛 山	7	390	451	2456	442	398
韶 关	11	443	533	2895	276	199
河 源	7	560	714	3736	349	278
梅 州	9	523	644	4016	282	233
惠 州	7	405	492	2850	317	249
汕 尾	5	262	269	1732	204	167
东 莞	2	211	296	1787	362	200
中 山	2	173	337	1649	253	221
江 门	7	318	399	2228	272	239
阳 江	5	337	477	2140	204	195
湛 江	9	543	1000	5539	457	386
茂 名	8	728	1240	6319	714	379
肇 庆	8	488	667	3504	316	277
清 远	9	547	640	3756	392	217
潮 州	4	188	280	1483	88	78
揭 阳	6	680	788	4566	203	164
云 浮	5	186	398	2570	184	133

注：特殊教育学生数含在普通中小学随班就读及送教上门学生数。

2-12 各级各类学校教育经费支出情况（2021）

指标	国家财政性教育经费（亿元）	一般公共预算安排的教育经费	民办学校中举办者投入经费（亿元）	社会捐资经费（亿元）	事业收入合计（亿元）	学费收入	其他收入（亿元）
合　计	**4605.70**	**4426.42**	**39.01**	**13.57**	**1457.81**	**1255.19**	**70.47**
按学校隶属关系分							
中央	141.19	135.18		1.34	46.99	20.24	12.79
地方	4464.51	4291.24	39.01	12.23	1410.81	1234.94	57.69
按学校类别分							
高等教育	**967.09**	**893.56**	**1.37**	**7.73**	**459.96**	**338.61**	**42.18**
普通高等学校	957.60	884.37	1.37	7.73	447.25	327.52	42.10
成人高等学校	9.49	9.19			12.71	11.09	0.08
高中阶段教育	**816.07**	**786.02**	**7.99**	**1.14**	**186.18**	**150.82**	**8.03**
中等专业学校	123.64	115.56	1.59	0.03	14.17	9.30	0.90
职业高中	63.87	62.08	0.11	0.04	3.85	2.30	0.62
技工学校	84.89	82.74	0.15	0.01	26.54	20.55	2.29
成人中等学校	2.73	2.73			0.26	0.14	0.02
普通高中	540.94	522.91	6.14	1.06	141.36	118.53	4.20
义务教育	**2434.38**	**2378.73**	**21.53**	**3.38**	**440.94**	**404.08**	**11.98**
初级中学	859.32	840.60	9.15	0.68	164.96	147.16	4.80
小学	1549.75	1513.13	12.37	2.69	275.77	256.75	7.11
特殊教育学校	25.31	25.00	0.01	0.01	0.21	0.17	0.07
学前教育	**247.87**	**234.32**	**8.12**	**1.13**	**365.03**	**361.32**	**6.95**
幼儿园	247.87	234.32	8.12	1.13	365.03	361.32	6.95
其他	**140.09**	**133.59**		**0.17**	**5.69**	**0.36**	**1.35**

2-13 各级各类学校情况(2013-2021年)

项目		2013	2014	2015	2016	2017	2018	2019	2020	2021
高等学校										
学校数	(所)	138	141	143	149	151	153	154	154	160
毕业生数	(人)	412315	440952	476901	489397	511222	523936	522094	550090	574407
本科	(人)	200491	211422	224145	233592	245563	253961	267550	274415	282227
专科	(人)	211824	229530	252756	255805	265659	269975	254544	275675	292180
招生数	(人)	526162	545132	561456	549822	570775	589034	640056	917196	751886
本科	(人)	258079	267205	275399	280433	285585	293747	305879	345191	354583
专科	(人)	268083	277927	286057	269389	285190	295287	334177	572005	397303
在校学生数	(人)	1709881	1794188	1856355	1892878	1925775	1963170	2053977	2400227	2539779
本科	(人)	949585	998186	1040784	1076753	1105754	1133292	1159808	1222533	1285727
专科	(人)	760296	796002	815571	816125	820021	829878	894169	1177694	1254052
教职工数	(人)	133719	140348	145449	149360	154540	160099	168225	177919	190310
#专任教师	(人)	91099	95193	98897	101160	104381	108222	114700	122350	128811
中等职业教育										
学校数	(所)	502	495	481	468	459	444	426	396	382
毕业生数	(人)	488286	457010	417278	389163	342297	318470	279317	266124	260465
招生数	(人)	474927	417047	395377	351909	322267	297190	314820	313885	335993
在校学生数	(人)	1408894	1282205	1172119	1065745	993850	867254	859668	866831	903049
教职工数	(人)	58927	58051	57760	57472	58112	56750	56252	55946	57214
#专任教师	(人)	45443	45216	44972	44776	45197	44105	44034	43848	44944
技工学校										
学校数	(所)	243	243	163	166	162	162	163	146	148
毕业生数	(人)	127105	142165	144631	161419	146514	165103	184825	153861	154507
招生数	(人)	272962	202518	199406	186303	188840	190560	212843	216672	219396
在校学生数	(人)	876154	622614	588570	532587	553727	542661	577688	608956	628794
教职工数	(人)	28491	28743	29439	29249	30362	30397	30910	31697	32677
#专任教师	(人)	19839	20840	21011	21624	22610	22917	23111	24009	24866
普通中学										
学校数	(所)	4366	4399	4434	4510	4566	4627	4720	4783	4908
毕业生数	(人)	2240211	2111685	2019599	1916488	1791237	1739826	1777980	1802553	1855733
招生数	(人)	2030640	1892418	1828856	1861368	1878201	1924497	2019714	2091430	2251435

注：根据国家高校事业统计口径，将高等教育教职工数的口径调整为全口径。

2-13 续表

项目	2013	2014	2015	2016	2017	2018	2019	2020	2021
在校学生数（人）	6252379	5907698	5607203	5452167	5453670	5561808	5727682	5858187	6299810
教职工数 （人）	470314	473585	475396	478451	484846	490666	497285	661340	709301
# 专任教师 （人）	421533	426872	426648	427488	431256	436368	440394	452731	472469
小学									
学校数 （所）	11824	10731	10126	10178	10258	10308	10565	10600	10599
毕业生数 （人）	1370411	1243469	1214916	1270381	1319106	1372693	1430339	1469516	1590812
招生数 （人）	1500473	1536722	1658031	1711845	1743657	1888110	1944213	1770662	1838010
在校学生数 （人）	8079381	8319147	8688785	9052214	9419581	9883724	10334303	10571118	10790100
教职工数 （人）	486056	497687	514405	535967	560350	585423	612020	490985	511483
# 专任教师 （人）	437532	454377	468608	486578	507788	530291	553241	573428	592196
学龄儿童入学									
学龄儿童总数（万人）	901	1127	1146	1184	896	940	983	1008	1028
已入学学龄儿童数(万人)	898	1125	1144	1183	896	940	983	1008	1028
学龄儿童入学率（%）	100.0	100.0	100.0	100.0	100.0	100.0	100.0	100.0	100.0
小学毕业生升学率									
小学毕业生人数（人）	1370411	1243469	1214916	1270381	1319106	1372693	1430339	1469516	1590812
已升学人数 （人）	1299856	1195611	1164480	1218075	1266817	1320273	1380301	1419625	1546199
小学毕业生升学率（%）	94.9	96.2	95.8	95.9	96.0	96.2	96.5	96.6	97.2
幼儿园									
幼儿园数 （所）	13793	15416	16368	17288	18048	18953	19885	20747	21101
在园幼儿数 （人）	3545757	3793381	4022844	4216668	4414144	4491112	4645041	4801766	5003933
教职工数 （人）	336666	387991	436203	469367	515112	549904	582390	611347	652841
# 专任教师 （人）	188182	213800	240749	256471	281656	292853	307952	321477	345057
特殊教育学校									
特殊教育学校数 （所）	99	104	116	127	133	135	141	143	150
招生数 （人）	3862	5300	7303	6853	8893	9055	10149	12550	13198
在校学生数 （人）	21799	28285	36048	37756	44084	47912	52869	63802	71170

注：1. 1995年以来小学毕业生升学率采用教育部口径，即升学率＝初中招生数／小学毕业生数。
2. 自2020年起，普通中学教职工数取普通中学学校教职工数，其中九年一贯制学校、十二年一贯制学校的教职工数计入普通中学教职工数；小学教职工数仅取小学及小学教学点学校教职工数；专任教师数则按教育层次进行归类。
3. 特殊教育学生数含在普通中小学随班就读及送教上门学生数。
4. 高中阶段毕业生数不包括技工学校毕业生数。

2-14 研究生教育情况(2013-2021年)

项目	2013	2014	2015	2016	2017	2018	2019	2020	2021
培养单位数 (个)	**32**	**28**	**28**	**28**	**28**	**28**	**30**	**30**	**32**
高等学校	24	25	25	25	25	25	27	27	29
科研单位	8	3	3	3	3	3	3	3	3
招生数 (人)	**29255**	**29769**	**30650**	**32393**	**38832**	**42515**	**46576**	**59918**	**64501**
攻读博士学位	3566	3559	3540	3742	3997	4752	5697	6394	7023
高等学校	3368	3551	3532	3734	3989	4744	5689	6386	7015
科研单位	198	8	8	8	8	8	8	8	8
攻读硕士学位	25689	26210	27110	28651	34835	37763	40879	53524	57478
高等学校	25342	26134	27018	28555	34732	37659	40751	53399	57340
科研单位	347	76	92	96	103	104	128	125	138
在校学生数 (人)	**85180**	**86568**	**89404**	**92875**	**102912**	**114830**	**129572**	**151347**	**174309**
攻读博士学位	14351	14169	14474	14990	15686	16978	19430	22127	25020
高等学校	13659	14136	14443	14958	15658	16950	19404	22100	24996
科研单位	692	33	31	32	28	28	26	27	24
攻读硕士学位	70829	72399	74930	77885	87226	97852	110142	129220	149289
高等学校	69863	235	74682	77614	86929	97545	109800	128853	148888
科研单位	966	72164	248	271	297	307	342	367	401
毕业生数 (人)	**24353**	**25538**	**26174**	**27155**	**27148**	**28878**	**30178**	**36011**	**38911**
攻读博士学位	2907	2837	2947	2947	3055	3120	3085	3393	3735
高等学校	2732	2830	2937	2940	3047	3110	3075	3386	3724
科研单位	175	7	10	7	8	10	10	7	11
攻读硕士学位	21446	22701	23227	24208	24093	25758	27093	32618	35176
高等学校	21170	22627	23151	24134	24018	25665	26999	32518	35071
科研单位	276	74	76	74	75	93	94	100	105

注：1. 2014年起中国科学院大学所辖的广州化学研究所、南海海洋研究所、华南植物研究所、广州能源研究所和广州地球化学研究所的教育事业统一归口中国科学院大学管理，从2014年起研究生数据均不含以上培研究生单位数据。

2. 研究生培养单位含2021年新增但未招生的肇庆学院、广东石油化工学院。

2-15 各级各类成人教育在校学生数(2013-2021年)

单位：人

项目	2013	2014	2015	2016	2017	2018	2019	2020	2021
成人高等教育	**534376**	**626927**	**664495**	**651963**	**653103**	**749161**	**931474**	**1103093**	**975147**
成人高等学校	16803	16055	17556	18905	29546	85988	194092	276342	25174
广播电视大学	9196	8799	10256	13326	23925	79710	185641	265802	12956
职工高等学校	5498	5166	5411	5579	5621	6278	8451	10540	12218
管理干部学院									
教育学院	2109	2090	1889						
普通高校附设	517573	610872	646939	633058	623557	663173	737382	826751	949973
函授部	185880	235440	281334	319929	319662	322401	332878	393209	538311
夜大学	331693	375432	365605	312884		340772	404504	433542	411662
成人脱产班	0	0	0	245					
成人中等教育	20951	13774	7443	5011					
成人中专学校	29544	11743	7341	4682	4156	4405	4560	4596	4943
成人中学	1219	2031	102						
成人初等教育									
职工初等教育									
农民初等教育									
# 扫盲班									

2-16 各市中等职业技术教育招生基本情况(2013-2021年)

单位：人

市别	2013	2014	2015	2016	2017	2018	2019	2020	2021
合计	**474927**	**417047**	**395377**	**351909**	**322267**	**297190**	**314820**	**313885**	**335993**
广州	86776	88650	80281	67560	63027	66026	63539	60259	57152
深圳	12076	13628	13691	13964	13005	12875	13835	12504	14144
珠海	7073	7837	7556	7795	5906	6217	6744	6680	7142
汕头	29699	19615	30462	19004	14604	11095	11021	10334	11784
佛山	25180	26068	25074	23903	20946	18527	27862	21858	22915
韶关	9983	7212	9000	9103	9719	10028	11856	12442	11940
河源	9557	8800	8293	8098	7547	7276	8108	9709	11129
梅州	20208	15604	10373	10345	9760	8716	9282	9345	8704
惠州	22082	22176	20074	19833	19143	17398	16775	18715	21370
汕尾	10663	5523	4243	4701	4126	5203	5737	6185	7397
东莞	17618	19414	20014	21697	20703	20433	19515	19077	22252
中山	9529	8167	8129	7856	8173	8315	8535	8843	10218
江门	17655	16649	15298	14776	12938	11576	11719	10941	11983
阳江	7462	6449	4860	5539	4942	4072	4990	5947	6799
湛江	45619	36275	26636	24564	21656	18473	22337	25082	25475
茂名	30648	19352	18451	18514	21172	23529	23566	23427	26948
肇庆	22932	22212	19264	20451	18335	18346	20496	20605	22892
清远	17450	13382	11868	11933	11145	10035	10379	11731	13894
潮州	6634	6556	3584	3460	3075	3164	2970	3394	3906
揭阳	51476	42648	49240	30692	24271	9748	9207	9568	10813
云浮	14607	10830	8986	8121	8074	6138	6347	7239	7136

注：中等职业教育数据不含技工学校数据。

2-17 各市中等职业技术教育在校生基本情况（2013-2021年）

市别	2013	2014	2015	2016	2017	2018	2019	2020	2021
合计	**1408894**	**1282205**	**1172119**	**1065745**	**993850**	**867254**	**859668**	**866831**	**903049**
广州	241321	245434	237919	216974	196796	184094	180990	179515	171402
深圳	33618	36870	38145	39665	39234	38922	39442	39134	40186
珠海	21734	21756	21326	21597	20117	18962	18493	19320	20634
汕头	109853	85327	81172	64729	58701	38299	31061	28350	30214
佛山	77497	76322	73773	71963	66878	60002	64974	62648	66284
韶关	35083	27892	25003	24888	25339	25979	29730	32498	34127
河源	32715	31071	24933	22354	21896	20992	21202	23508	27200
梅州	63255	55795	40439	32523	29074	27308	26206	25153	24832
惠州	64998	61765	57523	55446	53284	51440	48687	49061	53142
汕尾	42521	30923	18438	12211	11289	11965	13618	15226	17558
东莞	47910	50220	53434	57243	57964	58459	56962	55677	57362
中山	24739	25189	24563	23139	23133	23243	23847	24604	26333
江门	49780	46441	45009	43523	40419	36898	33725	31736	32533
阳江	22240	17776	14345	14607	14399	13766	13379	14509	16840
湛江	116154	103765	84010	71251	65433	59927	58386	61043	65865
茂名	96954	64333	52187	48905	51168	57808	63120	64184	67182
肇庆	67243	64359	59057	58290	55274	53771	54052	56781	61176
清远	45000	42553	39222	32763	30935	29023	28771	30150	34293
潮州	25554	20446	13897	11030	9472	9248	8825	8907	9835
揭阳	150572	138706	135759	117899	100097	27277	25980	26594	26927
云浮	40153	35262	31965	24745	22948	19871	18218	18233	19124

注：中等职业教育数据不含技工学校数据。

2-18 各市普通高中招生基本情况(2013-2021年)

单位：人

市别	2013	2014	2015	2016	2017	2018	2019	2020	2021
合计	**730784**	**696807**	**664376**	**643293**	**611384**	**604224**	**639413**	**671805**	**705236**
广州	60452	60116	60267	58260	54406	52401	53127	54360	54844
深圳	39637	39872	42329	42615	43575	46037	49206	56027	64932
珠海	9501	9815	10144	9902	10493	10388	10948	11913	12552
汕头	55810	52132	49270	47233	46429	44699	47522	46934	47929
佛山	38447	38684	39525	39384	39117	40922	42129	44173	46756
韶关	22059	21006	19375	17576	16990	16622	17270	17716	18384
河源	24017	22974	19887	20975	20844	21316	23203	24470	26468
梅州	39927	36762	32241	30792	27964	26452	28794	29364	29566
惠州	33025	29977	29378	30966	30262	30551	34029	37701	40458
汕尾	27445	25653	23478	21626	18688	17831	18090	18774	20620
东莞	26039	26741	26720	27153	27916	27956	30221	33822	41943
中山	15332	16188	16365	15758	15528	15447	17175	18739	18878
江门	28777	26788	26581	26061	26047	26568	28250	29331	29427
阳江	19453	16412	15734	15536	14381	15000	16382	16952	17936
湛江	66222	62168	57502	49910	46711	42552	42050	43087	45267
茂名	71388	67806	60321	60886	52966	51056	53686	53822	54484
肇庆	29443	29302	26814	26679	23131	23570	24850	27688	25997
清远	25620	24133	22851	23765	22626	21764	23337	23912	25223
潮州	24864	21119	19378	17512	16288	16287	16879	17538	17622
揭阳	54215	51724	50928	44995	41704	41672	46411	49780	49395
云浮	19111	17435	15288	15709	15318	15133	15854	15702	16555

2-19 各市普通高中在校生基本情况(2013-2021 年)

单位：人

市　别	2013	2014	2015	2016	2017	2018	2019	2020	2021
合　计	**2204473**	**2140193**	**2054033**	**1973727**	**1892669**	**1837141**	**1837399**	**1903517**	**2007726**
广　州	177227	178106	178564	176275	170676	163838	159355	159450	161633
深　圳	113639	114797	120073	124216	127099	131102	137539	150289	169533
珠　海	31430	30008	29609	29285	29991	30588	31909	33350	35443
汕　头	161614	160793	154794	146265	140639	136527	137056	137178	140739
佛　山	113746	113747	115268	116350	116913	118529	120734	127543	133772
韶　关	64125	63917	60709	56167	52754	50541	50560	51505	53177
河　源	73345	70632	65393	62652	60983	62477	65276	69024	74669
梅　州	124487	115909	106609	98209	89626	84086	83306	84441	87545
惠　州	96918	94257	91082	90261	90562	91095	95151	102887	112554
汕　尾	86886	82783	74174	68964	62544	56995	54116	54481	57508
东　莞	77045	78053	78905	79851	81052	82710	85561	91548	107201
中　山	46733	46957	47506	47851	47212	46218	47790	51077	54507
江　门	84532	81702	79182	76293	75599	76002	78321	82032	84916
阳　江	63587	56507	50595	47250	44955	44216	45261	47949	51161
湛　江	198448	193675	183055	167483	153396	139252	130920	127441	130341
茂　名	218544	211857	196688	186683	172257	162880	156727	158290	161504
肇　庆	88210	88027	84247	81513	75326	72363	70345	75319	78014
清　远	79605	75688	71005	69236	67981	67151	66805	68266	72035
潮　州	77779	66222	61968	56528	51911	49160	48745	49907	51371
揭　阳	168633	161058	153878	144808	135635	126054	126271	135192	142326
云　浮	57940	55498	50729	47587	45558	45357	45651	46348	47777

2-20 各市普通初中招生基本情况(2013-2021年)

单位：人

市别	2013	2014	2015	2016	2017	2018	2019	2020	2021
合计	**1299856**	**1195611**	**1164480**	**1218075**	**1266817**	**1320273**	**1380301**	**1419625**	**1546199**
广州	122175	113479	110824	116292	122090	122121	131578	138917	145159
深圳	91523	90897	92997	101066	108820	118051	124848	137214	143846
珠海	20786	19391	18997	20647	21968	22818	24773	26646	27470
汕头	87123	78048	74081	75283	75766	78601	80053	81877	87366
佛山	66939	64414	65850	71944	77255	78341	83566	86358	92769
韶关	32050	31388	31996	34987	35724	36222	35845	34973	40350
河源	38852	36670	36625	39579	42053	46669	49784	51402	55944
梅州	48595	45990	45083	47517	50100	51314	53431	57839	61253
惠州	62619	60994	62207	68713	73063	81600	84317	82967	93084
汕尾	49263	42259	39481	39356	38589	41302	40535	38864	44674
东莞	74131	75371	76593	83528	87838	95860	97821	92418	104844
中山	34702	33743	34155	37043	39170	39727	40883	43898	47242
江门	48871	45454	44764	45992	47201	48234	49560	50618	54042
阳江	28211	25274	25909	28435	30859	33572	34935	36284	41561
湛江	119199	97962	87218	85880	88491	90310	95900	98532	111706
茂名	109469	99654	93417	93977	92112	93591	97592	97836	109918
肇庆	62299	53928	51386	51072	52874	53756	56675	58377	65295
清远	43837	41153	41334	43781	45553	48242	52201	55089	60657
潮州	30590	28110	26598	26716	27967	27495	29969	30970	32423
揭阳	97449	83693	77029	76659	78257	80196	81642	81094	86589
云浮	31173	27739	27936	29608	31067	32251	34393	37452	40007

2-21 各市普通初中在校生基本情况（2013-2021 年）

单位：人

市　别	2013	2014	2015	2016	2017	2018	2019	2020	2021
合　计	**4047906**	**3767505**	**3553170**	**3478440**	**3561001**	**3724667**	**3890283**	**4054670**	**4292084**
广　州	369714	354764	336664	329410	338751	350590	366867	383753	407956
深　圳	258096	263893	265148	272239	290542	316902	339851	367341	393641
珠　海	62456	60538	57950	57643	60246	64395	68705	73341	78311
汕　头	277122	252158	231265	221311	219152	224709	229953	236498	245991
佛　山	201867	194022	190744	197004	210765	224004	235575	245373	260195
韶　关	102929	96761	94080	97295	101780	106296	107503	108082	112300
河　源	122384	114779	110961	112461	117433	127383	137742	148131	157861
梅　州	165197	147971	139563	138294	142636	149026	155353	164181	174483
惠　州	190399	182052	179645	184770	196955	217033	232574	243085	255570
汕　尾	158783	140079	124591	117432	114810	117054	118749	120458	124427
东　莞	201244	206595	208677	215902	229117	249653	263482	265727	276080
中　山	105902	100528	98245	100831	107244	113181	117270	122552	130424
江　门	149752	141250	134963	132318	134515	138265	141788	145913	151976
阳　江	89651	81478	78541	78997	84814	92276	98398	104032	112341
湛　江	390165	347100	297605	266084	258281	261919	271742	282606	304459
茂　名	347954	318182	298459	283966	277491	277313	281404	288074	305187
肇　庆	197486	178141	165154	154138	153379	156036	161919	168263	180434
清　远	138584	128103	123469	123627	128450	135165	143504	154046	166415
潮　州	103198	91362	83212	79430	79292	80307	84057	87610	92630
揭　阳	311894	276804	248730	230994	227652	231177	237009	241424	249477
云　浮	103129	90945	85504	84294	87696	91983	96838	104180	111926

2-22 各市小学招生基本情况(2013-2021年)

单位：人

市别	2013	2014	2015	2016	2017	2018	2019	2020	2021
合计	**1500473**	**1536722**	**1658031**	**1711845**	**1743657**	**1888110**	**1944213**	**1770662**	**1838010**
广州	167919	173884	178035	180334	191092	206514	210895	198393	211956
深圳	147097	162498	172097	173804	181516	206327	203957	190742	204514
珠海	25299	28020	27963	27872	29876	32644	34809	31949	34833
汕头	84428	86580	92881	96016	92085	100787	103070	98398	99581
佛山	84423	86118	89702	95733	105318	113894	117468	108646	115707
韶关	36084	36124	40370	44216	44973	48337	48233	43074	41433
河源	49628	50902	54892	53177	50569	53681	53484	47013	46345
梅州	53005	56929	60014	63905	60806	64736	68412	57639	59914
惠州	89068	87966	96841	100177	102481	112594	113801	102331	105655
汕尾	41497	37977	45019	45429	45441	50234	53850	46046	48705
东莞	127237	125039	140495	138184	142485	158396	160064	140231	143850
中山	47295	50068	51422	53432	55626	59426	61802	57575	61507
江门	52693	52625	55769	57310	58859	64395	63474	57646	60154
阳江	35559	36777	42092	44202	43892	45701	46019	40547	40826
湛江	96596	99124	111734	119341	120170	130776	138902	128870	134215
茂名	97251	98093	109481	115143	115751	120189	128529	115425	118693
肇庆	58402	59447	65658	67228	67796	70714	72484	64619	64182
清远	51532	53812	59359	64161	68151	72588	77100	68642	68962
潮州	35277	34278	35303	36377	33029	35475	36989	39151	35310
揭阳	84921	82517	88187	91788	89769	95004	102471	91536	99139
云浮	35262	37944	40717	44016	43972	45698	48400	42189	42529

2-23 各市小学在校生基本情况（2013-2021 年）

单位：人

市别	2013	2014	2015	2016	2017	2018	2019	2020	2021
合计	**8079381**	**8319147**	**8688785**	**9052214**	**9419581**	**9883724**	**10334303**	**10571118**	**10790100**
广州	859263	900072	937870	968531	1004695	1058455	1104714	1125103	1164403
深圳	730232	793178	864841	910974	964510	1027969	1068992	1091179	1133041
珠海	131577	140593	148795	155269	162238	172071	181989	185969	194961
汕头	485143	487220	500404	516195	526460	545223	564301	576215	584147
佛山	463667	474382	490146	512455	543598	580066	616570	638742	664264
韶关	206775	210459	218150	227248	236257	248414	260813	268462	269636
河源	247677	260471	277545	291572	299994	307634	312719	311036	303570
梅州	289871	298971	312546	330179	341593	354868	370951	373666	373597
惠州	445608	472152	504066	530498	556985	584251	609393	621791	633683
汕尾	247257	240454	244762	250227	255489	263472	276450	285556	289694
东莞	659138	687269	719263	738686	765120	803482	837399	842240	848515
中山	257539	267907	276744	285941	297389	311717	326422	335628	350094
江门	295745	299322	306211	313894	322934	337381	348700	354628	360059
阳江	181498	192121	206912	221471	233790	245787	256665	261279	260989
湛江	550561	549528	570321	602486	633240	672313	715299	748066	770820
茂名	568011	563247	577167	598560	620850	646820	679448	701483	712258
肇庆	327739	332450	342841	356373	369217	385169	400466	407485	408882
清远	269770	282153	299721	320395	343170	367865	394825	410969	421202
潮州	184134	187458	192524	198443	199304	203516	207118	213159	213900
揭阳	492418	484782	491090	502299	510277	522235	542455	554855	567135
云浮	185758	194958	206866	220518	232471	245016	258614	263607	265250

2-24 各市学前教育招生基本情况（2013-2021年）

单位：人

市别	2013	2014	2015	2016	2017	2018	2019	2020	2021
合计	**1709973**	**1846417**	**1868715**	**1950684**	**2024707**	**2008699**	**1808192**	**1825885**	**1672236**
广州	126112	137608	164102	174280	179411	191685	193130	221927	206847
深圳	143792	174195	159728	173978	202474	193675	179844	187135	192791
珠海	18513	22577	27641	27740	29318	29861	28601	31691	32647
汕头	71220	80208	79188	82978	80734	80222	67795	89216	67312
佛山	74527	84010	94990	101328	104132	112895	113278	125672	118050
韶关	52084	47280	48550	51294	49722	42690	41256	44214	37453
河源	77100	66762	64522	69610	62950	58460	49494	50029	43569
梅州	83848	87519	94566	89617	95640	88463	70747	61004	56287
惠州	88817	90106	98785	106591	106535	102913	94644	92786	89292
汕尾	37591	42653	43737	45695	52381	61984	50163	38510	32385
东莞	110484	126185	132911	134681	133053	137320	121328	125992	120139
中山	35525	44845	46290	45289	47257	50047	53369	55994	51353
江门	51144	51195	51422	50268	50123	45591	52072	54992	54501
阳江	53942	60203	51348	50363	52253	51209	41082	40144	34520
湛江	150459	175155	178434	188233	184372	179880	139969	132624	119197
茂名	174335	193630	175883	190408	216213	206027	172729	151884	124831
肇庆	74568	66344	65277	66424	70946	70163	69017	69302	66544
清远	70652	72273	72530	72455	73453	69683	70307	66642	63231
潮州	44931	46641	42179	46211	42743	43444	32320	42271	31526
揭阳	111841	121112	114295	119501	127560	136422	114575	91811	84902
云浮	58488	55916	62337	63740	63437	56065	52472	52045	44859

2-25 各市学前教育在校生基本情况(2013-2021年)

单位：人

市别	2013	2014	2015	2016	2017	2018	2019	2020	2021
合计	**3545757**	**3793381**	**4022844**	**4216668**	**4414144**	**4491112**	**4645041**	**4801765**	**5003933**
广州	378728	404261	445218	463037	483497	498127	527648	574541	633203
深圳	368937	399014	438498	463319	504955	524193	545032	559674	597569
珠海	54809	58346	66666	71727	77854	79055	81459	87959	100457
汕头	162260	175588	179226	182473	185089	184649	191402	212323	216751
佛山	236542	251361	268740	282112	294356	304035	318480	338060	358462
韶关	107913	112750	119343	123078	121856	119502	118349	119464	122028
河源	123308	120117	119081	123578	125297	122057	119402	118103	118396
梅州	129613	136897	145804	152762	160294	156837	156989	164282	164728
惠州	163139	175808	193674	207214	224848	224216	229843	226274	242747
汕尾	56181	58005	60926	65526	74670	81573	98430	99290	103559
东莞	277777	290548	314449	331710	347381	355587	364816	370798	388436
中山	110688	122768	129617	133357	139477	143555	147946	154899	161069
江门	128413	132851	139386	144031	144611	141283	143662	149419	158150
阳江	88490	99316	99284	102762	106419	105968	104267	104626	109221
湛江	238106	278984	295880	315783	328901	338065	355463	348825	354285
茂名	258450	273446	285363	297805	307681	312547	334761	348161	339475
肇庆	136407	140417	145801	148792	153934	157943	156408	157948	163935
清远	136754	148397	156763	164497	171927	173774	172595	171158	173553
潮州	96419	100639	98227	102275	103651	102650	100437	105263	104002
揭阳	199104	217759	218798	231308	243460	251614	263554	275989	279106
云浮	93719	96109	102100	109522	113986	113882	114098	114710	114801

2-26 历年普通高等教育基本情况

年份	学校数（所）	毕业生数（人）	招生数（人）	在校生数（人）	教职工数（人）	专任教师数（人）
1978	23	5125	11430	30705	20139	9047
1979	26	1876	8706	37892	21736	9709
1980	27	7595	9654	41004	24223	9480
1981	28	5491	9817	44723	25591	9832
1982	30	15311	11732	40931	28024	11165
1983	33	10411	14588	45592	29592	11974
1984	34	10615	19979	54730	31523	11629
1985	41	11004	25955	69897	34141	13586
1986	44	16284	25464	78346	36956	14824
1987	44	20552	28624	86297	37526	14979
1988	45	25277	36878	97224	38783	15706
1989	45	26248	29317	100393	39008	15762
1990	45	33663	29613	95929	38841	15735
1991	41	32627	30541	92655	38416	15470
1992	43	30294	35519	97432	38894	15076
1993	45	27670	47560	116957	40169	15734
1994	47	25999	47573	137458	40870	16134
1995	42	34830	49419	151788	41464	16552
1996	41	42644	55680	164017	42355	16899
1997	42	44134	57059	174740	42816	16939
1998	43	49270	60976	185047	42683	17053
1999	50	47988	94114	229583	44645	18489
2000	52	49714	120784	299475	46827	20433
2001	62	58835	139050	381926	51057	23467
2002	71	84696	176135	467807	60305	32961
2003	77	105533	225837	587779	70394	40192
2004	94	125229	264569	726866	79820	46951
2005	102	157082	306956	874686	90771	54257
2006	105	196036	344150	1008577	100317	61119
2007	109	233129	354885	1119655	108190	67091
2008	125	282469	390732	1216390	111780	69223
2009	129	309190	438583	1334089	108598	73943
2010	131	334187	440167	1426624	114018	78569
2011	134	357521	473647	1527254	119351	82916
2012	138	404011	510856	1616838	130127	87402
2013	138	412315	526162	1709881	133719	91099
2014	141	440952	545132	1794188	140348	95193
2015	143	476901	561456	1856355	145449	98897
2016	149	489397	549822	1892878	149360	101160
2017	151	511222	570775	1925775	154540	104381
2018	153	523936	589034	1963170	160099	108222
2019	154	522094	640056	2053977	168225	114700
2020	154	550090	917196	2400227	177919	122350
2021	160	574407	751886	2539779	190310	128811

注：1. 2008年以后学校数包含独立学院校数。普通高校学校数含2016年10月、12月教育部批准设立的深圳北理莫斯科大学、广东以色列理工学院。普通高校学校数含2018年12月教育部批准设立的深圳技术大学；本科数含2018年12月教育部同意升格为本科层次职业学校的广州科技职业技术学院（本科）、广东工商职业学院（本科）。

2. 根据国家高校事业统计口径，2012年以后教职工数均取全口径教职工数。

2-27 历年成人高等教育基本情况

年份	学校数（所）	毕业生数（人）	招生数（人）	在校生数（人）	教职工数（人）	专任教师数（人）
1990	61	20043	17899	87153	8561	3897
1991	62	32018	16775	78807	8715	3831
1992	54	23171	22745	75685	8760	3897
1993	57	16275	52608	125213	9417	4294
1994	58	15768	33441	137014	10220	4891
1995	61	41587	46737	135053	11407	5408
1996	61	31593	28535	125780	11552	5611
1997	61	40798	50643	131155	11683	5736
1998	57	36125	51290	146334	11846	6041
1999	54	43980	60709	166291	12345	5472
2000	41	45316	85635	201410	10037	5636
2001	40	56437	97087	233032	10291	7726
2002	37	67432	125537	288992	13505	7259
2003	34	87088	140235	209246	12673	7033
2004	30	97547	137215	258364	12281	5401
2005	20	33000	144159	295618	9172	5586
2006	19	110337	149345	404451	9253	5382
2007	19	129749	140543	424232	9028	5503
2008	19	129315	159472	444980	9223	5503
2009	15	135010	166462	463395	9262	5685
2010	15	144427	161757	463987	9831	6115
2011	15	151953	161819	460467	4573	2835
2012	15	145810	189069	489117	4656	2814
2013	15	156277	215771	534376	4612	2742
2014	15	152627	264058	626927	4424	2619
2015	15	183503	241193	664495	4286	2552
2016	14	210813	224860	651963	4009	2438
2017	14	236540	254854	653103	4180	2509
2018	14	209757	326377	749161	4117	2474
2019	14	225670	425138	931474	4027	2519
2020	14	265912	453516	1103093	3171	2046
2021	14	299581	431525	975147	3212	2079

2-28 历年技工学校基本情况

年份	学校数（所）	在校生数（万人）	招生数（万人）	毕业生数（万人）	教职工总数（万人）	# 专任教师数
1979	80	0.7	0.7		0.4	0.2
1980	82	1.6	0.9	1.0	0.4	0.2
1981	87	1.4	0.5	0.7	0.5	0.2
1982	85	1.0	0.5	0.8	0.5	0.2
1983	85	0.9	0.5	0.5	0.5	0.2
1984	92	1.0	0.6	0.5	0.5	0.2
1985	97	1.5	0.8	0.4	0.5	0.2
1986	95	2.0	1.1	0.5	0.5	0.2
1987	107	2.6	1.3	0.6	0.6	0.3
1988	109	3.4	1.5	0.6	0.7	0.3
1989	124	3.9	1.6	1.0	0.8	0.4
1990	127	5.2	2.1	0.6	0.9	0.4
1991	136	5.6	2.2	1.7	1.0	0.4
1992	145	6.3	2.7	1.7	1.0	0.5
1993	151	7.7	3.5	1.9	1.1	0.5
1994	159	9.5	3.9	2.2	1.1	0.5
1995	171	11.1	4.7	2.8	1.2	0.6
1996	178	12.3	4.8	3.4	1.3	0.7
1997	186	13.2	5.2	3.5	1.2	0.7
1998	190	13.5	4.8	4.0	1.3	0.8
1999	194	15.6	5.6	4.2	1.3	0.7
2000	186	15.5	5.8	4.5	1.2	0.7
2001	159	16.7	7.1	4.1	1.1	0.7
2002	156	17.8	8.2	4.4	1.1	0.8
2003	186	24.0	10.0	4.3	1.3	0.9
2004	186	28.1	11.5	5.5	1.4	1.0
2005	191	32.8	12.9	7.1	1.5	1.0
2006	202	38.2	15.1	8.2	1.6	1.1
2007	217	45.8	18.1	9.5	2.0	1.5
2008	228	53.5	20.3	10.3	2.1	1.6
2009	242	64.1	26.7	12.5	2.5	1.9
2010	246	75.6	28.2	12.8	2.8	2.0
2011	246	85.1	30.2	13.2	2.8	2.0
2012	243	88.5	30.1	14.1	2.8	2.1
2013	243	87.6	27.3	12.7	2.9	2.0
2014	243	62.3	20.3	14.2	2.9	2.1
2015	163	58.9	19.9	14.5	2.9	2.1
2016	166	53.3	18.6	16.1	2.9	2.2
2017	162	55.4	18.9	14.7	3.0	2.3
2018	162	54.3	19.1	16.1	3.0	2.3
2019	163	57.8	21.3	18.5	3.1	2.3
2020	146	60.9	21.7	15.4	3.2	2.4
2021	148	62.9	21.9	15.5	3.3	2.5

2-29 历年普通高中基本情况

年份	学校数（所）	毕业生数（人）	招生数（人）	在校生数（人）	普通中学教职工数（人）	专任教师数（人）
1978	1956	371403	268527	680311	180435	33194
1979	1500	361183	216048	472943	172721	26235
1980	1243	233699	189538	402135	166183	23614
1981	1124	191494	155023	334525	157390	22150
1982	1001	154486	141872	296630	148225	20443
1983	843	113285	126638	283878	145883	18963
1984	820	85740	128431	318630	150582	19506
1985	832	96998	121376	333154	158714	20722
1986	828	98771	121661	350285	165276	21393
1987	825	112049	126351	352768	170755	22422
1988	823	111825	125114	350799	175715	23602
1989	821	108253	123574	351594	176967	23764
1990	837	110310	129526	361234	178487	24693
1991	826	113317	121255	359955	182901	25562
1992	822	114171	116294	348588	190186	26131
1993	802	118953	119641	331501	199399	25871
1994	824	103398	130256	346647	208805	25148
1995	836	102593	155585	389031	223091	26255
1996	848	108762	181399	450928	238141	28738
1997	882	119086	206983	524717	247891	32118
1998	900	142876	226833	590404	256390	35778
1999	914	165284	241505	641074	265253	39187
2000	947	182354	286825	725276	275686	43941
2001	1000	206752	332084	842763	289103	50124
2002	1012	228122	385020	984104	305781	57475
2003	995	274956	442596	1137234	323075	66190
2004	998	318190	508059	1313116	339997	75330
2005	981	374445	569753	1489863	360341	86079
2006	1005	429856	607748	1634639	377490	95581
2007	1019	479969	606934	1724319	395636	103445
2008	1018	534880	668073	1817646	412718	110689
2009	1020	568989	717900	1924412	429596	118549
2010	1026	567648	755881	2089462	445335	125069
2011	1012	630863	777547	2204135	457435	137112
2012	1017	688461	773249	2259282	466859	141835
2013	1015	723659	730784	2204473	470314	144756
2014	1012	728690	696807	2140193	473585	148361
2015	1019	726690	664376	2054033	475396	150861
2016	1031	703300	643293	1973727	478451	151612
2017	1030	676686	611384	1892669	484846	151435
2018	1013	646488	604224	1837141	490666	149931
2019	1008	628523	639413	1837399	497285	148775
2020	1035	598362	671805	1903517	661340	151802
2021	1076	592106	705236	2007726	709301	157383

注：自2020年起，普通中学教职工数的九年一贯制学校、十二年一贯制学校的教职工数计入普通中学教职工数。

2-30 历年普通初中基本情况

年份	学校数（所）	毕业生数（人）	招生数（人）	在校生数（人）	专任教师数（人）
1978	280	725718	985826	2452877	121377
1979	947	655264	842119	2214375	117938
1980	1438	431480	784691	2118968	111346
1981	1941	468396	695854	1852548	101063
1982	2271	392887	662130	1705273	92334
1983	2651	377206	680684	1712052	90874
1984	2705	387346	734342	1888312	93553
1985	3017	436284	747799	2031394	99566
1986	3108	505781	742515	2149010	103438
1987	3313	573271	743567	2173253	106675
1988	3246	616436	723707	2091518	109171
1989	3107	610937	691086	2005700	109359
1990	3042	602594	704083	1979067	110035
1991	2996	591590	758299	2022810	113265
1992	2961	577866	880805	2201651	119239
1993	2964	589105	956982	2440376	128072
1994	2993	637122	1047969	2727104	137655
1995	3009	755564	1156238	3005525	149486
1996	3034	837696	1221333	3280949	160091
1997	3007	933232	1273310	3483818	167975
1998	2979	1035789	1317264	3645724	173199
1999	3000	1091006	1374296	3797987	179712
2000	3017	1135845	1424737	3881614	184661
2001	2917	1140968	1426843	4054225	189195
2002	2932	1220166	1467948	4149939	197320
2003	3184	1282353	1548622	4321843	205339
2004	3243	1314006	1586418	4495533	213640
2005	3301	1368854	1626601	4627044	221224
2006	3327	1425940	1706870	4758296	228956
2007	3297	1434350	1743138	4829437	238399
2008	3334	1429971	1803636	4978825	247359
2009	3322	1481488	1756780	5036732	256571
2010	3308	1534663	1663662	5001040	266445
2011	3316	1619069	1540940	4790565	268008
2012	3309	1619805	1402496	4424650	273493
2013	3351	1516552	1299856	4047906	276777
2014	3387	1382995	1195611	3767505	278511
2015	3415	1292909	1164480	3553170	275787
2016	3479	1213188	1218075	3478440	275836
2017	3536	1114551	1266817	3561001	279821
2018	3614	1093338	1320273	3724667	286437
2019	3712	1149457	1380301	3890283	291619
2020	3748	1204191	1419625	4054670	300929
2021	3832	1263627	1546199	4292084	315086

2-31 历年小学基本情况

年份	学校数（所）	毕业生数（人）	招生数（人）	在校生数（人）	教职工数（人）	专任教师数（人）
1978	23820	1142691	1515195	7430209	303467	260933
1979	24458	1062960	1565500	7438125	322562	274065
1980	24981	1043244	1493077	7488593	331390	281403
1981	24728	1042564	1371758	7347804	329762	280398
1982	24916	1044479	1302235	7230311	323942	275502
1983	25037	1143228	1188139	7053368	321185	272479
1984	24821	1166653	1140879	6927289	317692	269535
1985	24630	1141197	1088948	6712468	316431	268120
1986	24566	1064129	1198284	6706215	313210	263428
1987	24651	996946	1227785	6773671	314803	267111
1988	24611	916060	1243156	6887228	320208	269478
1989	24625	836679	1270805	7151532	324942	273601
1990	24610	824945	1299348	7472928	329460	277262
1991	24633	877430	1337393	7789333	336576	283465
1992	24654	1022360	1386454	8039814	343299	289920
1993	24686	1086876	1463095	8321421	351947	298601
1994	24718	1146583	1531761	8622146	360320	305946
1995	24628	1215578	1515530	8831914	376759	321434
1996	24688	1272996	1493611	8976384	392034	338242
1997	24730	1330786	1532419	9113410	402805	346423
1998	24724	1374593	1493285	9351270	404037	347886
1999	24556	1433779	1498378	9209566	414314	357429
2000	24202	1484833	1557286	9299314	420385	364118
2001	23611	1484451	1604435	9529844	428614	371283
2002	23314	1529035	1687362	9796069	437121	379755
2003	22792	1586749	1729914	10253706	447013	389262
2004	21944	1628669	1684682	10496221	455679	396487
2005	21228	1674305	1641550	10670304	463715	403824
2006	20512	1754494	1556420	10569906	467730	407584
2007	19891	1803140	1438722	10176170	474573	414470
2008	19271	1867640	1315880	9564740	476680	416608
2009	18506	1835297	1274186	8876522	477034	418311
2010	16806	1741881	1359159	8485498	487773	430735
2011	15148	1619684	1408922	8220577	488280	432451
2012	13396	1499644	1452959	8082401	486028	432374
2013	11824	1370411	1500473	8079381	486056	437532
2014	10731	1243469	1536722	8319147	497687	454377
2015	10126	1214916	1658031	8688785	514405	468608
2016	10178	1270381	1711845	9052214	535967	486578
2017	10258	1319106	1743657	9419581	560350	507788
2018	10308	1372693	1888110	9883724	585423	530291
2019	10565	1430339	1944213	10334303	612020	553241
2020	10600	1469516	1770662	10571118	490985	573428
2021	10599	1590812	1838010	10790100	511483	592196

注：自 2020 年起，小学教职工数仅统计小学及小学教学点的教职工数；专任教师数则按教育层次进行归类。

2-32 历年学前教育基本情况

年份	学校数（所）	毕业生数（人）	在校生数（人）	教职工数（人）	专任教师数（人）
1978	7331		438528	30371	16782
1979	5690		395646	26949	14881
1980	6513		479193	28880	15333
1981	6340		487477	30893	16545
1982	6678		585354	34611	19263
1983	6646		634201	37518	20906
1984	6254		771137	41489	24415
1985	6104		929877	43531	28319
1986	6912		1048760	48024	30024
1987	7379		1263029	56064	35270
1988	7249	675080	1327988	58426	37452
1989	7280	733732	1419233	62754	40897
1990	7469	803576	1500521	65195	42905
1991	6335	976754	1657423	68626	45115
1992	6917	1087165	1775729	73770	49308
1993	6533	1189012	1905347	78482	53534
1994	7243	1154865	1918458	85560	57790
1995	7923	1419777	2000082	90904	59344
1996	8582	1390978	2018878	96599	64339
1997	9425	1376406	2027578	104353	68651
1998	10147	1323611	2036463	111288	73096
1999	11836	1345465	2130453	123815	79748
2000	12027	1337009	2141789	129060	83552
2001	9790	1392440	2209151	131919	76490
2002	10135	1183264	2115525	135608	77731
2003	10067	1145873	2125196	143381	82186
2004	10213	1143651	2131994	149289	85805
2005	10359	1082389	2139186	158971	91789
2006	10622	1042662	2192932	169126	98396
2007	10594	1033175	2226430	179061	104541
2008	10533	975273	2323511	191444	111597
2009	11018	978931	2494689	210313	122470
2010	11161	1036468	2772293	236760	136321
2011	11785	981433	3078104	269963	149764
2012	12720	1139751	3307177	303996	168842
2013	13793	1082455	3545757	336666	188182
2014	15416	1142897	3793381	387991	213800
2015	16368	1293693	4022844	436203	240749
2016	17288	1403768	4216668	469367	256471
2017	18048	1435015	4414144	515112	281656
2018	18953	1802791	4491112	549904	292853
2019	19885	1783537	4645041	582390	307952
2020	20747	1814323	4801766	611347	321477
2021	21101	1800294	5003933	652841	345057

2-33 历年各级各类学校在校学生数

单位：万人

年份	高等学校	高中阶段教育			义务教育		学前教育
		中等职业教育学校	技工学校	普通高中	初级中学	小学	幼儿园
1978	3.1	3.6		76.2	245.3	743.0	43.9
1979	3.8	4.5	0.7	53.5	221.4	743.8	39.6
1980	4.1	6.3	1.6	46.5	211.9	748.9	47.9
1981	4.5	6.1	1.4	38.4	185.3	734.8	48.7
1982	4.1	6.5	1.0	34.5	170.5	723.0	58.5
1983	4.6	10.0	0.9	33.1	171.2	705.3	63.4
1984	5.5	13.0	1.0	36.8	188.8	692.7	77.1
1985	7.0	18.0	1.5	38.8	203.1	671.3	93.0
1986	7.8	28.2	1.5	41.0	214.9	670.6	104.9
1987	8.6	34.3	2.6	41.1	217.3	677.4	126.3
1988	9.7	37.6	3.4	35.1	209.2	688.7	132.8
1989	10.0	42.1	3.9	35.2	200.6	715.2	141.9
1990	9.6	45.3	5.2	36.1	197.9	747.3	150.1
1991	9.3	44.7	5.6	36.0	202.3	788.9	165.7
1992	9.7	46.3	6.6	34.9	220.2	809.0	177.6
1993	11.7	50.2	7.7	33.2	244.0	832.1	190.5
1994	13.8	55.9	9.6	34.7	272.7	862.2	191.8
1995	15.2	66.7	11.1	38.9	300.6	883.2	200.0
1996	16.4	67.3	12.3	45.1	328.1	897.6	201.9
1997	17.5	72.7	13.3	52.5	348.4	911.3	202.8
1998	18.5	70.5	14.5	59.0	364.6	918.0	203.6
1999	22.1	69.5	23.0	64.1	379.8	921.0	213.0
2000	30.0	65.6	15.5	72.5	388.2	929.9	214.2
2001	38.2	62.0	16.7	84.3	405.4	953.0	220.9
2002	46.8	61.2	17.8	98.4	415.0	979.6	211.6
2003	58.8	63.1	23.9	113.7	432.2	1025.4	212.5
2004	72.7	65.5	28.1	131.3	449.6	1049.6	213.2
2005	87.5	71.0	32.8	149.0	462.7	1067.0	213.9
2006	100.9	80.8	38.2	163.5	475.8	1057.0	219.3
2007	112.0	90.8	45.8	172.4	482.9	1017.6	222.6
2008	121.6	100.1	53.5	181.8	497.9	956.5	232.4
2009	133.4	120.5	65.0	192.4	503.7	887.7	249.5
2010	142.7	154.8	75.4	208.9	500.1	848.5	277.2
2011	152.7	152.1	79.5	220.4	479.1	822.1	307.8
2012	161.7	149.6	88.5	225.9	442.5	808.2	330.7
2013	171.0	140.9	87.6	220.4	404.8	807.9	354.6
2014	179.4	128.2	62.3	214.0	376.8	831.9	379.3
2015	185.6	117.2	58.9	205.4	355.3	868.9	402.3
2016	189.3	106.6	53.3	197.4	347.8	905.2	421.7
2017	192.6	99.4	55.4	189.3	356.1	942.0	441.4
2018	196.3	86.7	54.3	183.7	372.5	988.4	449.1
2019	205.4	86.0	57.8	183.7	389.0	1033.4	464.5
2020	240.0	86.7	60.9	190.4	405.5	1057.1	480.2
2021	254.0	90.3	62.9	200.8	429.2	1079.0	500.4

注：1. 高等学校人数指普通本、专科人数，下同。

2. 1986 年后中等职业教育学校包括普通中专、成人中专、职业高中，1986 年前缺成人中专数据。

2-34 分地区各级教育生均一般公共预算教育经费增长情况（2021）

地 区	中等职业学校（元）			普通高中（元）			普通初中（元）		
	2020 年	2021 年	增减（%）	2020 年	2021 年	增减（%）	2020 年	2021 年	增减（%）
广东省	**20377.74**	**20743.52**	**1.79%**	**23769.10**	**27327.77**	**14.97%**	**21,708.59**	**22,141.37**	**1.99%**
广州市	30,470.92	30,494.59	0.08%	46,776.49	47,119.37	0.73%	40,539.86	39,528.71	-2.49%
韶关市	15,886.42	15,901.38	0.09%	17,049.71	17,050.96	0.01%	14,799.13	14,800.63	0.01%
深圳市	47,562.18	45,625.46	-4.07%	75,051.60	118,507.39	57.90%	48,704.59	52,066.68	6.90%
珠海市	41,338.52	29,075.23	-29.67%	57,983.51	62,437.81	7.68%	46,653.37	39,610.47	-15.10%
汕头市	18,183.45	23,856.51	31.20%	13,201.85	13,428.32	1.72%	13,288.33	13,485.80	1.49%
佛山市	23,252.34	23,257.58	0.02%	20,628.26	22,784.22	10.45%	19,162.29	21,110.71	10.17%
江门市	11,525.24	11,555.38	0.26%	16,505.97	16,914.89	2.48%	17,055.30	16,085.77	-5.68%
湛江市	11,695.23	10,910.32	-6.71%	13,273.06	13,463.05	1.43%	12,246.61	12,337.21	0.74%
茂名市	11,571.47	11,281.23	-2.51%	12,064.77	12,279.63	1.78%	12,371.40	12,459.60	0.71%
肇庆市	10,384.17	10,445.48	0.59%	13,663.69	14,011.14	2.54%	12,810.90	12,951.72	1.10%
惠州市	12,196.90	12,989.70	6.50%	20,001.04	20,466.06	2.32%	18,232.42	19,329.95	6.02%
梅州市	9,824.85	10,558.61	7.47%	14,606.43	14,984.45	2.59%	16,240.83	16,253.54	0.08%
汕尾市	19,678.23	16,049.24	-18.44%	19,810.40	17,083.93	-13.76%	15,515.82	15,954.04	2.82%
河源市	16,662.37	15,417.71	-7.47%	14,419.96	13,613.81	-5.59%	16,792.91	14,991.05	-10.73%
阳江市	10,187.16	10,010.44	-1.73%	16,432.82	11,122.37	-32.32%	14,757.43	14,936.54	1.21%
清远市	13,727.27	13,754.71	0.20%	16,468.18	16,701.60	1.42%	15,858.58	15,676.32	-1.15%
东莞市	30,200.21	32,697.61	8.27%	35,403.37	37,598.33	6.20%	34,867.94	36,695.02	5.24%
中山市	25,479.06	29,691.96	16.53%	31,328.85	33,500.79	6.93%	27,346.53	28,703.03	4.96%
潮州市	16,902.28	16,918.28	0.09%	16,121.11	16,140.72	0.12%	15,860.26	15,884.83	0.15%
揭阳市	11,457.78	12,720.29	11.02%	10,421.95	10,516.05	0.90%	12,318.51	12,398.25	0.65%
云浮市	12,043.39	12,257.82	1.78%	13,379.98	13,604.35	1.68%	17,601.84	16,770.13	-4.73%

2-34 续表

地 区	普通小学（元）			幼儿园（元）		
	2020 年	2021 年	增减 (%)	2020 年	2021 年	增减 (%)
广东省	**14,654.73**	**14,903.38**	**1.70%**	**9,521.44**	**9,598.50**	**0.81%**
广州市	22,688.86	21,815.00	-3.85%	13,907.47	13,755.60	-1.09%
韶关市	9,621.20	9,804.30	1.90%	8,239.79	9,419.36	14.32%
深圳市	36,750.22	37,478.37	1.98%	39,549.66	28,093.03	-28.97%
珠海市	29,321.00	29,216.25	-0.36%	25,884.88	31,688.59	22.42%
汕头市	8,017.23	7,676.43	-4.25%	3,636.49	2,671.53	-26.54%
佛山市	13,238.82	14,500.10	9.53%	4,004.72	4,784.86	19.48%
江门市	12,082.32	12,171.43	0.74%	1,854.77	1,951.48	5.21%
湛江市	8,702.55	8,350.58	-4.04%	2,627.14	2,675.11	1.83%
茂名市	9,015.20	9,097.25	0.91%	4,690.15	4,827.14	2.92%
肇庆市	9,428.97	9,491.81	0.67%	3,809.15	4,061.71	6.63%
惠州市	12,976.31	13,923.54	7.30%	3,070.09	3,428.67	11.68%
梅州市	10,443.64	10,489.87	0.44%	3,295.54	3,459.73	4.98%
汕尾市	12,174.56	12,015.36	-1.31%	8,609.79	10,571.71	22.79%
河源市	11,353.26	10,566.82	-6.93%	3,750.42	3,784.84	0.92%
阳江市	9,057.02	9,190.34	1.47%	3,397.21	4,327.67	27.39%
清远市	10,645.50	10,702.83	0.54%	5,955.98	6,604.67	10.89%
东莞市	23,499.94	24,398.10	3.82%	6,304.15	6,658.06	5.61%
中山市	19,062.41	19,731.81	3.51%	3,958.30	4,457.54	12.61%
潮州市	9,966.18	10,045.68	0.80%	4,354.53	4,408.75	1.25%
揭阳市	8,035.80	8,097.58	0.77%	2,809.28	3,013.05	7.25%
云浮市	9,365.49	9,547.45	1.94%	3,581.78	3,809.89	6.37%

主要统计指标解释

教育经费支出 分为事业经费和基建支出两部分。1．事业经费支出分为“个人部分支出”和“公用部分支出”两个部分。个人部分支出：指用于公办、民办教职工，离退休人员，学生等个人方面的支出。包括基本工资、补助工资、其他工资、职工福利费、社会保障费及奖贷助学金。公用部分支出包括：公务费、业务费、设备购置费、修缮费、其他属于公用性质的经费支出。2．基建支出：指属于基建投资额度范围内的，并列入各级计划部门基建计划，由学校和教育事业单位经批准用教育基建拨款和其他自筹资金安排的基本建设，并专存银行基建专户的支出。

普通高等学校 是指按国家规定的设置标准和审批程序批准举办的，通过全国普通高等教育统一招生考试，招收高中毕业生为主要培养对象，实施高等学历教育的全日制大学、独立设置的学院和高等专科学校、高等职业学校和其他机构。大学、独立设置的学院主要实施本科及本科层次以上教育。高等专科学校、高等职业学校实施专科层次教育。其他机构是承担国家普通招生计划任务不计校数的机构，包括普通高等学校分校和批准筹建的普通高等学校等。

中等职业教育学校 是指按国家规定的设置标准和审批程序批准成立的实施中等职业教育的学校（机构），包括原属普通中等专业学校、成人中等专业学校、职业高中及技工学校。

初中学生毛入学率 指初级中学（普通初中和职业初中）在校生总数占初中学龄人口数的比重。

高中阶段教育入学率 是指当年高中阶段在校生（普通高中在校生、中等职业学校在校生、技工学校在校生、成人高中注册学生数）总数占高中阶段学龄人口数的比重。

高等教育毛入学率 是指高等教育阶段（包括国家承认学历的各类高等教育：普通高校本专科、高等学历文凭考试、电视大学注册视听生、自学考试本科专科、军事院校本专科研究生教育）在校学生折合总数占高等教育学龄（18 ～ 22 岁）人口数的比重。

三、卫生

简要说明

1．本篇资料主要反映广东省卫生事业发展情况。

2．本篇资料主要包括：

(1) 级各类卫生机构基本情况、卫生技术人员数、床位及使用情况、医疗业务开展情况、医疗设备拥有和使用情况及农村卫生情况等。

(2) 地区全省和 21 个地级以上市。

(3) 年份主要有当年、近 5 年连续年份。

3．统计资料来源：本篇资料由广东省卫健委、省农业农村厅、省水利厅负责整理、审核、提供。

2021 年广东省医疗卫生资源和医疗服务概述

2021 年全省卫生健康系统在省委省政府正确领导下，坚持以习近平新时代中国特色社会主义思想为指导，紧扣卫生健康高质量发展主题，坚守疫情防控战线，统筹推进各项工作，实现“十四五”良好开局。现根据全省医疗卫生资源与医疗服务年报数据将有关情况分析如下。

一、卫生资源

卫生资源总量稳步增长，人均占有量持续提升，医疗服务能力不断增强。

（一）医疗卫生机构数。截止 2021 年底，全省医疗卫生机构 57955 家，其中：医院 1762 家，基层医疗机构 55139 家，专业公共卫生机构 779 家，其他机构 275 家。与上年相比，医疗卫生机构总量增加 2055 家，增长 3.67%，其中：医院增加 62 家，基层医疗机构增加 2070 家，其他机构增加 41 家，专业公共卫生机构减少 118 家。全省三甲医疗机构（含医院、妇幼保健院、专科疾病防治院）147 家，较上年增加 18 家。

医院：按机构类别分，全省综合医院 955 家，中医医院 199 家（含中西医结合医院 14 家）、专科医院 569 家、护理院 39 家；按医院等级分，三级医院 254 家、二级医院 625 家、一级医院 463 家、未定级医院 420 家；按经济类型分，公立医院 737 家、民营医院 1025 家。

基层医疗机构：基层医疗机构中，卫生院 1173 家、社区卫生服务机构 2736 家、门诊部（所）25782 家、村卫生室 25448 家。与上年相比，社区卫生服务机构增加 57 家、门诊部（所）增加 2454 家，由于撤停并改等原因村卫生室减少 439 家、卫生院减少 2 家。

专业公共卫生机构：专业公共卫生机构中，妇幼保健机构 130 家、专科疾病防治机构 128 家、疾病预防控制机构 142 家、卫生监督机构 151 家、计划生育服务机构 91 家、采供血机构 49 家、急救中心（站）53 家、健康教育机构 35 家。与上年相比，全省急救中心（站）增加 9 家，疾病预防控制机构增加 5 家，卫生监督机构增加 4 家，采供血机构增加 1 家，计划生育服务机构减少 138 家，专科疾病防治机构减少 2 家。

（二）医疗机构床位数。截止 2021 年底，全省医疗机构拥有住院床位 58.9 万张，其中：医院 48.0 万张（内：民营医院 12.1 万张），卫生院 6.7 万张，妇幼保健机构 2.7 万张，专科疾病防治机构 0.6 万张，社区卫生服务机构 0.9 万张。与上年相比，床位总量增加 2.4 万张，增长 4.3%。按照常住人口统计，全省每千口床位 4.64 张，较上年增加 0.17 张。

（三）在岗职工数。截止 2021 年底，全省医疗卫生机构在岗职工 106.2 万人，其中：卫生技术人员 87.6 万人、管理人员 3.8 万人（内：仅从事管理的人员 3.8 万人）、工勤技能人员 9.4 万人、其他技术人员 5.5 万人。与上年相比，职工总量增加 5.3 万人，增长 5.2%；卫生技术人员增加 4.4 万人，增长 5.3%。

按人员类别分：卫生技术人员中，执业（助理）医师 32.1 万人，注册护士 40.2 万人，分别较上年增加 1.4 万人（增长 4.4%）、2.7 万人（增长 7.3%）。全省医护比 1:1.25；技师 4.8 万人（含：影像技师 1.1 万人、检验技师 3.1 万人、康复技师 0.5 万人）。

按机构类别分：医院在岗职工 63.6 万人（内：民营医院 11.5 万人），基层医疗机构 32.8 万人，专业公共卫生机构 8.9 万人，分别较上年增长 5.0%、6.3%、2.0%。

按执业类别分：全省临床、中医、口腔、公卫医师分别为 22.7 万、5.2 万、2.9 万、1.2 万人，占医师比重分别为 70.8%、16.3%、9.1%、3.7%。全省全科医生共 4.0 万人（其中：注册为全科医师专业的 3.7 万人、乡村全科执业助理医师数 0.2 万人）。执业（助理）医师中，取得培训合格证书的 0.7 万人。

注：根据《国家卫生健康统计调查制度》，医疗卫生机构包括医院、基层医疗机构、专业公共卫生机构、其他机构四类，妇幼保健院和专科疾病防治院纳入专业公共卫生机构统计，医院不含妇幼保健院和专科疾病防治院。

千人口指标：按常住人口统计，2021 年全省每千人口执业（助理）医师 2.53 人，注册护士 3.17 人，分别比上年增加 0.10 人、0.20 人。每万人口全科医师数 3.12 人。

学历职称：全省医疗卫生机构高级职称在岗职工 9.2 万人，本科及以上学历在岗职工 43.4 万人，分别较上年增加 1.1 万人、4.0 万人。卫生技术人员中，高级以上职称 8.7 万人，占卫生技术人员总数的 9.9%，较上年提高 0.7 个百分点；本科以上学历 38.1 万人，占卫生技术人员总数的 43.5%，较上年提高 1.7 个百分点。

（四）设备及房屋建筑面积。截止 2021 年底，全省医疗卫生机构拥有万元以上设备 99.2 万台，比上年增加 13.8 万台（增长 16.1%），其中：10-49 万元设备 19.8 万台、50-99 万元设备 3.2 万台、100 万元及以上设备 3.2 万台。

（五）卫生总费用。2020 年全省卫生总费用达 7073.1 亿元，占全省 GDP 的 6.4%，其中：政府卫生支出 1950.2 亿元，社会卫生支出 3293.6 亿元，个人现金卫生支出 1829.4 亿元，所占比重分别为 27.6%、46.6%、25.9%。与 2019 年相比，全省卫生总费用增长 15.1%（按当年价格算），占 GDP 的比重增加 0.7 个百分点；卫生总费用构成中，政府卫生支出占比、个人现金卫生支出占比上升 0.5、0.3 个百分点，社会卫生支出占比下降 0.8 个百分点。2020 年人均卫生总费用 5602.9 元，较 2019 年增加 270.3 元。

二、医疗服务

居民就医环境改善，互联网诊疗需求增加，医疗服务量增长，但仍低于疫情前水平。

（一）医疗服务量

诊疗量：2021 年，全省医疗机构总诊疗人次达 8.16 亿人次，其中：医院 3.91 亿人次，基层医疗机构 3.74 亿人次（内：卫生院、社区卫生服务机构 1.93 亿人次，村卫生室 0.87 亿人次，门诊部（所）0.95 亿人次），其他医疗机构 0.51 亿人次。与 2020 年相比，总诊疗人次增加 12.3%。

住院量：2021 年，全省医疗机构出院人次达 1730.0 万人次，其中：医院 1414.0 万人次，卫生院 175.3 万人次，妇幼保健院 124.2 万人次，其他机构 16.5 万人次。与 2020 年相比，出院人次增加 10.4%。

手术量：全省医疗机构住院病人手术量达 963.4 万人次，其中：医院 863.9 万人次，妇幼保健院 86.9 万人次，其他医疗机构 12.6 万人次。与 2020 年相比，手术人次增加 19.8%。根据住院病案首页统计，全省医疗机构四级手术 占比 10.6%，其中三级医疗机构四级手术占比 13.3%。

（二）医疗服务分布

市属及以上机构：按隶属关系分，2021 年省部属、市属、县（区）属及以下医疗机构（含民营医院、基层医疗等机构）总诊疗人次分别为 0.5 亿、1.3 亿、6.3 亿人次，分别占总量的 6.4%、16.0%、77.6%（2020 年分别占 6.1%、15.2%、78.6%）；出院人次分别为 217.8 万、467.0 万、1045.2 万人次，分别占 12.6%、27.0%、60.4%（2020 年分别占 11.3%、26.1%、62.6%）。

县域医疗机构：全省 57 个县医疗机构总诊疗人次 1.9 亿人次、出院人次 462.5 人次，分别占全省总量的 22.9%、26.7%。与去年相比，门诊、住院总量分别增长 3.7%、3.1%，占比分别较上年降低 1.9、1.9 个百分点。

基层医疗机构：2021 年，全省基层医疗机构总诊疗 3.7 亿人次，占全省总量的 45.9%，其中社区卫生服务中心（站）增加 16.2%，卫生院增加 16.8%，门诊部（所）增加 13.8%，村卫生室减少 13.5%。与 2020 年相比，基层医疗机构总诊疗人次增长 7.2%，占比下降 2.2 个百分点。

基层医疗机构出院人次 185.9 万人次，较去年同期增长 0.9%；基层住院量占比 10.7%，较去年减少

注：1. 根据国家新版卫生健康统计调查制度，自 2021 年起全科医生包括注册为全科医学专业和注册为乡村执业助理医师的人数之和，不含培训合格但未注册人数。
2. 四级手术按三级公立医院绩效考核口径统计。

1.0 个百分点。

（三）医疗服务效率

2021 年，全省医疗机构病床使用率 70.2%，其中：医院 74.2%（三级医院：81.7%、二级医院 71.2%），乡镇卫生院 48.5%，社区卫生服务中心 36.6%。与上年相比，医疗机构病床使用率提高 2.6 个百分点，其中：医院提高 3.2 个百分点，社区卫生服务中心下降 2.7 个百分点，乡镇卫生院下降 0.6 个百分点。

医疗机构出院者平均住院日 8.2 日，与上年持平，其中：医院 8.7 日、乡镇卫生院 5.9 日、社区卫生服务中心 6 日。

（五）医师工作负荷

2021 年，全省医院医师日均担负诊疗 9.0 人次，日均担负住院 2.0 个床日；乡镇卫生院医师日均担负诊疗 9.2 人次，担负住院 1.0 个床日；社区卫生服务中心医师日均担负诊疗 19.5 人次，担负住院 0.1 个床日。

三、收支与费用

2021 年全省公立医院药品收入占比下降，次均门诊和住院费用涨幅下降。

（一）收入支出

2021 年，全省医疗卫生机构全年总收入中财政拨款收入、医疗收入占比分别为 18.8%、74.5%。与上年相比，财政拨款收入减少 3.3%，占比下降 3.5 个百分点；医疗收入增加 19.6%，占比增加 3.1 个百分点。

公立医院医疗收入中药品收入占 26.9%、耗材收入占 13.8%、检查化验收入占 28.9%，技术劳务（挂号、诊察、护理、手术、治疗等项目）收入占 28.7%。与 2020 年相比，药占比降低 1.5 个百分点，耗材占比提高 0.2 个百分点，检查化验占比提高 1.2 个百分点，技术性劳务占比下降 0.2 个百分点。

全省医疗卫生机构总费用中人员经费支出占比 40.9%，比去年（41.5%）下降 0.6 个百分点；医院中人员经费支出占比 39.7%，比上年（40.3%）下降 0.5 个百分点。

（二）医疗费用

1. 医院门诊和住院费用。2021 年，医院次均门诊、住院费用分别为 352.5 元、14105.0 元，分别较上年上涨 3.0%、1.9%，其中：公立医院次均门诊、住院费用分别为 336.4 元、14536.9 元，分别较上年上涨 1.9%、1.3%。

2. 基层医疗机构门诊和住院费用。社区卫生服务中心次均门诊、住院费用分别为 123.3 元、4475.9 元，分别较上年上涨 2.3%、下降 4.5%；乡镇卫生院次均门诊、住院费用分别为 88.0 元、3140.3 元，分别较去年上涨 6.1%、6.2%。

四、中医药服务

全省中医药服务体系建设持续推进，中医药服务能力继续提升，中医药服务利用效率增加。

（一）中医资源

截止 2021 年底，全省中医类医疗机构总数达 2.36 万家，较上年增加 279 家，其中：中医医院 199 家，中医类门诊部 350 家，中医类诊所 5328 家，中医村卫生室（行医方式以中医、中西医结合行医为主）17739 家。有 99.4% 的社区卫生服务中心、97.8% 的社区卫生服务站、94.7% 的村卫生室能够提供中医药服务，基本满足城乡居民中医药服务需求。全省医疗机构中医从业人员 13.0 万人，中医床位 8.1 万张，分别占全省总量的 12.3%、13.8%。

（二）中医服务

2021 年，全省医疗机构提供中医门诊服务 1.85 亿人次，较上年上涨 3.1%，占全省总量的 22.7%。其中：中医类医院 6371.1 万人次，中医类门诊部（所）1971.8 万人次，中医类村卫生室 6156.4 万人次，其他机构中医科 4046.5 万人次。

全省中医住院服务人次 238.5 万人次，较上年上涨 12.8%，占全省总量的 13.8%，其中：中医类医院出院 205.6 万人次，其他医疗机构中医科出院 32.9 万人次。

撰稿：胡伟

3-1 各类卫生机构基本情况（2021 年）

卫生机构名称	机构数量（个）	实有床位（张）	在岗职工数（人）				
			合计	卫生技术人员	其他技术人员	管理人员	工勤人员
合 计	**57955**	**588953**	**1062390**	**875803**	**54729**	**38236**	**93622**
一、医院	1762	479712	636408	528197	20942	25989	61280
二、卫生院	1173	66854	100686	86145	3766	1775	9000
街道卫生院	7	544	1016	917	17	11	71
乡镇卫生院	1166	66310	99670	85228	3749	1764	8929
三、疗养院	9	388	778	408	34	44	292
四、社区卫生服务中心（站）	2736	8797	64412	56285	1841	1441	4845
社区卫生服务中心	1231	8757	57366	49696	1762	1315	4593
社区卫生服务站	1505	40	7046	6589	79	126	252
五、门诊部	5711	183	66827	57545	1769	2028	5485
六、诊所、卫生所、医务室	20071		64254	58667	2118	1547	1922
诊所	17054		53270	48695	1499	1400	1676
卫生所．医务室	2856		9817	8969	590	111	147
护理站（中心）	161		1167	1003	29	36	99
七、急救中心（站）	53		1006	584	92	164	166
八、采供血机构	49		2955	2197	173	171	414
九、妇幼保健院（所、站）	130	26743	57872	48603	1766	2293	5210
十、专科疾病防治院（所、站）	128	6276	9935	7647	740	439	1109
十一、疾病预防控制机构	142		10832	7984	995	683	1170
十二、卫生监督所（中心）	151		4630	2987	402	715	526
十三、医学科学研究机构	10		168	31	56	72	9
十四、医学在职培训机构	5		588	140	365	30	53
十五、健康教育所（站、中心）	35		518	197	119	134	68
十六、计划生育服务机构	91		944	692	31	102	119
十七、村卫生室	25448		31990	13182	18808		
十八、其他卫生机构	251		7587	4312	712	609	1954

注：1. 合计中含村卫生室数，下同。
2. 管理人员指仅从事管理的人员数，指在医疗卫生机构数中仅担负领导职责和管理任务且不从事临床或监督工作的管理人员，下同。

3-2 各类卫生机构卫生技术人员情况（2021年）

单位：人

卫生机构名称	执业（助理）医师	注册护士	药师（士）	检验技师（士）	影像技师（士）	康复技师（士）	其他卫生技术人员
合 计	**320923**	**402047**	**46589**	**31099**	**10919**	**5158**	**58155**
一、医院	172386	264485	27945	18024	7960	3928	32876
二、卫生院	31823	32684	6734	3190	1400	202	10060
街道卫生院	339	388	90	36	9	3	52
乡镇卫生院	31484	32296	6644	3154	1391	199	10008
三、疗养院	163	153	23	33	18	2	16
四、社区卫生服务中心（站）	24417	21489	4839	1784	358	237	3127
社区卫生服务中心	21522	18664	4323	1679	332	212	2935
社区卫生服务站	2895	2825	516	105	26	25	192
五、门诊部	26098	26756	1698	844	444	54	1581
六、诊所、卫生所、医务室	30803	23835	1852	119	36	158	1781
诊所	26023	19377	1637	63	23	112	1382
卫生所、医务室	4766	3554	215	56	13	16	346
护理站（中心）	14	904				30	53
七、急救中心（站）	142	320	5	9		2	106
八、采供血机构	255	1305	23	505	1		107
九、妇幼保健院（所、站）	15614	23545	2420	2858	439	522	3165
十、专科疾病防治院（所、站）	2903	2651	629	651	126	45	633
十一、疾病预防控制机构	4035	906	191	1773	65	3	1002
十二、卫生监督所（中心）							2987
十三、医学科学研究机构	16	4	4	4			3
十四、医学在职培训机构	19	50	12	2	1		56
十五、健康教育所（站、中心）	104	36	8	9			38
十六、计划生育服务机构	310	173	77	39	4		88
十七、村卫生室	10973	2136	73				
十八、其他卫生机构	862	1519	56	1255	67	5	529

注：合计中含村卫生室数；村卫生室只列出执业（助理）医师、注册护士，药师（士）数。

3-3 医院、卫生院卫生技术人员情况（2021 年）

单位：人

卫生机构名称	执业（助理）医师	注册护士	药师（士）	检验技师（士）	影像技师（士）	康复技师（士）	其他卫生技术人员
医院、卫生院合计	**204209**	**297169**	**34679**	**21214**	**9360**	**4130**	**42936**
一、医院	172386	264485	27945	18024	7960	3928	32876
综合医院	124922	192356	18903	13566	5848	2090	22261
中医医院	23937	31905	5513	2146	1038	829	4599
中西医结合医院	3314	4236	457	294	145	128	439
专科医院	19960	35428	3024	2010	928	839	5505
口腔医院	2490	3159	118	34	86		331
眼科医院	1547	2533	259	105	42	9	628
耳鼻喉科医院	150	185	21	13	8	1	33
肿瘤医院	1841	3343	278	164	220	1	863
心血管病医院	274	424	29	25	22	1	25
胸科医院	260	440	53	61	20		7
妇产（科）医院	1204	2054	176	191	60	6	220
儿童医院	1248	1892	194	153	56	104	164
精神病医院	3588	9707	751	377	119	74	1030
传染病医院	1136	1747	154	165	49	3	103
皮肤病医院	271	350	84	61		1	13
麻风病医院	50	61	21	13	1		19
职业病医院	12	6	2	10			2
骨科医院	901	1551	126	72	66	83	351
康复医院	1309	2233	264	134	50	440	679
整形外科医院	8	12	1				
美容医院	768	1422	62	50	10		94
其他专科医院	2903	4309	431	382	119	116	943
护理院	253	560	48	8	1	42	72
二、卫生院	31823	32684	6734	3190	1400	202	10060

3-4 各市各类卫生技术人员数(2021年)

单位：人

市 别	执业（助理）医师	注册护士	药师（士）	检验技师（士）	影像技师（士）	康复技师（士）	其他卫生技术人员
全 省	**320923**	**402047**	**46589**	**31099**	**10919**	**5158**	**58155**
广 州	66204	88017	9728	6704	2708	1412	12690
深 圳	45623	49599	4543	4272	1448	461	7250
珠 海	8652	10443	1069	835	263	140	1018
汕 头	11876	13108	1480	1043	303	118	1818
佛 山	22994	30052	3992	2203	734	798	3223
韶 关	8108	11844	1332	964	374	193	1385
河 源	7134	10101	1345	887	255	124	1624
梅 州	10583	11913	2107	1196	331	86	1919
惠 州	15903	18686	1898	1485	448	135	2654
汕 尾	4764	5030	631	541	221	31	1571
东 莞	22884	29174	3298	2179	630	424	2385
中 山	10000	12926	1407	884	282	188	1414
江 门	11799	16220	2158	1133	444	200	2306
阳 江	6155	8026	1049	565	207	98	1606
湛 江	14546	21258	2297	1294	607	143	4412
茂 名	14103	17084	1774	1059	434	105	2111
肇 庆	9644	12912	2087	999	296	145	2682
清 远	9268	12441	1443	981	309	159	1326
潮 州	4763	4216	959	519	137	26	687
揭 阳	10676	11926	1161	850	313	95	2168
云 浮	5244	7071	831	506	175	77	1906

注：含村卫生室数。

3-5 各市村卫生室情况(2021 年)

市 别	村卫生室数(个)	执业(助理)医师(人)	注册护士(人)	乡村医生和卫生员(人)		
				合计	乡村医生	卫生员
全 省	**25448**	**10973**	**2136**	**18808**	**17793**	**1015**
广 州	936	607	239	432	393	39
珠 海	141	139	182	80	29	51
汕 头	656	563	119	508	327	181
佛 山	41	37	16	23	20	3
韶 关	1340	451	40	947	930	17
河 源	1509	626	66	955	930	25
梅 州	2138	928	86	1407	1375	32
惠 州	1298	732	229	643	617	26
汕 尾	1189	338	2	952	870	82
中 山	15	20	32	16	6	10
江 门	897	395	167	660	647	13
阳 江	1212	459	20	938	862	76
湛 江	2090	808	283	2151	1961	190
茂 名	3166	1458	202	2500	2437	63
肇 庆	2149	651	110	1696	1635	61
清 远	1513	671	126	970	896	74
潮 州	1590	592	57	1305	1288	17
揭 阳	2639	1021	55	1748	1722	26
云 浮	929	477	105	877	848	29

3-6 各市村卫生室乡村医生学历分布（2021年）

单位：%

市　别	大专及以上学历	中专及中技	技工学校	其他
全　省	**8.8**	**83.6**	**0.2**	**7.4**
广　州	18.6	77.1		4.3
深　圳				
珠　海	10.3	89.7		
汕　头	16.8	69.1		14.1
佛　山	15.0	65.0		20.0
韶　关	12.9	85.1	0.3	1.7
河　源	5.9	91.8	0.3	1.9
梅　州	7.1	84.6	0.1	8.2
惠　州	20.9	78.9		0.2
汕　尾	10.7	78.4	0.2	10.7
东　莞				
中　山		100.0		
江　门	9.3	67.2	0.3	23.2
阳　江	8.5	88.2	0.3	2.9
湛　江	8.1	83.7		8.2
茂　名	5.7	88.8	0.2	5.2
肇　庆	4.6	86.5	0.1	8.7
清　远	11.4	85.7	0.2	2.7
潮　州	9.9	84.5	0.6	5.0
揭　阳	9.2	77.4	0.1	13.3
云　浮	5.3	85.5		9.2

3-7 全省及各市医院机构、床位、人员数(2021 年)

地区	机构数（个）	床位数（张）	在岗职工（人）	卫生技术人员（人）								其他技术人员（人）	管理人员（人）	工勤人员（人）
				小计	执业（助理）医师	注册护士	药师（士）	技师（士）						
								小计	检验技师（士）	影像技师（士）	康复技师（士）			
全省	**1762**	**479712**	**636408**	**528197**	**172386**	**264485**	**27945**	**30505**	**18024**	**7960**	**3928**	**20942**	**25989**	**61280**
广州	291	97117	155365	127417	40501	63261	6478	7614	4045	2198	1205	6128	7001	14819
深圳	145	48645	86639	70920	26398	33139	3065	4281	2763	1200	293	5259	3910	6550
珠海	45	10248	15886	13020	4557	6561	595	819	437	201	110	405	961	1500
汕头	60	18814	22829	19436	6719	9863	948	989	616	242	113	599	692	2102
佛山	136	36879	50209	42083	13775	20783	2651	2799	1486	633	590	1029	1645	5452
韶关	59	15710	16542	13808	3997	7612	728	804	449	202	147	504	532	1698
河源	69	13109	13264	11231	3228	5993	648	678	422	152	95	272	477	1284
梅州	56	15482	18436	15788	5160	7877	969	936	645	228	59	581	477	1590
惠州	84	18286	24999	20950	7038	10507	984	1102	691	310	81	515	1198	2336
汕尾	43	8756	8437	6742	2025	3340	326	412	248	138	21	209	313	1173
东莞	117	33663	48789	39619	13519	19478	2213	2544	1596	547	350	926	2527	5717
中山	69	16378	22677	19435	6583	9603	1058	1174	696	249	170	543	652	2047
江门	55	19271	22859	19523	6085	10173	1132	988	584	272	112	603	573	2160
阳江	61	12907	12101	9939	3086	5092	539	458	280	112	62	305	477	1380
湛江	128	32621	31525	26067	7488	13823	1390	1235	735	362	122	837	1829	2792
茂名	78	23589	20173	17631	5696	9525	897	776	484	235	49	568	489	1485
肇庆	67	15418	18522	15038	4221	7474	1158	829	523	176	125	513	460	2511
清远	63	12856	14942	12331	3773	6603	691	686	418	171	93	398	659	1554
潮州	34	5587	6731	5459	1827	2623	399	340	246	72	22	146	290	836
揭阳	73	17074	17016	14608	4773	7510	647	664	423	161	69	400	501	1507
云浮	29	7302	8467	7152	1937	3645	429	377	237	99	40	202	326	787

注：根据国家统计调查制度，技师（士）从 2021 年起包括检验、影像、康复等技师（士），下同。

3-8 年全省及各市卫生院机构、床位、人员数(2021 年)

地区	机构数(个)	床位数(张)	在岗职工(人)	卫生技术人员(人)								其他技术人员(人)	管理人员(人)	工勤人员(人)
				小计	执业(助理)医师	注册护士	药师(士)	技师(士)						
								小计	检验技师(士)	影像技师(士)	康复技师(士)			
全省	**1173**	**66854**	**100686**	**86145**	**31823**	**32684**	**6734**	**4844**	**3190**	**1400**	**202**	**3766**	**1775**	**9000**
广州	42	2339	5628	4871	1868	2041	401	327	202	103	17	119	224	414
深圳	2	60	168	99	38	36	12	5	3	2		34	10	25
珠海	12	320	1032	892	421	346	62	49	37	9	2	43	41	56
汕头	32	1739	3673	3117	1348	894	208	135	106	28	1	198	64	294
佛山	6	345	645	542	188	221	67	29	26	1	2	23	7	73
韶关	98	3401	4887	4313	1503	1703	380	355	231	113	8	153	52	369
河源	97	4660	6014	5043	1703	1976	470	285	201	60	20	288	50	633
梅州	119	5079	7409	6494	2583	2214	739	339	258	67	13	273	144	498
惠州	70	3341	6080	5041	1943	1766	398	345	250	79	15	224	115	700
汕尾	47	2635	4718	3734	1394	1167	211	245	171	56	5	182	89	713
江门	63	4322	6594	5924	2044	2394	569	311	184	109	14	160	79	431
阳江	39	2145	3874	3208	1069	1160	279	179	117	59	3	110	114	442
湛江	94	7747	9431	7945	2398	3237	492	430	233	183	9	532	143	811
茂名	99	11322	10793	9380	3774	3783	527	434	259	146	26	424	170	819
肇庆	90	2752	5532	4694	1653	1683	469	210	141	66	1	156	73	609
清远	110	4843	7424	6586	2255	2898	524	427	296	100	26	199	94	545
潮州	42	1755	3493	2746	1182	792	324	191	134	55	1	155	88	504
揭阳	56	4723	8196	7181	3019	2683	353	352	218	114	16	236	172	607
云浮	55	3326	5095	4335	1440	1690	249	196	123	50	23	257	46	457

3-9 全省及各市妇幼保健机构、床位、人员数（2021 年）

地区	机构数（个）	床位数（张）	在岗职工（人）	卫生技术人员（人）								其他技术人员（人）	管理人员（人）	工勤人员（人）
				小计	执业（助理）医师	注册护士	药师（士）	技师（士）						
								小计	检验技师（士）	影像技师（士）	康复技师（士）			
全省	**130**	**26743**	**57872**	**48603**	**15614**	**23545**	**2420**	**3859**	**2858**	**439**	**522**	**1766**	**2293**	**5210**
广州	12	4002	8782	7726	2584	3775	369	556	425	80	43	191	340	525
深圳	11	3034	8664	7388	2768	3353	258	568	427	67	74	344	383	549
珠海	2	839	2023	1754	559	754	76	153	114	22	7	40	209	20
汕头	5	661	940	786	259	371	49	64	61	3		32	38	84
佛山	4	2049	4537	3875	1230	1917	188	393	227	23	143	147	139	376
韶关	9	1207	2167	1758	495	915	97	142	109	21	12	39	74	296
河源	7	1451	1975	1663	530	819	70	123	102	17	4	98	24	190
梅州	9	907	2245	1864	597	822	144	196	163	19	11	117	27	237
惠州	6	1303	3074	2533	732	1285	117	217	167	16	26	49	203	289
汕尾	5	503	763	618	176	257	45	57	46	7	2	34	18	93
东莞	1	600	1463	1273	431	629	54	119	77	9	33	2	86	102
江门	6	1238	3050	2430	802	1170	126	198	129	16	53	125	40	455
阳江	5	1029	2194	1826	529	957	96	140	87	22	29	18	184	166
湛江	10	1572	3527	2842	860	1456	138	169	136	22	11	87	134	464
茂名	5	1663	2906	2443	733	1295	126	176	134	23	14	105	131	227
肇庆	9	1522	3230	2683	834	1260	178	179	138	28	11	76	139	332
清远	8	1155	1863	1521	475	728	79	147	99	13	35	94	26	222
潮州	4	323	765	580	187	280	37	47	41	5	1	30	35	120
揭阳	6	853	1955	1603	427	821	76	125	98	21	6	72	33	247
云浮	6	832	1749	1437	406	681	97	90	78	5	7	66	30	216

注：妇幼保健机构含妇幼保健院、所（站）。

3-10 全省及各市中医医院机构、床位、人员数(2021年)

地区	机构数(个)	床位数(张)	在岗职工(人)	卫生技术人员(人)								其他技术人员(人)	管理人员(人)	工勤人员(人)
				小计	执业(助理)医师	注册护士	药师(士)	技师(士)						
								小计	检验技师(士)	影像技师(士)	康复技师(士)			
全省	**199**	**65976**	**92320**	**79091**	**27251**	**36141**	**5970**	**4691**	**2440**	**1183**	**957**	**2368**	**3485**	**7376**
广州	28	14659	23825	20376	7219	9147	1581	1146	583	318	230	644	1003	1802
深圳	23	5613	9964	8696	3530	3621	489	521	284	135	98	307	469	492
珠海	5	2152	3068	2724	1041	1260	136	181	88	45	41	33	224	87
汕头	5	1342	1446	1232	487	459	102	61	41	15	5	24	50	140
佛山	13	5596	7225	6160	1999	2849	467	517	171	94	217	221	75	769
韶关	9	1982	2343	2001	601	958	155	122	73	35	12	71	35	236
河源	9	2122	2403	2080	658	928	177	149	74	34	41	55	80	188
梅州	9	2763	4449	3718	1267	1610	374	269	170	72	27	184	114	433
惠州	9	1746	2724	2325	842	995	191	116	82	30	4	56	144	199
汕尾	5	345	505	381	129	148	33	28	12	12	4	17	15	92
东莞	8	2059	3246	2713	996	1234	193	210	98	47	49	52	162	319
中山	4	2670	3881	3343	1110	1772	196	200	79	47	51	42	137	359
江门	8	4559	5762	5055	1579	2435	357	203	118	59	22	154	148	405
阳江	5	1801	2505	2187	674	1100	167	108	65	30	13	48	116	154
湛江	11	2877	3272	2759	794	1329	267	134	85	35	13	108	149	256
茂名	7	4452	4220	3712	1298	1874	230	154	99	50	5	108	102	298
肇庆	11	2772	4056	3358	943	1546	347	204	117	37	49	101	97	500
清远	8	2150	2394	2060	641	1034	170	126	65	38	23	43	180	111
潮州	4	460	783	495	207	154	68	34	21	1	12	9	56	223
揭阳	13	2467	2379	2059	721	914	134	134	60	31	41	32	73	215
云浮	5	1389	1870	1657	515	774	136	74	55	18		59	56	98

注：中医医院含中西医结合医院。

3-11 全省及各市专科疾病防治机构、床位、人员数（2021 年）

地区	机构数（个）	床位数（张）	在岗职工（人）	卫生技术人员（人）								其他技术人员（人）	管理人员（人）	工勤人员（人）
				小计	执业（助理）医师	注册护士	药师（士）	技师（士）						
								小计	检验技师（士）	影像技师（士）	康复技师（士）			
全省	**128**	**6276**	**9935**	**7647**	**2903**	**2651**	**629**	**831**	**651**	**126**	**45**	**740**	**439**	**1109**
广州	7	123	936	681	302	203	67	76	69	5		76	89	90
深圳	7	180	1332	1025	489	260	53	112	94	12	4	188	43	76
珠海	1	282	596	511	158	230	28	34	29	2	3	54	4	27
汕头	7	36	288	213	108	31	20	41	36	5		7	16	52
佛山	6	436	838	647	222	245	60	61	49	9	3	54	28	109
韶关	7	459	504	394	117	181	24	62	25	13	23	37	11	62
河源	6	818	302	239	78	101	23	22	16	6		18	7	38
梅州	12	753	538	424	135	140	46	38	28	9		22	14	78
惠州	9	289	719	524	209	144	58	74	68	6		51	33	111
汕尾	6	130	172	115	57	20	7	17	12	5		8	5	44
东莞	1	200	300	223	82	89	21	27	22	5		7	38	32
中山	2													
江门	9	222	538	413	153	135	48	47	36	10	1	34	26	65
阳江	2	109	100	75	29	31	3	5	5			8	2	15
湛江	11	186	601	446	175	134	27	42	34	7		51	31	73
茂名	5	1293	761	636	191	312	41	61	38	10	11	44	18	63
肇庆	8	124	346	282	91	115	29	28	22	6		11	6	47
清远	7	520	548	426	141	164	43	47	38	9		45	28	49
潮州	4		120	74	41	8	13	9	8	1		10	13	23
揭阳	6	116	257	190	84	62	16	17	14	3		11	18	38
云浮	5		139	109	41	46	2	11	8	3		4	9	17

注：专科疾病防治机构含专科疾病防治院、所（站）。

3-12 全省及各市采供血机构、人员数（2021 年）

地区	机构数（个）	在岗职工数（人）	卫生技术人员（人）						其他技术人员（人）	管理人员（人）	工勤人员（人）
			小计	执业医师	执业（助理）医师	注册护士	药师（士）	技师（士）			
全省	**49**	**2955**	**2197**	**228**	**27**	**1305**	**23**	**507**	**173**	**171**	**414**
广州	5	590	434	33	3	280	4	62	40	45	71
深圳	3	355	283	15	2	157	1	90	18	13	41
珠海	1	51	42	8	1	22		11	4	5	
汕头	3	154	103	13	6	46	4	30	11	16	24
佛山	5	215	168	27		83		51	13	12	22
韶关	1	111	72	10		38		18	7	14	18
河源	2	85	64	5	1	38	3	16	3	2	16
梅州	5	100	73	7	3	45	1	16	4	6	17
惠州	1	116	87	3		67		17	4	4	21
汕尾	1	65	47	4	2	26	1	13	2	1	15
东莞	1	136	109	11		66		30	11	1	15
中山	1	73	65	15		35	3	12	4	2	2
江门	1	88	66	5		45		16	8	3	11
阳江	1	50	38	3	2	21	1	9	4	2	6
湛江	4	140	96	12	2	62	3	16	8	7	29
茂名	2	154	111	17	1	61	1	28	2	13	28
肇庆	2	148	103	12	1	63		25	16	2	27
清远	3	98	75	12	1	47		13	4	5	14
潮州	3	63	41	6		20		13	3	8	11
揭阳	3	87	62	6	1	35	1	18	6	7	12
云浮	1	76	58	4	1	48		3	1	3	14

3-13 医疗机构住院与诊疗人次数(2021 年)

单位：万人次

机构分类	入院人次数	出院人次数	总诊疗人次数	门诊、急诊人次	门诊人次	急诊人次	健康检查人次数
总 计	**1729.3**	**1730.0**	**81583.9**	**79031.4**	**72420.3**	**6611.1**	**7410.8**
一、医院	1412.9	1414.0	39094.3	38348.6	33624.8	4723.9	4608.5
二、卫生院	175.7	175.3	7406.6	6972.2	6083.7	888.5	787.7
三、疗养院	0.0	0.0	6.7	6.7	6.7		7.2
四、社区卫生服务中心(站)	10.5	10.5	11886.0	11110.8	10676.9	434.0	849.4
社区卫生服务中心	10.5	10.5	10507.1	9765.7	9359.2	406.4	807.0
社区卫生服务站			1379.0	1345.1	1317.6	27.5	42.4
五、门诊部	0.1	0.1	2930.3	2900.8	2900.8		457.6
六、诊所 . 卫生所 . 医务室			6537.3	6516.3	6516.3		11.1
七、妇幼保健院(所、站)	124.3	124.2	4444.6	4315.8	3757.1	558.7	532.2
妇幼保健院	124.3	124.2	4443.7	4314.8	3756.2	558.7	531.5
八、专科疾病防治院(所、站)	5.8	5.9	604.7	589.0	582.9	6.1	157.1
专科疾病防治院	3.8	3.8	233.7	233.5	233.4	0.1	105.4
九、村卫生室			8673.2	8271.2	8271.2		

3-14 各市医院住院与诊疗人次数（2021年）

单位：万人次

市 别	入院人次	出院人次	总诊疗人次数	门诊、急诊人次			健康检查人次数
					门诊人次	急诊人次	
全 省	**1412.9**	**1414.0**	**39094.3**	**38348.6**	**33624.8**	**4723.9**	**4608.5**
广州市	303.7	303.8	9066.6	8956.7	8180.9	775.9	814.1
深圳市	165.3	165.5	5819.9	5788.2	5067.5	720.6	860.3
珠海市	32.9	32.9	891.7	872.5	774.7	97.8	142.4
汕头市	55.0	55.0	1138.0	990.1	883.8	106.3	122.2
佛山市	113.8	114.0	4550.4	4419.1	3824.4	594.8	479.7
韶关市	45.8	45.8	723.1	702.7	604.5	98.2	63.5
河源市	27.9	28.0	545.5	530.4	446.0	84.3	41.9
梅州市	43.8	43.9	725.5	714.3	639.9	74.4	66.1
惠州市	54.1	54.1	1673.3	1647.7	1396.6	251.1	253.9
汕尾市	14.7	14.7	338.3	336.4	265.0	71.4	16.7
东莞市	105.6	105.9	3659.9	3645.0	3089.2	555.9	875.8
中山市	55.0	54.4	2353.2	2319.4	1959.0	360.4	279.4
江门市	54.2	54.1	1697.1	1671.8	1453.5	218.3	71.9
阳江市	24.9	25.1	507.2	503.6	434.4	69.1	42.7
湛江市	88.6	89.0	1261.8	1208.1	1044.6	163.5	86.1
茂名市	72.0	72.0	875.8	848.5	760.2	88.3	63.3
肇庆市	34.9	34.8	949.8	933.3	791.0	142.3	91.3
清远市	38.6	38.6	847.3	835.1	737.4	97.7	102.6
潮州市	13.9	13.9	351.8	328.3	310.8	17.5	36.5
揭阳市	48.0	48.2	577.2	565.3	505.0	60.3	43.8
云浮市	20.3	20.3	540.9	532.2	456.5	75.6	54.3

3-15 各市卫生院住院与诊疗人次数(2021 年)

单位：万人次

市　别	入院人次数	出院人次数	总诊疗人次数	门诊、急诊人次			健康检查人次数
					门诊人次	急诊人次	
全　省	**175.7**	**175.3**	**7406.6**	**6972.2**	**6183.7**	**888.5**	**787.7**
广州市	5.3	5.3	509.7	465.2	356.8	108.4	29.7
深圳市	0.0	0.0	17.6	17.6	15.5	2.1	1.7
珠海市	0.2	0.2	142.3	137.6	107.7	29.8	15.6
汕头市	2.3	2.3	155.2	134.2	116.4	17.8	38.7
佛山市	0.4	0.4	94.7	89.2	74.7	14.5	3.0
韶关市	9.2	9.2	319.6	274.6	247.3	27.3	48.1
河源市	8.3	8.3	298.6	277.9	257.7	20.3	80.6
梅州市	9.9	9.9	355.8	333.2	310.3	22.9	47.9
惠州市	4.5	4.5	626.3	593.7	475.7	118.0	29.4
汕尾市	3.2	3.2	152.9	135.2	119.2	16.0	14.5
东莞市							
中山市							
江门市	10.1	10.0	789.3	743.0	618.1	125.0	44.0
阳江市	4.2	4.2	243.7	229.7	205.8	23.9	24.0
湛江市	18.6	18.5	609.2	580.6	528.3	52.3	68.8
茂名市	54.8	54.7	1141.2	1088.2	988.0	100.2	133.1
肇庆市	3.0	3.0	402.1	394.4	333.9	60.5	50.6
清远市	15.0	15.0	546.6	518.2	455.4	62.9	41.8
潮州市	4.2	4.2	261.5	246.0	231.8	14.1	24.9
揭阳市	13.3	13.3	289.2	269.0	243.8	25.3	39.5
云浮市	9.1	9.1	451.1	444.6	397.4	47.2	51.8

3-16 各市妇幼保健机构住院与诊疗人次数(2021 年)

单位：万人次

市别	入院人次数	出院人次数	总诊疗人次数	门诊、急诊人次			健康检查人次数
					门诊人次	急诊人次	
全 省	**124.3**	**124.2**	**4444.6**	**4315.8**	**3757.1**	**558.7**	**532.2**
广州市	17.4	17.3	767.7	730.9	624.9	106.1	104.0
深圳市	18.4	18.4	767.8	758.9	664.8	94.1	152.1
珠海市	4.0	4.0	139.1	139.1	122.0	17.1	8.8
汕头市	1.6	1.6	51.3	50.9	49.8	1.1	4.8
佛山市	10.9	10.9	489.8	470.1	394.0	76.2	18.0
韶关市	4.8	4.8	132.2	132.0	120.0	12.0	22.1
河源市	5.6	5.5	141.1	137.8	124.9	12.9	
梅州市	3.4	3.4	101.0	96.7	95.7	1.0	19.2
惠州市	6.2	6.2	232.9	218.5	194.6	23.9	26.9
汕尾市	1.2	1.2	32.2	31.2	31.2	0.0	1.7
东莞市	4.6	4.6	235.2	235.2	202.1	33.1	29.7
江门市	6.2	6.2	249.1	245.0	203.0	42.0	26.4
阳江市	4.8	4.8	128.0	122.8	107.5	15.3	9.3
湛江市	7.8	7.8	186.1	180.7	163.8	16.8	22.1
茂名市	8.9	8.8	173.3	172.6	156.2	16.4	18.5
肇庆市	5.5	5.5	208.0	207.7	164.9	42.9	30.2
清远市	4.3	4.3	127.3	117.6	101.2	16.4	16.1
潮州市	1.2	1.2	39.6	37.6	37.2	0.4	2.4
揭阳市	4.0	4.0	94.7	94.7	93.7	1.0	4.2
云浮市	3.6	3.6	148.3	135.8	105.8	30.0	15.5

3-17 各市医院、妇幼保健院、专科疾病防治院万元以上设备台数（2021 年）

单位：台

地　区	合计	10 万元以下	10～49 万元	50～99 万元	100 万元以上
全　省	**815223**	**588404**	**169768**	**27487**	**29564**
广州市	215419	157181	43387	6957	7894
深圳市	159363	114751	32804	5843	5965
珠海市	24580	17825	5096	779	880
汕头市	20550	14655	4330	717	848
佛山市	65432	47867	13441	2045	2079
韶关市	19513	12633	5616	656	608
河源市	14016	9335	3118	608	955
梅州市	17929	12302	4231	649	747
惠州市	26615	18413	5994	1143	1065
汕尾市	5664	4069	1248	173	174
东莞市	64221	48610	11481	1992	2138
中山市	29683	22861	5155	791	876
江门市	21350	16008	4193	563	586
阳江市	11031	7695	2337	490	509
湛江市	30400	22391	6022	966	1021
茂名市	16743	10993	4368	702	680
肇庆市	22746	16434	4906	734	672
清远市	18961	13379	4275	610	697
潮州市	7284	5620	1300	164	200
揭阳市	12938	8980	2916	484	558
云浮市	10785	6402	3550	421	412

3-18 全省卫生技术人员性别、年龄、学历、职称构成(2021年)

单位：%

分组	合计	执业(助理)医师 小计	执业医师	执业助理医师	注册护士	药师(士)	技师(士) 小计	检验技师(士)	其他
总计	**100.0**	**100.0**	**100.0**	**100.0**	**100.0**	**100.0**	**100.0**	**100.0**	**100.0**
按性别分									
男	29.1	57.2	56.9	58.7	3.4	31.7	43.6	39.1	42.9
女	70.9	42.8	43.1	41.3	96.6	68.3	56.4	60.9	57.1
按年龄分									
25岁以下	8.4	0.4	0.0	3.0	13.8	3.8	7.6	4.9	17.8
25-34	41.3	26.8	25.5	35.8	51.0	39.4	44.7	40.4	50.9
35-44	27.3	34.7	35.8	27.9	22.2	33.2	27.5	31.5	17.6
45-54	15.7	22.3	21.9	25.0	11.3	17.2	14.7	17.5	10.2
55-59	3.5	7.0	7.4	4.3	1.0	4.0	3.3	3.6	2.1
60岁及以上	3.8	8.7	9.4	3.9	0.6	2.3	2.0	2.0	1.5
按工龄分									
5年以下	21.8	14.8	13.3	24.7	24.3	15.0	23.6	18.1	46.5
5-9年	24.1	18.5	18.3	19.8	29.0	21.8	24.3	22.2	21.4
10-19年	28.0	29.3	30.5	21.7	28.0	34.1	27.4	30.6	16.6
20-29年	16.0	20.1	19.7	22.4	13.5	18.1	15.8	19.0	10.1
30年及以上	10.1	17.2	18.1	11.4	5.3	11.0	8.9	10.0	5.4
按学历分									
研究生	8.4	19.7	22.7	0.1	0.3	4.3	5.7	7.3	9.4
本科	35.7	45.7	50.9	11.2	26.6	40.6	44.5	47.1	33.4
大专	33.7	24.2	19.4	55.5	41.3	32.3	34.3	30.8	33.3
中专及中技	21.3	9.5	6.3	30.5	31.3	20.1	14.8	14.2	22.1
高中及以下	0.8	0.9	0.6	2.6	0.4	2.8	0.8	0.6	1.8
按技术资格分									
正高	2.7	6.3	7.3	0.0	0.4	0.9	2.2	3.1	0.6
副高	8.1	16.2	18.7	0.1	3.3	4.7	7.7	10.3	1.7
中级	21.8	29.2	33.5	0.9	18.1	23.3	22.6	26.8	5.9
助理/师级	32.7	37.9	38.4	34.9	29.3	36.9	34.2	32.6	23.0
员/士	31.6	9.4	1.3	62.7	47.2	32.6	29.9	25.4	43.4
其他	3.1	0.9	0.9	1.4	1.7	1.7	3.4	1.9	25.4
按聘任技术职务分									
正高	2.4	5.8	6.6	0.0	0.3	0.8	1.9	2.7	0.6
副高	7.7	15.4	17.8	0.1	3.0	4.4	7.2	9.7	1.6
中级	20.1	27.4	31.4	0.8	16.5	21.5	20.8	24.9	5.1
助理/师级	31.2	37.0	37.5	33.4	28.2	35.6	32.4	31.6	17.0
员/士	29.4	10.0	2.3	60.2	44.4	30.9	28.0	24.3	30.3
其他	9.1	4.5	4.3	5.5	7.7	6.9	9.7	6.9	45.5

注：1. 本章统计截止日期：2022年1月；本表不含村卫生室数据。
2. 技师（士）小计包含检验、影像、康复、其他等技师（士）。

3-19 各市卫生机构数

单位：个

市 别	2015	2017	2018	2019	2020	2021
全 省	**48367**	**49926**	**51527**	**53928**	**55900**	**57955**
广 州	3724	4058	4598	5093	5550	5814
深 圳	3606	4049	4380	5010	5231	5844
珠 海	692	742	838	936	966	1046
汕 头	1320	1435	1492	1628	1798	1963
佛 山	1475	1715	1932	2097	2281	2532
韶 关	2139	2119	2118	2114	2162	2145
河 源	2181	2062	2037	2033	2043	2116
梅 州	3357	3198	3053	2985	2966	2947
惠 州	2654	2725	2764	3013	3230	3547
汕 尾	1693	1705	1625	1596	1611	1623
东 莞	2237	2446	2722	3055	3154	3434
中 山	673	806	894	986	1079	1145
江 门	1681	1608	1652	1658	1712	1737
阳 江	1773	1843	1804	1778	1794	1810
湛 江	3448	3400	3478	3471	3535	3643
茂 名	3703	4061	4084	4127	4221	3932
肇 庆	3128	3079	3111	3175	3188	3215
清 远	2415	2393	2435	2522	2571	2622
潮 州	2333	2322	2290	2292	2300	2248
揭 阳	2755	2858	2910	3004	3103	3196
云 浮	1380	1302	1310	1355	1405	1396

注：1. 含村卫生室数。
2. 2013 年起，计划生育服务机构纳入统计。

3-20 各市医院类机构数

单位：个

市 别	2015	2017	2018	2019	2020	2021
全 省	**1482**	**1626**	**1716**	**1796**	**1864**	**1923**
广 州	245	257	269	283	303	305
深 圳	145	154	158	162	162	163
珠 海	44	45	47	47	45	48
汕 头	42	48	52	56	61	65
佛 山	107	115	125	132	136	141
韶 关	69	64	64	66	64	69
河 源	40	60	65	70	74	78
梅 州	50	56	60	63	62	70
惠 州	77	81	85	87	90	93
汕 尾	32	38	40	41	48	48
东 莞	100	99	104	112	114	119
中 山	47	59	62	67	68	69
江 门	48	50	54	54	59	61
阳 江	47	57	63	67	67	67
湛 江	104	115	120	122	132	138
茂 名	68	79	81	84	84	86
肇 庆	59	63	65	69	67	76
清 远	61	69	70	74	76	75
潮 州	27	31	32	36	39	38
揭 阳	46	58	70	74	79	79
云 浮	24	28	30	30	34	35

注：医院类机构包括医院、妇幼保健院、专科疾病防治院。

3-21 各市卫生院数

单位：个

市 别	2015	2017	2018	2019	2020	2021
全 省	**1216**	**1202**	**1193**	**1186**	**1175**	**1173**
广 州	30	30	31	31	31	32
深 圳	2	2	2	2	2	2
珠 海	12	12	12	12	12	12
汕 头	33	33	33	33	33	32
佛 山	14	9	9	6	6	6
韶 关	103	103	100	98	98	98
河 源	97	97	97	97	97	97
梅 州	119	118	118	118	119	119
惠 州	76	74	70	69	70	70
汕 尾	47	47	46	46	46	47
东 莞						
中 山						
江 门	68	65	63	63	63	63
阳 江	39	39	39	39	39	39
湛 江	94	95	94	94	94	94
茂 名	99	99	99	99	99	99
肇 庆	96	97	97	97	93	90
清 远	120	120	121	121	112	110
潮 州	45	42	42	42	42	42
揭 阳	67	66	66	66	66	66
云 浮	55	54	54	53	53	55

3-22 各市妇幼保健机构数

单位：个

市 别	2015	2017	2018	2019	2020	2021
全 省	**130**	**128**	**129**	**130**	**130**	**130**
广 州	16	12	12	12	12	12
深 圳	10	10	10	10	10	11
珠 海	2	2	2	2	2	2
汕 头	4	4	4	4	5	5
佛 山	4	4	4	4	4	4
韶 关	10	9	9	9	9	9
河 源	6	6	7	7	7	7
梅 州	9	9	9	9	9	9
惠 州	6	7	7	7	7	6
汕 尾	5	5	5	5	5	5
东 莞	1	1	1	1	1	1
中 山						
江 门	6	6	6	6	6	6
阳 江	5	5	5	5	5	5
湛 江	10	10	10	10	10	10
茂 名	5	5	5	5	5	5
肇 庆	7	9	9	10	9	9
清 远	9	8	8	8	8	8
潮 州	4	4	4	4	4	4
揭 阳	6	6	6	6	6	6
云 浮	5	6	6	6	6	6

3-23 各市社区卫生服务机构数

单位：个

市 别	2015	2017	2018	2019	2020	2021
全 省	**2554**	**2543**	**2602**	**2625**	**2679**	**2736**
广 州	315	325	331	325	334	331
深 圳	591	605	615	647	670	753
珠 海	121	118	118	118	114	112
汕 头	43	51	52	50	57	47
佛 山	366	363	380	382	389	390
韶 关	31	15	13	13	16	15
河 源	28	20	20	21	21	17
梅 州	13	11	11	11	10	9
惠 州	78	78	80	84	85	85
汕 尾	10	10	10	10	10	10
东 莞	398	396	396	396	390	395
中 山	266	266	267	262	257	248
江 门	23	23	28	27	27	26
阳 江	60	62	61	61	61	61
湛 江	55	51	60	60	67	64
茂 名	61	60	61	58	63	65
肇 庆	34	31	31	32	35	35
清 远	16	12	12	12	17	17
潮 州	10	11	11	11	11	11
揭 阳	27	27	26	26	26	26
云 浮	8	8	19	19	19	19

3-24 各市村卫生室数

单位：个

市 别	2015	2017	2018	2019	2020	2021
全 省	**27178**	**26459**	**25996**	**25788**	**25887**	**25448**
广 州	1051	932	928	931	921	936
深 圳						
珠 海	151	140	137	134	130	141
汕 头	609	622	615	613	643	656
佛 山	161	52	48	43	41	41
韶 关	1514	1431	1404	1365	1366	1340
河 源	1699	1593	1540	1531	1518	1509
梅 州	2434	2341	2195	2155	2162	2138
惠 州	1455	1303	1292	1295	1300	1298
汕 尾	1335	1341	1250	1223	1209	1189
东 莞	231	4				
中 山	50	21	18	17	16	15
江 门	944	887	877	878	891	897
阳 江	1291	1291	1261	1234	1228	1212
湛 江	2212	2156	2159	2111	2098	2090
茂 名	3187	3495	3486	3463	3513	3166
肇 庆	2261	2228	2203	2184	2177	2149
清 远	1612	1579	1561	1552	1535	1513
潮 州	1579	1599	1587	1585	1597	1590
揭 阳	2385	2485	2500	2542	2589	2639
云 浮	1017	959	935	932	953	929

3-25 各市在岗职工数

单位：人

市 别	2015	2017	2018	2019	2020	2021
全 省	**771034**	**866925**	**921703**	**964914**	**1009408**	**1062390**
广 州	154153	175714	188695	202725	214612	227267
深 圳	93506	104351	114866	125142	130335	139789
珠 海	17584	20128	22168	23690	24816	27092
汕 头	25395	28269	29648	30904	33058	35057
佛 山	52143	60078	64931	68092	71193	75127
韶 关	23349	25525	26882	27114	28231	29447
河 源	18287	20869	21999	23458	24600	26213
梅 州	27485	29796	30628	31337	32354	34003
惠 州	34576	39408	41399	43040	46232	48861
汕 尾	13690	15770	16060	15687	16249	17056
东 莞	54950	60197	64349	68014	70313	73197
中 山	23788	26505	28069	29171	30275	31426
江 门	31412	34531	36201	37841	39597	40637
阳 江	17306	19877	20990	21116	21792	22293
湛 江	43406	48239	50869	51015	52956	55552
茂 名	34564	41792	43202	41903	43084	44332
肇 庆	28600	30949	32254	32947	33725	36030
清 远	23590	26035	26883	28520	29747	31080
潮 州	12826	13551	13666	14546	15037	15143
揭 阳	25500	28993	30937	31187	32674	33363
云 浮	14924	16348	17007	17465	18528	19425

注：本表含村卫生室数据。

3-26 各市卫生技术人员数

单位：人

市 别	2015	2017	2018	2019	2020	2021
全 省	**620004**	**709894**	**757840**	**795132**	**832061**	**875803**
广 州	126891	145045	156497	168056	177835	187703
深 圳	75417	85256	93643	102831	106271	113303
珠 海	14891	16962	18430	19773	20673	22507
汕 头	20788	23537	24987	26252	28252	29769
佛 山	43641	51314	55398	58215	60946	64093
韶 关	18302	20619	21892	22074	23162	24211
河 源	14146	16625	17612	19059	19991	21484
梅 州	21609	24122	24908	25450	26524	28150
惠 州	28115	32953	34800	36112	38771	41247
汕 尾	9942	11802	12187	11668	12039	12810
东 莞	45226	50600	54317	57332	58930	61046
中 山	19960	22904	24419	25398	26389	27171
江 门	25840	28885	30479	32010	33506	34284
阳 江	13391	15590	16429	16634	17209	17713
湛 江	33766	38232	40620	40669	42353	44582
茂 名	26865	33652	35193	34018	35104	36688
肇 庆	21316	23844	25032	25656	26441	28777
清 远	19145	21392	22248	23880	24931	25938
潮 州	9234	10127	10131	10818	11156	11309
揭 阳	20039	23470	24951	25036	26433	27205
云 浮	11480	12963	13667	14191	15145	15813

注：本表含村卫生室数据。

3-27 各市执业（助理）医师数

单位：人

市 别	2015	2017	2018	2019	2020	2021
全 省	**229389**	**258889**	**277362**	**292128**	**307289**	**320923**
广 州	42600	49747	54134	58671	62329	66204
深 圳	29225	33293	36309	40338	42579	45623
珠 海	5470	6427	7090	7740	8007	8652
汕 头	8772	9741	10469	10980	11538	11876
佛 山	15427	18134	20001	20937	21919	22994
韶 关	6922	7387	7684	7655	7984	8108
河 源	5258	5742	5992	6593	6881	7134
梅 州	9358	9548	9546	9661	10130	10583
惠 州	10458	12582	13339	13992	15005	15903
汕 尾	4533	5153	5316	4760	4776	4764
东 莞	15889	17506	19516	20818	21812	22884
中 山	6682	8115	8800	9321	9859	10000
江 门	8927	9859	10298	10934	11732	11799
阳 江	4519	5201	5631	5738	5983	6155
湛 江	11968	12810	13651	13517	14204	14546
茂 名	11666	13362	13993	13257	13838	14103
肇 庆	6629	7620	8140	8471	8874	9644
清 远	7256	7493	7858	8718	9058	9268
潮 州	4261	4600	4597	4815	4846	4763
揭 阳	9380	10172	10373	10344	10757	10676
云 浮	4189	4397	4625	4868	5178	5244

注：本表含村卫生室数据。

3-28 各市乡村医生和卫生员数

单位：人

市 别	2015	2017	2018	2019	2020	2021
全 省	**26012**	**24051**	**23064**	**21810**	**20835**	**18808**
广 州	1107	723	693	619	548	432
深 圳						
珠 海	162	126	120	112	107	80
汕 头	645	611	593	580	566	508
佛 山	111	26	23	21	23	23
韶 关	1324	1234	1194	1115	1055	947
河 源	1536	1342	1245	1124	1077	955
梅 州	1967	1890	1841	1752	1578	1407
惠 州	1088	864	819	767	709	643
汕 尾	1283	1218	1106	1067	1022	952
东 莞	112					
中 山	53	22	17	16	15	16
江 门	909	787	756	730	708	660
阳 江	1310	1269	1177	1089	1040	938
湛 江	2681	2589	2472	2370	2320	2151
茂 名	3364	3461	3373	3173	3037	2500
肇 庆	2048	1970	1948	1897	1851	1696
清 远	1405	1271	1206	1097	1052	970
潮 州	1442	1397	1389	1361	1341	1305
揭 阳	2134	2081	2008	1916	1847	1748
云 浮	1331	1170	1084	1004	939	877

注：本表统计范围为村卫生室。

3-29 各市医疗卫生机构床位数

单位：张

市 别	2015	2017	2018	2019	2020	2021
全 省	**435666**	**492113**	**516973**	**545190**	**564701**	**588953**
广 州	82022	90222	95134	100080	101640	106513
深 圳	34009	39777	43215	48145	50098	51921
珠 海	8558	9394	9899	10233	11207	11689
汕 头	15512	18075	18985	19595	20035	21464
佛 山	33133	35273	37227	38085	38518	39909
韶 关	16048	17125	18183	19156	19345	21106
河 源	12090	14538	15882	17255	18643	20429
梅 州	15547	17789	18845	19785	20534	22370
惠 州	21879	22589	21452	21852	23143	23844
汕 尾	7928	9241	9951	10231	11561	12340
东 莞	27457	29866	31059	33041	33720	34463
中 山	13259	15256	15802	16124	16015	16523
江 门	19838	22774	23482	24248	24953	25789
阳 江	10914	13208	14200	15542	16169	16356
湛 江	31037	35091	36692	38496	41765	42946
茂 名	26723	33579	34947	36529	36924	38572
肇 庆	15088	16612	17347	18477	18857	20185
清 远	15066	16710	17825	19205	19286	19664
潮 州	6270	6710	6682	7494	8248	7680
揭 阳	15515	18332	19956	21238	22807	23395
云 浮	7773	9952	10208	10379	11233	11795

3-30 各市医院床位数

单位：张

市别	2015	2017	2018	2019	2020	2021
全省	**345258**	**393449**	**416282**	**441895**	**459045**	**479712**
广州	73313	81747	86011	90940	93067	97117
深圳	31617	36798	39837	44738	46794	48645
珠海	7526	8335	8849	9186	10068	10248
汕头	13159	15343	16283	16872	17416	18814
佛山	30560	32646	34508	35530	35852	36879
韶关	11980	12546	13500	14263	14364	15710
河源	5872	7922	8927	10243	11382	13109
梅州	10155	11811	12616	13430	13808	15482
惠州	15198	15550	15916	16354	17438	18286
汕尾	5291	6339	7010	7277	8413	8756
东莞	26715	29046	30239	32181	32900	33663
中山	13161	15140	15685	16008	15899	16378
江门	14434	16605	17079	17632	18399	19271
阳江	8190	10119	10929	12348	12568	12907
湛江	21706	25338	26850	28501	31205	32621
茂名	16579	20383	21502	22536	22726	23589
肇庆	11171	12678	13426	13791	14209	15418
清远	9843	11005	11775	12665	12631	12856
潮州	4058	4568	4569	5497	6232	5587
揭阳	9971	12871	14165	15272	16443	17074
云浮	4759	6659	6606	6631	7231	7302

3-31 各市卫生院床位数

单位：张

市 别	2015	2017	2018	2019	2020	2021
全 省	**55487**	**59573**	**61244**	**61998**	**64838**	**66854**
广 州	1825	1684	2058	1892	1873	2339
深 圳	106	81	80	60	60	60
珠 海	452	353	348	331	326	320
汕 头	1482	1785	1793	1713	1712	1739
佛 山	706	511	511	335	345	345
韶 关	2713	2992	3031	3157	3194	3401
河 源	4009	4274	4349	4304	4571	4660
梅 州	3916	4464	4727	4677	4955	5079
惠 州	3739	3727	3341	3192	3441	3341
汕 尾	1916	2117	2161	2162	2356	2635
东 莞						
中 山						
江 门	3615	4159	4469	4395	4347	4322
阳 江	1722	1816	1936	1960	2198	2145
湛 江	6862	6992	7260	7298	7809	7747
茂 名	7500	9603	9805	10483	10721	11322
肇 庆	2688	2795	2758	2756	2786	2752
清 远	3887	4189	4243	4517	4703	4843
潮 州	1848	1752	1727	1696	1726	1755
揭 阳	4386	3961	4077	4373	4805	4723
云 浮	2115	2318	2570	2697	2910	3326

3-32 各市妇幼保健机构床位数

单位：人

市 别	2015	2017	2018	2019	2020	2021
全 省	**19993**	**23126**	**24462**	**25398**	**25440**	**26743**
广 州	2726	3146	3588	3580	3776	4002
深 圳	2104	2748	3148	3167	3064	3034
珠 海	580	586	582	596	713	839
汕 头	372	650	691	721	661	661
佛 山	1489	1702	1729	1743	1755	2049
韶 关	666	826	911	980	968	1207
河 源	1248	1298	1432	1379	1386	1451
梅 州	762	901	906	926	927	907
惠 州	1162	1336	1315	1333	1321	1303
汕 尾	352	330	330	341	341	503
东 莞	622	700	700	700	620	600
中 山						
江 门	1164	1252	1131	1267	1240	1238
阳 江	693	913	972	971	1131	1029
湛 江	1285	1471	1429	1479	1513	1572
茂 名	1343	1704	1736	1643	1533	1663
肇 庆	791	728	752	1505	1496	1522
清 远	935	980	1181	1160	1116	1155
潮 州	340	350	350	289	278	323
揭 阳	674	821	875	864	820	853
云 浮	685	684	704	754	781	832

3-33 各市医院病床使用率

单位：%

市　别	2015	2017	2018	2019	2020	2021
全　省	**83.5**	**84.0**	**83.0**	**82.2**	**71.0**	**74.2**
广　州	87.2	89.0	86.4	85.7	71.8	77.2
深　圳	83.4	84.2	83.4	82.1	66.1	75.1
珠　海	73.9	81.8	82.1	88.3	73.4	76.8
汕　头	90.2	86.1	85.4	86.5	77.6	77.6
佛　山	88.5	85.3	82.3	82.8	68.0	72.8
韶　关	83.0	84.3	86.7	85.7	79.1	80.1
河　源	72.4	73.5	69.5	70.0	62.0	59.1
梅　州	80.9	86.1	82.1	81.0	72.1	72.3
惠　州	69.5	75.5	78.4	79.3	68.5	72.9
汕　尾	81.2	76.3	73.0	67.8	55.6	60.3
东　莞	77.7	78.4	78.9	81.2	67.0	70.0
中　山	87.7	83.3	78.8	78.3	65.5	72.5
江　门	85.7	82.7	82.8	85.0	75.1	75.8
阳　江	77.1	88.1	85.4	74.6	65.5	66.2
湛　江	84.4	87.0	89.3	87.1	78.7	78.3
茂　名	95.0	87.4	86.9	81.0	78.3	80.2
肇　庆	79.4	80.2	77.8	73.2	67.4	64.4
清　远	75.4	81.3	82.3	79.9	71.2	67.3
潮　州	71.3	70.0	74.7	79.6	71.8	71.7
揭　阳	83.3	83.4	81.2	81.1	75.6	80.4
云　浮	80.5	73.2	79.3	81.7	78.5	77.8

3-34 各市医院出院者平均住院日

单位：床日

市 别	2015	2017	2018	2019	2020	2021
全 省	**8.8**	**8.7**	**8.9**	**8.4**	**8.7**	**8.7**
广 州	9.5	9.2	10.1	8.6	9.5	9.1
深 圳	8.1	7.9	7.9	7.7	8.0	7.6
珠 海	8.6	8.5	8.4	8.4	8.6	9.1
汕 头	10.2	10.0	9.5	9.4	9.5	9.2
佛 山	8.7	8.2	8.8	8.1	8.5	8.3
韶 关	8.8	8.8	8.7	8.7	8.4	9.7
河 源	7.1	7.2	7.3	7.6	8.1	8.2
梅 州	8.3	8.2	7.6	7.5	7.7	8.3
惠 州	8.4	8.6	9.6	9.4	9.3	8.4
汕 尾	9.1	9.4	9.2	8.9	9.6	9.8
东 莞	8.6	8.6	8.5	8.1	8.2	8.0
中 山	6.9	7.0	7.0	7.1	7.3	7.1
江 门	9.3	9.3	9.1	9.2	9.6	9.1
阳 江	8.8	10.0	9.2	8.0	8.6	10.0
湛 江	9.2	9.8	9.5	9.1	8.8	10.0
茂 名	9.8	9.5	9.3	9.3	9.3	9.1
肇 庆	9.5	9.7	9.4	9.9	9.6	9.7
清 远	7.4	7.0	7.3	7.6	7.3	7.8
潮 州	8.2	8.3	8.4	8.7	9.9	9.0
揭 阳	8.1	8.2	8.3	8.2	8.9	9.6
云 浮	8.3	7.9	7.5	8.3	8.5	8.3

3-35 各市医院出院病人病死率

单位：%

市　别	2015	2017	2018	2019	2020	2021
全　省	**0.6**	**0.6**	**0.6**	**0.6**	**0.7**	**0.6**
广　州	0.9	0.8	0.8	0.8	0.9	0.8
深　圳	0.5	0.4	0.4	0.4	0.5	0.4
珠　海	0.9	0.8	0.7	0.7	0.8	0.7
汕　头	0.5	0.4	0.4	0.4	0.4	0.3
佛　山	0.4	0.4	0.5	0.5	0.6	0.5
韶　关	1.3	1.1	1.1	1.1	1.2	1.2
河　源	0.6	0.9	0.9	0.9	1.0	0.9
梅　州	0.6	0.6	0.6	0.5	0.7	0.6
惠　州	0.7	0.7	0.6	0.6	0.8	0.6
汕　尾	0.2	0.2	0.2	0.2	0.3	0.3
东　莞	0.4	0.4	0.4	0.4	0.5	0.4
中　山	0.3	0.3	0.3	0.3	0.4	0.3
江　门	0.9	0.8	0.9	0.9	1.0	0.9
阳　江	0.4	0.5	0.5	0.5	0.7	0.6
湛　江	0.5	0.5	0.4	0.4	0.5	0.4
茂　名	0.5	0.5	0.5	0.5	0.6	0.6
肇　庆	0.9	0.8	0.8	0.8	0.9	0.8
清　远	0.7	0.6	0.6	0.7	0.7	0.7
潮　州	0.2	0.2	0.3	0.2	0.2	0.2
揭　阳	0.3	0.2	0.2	0.2	0.3	0.3
云　浮	1.0	0.8	0.7	0.7	0.8	0.7

3-36 各市医院万元以上设备台数

单位：台

市 别	2015	2017	2018	2019	2020	2021
全 省	**385348**	**475411**	**517527**	**568868**	**642792**	**740678**
广 州	115771	131393	145139	155786	179478	203172
深 圳	72798	89389	104674	117847	134902	144889
珠 海	6933	9558	12010	13483	16422	20614
汕 头	11570	13240	13947	15211	17474	19853
佛 山	29264	36281	39307	45693	51072	57940
韶 关	7854	8789	10921	11822	13645	15846
河 源	3168	21459	7613	7933	7624	11665
梅 州	5519	7263	8345	8342	13059	16100
惠 州	11009	14364	15477	17537	16801	21791
汕 尾	2606	3779	4121	3937	5296	5100
东 莞	36796	39385	44612	45904	52006	60640
中 山	17197	22500	23340	25267	27898	29683
江 门	12259	14218	11748	14286	16023	18241
阳 江	4353	5293	5754	7855	8292	9415
湛 江	13065	16558	18207	20137	17863	27445
茂 名	7236	9451	10350	11892	12204	13359
肇 庆	8964	10777	11497	12231	15521	20536
清 远	7854	8573	11405	12629	14105	16789
潮 州	3324	3571	3974	4517	3442	5821
揭 阳	3800	5086	8901	9017	10596	11790
云 浮	4008	4484	6185	7542	9069	9989

3-37 妇幼工作基本情况

项　　目	单位	2015	2017	2018	2019	2020	2021
广东省							
婴儿死亡率	(‰)	2.64	2.53	1.92	2.08	2.13	2.13
孕产妇死亡率	(1/10 万)	11.56	11.03	11.44	11.22	10.18	9.98
5 岁以下儿童死亡率	(‰)	3.47	3.06	2.62	2.58	2.91	3.08
全国							
婴儿死亡率	(‰)	8.1	6.8	6.1	5.6	5.4	5.0
孕产妇死亡率	(1/10 万)	20.1	19.6	18.3	17.8	16.9	16.1
5 岁以下儿童死亡率	(‰)	10.7	9.1	8.4	7.8	7.5	7.1

注：2020 年全国的数据来自“2020 年我国卫生健康事业发展统计公报”。

主要统计指标解释

卫生机构 是指从卫生部门取得“医疗机构执业许可证”，或从民政、工商行政、机构编制管理部门取得法人单位登记证书，为社会提供医疗保健、疾病控制、卫生监督服务或从事医学科研、医学教育等的卫生单位和卫生社会团体。

卫生技术人员 是指从事卫生技术工作并在卫生事业机构领取劳动报酬的专业人员。包括中医师、西医师、中西医结合高级医师、护师、中药师、西药师、检验师、其他技师、中医士、西医士、护士、助产士、中药剂士、西药剂士、检验士、其他技士、其他中医、护理员、中药剂员、西药剂员、检验员以及其他初级卫生技术员。

低出生体重儿发生率 是指年内出生的活产婴儿中，出生 1 小时内测量其体重小于 2500 克的活产婴儿数占当年活产婴儿总数的比例。

婴儿死亡率 是指某地年内每 1000 名活产儿中未满 1 周岁的婴儿死亡人数占当年活产儿的比重。

孕产妇死亡率 是指某地区 1 年内每 10 万名活产儿中孕产妇死亡数。孕产妇死亡数是指产妇从妊娠开始至产后 42 天内死亡者，不论妊娠时间与部位，包括内外科原因、计划生育手术、宫外孕及葡萄胎死亡者，但不包括意外原因（车祸、中毒）死亡者。

四、文化

简要说明

1．本篇资料主要反映广东省文化事业的基本情况。

2．本篇资料主要包括：

(1) 各级各类文化事业机构及人员基本情况，艺术表演团体和场馆基本情况，公共图书馆、博物馆、文化馆（站）基本情况，文化市场情况等。

(2) 地区全省和 21 个地级以上市。

(3) 年份主要有当年、近 5 年和 1978 以来连续年份。

3．统计资料来源：本篇资料由广东省文化和旅游厅负责整理、审核、提供。

2021年广东省文化和旅游业发展概述

2021年，全省文化和旅游系统以习近平新时代中国特色社会主义思想为指导，深入学习贯彻习近平总书记关于文化和旅游工作的重要论述和对广东系列重要讲话、重要指示精神，统筹发展与安全，着力建设文化强省和推动旅游业高质量发展，实现了“十四五”发展良好开局。

一是文旅融合“四梁八柱”筑牢夯实。出台《广东省文化和旅游发展“十四五”规划》，文化和旅游产业在疫情防控常态化下不断向好发展，旅游市场安全稳定，合作交流不断深化。2020年全省文化及相关产业增加值为6210.60亿元，占地区生产总值比重为5.6%。2021年全省实现旅游总收入5433.73亿元，同比增长15.8%。

二是公共文化服务水平不断提升。实现省市县镇村五级全覆盖，白鹅潭大湾区艺术中心等重大文化设施项目接连落地，出台《广东省公共数字文化建设三年计划（2021—2023年）》，全省通用的“粤读通”数字证卡开通16万个，文化惠民品牌深入人心。

三是艺术精品创作展现新时代风采。圆满开展建党百年系列活动，实施“建党百年”专题创作展演计划、实施“广东音乐新经典工程”，7个展览入选全国美术馆馆藏精品展出季活动目录、3个展览入选年度十大优秀项目。

四是文化遗产保护利用实现跃升式发展。出台《广东省革命遗址保护条例》《广东省省级非物质文化遗产代表性传承人认定与管理办法》等文件，公布首批《广东省革命文物名录》。南越国宫署遗址及南越王墓、“南海Ⅰ号”沉船2个项目入选全国“百年百大考古发现”。

五是频获国字号荣誉促进文化旅游繁荣发展。获评国家文化和旅游消费试点城市2个、国家级夜间文化和旅游消费集聚区5家、国家级旅游休闲街区2个、全国乡村旅游重点镇（村）10个、国家旅游科技示范园区和国家文化出口基地各1个，3个地区和项目入选第四批国家公共文化服务体系示范区（项目），11个地区荣获“中国民间文化艺术之乡”，3篇调研报告获评全国优秀报告，话剧《深海》获得第十七届中国戏剧节优秀剧目奖等。

六是文化和旅游交流合作持续深化。联合起草《广东省推进粤港澳大湾区世界级旅游目的地建设行动方案》，扎实推进横琴、前海两个合作区文化和旅游发展，推出16条第二批广东省粤港澳大湾区文化遗产游径，举办大湾区艺术精品巡演、大湾区（广东）文化创意设计大赛、大湾区公共文化和旅游产品（东莞）采购会、台湾青年岭南行等系列活动，圆满完成对口支援、两广协作和定点扶贫等任务。

七是文化和旅游市场秩序健康有序。深化“放管服”改革，将15项省级行政职权事项委托广州、深圳实施，取消和免提交证明事项175项。实施全省网络文化市场集中巡查、旅游领域未经许可经营旅行社业务专项整治等行动，深入开展文娱领域综合治理和“平安广东”“扫黄打非”“扫黑除恶”等工作。开展地级以上市政府旅游市场质量考核、全省旅游安全能力提升暨应急救援演练等活动，全省文化和旅游市场保持持续安全稳定、健康有序，实现全年安全生产和疫情防控零事故、零感染。

八是文化和旅游人才队伍建设持续加强。积极培养造就高层次领军人物和青年拔尖人才，充分用好国家、省各类项目和资金平台，资助人才开展课题研究、艺术创作、调研培训、宣传推介等，不断提高人才队伍整体素质。

2022年，全省文化和旅游系统以迎接宣传贯彻党的二十大为主线，大力推动文艺创作繁荣发展，积极扩大公共文化服务供给，持续推进岭南文化“双创”工程，加强对外交流推广，推动文化和旅游产业高质量发展，努力塑造与经济实力相匹配的文化优势，为广东在全面建设社会主义现代化新征程中走在全国前列、创造新的辉煌作出积极贡献。

撰稿：张炜嘉

4-1 文化事业机构及人员基本情况(2021年)

指 标	机构数(个)	从业人员(人)	文化部门		其他部门	
			机构数(个)	从业人员(人)	机构数(个)	从业人员(人)
总 计	**15094**	**275470**	**2541**	**45471**	**12553**	**229999**
艺术业	124	6362	118	6131	6	231
图书馆业	150	5417	150	5417		
#少儿图书馆	5	228	5	228		
群众文化服务业	1761	14197	1761	14197		
省级文化馆	1	47	1	47		
地市级文化馆	21	640	21	640		
县区级文化馆	122	1,957	122	1957		
文化站	1617	11553	1617	11553		
艺术展览创作机构	53	815	35	619	18	196
#美术馆	46	702	31	540	15	162
艺术教育业	2	338	2	338		
#高等职业学校	2	338	2	338		
文化市场经营机构(不含非公有制艺术表演团体和场馆)	12365	224768			12365	224768
文艺科研	7	96	7	96		
#文化科技研究机构	3	43	3	43		
综合性艺术研究机构	3	43	3	43		
地方戏曲研究机构	1	10	1	10		
文化行政主管部门	152	8129	152	8129		
其他文化机构	108	8239	80	4906	28	3333
#文化市场执法机构	10	81	10	81		
文物业	372	7109	236	5638	136	1471
文物科研机构	4	170	4	170		
文物保护管理机构	26	313	24	313	2	
博物馆	339	6545	205	5074	134	1471
文物商店						
其他文物机构	3	81	3	81		

4-2 各市文化、文物事业机构数（2021 年）

单位：个

市　别	艺术表演团体	文化馆	公共图书馆	博物馆
全　省	**76**	**144**	**150**	**339**
广　州	7	12	13	63
深　圳	3	10	12	57
珠　海	2	4	4	8
汕　头	6	8	9	11
佛　山	1	6	6	26
韶　关	2	11	11	14
河　源	5	7	7	8
梅　州	6	9	10	26
惠　州	1	6	5	10
汕　尾	4	5	5	7
东　莞		1	1	18
中　山		1	1	8
江　门	1	8	8	8
阳　江	1	5	5	6
湛　江	8	10	11	13
茂　名	6	6	6	7
肇　庆	2	9	9	16
清　远	4	9	10	9
潮　州	2	4	4	10
揭　阳	5	6	6	7
云　浮	1	6	6	6
省　直	9	1	1	1

4-3 各市文化、文物事业机构人员情况(2021年)

单位：人

市别	艺术表演团体	公共图书馆	群众艺术馆、文化馆	文化站	博物馆
全省	**4，732**	**5，417**	**2，644**	**11553**	**6545**
广州	836	961	253	1061	1251
深圳	393	1,740	385	974	1056
珠海	245	128	83	196	222
汕头	203	111	128	427	201
佛山	52	349	153	457	704
韶关	83	112	185	376	222
河源	146	118	121	259	117
梅州	161	162	137	633	397
惠州	92	126	111	481	198
汕尾	229	63	55	168	110
东莞		179	77	2708	444
中山		54	58	533	122
江门	42	154	99	545	137
阳江	45	66	71	217	189
湛江	331	104	107	388	194
茂名	173	139	71	460	87
肇庆	68	184	124	482	287
清远	110	123	121	328	102
潮州	119	68	62	187	176
揭阳	183	114	109	456	92
云浮	34	73	87	217	54
省直	1,187	289	47		183

4-4 艺术表演团体基本情况（2021 年）

指　　标	剧团数（个）	从业人员（人）	国内演出场次（万场次）	# 农村演出场次	国内观众人次（万场次）	演出收入（千元）
合 计	**447**	**12699**	**8.91**	**5.39**	**4538.47**	**495406**
按隶属关系分						
# 省级	9	1187	0.07		62.62	50786
地市级	26	1961	0.27	0.07	154.19	110528
县区级	412	9551	8.57	5.32	4321.66	334092
按登记注册类型分						
# 国有剧团	70	4575	0.55	0.21	506.90	185341
集体经营剧团						
其他	377	8124	8.36	5.18	4031.57	310065
按剧种分						
话剧、儿童剧、滑稽剧团	10	409	0.08	0.02	191.60	16422
歌舞、音乐类	115	4228	1.94	0.26	780.14	180224
京剧、昆曲类	2	33	0.03	0.03	0.10	500
地方戏曲类	206	5382	5.80	4.49	791.25	105201
杂技、魔术、马戏类	8	316	0.02	0.01	15.68	9286
曲艺类	33	607	0.28	0.21	41.52	11115
综合性艺术表演团体	73	1724	0.74	0.38	2718.18	172658

4-5 艺术表演场馆基本情况（2021年）

指　　标	单位	合　计	剧场、影剧院	省级	地市级	县、区级
机构数	（个）	136	80	2	19	115
从业人员数	（人）	5971	3646	115	860	4996
座席数	（个）	139697	95680	3185	20210	116302
演（映）出场次	（场）	17900	12800	400	3900	13700
# 艺术演出场次	（场）	9600	5200	400	1200	8000
# 艺术演出观众人次	（万人次）	470.58	305.56	29.29	65.36	375.93
# 财政补助收入	（千元）	364022	244647	17377	157042	189603
艺术演出收入	（千元）	1202727	991028	27744	80835	1094148

4-6 公共图书馆基本情况(2021 年)

指　　标	单位	合 计	# 少儿图书馆	省级	地市级	县、区级
机构数	(个)	150	5	1	27	122
从业人员	(人)	5417	228	289	1851	3277
总藏量	(万册、件)	12687.22	798.53	940.55	5008.52	6738.15
# 图书	(万册)	11031.02	758.52	725.07	4528.86	5777.09
报刊	(万册)	557.18	7.81	137.10	214.81	205.27
微缩制品	(万件)	3.12		2.55	0.18	0.39
其他	(万册)	692.01	0.04	3.28	58.50	630.23
本年新购藏量	(万册、件)	917.28	36.98	36.51	263.70	617.07
本年新增电子图书	(万册)	258.84	4.10	21.29	78.97	158.58
公用房屋建筑面积	(万平方米)	175.87	4.04	9.10	67.32	99.45
# 书库		34.31	0.32	1.84	12.11	20.36
阅览室		62.56	1.67	1.49	22.26	38.81
阅览室座席数	(个)	133606	3225	8109	38347	87150
总流通人次	(万人次)	8654.07	184.62	1255.18	2789.75	4609.14
# 书刊文献外借人次		2007.25	68.69	206.60	779.89	1020.76
书刊文献外借册次	(万册次)	8675.90	817.37	532.13	4198.08	3945.69
计算机	(台)	20155	648	1,346	6644	12165
网站访问量	(人次)	354652705	9467373	11444100	316934815	25273790
为读者举办各种活动次数	(次)	23218	2631	267	7195	15756
参加人次	(万人次)	1946.82	84.25	413.59	733.10	800.13

注：1. 本年度无电子图书数量指标，替换为本年新增电子图书数量指标。
　　2. 本年度网站访问量的单位由页次替换为人次。

4-7 文化馆(站)基本情况(2021年)

指　　标	单位	合计	文化馆	文化站
机构数	(个)	1761	144	1617
从业人员	(人)	14197	2644	11553
举办各种活动				
举办展览	(个)	8074	1965	6109
组织文艺活动次数	(次)	70161	12345	57816
举办训练班班次	(次)	81114	35785	45329
训练班培训人次	(万人次)	439.57	155.05	284.52
组织公益性讲座	(次数)	1385	1385	
公共房屋建筑面积	(万米2)	457.27	89.35	367.92
本年收入合计	(千元)	4400823	1503958	2896865
#财政补助收入		4283560	1456017	2827543
事业收入		752	752	
本年支出合计	**(千元)**	**4404832**	**1528812**	**2876020**

4-8 博物馆基本情况(2021年)

指　　标	藏品(件)		举办陈列展览(个)	参观人次(万人次)	门票收入(千元)
	合计	文物藏品			
合　计	**2544257**	**801748**	**2360**	**3848.95**	**55022**
综合类	798858	544812	1204	1333.98	8373
历史类	272301	135266	574	1521.32	24351
艺术类	79989	24403	187	176.36	3861
自然科技类	1173068	7135	61	104.68	5784
其　他	220041	90132	334	712.64	12653

4-9 文化市场经营机构综合情况（2021 年）

指　　标	机构数（个）	从业人员（人）	营业收入（千元）	营业利润（千元）
合　计	**12824**	**237076**	**271684248**	**32034789**
按城乡分				
城　市	7166	175480	265017035	32146812
县　城	2896	41323	5041353	-132389
县以下	2762	20273	1625860	20366
按经营范围分				
娱乐场所	4249	74804	6455472	89893
互联网上网服务营业场所（网吧）	5745	15712	1490462	-161306
非公有制艺术表演团体	371	7967	561546	-234520
非公有制艺术表演场馆	88	4341	2048427	43716
经营性互联网文化单位	1163	117037	205018508	18931370
艺术品经营机构	451	1039	338615	56489
演出经纪机构	757	16176	55771218	13309147

4-10 各市文化市场经营机构综合情况(2021年)

市 别	机构数（个）	从业人员（人）	营业收入（千元）	营业利润（千元）
全 省	**12824**	**237076**	**271684248**	**32034789**
广 州	2126	42704	118453818	22624633
深 圳	2449	116891	120568299	9325776
珠 海	361	5109	1717500	125085
汕 头	316	2756	330103	54599
佛 山	454	4101	496594	19611
韶 关	212	2715	166807	2704
河 源	342	1994	186438	12032
梅 州	252	2196	127092	-1689
惠 州	583	5673	478391	-62327
汕 尾	148	1798	95039	371
东 莞	1726	11755	25651821	-19764
中 山	804	7238	692853	-31394
江 门	434	4391	332095	4318
阳 江	134	2148	122444	4398
湛 江	462	6433	428387	-141360
茂 名	533	3395	169694	-3005
肇 庆	254	3231	185792	-14641
清 远	339	3812	279036	3322
潮 州	134	1387	91675	-3133
揭 阳	264	2451	220692	12760
云 浮	116	1465	90366	-17482
省本级	381	3433	799312	139975

4-11 娱乐场所综合情况(2021年)

项 目	机构数（个）	从业人员（人）	营业收入（千元）	营业利润（千元）
合 计	**4249**	**74804**	**6455472**	**89893**
按城乡分				
城 市	1850	36230	3610397	20840
县 城	1313	24135	1745243	4856
县以下	1086	14439	1099832	64197
按经营范围分				
歌舞厅	1184	23372	1679591	37326
卡拉OK厅	2406	44926	3872818	-6246
游艺娱乐场所	555	4517	784294	61761
其 他	104	1989	118769	-2948

注：1. 三年度歌舞娱乐场所指标替换为歌舞厅指标；
2. 三年度增加卡拉OK厅指标。

4-12 各市娱乐场所综合情况（2021年）

市　别	机构数（个）	从业人员（人）	营业收入（千元）	营业利润（千元）
全　省	**4249**	**74804**	**6455472**	**89893**
广　州	434	9628	1007505	5288
深　圳	581	11833	1359347	-71076
珠　海	118	2363	169626	4956
汕　头	159	2143	264432	58613
佛　山	214	2964	305853	16252
韶　关	122	2359	138873	2857
河　源	99	1375	118768	9944
梅　州	125	1420	101696	7318
惠　州	215	3977	330230	-25141
汕　尾	64	1097	60287	676
东　莞	448	7524	734865	59054
中　山	339	5445	365340	-30273
江　门	231	3523	263268	10989
阳　江	98	2034	113716	4963
湛　江	148	3333	183608	9461
茂　名	143	2335	137087	6842
肇　庆	132	2765	148866	-10280
清　远	187	3217	240989	4617
潮　州	66	1009	60786	4524
揭　阳	137	1966	180504	15253
云　浮	66	970	74256	3162
省本级	123	1524	95570	1894

4-13 互联网上网服务营业场所（网吧）综合情况（2021 年）

项　　目	机构数（个）	从业人员（人）	营业收入（千元）	营业利润（千元）
合　　计	**5745**	**15712**	**1490462**	**-161306**
按城乡分				
城　市	3300	7496	794781	-95689
县　城	943	3627	287072	-26110
县以下	1502	4589	408609	-39507

4-14 各市互联网上网服务营业场所（网吧）综合情况（2021 年）

市　别	机构数（个）	从业人员（人）	营业收入（千元）	营业利润（千元）
全　省	**5745**	**15712**	**1490462**	**-161306**
广　州	686	2,944	247825	-41772
深　圳	955	2,059	342704	-28795
珠　海	134	491	52407	-4291
汕　头	121	358	25468	-5869
佛　山	193	609	52016	-6659
韶　关	69	245	26134	-504
河　源	205	176	15538	-2704
梅　州	104	244	14045	-1675
惠　州	340	1,123	77699	-17491
汕　尾	34	119	6653	-699
东　莞	1,223	3,412	339845	-15856
中　山	366	886	83579	-7084
江　门	144	407	27323	-1220
阳　江	31	98	7628	-345
湛　江	180	613	39432	-6361
茂　名	347	425	21409	-8844
肇　庆	86	237	16315	-2056
清　远	121	270	18206	-1631
潮　州	55	125	8185	-392
揭　阳	116	322	22763	-2273
云　浮	37	111	9260	545
省本级	198	438	36028	-5330

4-15 文物业基本情况（2021 年）

项目	机构数（个）	从业人员（人）	专业技术人才（人）	文物藏品合计（件）	举办陈列、展览（个）	参观人次（万人次）	业务用房（万米²）
合　计	**504**	**8671**	**2632**	**2881374**	**2426**	**4036.65**	**223.06**
文物科研机构	4	170	126	67160	1	0.02	3.66
文物保护管理机构	26	313	74	12005	65	187.67	7.37
博物馆（纪念馆）	339	6545	2384	2544257	2360	3848.95	187.85
文物行政部门	132	1562		35329			23.01
其他文物机构	3	81	48	222623			1.22
省　级	5	312	208	381210	27	123.17	9.24
地市级	114	3485	1350	706869	716	1876.15	97.78
县市级	385	4874	1074	1793295	1683	2037.33	116.04

注：1. 本年度博物馆指标替换为博物馆（纪念馆）指标；
　　2. 本年度文物商店指标替换为文物行政部门指标。

4-16 文化部门文化产业增加值情况（2021 年）

项目	总产出（千元）	增加值（千元）	营业盈余（千元）
合　计	**17584510**	**9449684**	**177786**
艺术业	1173247	1173571	22079
其中：艺术表演团体	738647	879756	8256
艺术表演场馆	434600	293815	13823
图书馆	1904770	1313512	88
群众文化	2237923	1703765	424
艺术教育	179849	145701	1
文艺科研	51555	40401	
文物业	2880783	1466403	584
其他	9156383	3606331	154610

4-17 各市公共图书馆机构数

单位：个

市 别	2015	2017	2018	2019	2020	2021
全 省	**140**	**143**	**143**	**146**	**148**	**150**
广 州	13	13	13	13	13	13
深 圳	11	11	11	11	12	12
珠 海	3	3	3	3	4	4
汕 头	9	9	9	9	9	9
佛 山	6	6	6	6	6	6
韶 关	9	10	10	11	11	11
江 门	7	7	7	8	8	8
湛 江	8	9	9	10	10	10
茂 名	5	6	6	6	6	6
肇 庆	9	9	9	9	9	9
惠 州	5	5	5	5	5	5
梅 州	10	10	10	10	10	10
汕 尾	4	4	4	4	4	4
河 源	7	7	7	7	7	7
阳 江	5	5	5	5	5	5
清 远	10	10	10	10	10	10
东 莞	1	1	1	1	1	1
中 山	1	1	1	1	1	1
潮 州	4	4	4	4	4	4
揭 阳	6	6	6	6	6	6
云 浮	6	6	6	6	6	6
省 直	1	1	1	1	1	1

4-18 各市群艺馆（文化馆）机构数

单位：个

市　别	2015	2017	2018	2019	2020	2021
全　省	**146**	**146**	**145**	**145**	**144**	**144**
广　州	12	12	12	12	12	12
深　圳	8	8	8	8	10	10
珠　海	4	4	4	4	4	4
汕　头	8	8	8	8	8	8
佛　山	7	7	7	7	6	6
韶　关	11	11	11	11	11	11
江　门	8	8	8	8	8	8
湛　江	11	11	10	10	10	10
茂　名	7	6	6	6	6	6
肇　庆	9	9	9	9	9	9
惠　州	6	6	6	6	6	6
梅　州	9	9	9	9	9	9
汕　尾	6	6	6	6	5	5
河　源	7	7	7	7	7	7
阳　江	5	5	5	5	5	5
清　远	9	10	10	10	9	9
东　莞	1	1	1	1	1	1
中　山	1	1	1	1	1	1
潮　州	4	4	4	4	4	4
揭　阳	6	6	6	6	6	6
云　浮	6	6	6	6	6	6
省　直	1	1	1	1	1	1

4-19 各市博物馆机构数

单位：个

市　别	2015	2017	2018	2019	2020	2021
全　省	**177**	**184**	**184**	**241**	**296**	**339**
广　州	30	29	29	28	60	63
深　圳	16	16	15	49	51	57
珠　海	2	2	2	2	2	8
汕　头	6	7	7	7	10	11
佛　山	16	17	17	21	24	26
韶　关	9	9	9	11	12	14
江　门	8	8	8	9	11	8
湛　江	6	8	8	8	8	13
茂　名	6	6	6	7	7	7
肇　庆	8	8	9	8	10	16
惠　州	6	7	7	9	10	10
梅　州	10	10	10	10	22	26
汕　尾	5	5	5	5	5	7
河　源	6	7	7	7	7	8
阳　江	3	3	3	4	5	6
清　远	11	11	11	13	9	9
东　莞	7	7	7	16	16	18
中　山	5	5	5	8	8	8
潮　州	4	6	6	6	6	10
揭　阳	6	6	6	6	6	7
云　浮	5	5	5	5	5	6
省　直	2	2	2	2	2	1

注：201[illegible]年博物馆的统计范围增加了民办博物馆。

4-20 各市文化站机构数

单位：个

市　别	2015	2017	2018	2019	2020	2021
全　省	**1596**	**1610**	**1610**	**1614**	**1619**	**1617**
广　州	161	169	169	170	176	176
深　圳	57	61	61	67	79	79
珠　海	24	24	24	24	24	24
汕　头	71	71	71	71	66	69
佛　山	32	32	32	32	32	32
韶　关	107	107	107	107	107	107
江　门	79	79	79	74	73	73
湛　江	118	120	120	121	121	121
茂　名	109	109	109	111	111	111
肇　庆	104	104	104	104	104	104
惠　州	73	73	73	73	73	73
梅　州	112	112	112	112	112	112
汕　尾	57	57	57	56	52	52
河　源	101	101	101	101	100	100
阳　江	46	46	46	46	46	46
清　远	87	87	87	87	85	85
东　莞	33	33	33	33	33	33
中　山	24	24	24	24	24	23
潮　州	50	50	50	50	50	46
揭　阳	88	88	88	88	88	88
云　浮	63	63	63	63	63	63

4-21 各市公共图书馆公用房屋面积

单位：平方米

市 别	2015	2017	2018	2019	2020	2021
全 省	**1257580**	**1340190**	**1370660**	**1511120**	**1694500**	**1758700**
广 州	280070	271960	271960	275080	295100	313700
深 圳	234500	267280	267030	274730	416700	410800
珠 海	23290	48900	48900	51840	54600	54500
汕 头	43680	45290	46090	45790	48900	52900
佛 山	87820	93600	98070	98870	94500	105700
韶 关	28630	29630	26580	37150	49700	51300
江 门	33070	46010	46010	58880	58900	69900
湛 江	37360	39360	39360	43110	37700	49000
茂 名	42550	44550	44550	42290	47500	51000
肇 庆	43450	43830	43830	43830	43900	47400
惠 州	43940	44440	44440	47850	48100	50700
梅 州	36020	36280	36280	40120	45100	46100
汕 尾	22580	23000	23000	23000	23000	24000
河 源	43730	47500	47240	53530	53600	53600
阳 江	21670	21670	22150	25550	25600	25800
清 远	34490	36660	36660	37940	36600	35100
东 莞	53650	53650	53650	53650	53700	53700
中 山	2360	1760	1760	71680	71700	71700
潮 州	9050	9270	37570	41650	45300	41300
揭 阳	27780	27780	27780	35880	35900	39800
云 浮	17610	17490	17490	17710	17400	19700
省 直	90280	90280	90280	91000	91000	91000

4-22 各市群艺馆（文化馆）公用房屋面积

单位：平方米

市　别	2015	2017	2018	2019	2020	2021
全　省	**718350**	**682680**	**674500**	**721590**	**836700**	**893500**
广　州	68050	66530	71020	72190	70200	89100
深　圳	215270	123420	114070	117410	199400	220500
珠　海	15670	41330	41330	40800	40800	40800
汕　头	24950	24440	24950	31200	27700	28000
佛　山	82240	86880	71810	66040	69200	66700
韶　关	27490	26630	29860	33670	38300	42800
江　门	33870	33170	40570	47690	50900	50900
湛　江	21610	24660	24660	32150	32200	34300
茂　名	18990	16270	16270	19830	23400	23300
肇　庆	27070	31210	31210	33660	32300	33800
惠　州	22920	22920	22920	27800	27500	29400
梅　州	23210	23210	23210	22900	28600	28600
汕　尾	11250	11250	11250	12750	17700	18300
河　源	20370	19720	19720	22470	25100	25000
阳　江	17530	17530	17530	23970	20400	20400
清　远	28410	25550	25550	26410	33500	33500
东　莞	5550	24300	24300	24300	24300	24300
中　山	7190	7190	7190	7190	7200	8400
潮　州	11220	13300	13300	13900	18900	18900
揭　阳	15700	15900	15900	17400	21200	21200
云　浮	18000	8000	18600	19740	19800	27200
省　直	1790	9290	9290	8110	8100	8100

4-23 各市博物馆公用房屋面积

单位：平方米

市 别	2015	2017	2018	2019	2020	2021
全 省	**1126490**	**1282430**	**1295850**	**1480070**	**1694700**	**1879200**
广 州	2207390	1052740	234260	232660	359900	395000
深 圳	121280	191290	199210	288180	281000	271100
珠 海	10750	10750	10750	10750	35800	61000
汕 头	46500	48720	49720	53510	59300	54500
佛 山	108120	116670	116990	124700	130400	156500
韶 关	37230	37920	37920	44980	46000	48600
江 门	33230	78300	72760	75760	90300	83400
湛 江	67850	68160	68160	68160	68200	46100
茂 名	24810	24810	24810	13470	13500	13800
肇 庆	31530	34420	34420	34470	43100	116400
惠 州	35470	36020	33020	47580	49500	50200
梅 州	53150	53150	53950	53950	76800	102200
汕 尾	12610	12610	12610	12610	14800	11500
河 源	15080	24580	24580	28290	28300	28300
阳 江	22610	25060	25060	29930	40000	41200
清 远	33050	36850	36850	40390	34500	29500
东 莞	73630	57930	65320	113420	113400	143600
中 山	28830	28830	28830	40610	40700	61700
潮 州	27380	29470	29470	29470	29500	31700
揭 阳	48940	49090	49090	49090	49100	41600
云 浮	14070	15070	15070	15070	15100	15800
省 直	72980	73040	73040	73040	75500	75500

4-24 各市文化站公用房屋面积

单位：平方米

市别	2015	2017	2018	2019	2020	2021
全省	**3176100**	**3268340**	**3317640**	**3532210**	**3636200**	**3679200**
广州	431590	463530	459290	460560	500900	511300
深圳	245860	267670	300320	339830	444100	415900
珠海	70950	75830	75880	81760	83700	83700
汕头	156060	143400	158460	154570	120800	128900
佛山	322370	323950	323830	323830	317200	314900
韶关	78330	80650	80780	81840	97200	104500
江门	124610	130870	137950	132930	142000	147300
湛江	136020	142540	138590	144780	140600	142800
茂名	126700	128340	111110	115140	120000	123100
肇庆	124490	125920	130430	132590	133900	136000
惠州	158100	148290	147470	150040	154500	155700
梅州	139700	140160	140000	142520	139900	155200
汕尾	36990	36990	36990	35880	33200	36000
河源	69460	70570	72010	72010	70700	74100
阳江	47280	48270	48510	53290	58800	58600
清远	72640	81610	83220	96350	99000	104900
东莞	470760	495550	506920	621690	580700	564400
中山	163700	162070	162070	165900	148000	167300
潮州	44980	45090	46580	53700	62800	61100
揭阳	86550	87730	87930	96980	109800	110200
云浮	68960	69310	69310	76020	78400	83300

4-25 各市人均拥有公共图书馆藏书册数

单位：册 / 人

市别	2015	2017	2018	2019	2020	2021
全省	**0.60**	**0.72**	**0.77**	**0.84**	**0.93**	**1.00**
广州	1.06	1.20	1.33	1.47	1.55	1.62
深圳	1.10	1.30	1.29	1.41	1.60	1.13
珠海	0.83	0.90	0.92	1.02	1.08	1.75
汕头	0.27	0.33	0.35	0.37	0.42	1.14
佛山	0.49	0.63	0.67	0.72	0.77	0.43
韶关	0.59	0.69	0.77	0.84	1.03	0.83
江门	0.51	0.57	0.65	0.70	0.82	0.86
湛江	0.21	0.25	0.29	0.30	0.33	0.51
茂名	0.20	0.27	0.29	0.30	0.32	0.45
肇庆	0.52	0.62	0.65	0.69	0.72	0.82
惠州	0.32	0.40	0.41	0.39	0.41	0.44
梅州	0.41	0.49	0.52	0.56	0.68	0.73
汕尾	0.11	0.12	0.29	0.33	0.39	0.45
河源	0.31	0.54	0.63	0.77	0.85	0.89
阳江	0.35	0.41	0.44	0.49	0.51	0.57
清远	0.35	0.40	0.50	0.62	0.71	0.86
东莞	0.25	0.27	0.29	0.31	0.32	0.33
中山	0.43	0.55	0.58	0.66	0.72	0.77
潮州	0.20	0.23	0.35	0.39	0.49	0.50
揭阳	0.18	0.21	0.23	0.27	0.29	0.31
云浮	0.42	0.48	0.52	0.56	0.61	0.70

注：2020 年人均藏书册数按全国第七次人口普查数据计算，2015-2019 年数据根据全国第七次人口普查数据平滑调整。

4-26 各市公共图书馆人均购书费

单位：元 / 人

市　别	2015	2017	2018	2019	2020	2021
全　省	**2.03**	**2.71**	**2.68**	**3.03**	**2.48**	**2.56**
广　州	2.89	5.35	4.58	6.31	4.30	2.53
深　圳	5.46	6.19	6.28	6.94	6.31	1.14
珠　海	3.64	3.71	3.35	4.27	4.63	7.35
汕　头	0.26	0.88	0.53	0.43	0.33	4.11
佛　山	2.06	2.63	3.14	2.30	1.95	0.78
韶　关	1.18	0.71	1.37	0.62	1.63	2.25
江　门	0.80	0.90	1.15	1.30	1.70	1.11
湛　江	0.22	0.49	0.61	0.42	0.49	1.35
茂　名	0.15	0.21	0.58	0.51	0.34	0.51
肇　庆	1.14	1.32	0.82	1.02	0.46	0.79
惠　州	0.71	0.99	0.69	0.61	0.89	1.20
梅　州	0.96	0.88	0.66	0.98	1.23	0.72
汕　尾	0.09	0.22	3.23	0.64	0.37	0.73
河　源	2.45	0.69	1.05	1.84	1.16	1.94
阳　江	0.89	1.78	1.57	1.40	1.26	0.94
清　远	0.31	1.08	1.13	1.23	0.78	0.91
东　莞	0.74	0.78	0.77	0.78	0.44	0.41
中　山	1.15	4.29	4.11	4.43	3.36	2.64
潮　州	0.17	0.20	3.92	0.74	0.61	0.69
揭　阳	0.17	0.51	0.37	0.41	0.23	0.60
云　浮	0.25	0.47	0.56	0.33	0.31	1.17

注：2020 年人均购书经费按全国第七次人口普查数据计算，2015-2019 年数据根据全国第七次人口普查数据平滑调整。

4-27 各市文化文物事业费

单位：万元

市别	2015	2017	2018	2019	2020	2021
全省	**680475**	**1046025**	**1295850**	**1498244**	**1417336.2**	**1539845**
广州	147192	228049	251704	248534	200236	206084
深圳	132582	234416	299189	275325	285528	278334
珠海	32091	57525	46330	232273	156466	72224
汕头	11766	21020	25410	49257	22188	78948
佛山	46428	74613	91177	108711	79468	94162
韶关	9532	14232	15746	33439	33053	32856
江门	13394	21672	30548	44946	48756	73838
湛江	10938	11281	103226	22604	98876	109794
茂名	5260	7223	12676	16895	12382	13779
肇庆	11612	17833	19583	22132	25489	23523
惠州	32425	36680	31956	50800	37976	33875
梅州	14496	20367	17528	20606	29701	34133
汕尾	7137	7155	11634	6888	12675	9384
河源	10516	12828	14816	17758	19916	30494
阳江	6209	9374	10344	12666	14051	10939
清远	9338	15575	18697	20919	22177	40237
东莞	64717	94633	99267	119044	127124	134321
中山	19334	33805	28908	35411	38629	60502
潮州	6247	12503	16944	16958	11323	39669
揭阳	5759	7877	8400	13699	14227	14406
云浮	5733	8552	6141	5933	19772	38968
省直	77769	98813	103875	123449	107325	109378

4-28 历年文化文物事业机构数

单位：个

年 份	艺术表演团体（公有制）	艺术表演场所	博物馆	公共图书馆	群众艺术馆、文化馆	文化站
1978	172	7	30	76		15
1979	197	47	25	86	2	1650
1980	195	42	26	97	13	1766
1981	190	40	36	103	14	1802
1982	190	38	45	108	13	1880
1983	186	39	61	108	15	1966
1984	178	38	87	114	15	2006
1985	171	38	106	117	15	1989
1986	159	96	106	117	15	2046
1987	155	92	106	118	16	2046
1988	131	83	101	100	16	1753
1989	131	82	101	102	19	1788
1990	130	83	106	103	20	1809
1991	122	78	107	104	20	1839
1992	125	80	108	108	20	1920
1993	126	81	108	110	20	1957
1994	132	78	111	111	20	1927
1995	134	79	113	114	21	1957
1996	136	69	114	115	137	1878
1997	138	75	117	119	139	1923
1998	139	76	122	120	139	1913
1999	140	76	128	121	139	1902
2000	138	76	131	125	140	1902
2001	139	69	140	129	140	1868
2002	141	71	140	131	142	1802
2003	144	70	144	129	139	1700
2004	140	69	143	128	141	1601
2005	139	68	146	129	139	1586
2006	138	67	147	129	142	1589
2007	128	46	153	130	143	1597
2008	127	48	152	132	143	1600
2009	119	45	152	133	145	1594
2010	111	44	164	133	144	1594
2011	89	40	161	134	154	1596
2012	58	28	168	137	145	1599
2013	75	45	175	137	147	1599
2014	72	44	176	138	147	1599
2015	72	66	177	140	146	1596
2016	72	75	177	142	146	1602
2017	74	83	184	143	146	1610
2018	74	86	184	143	145	1610
2019	72	84	241	146	145	1614
2020	71	118	296	148	144	1619
2021	76	136	339	150	144	1617

4-29 历年公共图书馆业务活动情况

年 分	机构数 （个）	总藏量 （万册、件）	#书 刊	总流通 人次 （万人次）	#外借人次	书刊文献 外借册次 （万册次）	发放借 书证数 （万个）
1986	117	1096	1096	804		928	37
1990	103	1261	1261	903		1441	50
1991	104	1327	1319	1241	480	663	49
1992	108	1408	1396	1452	478	607	32
1993	110	1494	1479	1432	469	619	36
1994	111	1591	1570	1631	527	666	43
1995	114	1651	1633	1447	504	687	49
1996	115	1860	1840	1500	586	858	35
1997	119	1901	1879	1634	660	983	42
1998	120	2027	2000	1857	737	1142	45
1999	121	2088	2051	2026	734	1136	44
2000	125	2330	2296	2517	840	1234	44
2001	129	2239	2186	2505	880	1236	89
2002	131	2300	2227	2627	992	2843	119
2003	129	2498	2431	2635	1032	3132	129
2004	128	2740	2637	3021	1021	1636	141
2005	129	3119	3059	3543	1511	2037	144
2006	129	3454	3316	4695	1777	3097	173
2007	130	3698	3540	3819	1115	1851	190
2008	132	3995	3904	4101	1173	2081	209
2009	133	4367	4112	4565	1238	2536	245
2010	133	4615	4336	4540	1166	2267	258
2011	134	5890	4713	6072	1329	2618	300
2012	137	6567	5096	6418	1459	3070	342
2013	137	6101	5629	7357	1588	3499	410
2014	138	6367	5997	7657	1698	3848	438
2015	140	7008	6616	7855	1697	4377	524
2016	142	7900	7229	8335	1954	5219	620
2017	143	8708	7958	9147	2111	6851	680
2018	143	9548	8730	10518	2161	7213	747
2019	146	10543	9611	12201	2349	7933	860
2020	148	11687	10720	5494	1432	5991	935
2021	150	12687	11658	8654	2007	8676	1531

注：1. 表中1986年数包括海南行政区。
2. 书刊是指古籍、报刊、图书。

4-30 历年群众文化事业业务活动、经费收支及设施情况

年　份	机构数（个）	举办展览个数（个）	组织文艺活动次数（次）	举办培训班次（次）
1986	152	839	2151	1290
1990	145	724	2338	1808
1991	142	668	3472	2235
1992	146	833	2634	1846
1993	184	665	2902	2197
1994	948	1279	4093	3247
1995	1100	1619	5377	3949
1996	2015	5228	18031	10811
1997	2062	6304	21200	10734
1998	2052	5778	21327	13802
1999	2041	7076	21327	10941
2000	2024	6918	22969	11932
2001	2008	6523	22980	13611
2002	1944	6569	22099	13218
2003	1839	6997	21824	13190
2004	1742	6609	23658	14735
2005	1725	7228	23132	14288
2006	1731	7392	25285	19613
2007	1740	7268	34004	17924
2008	1743	7760	30555	20817
2009	1739	7536	29983	27522
2010	1738	7399	32382	29041
2011	1740	7930	37970	29590
2012	1744	7627	38842	30198
2013	1746	8176	41121	31158
2014	1746	7979	47791	45111
2015	1742	8199	50270	45679
2016	1748	8758	57166	52333
2017	1756	8774	56705	62429
2018	1755	8879	62742	69550
2019	1759	9731	75484	85036
2020	1763	7131	54739	73294
2021	1761	8074	70161	81114

4-30 续表

年 份	收入合计（万元）	#财政补助收入	支出合计（万元）	公用房屋建筑面积（万米²）
1986	192		912	9
1990	414		1478	19
1991	1990	1250	1846	13
1992	2500	1448	2198	15
1993	3676	2064	3108	15
1994	5312	2854	4864	46
1995	6714	3514	5937	26
1996	17187	5551	17005	138
1997	21005	6847	20497	140
1998	24696	8757	25189	159
1999	27976	11805	27814	180
2000	26414	12113	27213	193
2001	27827	14671	26853	193
2002	32250	18455	32677	207
2003	43554	25682	42018	288
2004	49354	31799	47538	232
2005	61089	40125	57669	238
2006	72577	47583	69416	235
2007	79486	56138	76499	261
2008	85678	64876	84031	284
2009	92396	75038	89841	278
2010	109816	85211	101362	270
2011	129786	116226	137740	332
2012	154069	136560	150638	346
2013	166169	143041	161075	357
2014	173539	152669	170951	366
2015	203182	181570	193291	389
2016	243539	221674	230000	392
2017	281003	265738	279593	395
2018	407841	394114	330415	399
2019	368950	355110	388200	425
2020	387156	373343	402269	447
2021	440082	428356	440483	457

4-31 历年博物馆业务活动情况

年份	机构数（个）	藏品数（件）		参观人次（万人次）	
			# 文物藏品一级品		# 未成年人次
1985	106	342909	1470	633	
1986	106	354569	1573	688	
1990	106	412249	1708	666	
1991	107	418321	1448	715	
1992	108	444682	1443	1198	
1993	108	461828	1565	594	
1994	111	459243	952	562	
1995	113	458864	1062	550	
1996	114	466919	1105	655	
1997	117	464157	1353	732	
1998	122	463131	1180	703	
1999	128	472204	1491	731	
2000	131	490948	1843	822	
2001	140	492298	1174	839	266
2002	140	530249	1200	866	223
2003	144	542982	1195	826	132
2004	143	592570	1136	1002	303
2005	146	662177	1120	1036	288
2006	147	712703	1163	1071	281
2007	153	703627	1172	1130	249
2008	152	710814	1186	1251	297
2009	152	828060	1296	1891	488
2010	164	807102	1289	2457	521
2011	161	838181	1321	2761	562
2012	168	982169	1318	3204	618
2013	175	996706	1362	3599	782
2014	176	1080018	1352	4021	904
2015	177	958465	1353	4252	912
2016	177	953330	1374	4727	1082
2017	184	1004848	1414	5111	1370
2018	184	1038580	1414	5512	1448
2019	241	1218419	1559	6861	1837
2020	296	2531279	2244	2494	632
2021	339	2544257	2258	3849	961

主要统计指标解释

文化机构 是指专门从事文化工作并具有法人资格，独立核算的事业、企业单位以及单独核算，附属于事业单位的经营性专业文化活动单位。包括从事艺术、图书馆、群众文化、文物管理、文化艺术教育、娱乐等机构以及其他文化机构。

艺术表演团体 是指从事戏曲、音乐、舞蹈、杂技等专业艺术表演，具有独立账户，实行单独核算的团体，不包括半工半艺、半农半艺和民间职业剧团。

艺术表演场所 是指由各级文化主管部门、文化单位和其他部门（除部队系统外）举办的，具有观众厅、舞台、灯光设备，经常供专业艺术表演团体演出，并在工商、税务部门登记，公开售票的营业场所。

图书馆 是指通过文献、信息的收集、整理、存储和利用，为社会读者服务的文化、教育与科学机构。

图书馆总藏量 是指本馆已编目的古籍、图书、期刊和报纸的合订本、小册子、手稿以及缩微制品、录像带、录音带、光盘等视听文献资料数量之和。

文物机构 包括文物管理机构、博物馆（综合类博物馆、历史类博物馆、艺术类博物馆、自然科技类博物馆及其他博物馆）和文物店的文物专业机构。

藏品 藏品是文博机构根据收藏品的文化属性、自然属性等情况，所划分的文物藏品、模型藏品（含具有收藏、展示价值的雕塑、绘画等艺术作品）和复制品藏品的总和。

五、劳动就业和社会保障

简要说明

1．本篇资料主要反映广东省劳动就业和社会保险的基本情况。

2．本篇资料主要包括：

(1) 技能人才评价综合情况，劳动争议仲裁情况，职业介绍情况，就业和失业情况，基本养老、职工医疗、失业、工伤、生育保险情况以及社会保险基金收入、支出、结余等情况。

(2) 地区全省 21 个地级以上市。

(3) 年份主要为 2013—2021 年数据。

3．统计资料来源：本篇资料由广东省人力资源和社会保障厅、广东省医疗保障局负责整理、审核、提供。

2021年广东省劳动就业和社会保障概述

2021年，全省人社系统坚持以习近平新时代中国特色社会主义思想为指导，深入学习贯彻党的十九大和十九届历次全会精神，深入贯彻习近平总书记对广东系列重要讲话和重要指示批示精神，坚决落实省委、省政府工作部署，坚持以人民为中心的发展思想，坚持稳中求进工作总基调，统筹推进疫情防控和事业高质量发展，劳动就业和社会保障工作取得新成效，实现“十四五”良好开局。

一、劳动就业方面

（一）强化就业优先政策体系。着力稳市场主体实现稳就业岗位，制定减轻企业负担推动企业高质量发展工作方案，全年各项措施为全省企业（含个体工商户）减负约752亿元。出台3.0版“促进就业九条”，持续开展“送政策、送资金、送服务”活动，加大稳岗返还补贴、以工代训补贴、吸纳就业补贴等扶持政策落实力度。完善重点企业用工调度常态化保障机制，强化就业服务专员用工对接服务力度，确保产业链供应链龙头企业等重点企业常态化用工，2021年共服务重点用工企业3700多家次，帮助解决用工15.9多万人次，“全省重点企业云招聘”专栏共为560多家次重点企业发布招聘岗位信息11.8万多个。2021年全省城镇新增就业140.33万人，全年城镇调查失业率均值为4.9%，运行在5.5%目标范围以内，就业局势总体稳定、持续向好。

（二）精准帮扶高校毕业生等重点群体就业。实施高校毕业生就业创业十大行动，支持民营企业吸纳就业，开发国有企事业、“三支一扶”等岗位超24.5万个，举办毕业生招聘活动超2000场次，举办2021年粤港澳大湾区大学生就业实习双选会。截至2021年底，全省应届高校毕业生整体就业率超97%，离校未就业高校毕业生就业率超过91%，困难毕业生基本实现100%就业。开展南粤春暖“稳岗留工”行动和网络招聘活动，做好农民工返岗复工“点对点”服务保障，全省农民工就业总体稳定。全省就业困难人员实现就业11.51万人，零就业家庭实现动态清零。加强就业帮扶巩固拓展脱贫攻坚成果，推进东西部劳务协作和就业对口支援。

（三）久久为功擦亮“三项工程”金字招牌。着力抓重点、补短板、夯基础，“粤菜师傅”“广东技工”“南粤家政”三项工程全年培训389.2万人次。打造“粤菜师傅”名店名品名厨，系统推进大菜、小吃、零食品牌化、市场化发展。出台“广东技工”工程高质量发展意见、推动技工教育高质量发展若干政策措施，全面推行职业技能等级制度，深入实施职业技能提升行动，历史性实现技师学院21个地市全覆盖，全国最大技工教育体系进一步巩固提高，截至2021年底，全省技工院校148所，在校生62.88万人，占全国的1/6。打造“南粤家政”服务地图，构建15分钟家政服务圈，选树一批“信得过”家政品牌和省级龙头、诚信示范企业。举办第四届大湾区“粤菜师傅”技能大赛、第二届全省技能大赛、首届“南粤家政”技能大赛。

（四）全力维护劳动关系和谐稳定。扎实推进根治欠薪工作，2020年度农民工工资支付国家考核被评为A级。深入实施和谐创建示范工程，优化升级5个省级和谐劳动关系示范区，开展劳动关系“和谐同行”能力提升三年行动，加强新业态从业人员权益保障，强化劳动监察日常监管。调整提高最低工资标准，总体增幅达10.83%，在全国首次将新就业形态劳动者纳入最低工资制度保障范围。高温津贴标准由150元/月提高至300元/月。推动粤港澳大湾区劳动争议联合调解中心速调快裁服务站建设，推广聘任港澳籍仲裁员试点经验，设立大湾区劳动争议（广州）创新研究院。2021年50人以上重大集体劳动人事争议案件同比下降35.04%，30人以上劳动保障群体性事件同比下降

93.33%，累计为11.52万劳动者追发工资等待遇12.23亿元。

二、社会保障方面

（一）持续扩大社会保险覆盖范围。加大社保扩面征缴力度，分别出台灵活就业人员参加企业职工养老保险和失业保险办法，创新推行灵活就业特定人员单项工伤保险办法，推行建筑工程按项目参加工伤保险办法，落实港澳台居民参保政策和困难群体参加城乡居民基本养老保险政府代缴政策，参保人数稳步增长。截至2021年底，全省养老、工伤、失业保险参保1.56亿人次，基金累计结余1.52万亿元，同比分别增长3.7%和12.8%。全省城镇职工基本养老保险、城乡居民基本养老保险、失业保险、工伤保险参保人数分别为5080万人、2680万人、3725万人、4069万人，同比分别增长4.2%、0.9%、3.4%、5.2%；全省全年城镇职工基本养老保险、城乡居民基本养老保险、失业保险、工伤保险基金收入（不含上下级往来数据）分别为6113亿元、305亿元、116亿元、51亿元，基金支出（不含上下级往来数据）分别为3484亿元、274亿元、150亿元、92亿元，基金累计结余分别为14110亿元、506亿元、439亿元、191亿元。

（二）稳步提高社保待遇水平。健全社会保险待遇正常调整机制，完善企业职工过渡性养老金计发办法，连续17年提高企业退休人员养老金水平，2021年增幅4.99%；城乡居民基本养老保险月人均养老金246元，增长3.48%；全省失业保险金标准均按最低工资标准的90%执行，人均领取失业金1732元／月。落实失业保险扩大保障范围政策，2021年全年发放失业补助金47.1亿元，惠及129.6万人。调整工伤保险长期待遇发放标准，伤残津贴、生活护理费、供养亲属抚恤金平均提高约8.5%、9.6%、8.5%，人均达到约4803元、4140元、1915元。

（三）深入推进社保体制机制改革。进一步规范我省企业养老保险省级统筹制度，从2021年1月起将全省单位缴费比例统一至14%。出台失业保险基金省级统筹实施方案；印发灵活就业人员参加失业保险试点办法，大湾区9市开展试点。深化工伤保险基金省级统筹，平稳实施省级统筹行业基准费率标准。推动社保基金保值增值，实施新一轮1100亿元基本养老金基金委托投资运营计划，总投资规模达3130亿元，居全国首位。职业年金实账积累取得积极成效，全省历史记账缴费部分年度做实123.8亿元、超进度目标12%。稳慎开展职业年金投资运营，全年投资收益率6.9%。落实社会保险降费政策，持续实施降低失业保险费率和浮动费率政策，全省用人单位平均缴费费率进一步降至0.48%；延续实施阶段下调工伤保险费率50%比例政策至2022年4月底，调整后全省平均费率为0.16%左右。

（四）优化社保经办服务。全面建成省集中式人力资源社会保障一体化信息化系统，人社服务进驻省政务服务网249项、粤省事165项、粤商通17项。推进社保经办数字化转型，86项社保公共服务事项实现全流程网办，33项社保服务上线“粤系列”，15个事项实现“跨省通办”，43个事项实现“省内通办”。大力推动“清减压”，办理时限比法定时限压缩50%以上，11个服务事项14类证明材料实行告知承诺制，全面推广社保卡发放各项待遇。大力推进“湾区社保通”，在全国率先打造港澳居民线上服务专区，与澳门社会保障基金签署社会保障服务合作备忘录，在全省265个服务网点（其中珠三角城市188个）提供澳门社会保障“在生证明”协办和咨询服务。开展社会保障卡居民服务“一卡通”改革试点，截至2021年12月底，全省社保卡持卡人数超1.1674亿，持卡率92.7%，电子社保卡持卡人数5205万人，持卡率约41.3%，实体卡、电子卡数均居全国第一。

撰稿：徐延明

5-1 劳动人事争议仲裁情况（2021年）

项　目	单位	合计	国有企业	集体企业	港澳台及外资企业	私营企业	机关
上年末结争议案件数	（件）	6029	31	13	246	4871	11
当期立案受理情况							
立案受理案件总数	（件）	195810	930	222	7074	154676	306
集体劳动争议	（件）	3025	5	1	131	2410	2
劳动者申诉	（件）	191595	905	219	6971	151356	297
按争议类型分							
劳动报酬	（件）	76190	201	45	1761	61569	68
社会保险	（件）	18688	79	50	910	15050	12
确认劳动关系	（件）	12152	103	34	826	9282	50
解除、终止劳动合同	（件）	64655	415	60	2842	52801	152
履行聘用合同	（件）	18					1
终止人事关系	（件）	29					
其他	（件）	23674	129	32	720	15646	21
立案受理案件涉及劳动者人数	（件）	257471	990	235	10948	203084	355
集体劳动争议	（人）	63763	65	13	3636	50516	51
案件处理情况	（人）						
结案数		195615	932	218	7120	154452	310
按处理方式分	（件）						
仲裁调解		97010	487	88	2637	77704	139
仲裁裁决	（件）	89350	412	111	4109	70204	152
其他	（件）	9255	33	19	374	6544	19
按处理结果分	（件）						
用人单位胜诉		18368	135	40	1041	14423	50
劳动者胜诉	（件）	35625	155	22	1925	28630	49
双方部分胜诉	（件）	102847	521	113	3120	79744	170
其他	（件）	38775	121	43	1034	31655	41
期末累计未结案数	（件）	6404	29	17	200	5095	7
案外调解案件数	（件）	352847	2018	191	29035	288060	670

5-1　续表

项　　目	单位	事业单位	社会团体	军队文职人员单位聘用	其他
上年未结争议案件数	（件）	40	19	1	977
当期立案受理情况					
立案受理案件总数	（件）	902	227	72	31401
集体劳动争议	（件）	8	7	2	459
劳动者申诉	（件）	861	214	72	30700
按争议类型分					
劳动报酬	（件）	196	87	12	12251
社会保险	（件）	45	3	0	2539
确认劳动关系	（件）	92	4	21	1740
解除、终止劳动合同	（件）	442	92	30	7821
履行聘用合同	（件）	6	1	0	10
终止人事关系	（件）	10	0	0	19
其他	（件）	108	40	9	6969
立案受理案件涉及劳动者人数	（件）	1020	350	93	40396
集体劳动争议	（人）	124	130	23	9205
案件处理情况	（人）				
结案数		901	224	73	31385
按处理方式分	（件）				
仲裁调解		360	96	27	15472
仲裁裁决	（件）	519	113	45	13685
其他	（件）	22	15	1	2228
按处理结果分	（件）				
用人单位胜诉		161	20	15	2483
劳动者胜诉	（件）	184	39	7	4614
双方部分胜诉	（件）	416	135	49	18579
其他	（件）	140	30	2	5709
期末累计未结案数	（件）	41	22	0	993
案外调解案件数	（件）	212	31	0	32630

5-2 各市技能人才评价综合情况

市别	期末职业技能等级认定机构数（个）					
	2015	2017	2018	2019	2020	2021
全省	**554**	**455**	**423**	**404**	**112**	**1484**
广州	95	57	54	53	5	306
深圳	51	52	24	15	8	86
珠海	8	10	9	10	1	54
汕头	7	6	5	5	1	25
佛山	28	33	32	34	11	124
韶关	12	8	10	8	1	18
河源	11	15	16	16	4	11
梅州	15	15	15	14	6	11
惠州	27	25	25	22	5	20
汕尾	6	7	6	8	5	3
东莞	7	15	15	19	3	246
中山	8	10	9	9	3	140
江门	17	22	22	21	6	120
阳江	7	9	9	5	2	5
湛江	17	17	17	17	13	8
茂名	10	10	10	11	7	17
肇庆	19	22	21	19	6	46
清远	14	15	15	15	3	33
潮州	10	8	8	8		14
揭阳	14	16	16	16	2	12
云浮	12	11	11	12	6	17
省直	159	72	74	67	14	168

注：2020年国家全面完成水平评价类职业工种退出职业资格目录清单，职业技能鉴定机构业务基本停滞，改由社会机构和企业向劳动者提供职业技能等级认定评价服务。2015-2020年数据为期末职业技能鉴定机构数，2021年起为期末职业技能等级认定机构数。

5-2 续表1

市别	本期参加职业技能鉴定或职业技能等级认定（人次）					
	2015	2017	2018	2019	2020	2021
全　省	**1683826**	**1045362**	**742270**	**702789**	**724688**	**828098**
广　州	284727	192331	125101	98305	43072	111594
深　圳	82173	93698	34280	23488	37798	123281
珠　海	26757	14310	12274	12206	9445	39326
汕　头	15245	7494	7848	6185	8514	18409
佛　山	72157	49022	50080	54679	41132	69259
韶　关	33427	18877	11882	10123	8002	12008
河　源	20239	9533	6586	7343	6670	8236
梅　州	29644	16254	15440	23462	14360	11216
惠　州	36014	23234	18103	18952	17795	28792
汕　尾	3042	15493	10548	9586	3741	6513
东　莞	52345	23959	21062	18813	7191	86847
中　山	33340	18982	12763	13259	12897	46249
江　门	43943	27424	20203	17838	10740	44352
阳　江	5409	7813	10321	8440	5334	7271
湛　江	42957	32221	25319	27766	14975	18530
茂　名	34215	32467	28373	36039	38161	19181
肇　庆	34636	33362	20246	16022	13505	21186
清　远	58955	23738	20037	19932	17384	22870
潮　州	15887	6486	4516	4365	5859	10096
揭　阳	9019	19241	9236	11796	10613	9369
云　浮	9527	12930	8984	13784	7859	11104
省　直	740168	366493	269068	250406	389641	102409

注：广东省于2020年开始推行职业技能等级认定，从2020年起数据包含参加职业技能等级认定人次数。

5-2 续表 2

市 别	本期新增取得职业资格证书或职业技能等级证书（人次）					
	2015	2017	2018	2019	2020	2021
全 省	**1156563**	**649818**	**445885**	**441370**	**406885**	**629044**
广 州	219693	149279	96089	74609	31338	86040
深 圳	32613	39876	19389	16896	15103	84230
珠 海	18886	9273	7274	7538	6059	30657
汕 头	12422	5390	5250	4576	6635	14359
佛 山	42107	32558	32579	39866	30678	51755
韶 关	24021	16005	9169	7809	6033	8388
河 源	13458	5702	4514	4958	4782	5134
梅 州	19751	11833	11391	18843	12553	7716
惠 州	31997	16277	10612	13833	14578	23455
汕 尾	2191	12915	8536	7153	3061	4930
东 莞	37010	15815	12956	12006	5036	78692
中 山	27867	15658	10860	11105	10484	38966
江 门	30031	18733	12504	11132	6788	36871
阳 江	3505	5133	6163	5890	3706	4538
湛 江	37238	25362	17477	19756	11090	11629
茂 名	25823	23420	19095	27210	31067	12694
肇 庆	26888	21783	12841	10091	9315	12343
清 远	39407	14794	10703	10021	10948	14449
潮 州	13995	5276	3551	3397	5391	8124
揭 阳	7580	15755	7539	9265	8807	7475
云 浮	7778	10354	6472	11429	6483	8261
省 直	482302	178627	120921	113987	166950	78338

注：广东省于2020年开始推行职业技能等级认定，从2020年起数据包含新增取得职业技能等级证书人次数。

5-3 各市就业再就业进展情况

市 别	城镇新增就业人数（人）					
	2015	2017	2018	2019	2020	2021
全 省	**1555421**	**1488981**	**1476511**	**1399571**	**1336995**	**1403322**
广 州	432578	413825	407783	337337	295033	335530
深 圳	96930	100844	109174	160302	173003	187476
珠 海	47585	46923	47095	40856	38040	42427
汕 头	60615	61845	53923	49130	49700	45082
佛 山	82699	85918	85741	86570	86176	105181
韶 关	51410	35001	33414	30342	25342	20701
河 源	42755	43453	45839	36426	36417	28874
梅 州	31052	30726	25788	22085	20942	21228
惠 州	75066	75408	73443	71577	71004	76236
汕 尾	48902	48634	50477	50051	52256	55106
东 莞	84667	85011	95362	94977	94771	112709
中 山	65915	61073	62009	57094	56989	63074
江 门	49088	48227	48810	47118	45945	47585
阳 江	42468	39321	36756	33121	25302	17032
湛 江	77637	79831	79821	73809	71914	57949
茂 名	71269	70566	64743	60124	50546	50916
肇 庆	49622	42740	43791	44684	42128	45605
清 远	51215	47838	44111	37139	36185	39807
潮 州	23775	18733	15181	15179	15151	12645
揭 阳	35993	32029	32633	31615	30620	18360
云 浮	34180	21035	20617	20035	19531	19799

5-3 续表 1

市别	城镇失业人员再就业人数（人）					
	2015	2017	2018	2019	2020	2021
全省	**672233**	**619507**	**538976**	**551269**	**516762**	**517538**
广州	274968	232280	138313	177177	154599	181381
深圳	21500	28651	31500	29485	26880	28012
珠海	12809	12695	12868	10433	12566	12592
汕头	29045	31490	28257	25295	27262	21512
佛山	38712	36247	35416	35548	35194	41146
韶关	39109	28535	29635	22752	22268	12710
河源	9310	8421	8549	8754	8797	7516
梅州	25472	24262	24591	16814	16438	13593
惠州	18703	19183	18955	18859	19006	19030
汕尾	20983	21887	20582	22013	15462	18785
东莞	9276	11441	19844	19931	16727	18782
中山	7355	8835	11213	10666	15033	10166
江门	32680	32762	33421	31953	31864	29667
阳江	24398	22223	21880	13324	13138	9075
湛江	37848	35146	36329	42471	35885	27451
茂名	17082	17134	19122	17049	17256	17656
肇庆	14107	12401	12711	13236	13145	11797
清远	13327	13311	13247	15074	14709	14049
潮州	4526	4163	4062	4026	4021	4093
揭阳	12202	11207	11163	10091	10220	12522
云浮	8821	7233	7318	6318	6292	6003

5-3 续表2

市 别	就业困难人员实现就业人数（人）					
	2015	2017	2018	2019	2020	2021
全 省	**183981**	**172589**	**167950**	**138871**	**113013**	**115093**
广 州	115633	117333	113904	90690	68460	66474
深 圳	10663	10050	7140	5065	3739	4205
珠 海	2576	2230	2265	2203	2000	2218
汕 头	3012	2922	2750	2591	2508	1742
佛 山	8547	7197	6768	7219	7406	7018
韶 关	4062	2717	2561	2317	2219	2319
河 源	2278	2325	2087	2391	2583	2458
梅 州	3533	2660	2533	1652	1625	2303
惠 州	3632	3501	3162	3196	2910	3105
汕 尾	2107	2301	2413	2316	1638	2117
东 莞	2604	2213	4493	2733	2121	2649
中 山	1824	1308	1297	1280	1275	1207
江 门	5231	2883	3022	2885	2549	2182
阳 江	2913	2270	2152	2098	2060	1927
湛 江	1677	1057	1016	1070	1107	1548
茂 名	3236	2083	2420	2243	2018	2233
肇 庆	2667	1928	2475	2074	2096	2080
清 远	1453	1359	1360	1363	1253	1181
潮 州	1773	1098	1028	1021	1016	1011
揭 阳	2256	2050	2040	1542	1532	3947
云 浮	2304	1104	1064	922	898	1169

5-4 职业介绍工作情况

年 分	期末公共就业和人才交流服务机构（个）	本期登记招聘（人）	本期登记求职（人）	本期职业指导（人次）	本期职业介绍（人次）
2017	16014	6220386	3468471	757998	1482977
2018	16302	5861408	3233291	843232	1417701
2019	16830	5428000	3228467	798546	1530859
2020	17536	4849414	2106858	669281	1110974
2021	15525	5202516	2303364	842922	1206335

5-5 各市养老、失业、工伤保险参保人数（2021 年）

单位：人

市 别	基本养老保险	城镇职工基本养老保险		城乡居民基本养老保险	失业保险	工伤保险
			企业 + 其他			
全 省	**77598821**	**50794847**	**47507258**	**26803974**	**37251171**	**40685672**
广 州	10039020	8643340	8249524	1395680	7157123	7292310
深 圳	13389380	13377622	13129988	11758	12492626	12844725
珠 海	1617207	1495229	1426379	121978	1190826	1239724
汕 头	3236602	1033808	876553	2202794	546794	782731
佛 山	4845529	4355000	4171539	490529	3236854	3547153
韶 关	1778970	748947	612159	1030023	346341	443421
河 源	1858375	543008	443371	1315367	289978	385435
梅 州	2737250	1046608	876242	1690642	382914	493487
惠 州	3192219	2079444	1924191	1112775	1573731	1686755
汕 尾	1289085	333563	250027	955522	127189	196003
东 莞	6064312	6008987	5908148	55325	4545810	4743616
中 山	2426685	2418763	2343922	7922	1704163	1832045
江 门	3148880	1635604	1494341	1513276	1029199	1092826
阳 江	1678926	430278	339984	1248648	199825	355681
湛 江	3916059	1083981	880564	2832078	477208	547566
茂 名	3530231	826307	632405	2703924	358336	390778
肇 庆	2487248	851339	708044	1635909	506391	659659
清 远	2613766	883672	758163	1730094	482332	551090
潮 州	1609791	514617	436163	1095174	229248	378286
揭 阳	3084352	626295	473781	2458057	186254	311717
云 浮	1568067	371568	289074	1196499	188029	232074
省 直	1486867	1486867	1282696			678590

注：1. 社会保险数据采用社保基金报表和统计报表年报数，下同。

2. 各区域不包括省直。

5-6 各市城镇职工基本养老保险参保人数

单位：人

市　别	2015	2017	2018	2019	2020	2021
全　省	**50865270**	**52870775**	**49196558**	**46334397**	**48730604**	**50794847**
广　州	10082417	8647125	7835244	7689932	8204077	8643340
深　圳	9536284	11335302	11569970	12136911	12685530	13377622
珠　海	1119736	1217071	1295362	1350415	1468847	1495229
汕　头	1549391	1399337	1345533	940740	990087	1033808
佛　山	4330233	4817252	4254980	3855516	4105894	4355000
韶　关	678239	713473	784726	683112	735212	748947
河　源	755554	591848	502914	464854	527736	543008
梅　州	980987	1056752	1074669	934517	1009300	1046608
惠　州	2121840	2300054	2204588	1866355	1997021	2079444
汕　尾	519194	363834	345850	286896	312244	333563
东　莞	6706260	6870729	5902927	5866039	5909491	6008987
中　山	2385219	3082839	2563779	2272298	2368308	2418763
江　门	1919834	1862082	1678236	1480297	1533482	1635604
阳　江	569981	461330	511594	383890	420441	430278
湛　江	1111628	1217082	1253212	1017840	1045987	1083981
茂　名	966861	1064936	1026408	783671	812084	826307
肇　庆	763506	820873	893674	736651	803263	851339
清　远	1071102	1184815	843750	771255	850066	883672
潮　州	583203	561727	603853	449383	488496	514617
揭　阳	961179	749724	765418	564012	622156	626295
云　浮	435193	428961	346450	327633	361700	371568
省　直	1717429	2123629	1593421	1472180	1479182	1486867

注：各区域不包括省直。

5-7 各市城镇职工基本养老保险（执行企业养老保险制度）

单位：人

市 别	2015	2017	2018	2019	2020	2021
全 省	**49172179**	**50745794**	**46259117**	**43257786**	**45510467**	**47507258**
广 州	10082417	8647125	7512575	7335424	7823361	8249524
深 圳	9470021	11188089	11385332	11924058	12447678	13129988
珠 海	1027078	1195361	1241975	1288284	1402356	1426379
汕 头	1458401	1291594	1209218	793286	837909	876553
佛 山	4214209	4658312	4077792	3681306	3926339	4171539
韶 关	605315	630403	662158	550745	597982	612159
河 源	693973	506337	415324	368730	428322	443371
梅 州	893697	918350	914049	767539	839074	876242
惠 州	2023751	2164117	2062369	1714546	1841450	1924191
汕 尾	470847	300136	270129	206564	229981	250027
东 莞	6706260	6781806	5809857	5771314	5809506	5908148
中 山	2290617	3018414	2495650	2200589	2294105	2343922
江 门	1807120	1748257	1545312	1347773	1394634	1494341
阳 江	520268	408250	431040	295045	329471	339984
湛 江	987168	1097590	1065093	829052	852844	880564
茂 名	862293	962491	854444	601192	621826	632405
肇 庆	664705	718232	761290	599800	665159	708044
清 远	1010282	1110105	733207	651038	723666	758163
潮 州	534294	512793	541917	376342	411685	436163
揭 阳	823561	610502	627863	419507	471445	473781
云 浮	392134	355350	269600	248485	280546	289074
省 直	1633768	1922180	1372923	1287167	1281128	1282696

注：各区域不包括省直。

5-8 各市城乡居民基本养老保险参保人数

单位：人

市　别	2015	2017	2018	2019	2020	2021
全　省	**24997176**	**25867477**	**26564636**	**26423254**	**26571619**	**26803974**
广　州	1292677	1255678	1242198	1400947	1428866	1395680
深　圳	7075	7877	7754	10222	11328	11758
珠　海	93974	92295	92509	95161	97244	121978
汕　头	1958199	2064778	2122283	2156758	2173914	2202794
佛　山	626288	566245	544136	528817	509222	490529
韶　关	910984	972098	1029806	1045638	1034882	1030023
河　源	1241684	1268495	1319624	1323932	1328859	1315367
梅　州	1671201	1673523	1694914	1689964	1699035	1690642
惠　州	1089687	1120917	1137680	1077419	1083704	1112775
汕　尾	1390160	1418253	1435460	981950	881336	955522
东　莞	84405	74143	69457	64722	59927	55325
中　山	1033	1193	2348	2834	6726	7922
江　门	1552372	1554064	1543147	1529232	1522775	1513276
阳　江	1156077	1194376	1228992	1240974	1248261	1248648
湛　江	2517433	2593951	2725661	2764311	2801247	2832078
茂　名	2201817	2492738	2605107	2629851	2681026	2703924
肇　庆	1494867	1562145	1591048	1600926	1622064	1635909
清　远	1476552	1511455	1578043	1615262	1637302	1730094
潮　州	911129	970257	1023363	1056156	1081447	1095174
揭　阳	2156844	2298802	2374232	2409043	2448202	2458057
云　浮	1162718	1174194	1196874	1199135	1214252	1196499
省　直						

注：城乡居民基本养老保险 2009 年起开展试点，2011 年全面建立，2012 年实现制度和人群全覆盖。

5-9 各市失业保险参保人数

单位：人

市别	2015	2017	2018	2019	2020	2021
全省	**29301287**	**31636678**	**33617475**	**35008121**	**36034313**	**37251171**
广州	4740721	5407969	6087077	6442012	6918212	7157123
深圳	9746880	10894867	11273563	11666407	12224363	12492626
珠海	895909	981782	1046865	1086178	1180909	1190826
汕头	750370	799929	858995	877314	540053	546794
佛山	2223240	2448370	2639945	2832250	3063907	3236854
韶关	291472	297982	319198	321094	338201	346341
河源	285627	293935	302580	242288	272445	289978
梅州	256098	299203	333599	364331	374078	382914
惠州	1273875	1252443	1276225	1373199	1500885	1573731
汕尾	200091	210190	225015	236790	123386	127189
东莞	4121413	4040060	4186677	4311632	4378565	4545810
中山	1418121	1432420	1540294	1579360	1679117	1704163
江门	747178	818075	865596	890409	940246	1029199
阳江	211165	165221	175931	188783	190386	199825
湛江	384017	424573	443176	466493	467016	477208
茂名	257868	278202	289046	314557	337999	358336
肇庆	430477	450171	519519	542182	466926	506391
清远	354238	376464	430326	437655	469529	482332
潮州	317797	341528	359507	377396	210337	229248
揭阳	219564	240018	260059	265203	173729	186254
云浮	175166	183276	184282	192588	184024	188029
省直						

5-10 各市工伤保险参保人数

单位：人

市别	2015	2017	2018	2019	2020	2021
全省	**31227245**	**34020266**	**35924892**	**38158480**	**38666578**	**40685672**
广州	4314000	5793067	6398682	7322657	6829268	7292310
深圳	10324941	11006848	11403799	11861454	12417355	12844725
珠海	908714	997980	1065589	1104234	1191249	1239724
汕头	725406	782480	875277	852824	780556	782731
佛山	2256874	2460516	2647134	3165081	3359892	3547153
韶关	383526	388548	409830	423356	428801	443421
河源	287180	324024	330166	304105	350202	385435
梅州	287528	425643	515061	530918	505080	493487
惠州	1478558	1481650	1495757	1464841	1595291	1686755
汕尾	200075	212122	220962	232032	168082	196003
东莞	4644604	4305484	4374817	4485281	4526485	4743616
中山	1434899	1552222	1578629	1626753	1693848	1832045
江门	778938	933338	1056879	1011607	1031174	1092826
阳江	235988	280143	302419	335047	304230	355681
湛江	409753	444140	467964	518364	529893	547566
茂名	358141	342645	349702	353804	369368	390778
肇庆	450303	471223	542716	568515	517458	659659
清远	422757	428773	472408	465866	527361	551090
潮州	315049	341799	362116	406707	374378	378286
揭阳	211003	212877	213026	235853	276189	311717
云浮	182582	194362	205937	223575	223292	232074
省直	616426	640382	636022	665606	667126	678590

注：各区域不包括省直。

5-11 各市城镇职工基本养老保险缴费人数

单位：人

市别	2015	2017	2018	2019	2020	2021
全省	**30356915**	**32525667**	**35360363**	**37279199**	**39800229**	**41375935**
广州	4275127	4944402	5797147	6231097	6766905	7008838
深圳	8153177	9766488	10507063	11124399	11803186	12602452
珠海	1006727	1080406	1150255	1194186	1300158	1310722
汕头	551319	560386	595356	630553	667303	687864
佛山	2387429	2638790	2845788	3057459	3298066	3463359
韶关	396361	355478	420754	445189	491969	488267
河源	248995	256807	313227	331095	399104	401884
梅州	427171	442887	526970	564505	628817	609857
惠州	1437824	1403085	1491824	1576862	1723026	1776730
汕尾	247043	133938	187853	176086	203182	215792
东莞	4523447	4548764	4637913	4793097	4882115	5085365
中山	1735626	1756029	1816738	1802957	1927963	1894545
江门	907900	951585	1006682	1036429	1072646	1165556
阳江	272990	209767	241144	268538	303347	305018
湛江	551339	583491	606913	629295	629131	619783
茂名	577651	339437	449234	498040	524376	518310
肇庆	398572	374312	490440	521184	579077	611322
清远	373269	447232	524118	570078	652190	651041
潮州	228870	204537	243466	262490	297579	316596
揭阳	511316	354578	335995	361180	419241	414691
云浮	224104	203203	216908	238025	264255	263324
省直	920658	970065	954575	966455	966593	964619

注：各区域不包括省直。

5-12 各市城镇职工基本养老保险离退休人数

单位：人

市　别	2015	2017	2018	2019	2020	2021
全　省	**4732539**	**5690455**	**6366195**	**6712032**	**7111384**	**41375935**
广　州	871625	954887	1092749	1142993	1208148	7008838
深　圳	255480	309573	357686	407107	467734	12602452
珠　海	113009	136665	145107	156229	168689	1310722
汕　头	215271	254759	275882	288303	298233	687864
佛　山	525500	583814	618112	653396	692885	3463359
韶　关	150146	174262	209238	218329	226008	488267
河　源	68381	95163	102618	105307	113630	401884
梅　州	245612	318670	334394	347958	358778	609857
惠　州	102907	121582	152424	161682	173044	1776730
汕　尾	58240	69257	90829	97852	102278	215792
东　莞	84646	363704	388547	413014	437987	5085365
中　山	293046	320382	336047	349804	367066	1894545
江　门	299152	337499	375480	393765	409452	1165556
阳　江	69797	77016	98453	102122	107719	305018
湛　江	268408	302077	359484	369058	394418	619783
茂　名	154399	172410	221965	233691	252857	518310
肇　庆	133892	149078	183650	192084	201010	611322
清　远	119707	132391	167290	174044	181984	651041
潮　州	126806	145524	167970	178670	184462	316596
揭　阳	144949	159040	162433	176366	185101	414691
云　浮	51430	73561	76705	79537	88655	263324
省　直	380136	439141	449132	470721	491246	964619

注：各区域不包括省直。

5-13 各市领取失业保险金人数

单位：人

市别	2015	2017	2018	2019	2020	2021
全省	**424390**	**444502**	**405265**	**443252**	**525676**	**702096**
广州	92488	127712	96851	103778	125517	180423
深圳	74678	85227	102177	117953	129466	125240
珠海	17690	16489	12246	13495	18124	31769
汕头	5346	5765	5025	4558	5095	8314
佛山	38739	41350	37527	36912	44115	66118
韶关	6835	6274	4737	4343	5558	9460
河源	5295	4291	3631	3815	5644	6667
梅州	7182	4750	4531	4758	8229	8465
惠州	13267	13742	12475	15985	21682	30526
汕尾	1087	6490	1512	1638	5199	6413
东莞	89163	57767	54434	58766	59075	105968
中山	24265	29547	30041	35418	43068	51637
江门	17484	15748	14761	16159	17151	19526
阳江	2589	3009	2736	2661	2402	4245
湛江	6476	6091	5089	4432	6629	8366
茂名	3754	3401	3407	3334	3445	3870
肇庆	7632	5871	5636	6602	8100	12043
清远	7508	6109	4734	5782	9865	13657
潮州	1726	2495	1984	1241	2112	2395
揭阳	44	290	325	281	787	2211
云浮	1142	2084	1406	1341	4413	4783
省直						

5-14 各市享受工伤保险待遇人数

单位：人

市 别	2015	2017	2018	2019	2020	2021
全 省	**168347**	**145294**	**145435**	**155760**	**147012**	**171444**
广 州	15302	15146	15599	15884	15179	17190
深 圳	38974	36252	33746	32215	30117	35416
珠 海	6827	6628	6907	7278	7617	7771
汕 头	752	964	1048	1081	1374	1726
佛 山	17225	14079	12371	18300	11878	17014
韶 关	5213	7393	7074	7377	6364	6459
河 源	1631	1424	1596	1756	1919	2313
梅 州	2314	1912	2080	2230	2593	2413
惠 州	6134	6678	7816	9175	7434	9789
汕 尾	271	344	332	358	402	443
东 莞	40936	23001	24028	27383	29703	34847
中 山	14623	13066	13532	12864	11330	13407
江 门	5613	5564	6454	6244	6431	7111
阳 江	815	913	1057	953	1222	1216
湛 江	1338	1190	1356	1331	1375	1628
茂 名	1138	1403	1303	1536	1627	1672
肇 庆	2184	2401	2510	2698	3050	3330
清 远	3088	3070	1950	3174	2586	3236
潮 州	457	467	519	438	513	564
揭 阳	551	558	271	261	651	479
云 浮	844	811	1579	1589	1508	1844
省 直	2117	2030	2307	1635	2139	1576

注：各区域不包括省直。

5-15 各市养老、失业、工伤保险基金收入情况（2021 年）

单位：万元

市别	城镇职工基本养老保险	企业 + 其他	城乡居民基本养老保险	失业保险	工伤保险
全省	**61125359**	**50760997**	**3049478**	**1161329**	**510712**
广州	12078934	10403847	426152	318997	98447
深圳	15778220	14741305	7802	347059	115384
珠海	1957990	1695752	57457	41257	13749
汕头	1012619	604344	183491	17442	7593
佛山	4312697	3689600	125748	79605	48951
韶关	831895	402626	128966	11360	7671
河源	583096	358583	109631	6925	4663
梅州	886203	496127	163532	10221	4596
惠州	2413089	2028109	166672	33965	30990
汕尾	296295	169527	123731	3947	2742
东莞	6877774	6531987	45811	147593	74562
中山	2342766	2138172	1852	43247	20775
江门	1469620	1121740	170341	23431	13382
阳江	542825	271006	106902	2169	3577
湛江	999755	590989	250756	14449	5380
茂名	749382	412731	253161	13017	6119
肇庆	839479	497712	152594	14200	9250
清远	879638	571090	171907	14419	7715
潮州	467579	267086	91557	5930	2679
揭阳	617855	315635	205516	5713	4092
云浮	368388	213161	105900	4744	3773
省直	4819260	3239869		1641	24621

注：1. 基金收入为不含上下级往来的基金收入小计，基金收入 = 收入总计 − 上级补助收入 − 下级上解收入。

2. 城镇职工基本养老保险 = 企业职工基本养老保险 + 机关事业单位基本养老保险。

3. 各区域不包括省直。

5-16 各市养老、失业、工伤保险基金支出情况（2021 年）

单位：万元

市　别	城镇职工基本养老保险		城乡居民基本养老保险	失业保险	工伤保险
		企业＋其他			
全　省	**34839424**	**24818261**	**2735938**	**1503425**	**923641**
广　州	6972909	5622395	574283	463847	117769
深　圳	3957337	2909805	4681	474591	225050
珠　海	917773	663152	32558	59734	40968
汕　头	1267812	864220	146967	20537	9201
佛　山	2946144	2369591	149282	94261	84811
韶　关	1108500	631724	92071	11630	24359
河　源	429151	244582	97399	7561	9601
梅　州	1172092	767846	156671	9088	12274
惠　州	879808	508508	100730	34605	53641
汕　尾	359978	218587	86410	6714	2589
东　莞	1482078	1273638	42682	152675	161926
中　山	1166039	965623	622	68996	55805
江　门	1456273	1091508	135779	23425	32803
阳　江	573644	249046	85816	5098	7951
湛　江	1535390	1074388	214078	12323	9953
茂　名	999335	656841	202269	6445	10576
肇　庆	866781	506595	127016	17082	17635
清　远	719383	418087	129641	20363	18738
潮　州	640759	441285	81900	5143	3064
揭　阳	699077	395348	185972	2982	3112
云　浮	335988	198939	89112	6325	7415
省　直	4353174	2746551	0	0	14398

注：1. 基金支出为不含上下级往来的基金支出小计，基金支出＝支出总计－补助下级支出－上解上级支出。
2. 城镇职工基本养老保险＝企业职工基本养老保险＋机关事业单位基本养老保险。
3. 各区域不包括省直。

5-17 各市养老、失业、工伤保险基金征收收入情况(2021年)

单位：万元

市别	城镇职工基本养老保险		城乡居民基本养老保险	失业保险	工伤保险
		企业+其他			
全省	**52680629**	**45265246**	**628139**	**1045369**	**442467**
广州	10878391	9861277	148718	283701	86070
深圳	13719565	12725982	1246	324247	111201
珠海	1701120	1496081	17080	33065	12413
汕头	859680	587218	35497	16000	7084
佛山	4031133	3510709	15386	69263	37572
韶关	685413	394449	28368	9575	7389
河源	483240	314818	17931	6457	4482
梅州	705431	471705	17300	9096	4157
惠州	2041012	1725436	43029	30631	23991
汕尾	275570	157828	44050	3845	2596
东莞	5620324	5333617	65	136419	63922
中山	2107827	1914641	1185	40714	19627
江门	1335385	1091441	29102	18756	12890
阳江	485681	241727	19098	1963	3511
湛江	875718	566626	52495	12557	4875
茂名	687464	396812	48111	10864	5125
肇庆	755128	481516	25735	10876	8092
清远	774525	543904	37431	12868	7366
潮州	383783	252519	10404	5448	2375
揭阳	541353	304516	22659	4717	3731
云浮	328109	204474	13248	4306	3417
省直	3404778	2687952			10580

注：1. 城镇职工基本养老保险＝企业职工基本养老保险＋机关事业单位基本养老保险。
2. 各区域不包括省直。

5-18 全省养老、失业、工伤保险基金累计结余情况（2021 年）

单位：万元

市别	城镇职工基本养老保险	企业＋其他	城乡居民基本养老保险	失业保险	工伤保险
全省	**141101056**	**134653259**	**5063997**	**4387880**	**1908490**

注：城镇职工基本养老保险＝企业职工基本养老保险＋机关事业单位基本养老保险。

5-19 各市城镇职工基本养老保险基金收入情况

单位：万元

市别	2015	2017	2018	2019	2020	2021
全省	**25636279**	**34570408**	**45713483**	**55932191**	**38581411**	**61125359**
广州	4311477	5604423	7754148	12455171	6725859	12078934
深圳	7021093	10652718	12188664	12739466	10365947	15778220
珠海	954251	1084283	1695532	2022961	1529978	1957990
汕头	390514	494085	679321	1248175	970530	1012619
佛山	1846531	2836121	3391296	3466905	2463647	4312697
韶关	249984	300128	524491	898228	540080	831895
河源	176880	276589	374204	734795	366415	583096
梅州	262886	430363	867005	895138	681012	886203
惠州	889728	1216881	1668360	2335879	1302278	2413089
汕尾	127319	146543	221897	331464	218684	296295
东莞	3280419	3899621	5133382	4965106	3998365	6877774
中山	1177121	1757281	1858777	2239878	1572510	2342766
江门	669852	915976	1047336	1944154	949045	1469620
阳江	151078	210593	298183	438054	300436	542825
湛江	408148	480477	567720	943266	579703	999755
茂名	323679	355721	507831	727610	654903	749382
肇庆	316481	380831	568562	1102147	524630	839479
清远	271708	355902	550344	951768	672126	879638
潮州	183667	200540	264695	621980	355634	467579
揭阳	312563	396250	506377	760667	554925	617855
云浮	123669	213230	278778	394221	277378	368388
省直	2187233	2361854	4766579	3715156	2977326	4819260

注：1. 基金收入为不含上下级往来的基金收入小计，基金收入＝收入总计－上级补助收入－下级上解收入。
2. 城镇职工基本养老保险＝企业职工基本养老保险＋机关事业单位基本养老保险。
3. 2013-2019 年数据已相应调整为基金收入小计口径。
4. 各区域不包括省直。

5-20 各市城镇职工基本养老保险（执行企业养老保险制度）基金收入情况

单位：万元

市别	2015	2017	2018	2019	2020	2021
全省	**24282015**	**30700483**	**38028285**	**39317435**	**28979514**	**50760997**
广州	4111153	5604363	7054687	8309145	5329372	10403847
深圳	6943612	9106248	11331032	11735252	9040840	14741305
珠海	818471	929727	1292070	1411191	1262845	1695752
汕头	363961	435003	463210	476827	321404	604344
佛山	1748107	2212530	2757383	2867566	1846637	3689600
韶关	226175	283141	289401	296271	232946	402626
河源	150967	237294	250319	246553	199998	358583
梅州	235112	358710	477944	374112	325177	496127
惠州	842378	1121562	1353340	1428351	978143	2028109
汕尾	109608	128143	148883	120925	107654	169527
东莞	3153207	3656096	4836467	4692380	3681430	6531987
中山	1110512	1485777	1674633	1680745	1219647	2138172
江门	585412	788814	819399	867728	568196	1121740
阳江	138202	165888	178245	186724	142071	271006
湛江	358338	429123	417376	447595	326626	590989
茂名	286473	312536	308624	325012	293608	412731
肇庆	268199	323734	343370	385001	278928	497712
清远	265259	330300	369248	400109	315908	571090
潮州	170876	182009	173121	198744	141612	267086
揭阳	166962	223026	286708	255240	188037	315635
云浮	112920	137913	147176	157594	123722	213161
省直	2116111	2248543	3055649	2454368	2054715	3239869

注：1. 基金收入为不含上下级往来的基金收入小计，基金收入＝收入总计－上级补助收入－下级上解收入。
2. 2013-2019 年数据已相应调整为基金收入小计口径。
3. 各区域不包括省直。

5-21 各市城乡居民基本养老保险基金收入情况

单位：万元

市 别	2015	2017	2018	2019	2020	2021
全 省	**2067315**	**1881695**	**2158325**	**2842978**	**2830566**	**3049478**
广 州	383467	265271	253841	608433	377932	426152
深 圳	2876	3052	3572	4450	5370	7802
珠 海	36193	30332	36145	39273	36536	57457
汕 头	95686	91483	112051	145971	159075	183491
佛 山	327773	128632	158930	142352	116486	125748
韶 关	60576	70907	79934	93213	115107	128966
河 源	62226	62496	84307	104847	105451	109631
梅 州	91187	95133	121271	159605	193121	163532
惠 州	99343	109851	125471	128056	136019	166672
汕 尾	39180	55921	75553	91966	130101	123731
东 莞	37921	34837	35409	35200	40695	45811
中 山	121	188	332	513	788	1852
江 门	98332	114813	124621	140076	148374	170341
阳 江	72282	63777	75670	94461	108894	106902
湛 江	124195	130495	183062	204375	221050	250756
茂 名	131300	136773	177382	213017	219237	253161
肇 庆	97069	105084	113478	137180	153276	152594
清 远	77561	156285	115082	154045	169030	171907
潮 州	51828	52082	65421	80966	88072	91557
揭 阳	100489	108588	140608	175014	204437	205516
云 浮	77709	65694	76185	89966	101516	105900
省 直						

注：1. 基金收入为不含上下级往来的基金收入小计，基金收入＝收入总计－上级补助收入－下级上解收入。
2. 2013-2019 年数据已相应调整为基金收入小计口径。
3. 各区域不包括省直。

5-22 各市失业保险基金收入情况

单位：万元

市别	2015	2017	2018	2019	2020	2021
全省	**1551683**	**1135192**	**1218696**	**1580223**	**805870**	**1161329**
广州	340984	268221	256837	589564	236324	318997
深圳	594219	390480	450363	468952	263238	347059
珠海	48529	42132	51658	57115	26101	41257
汕头	33188	26953	28137	25037	15245	17442
佛山	69784	56431	66067	81750	36305	79605
韶关	19221	13157	12449	11167	6726	11360
河源	10052	6907	8590	7120	4630	6925
梅州	13166	8395	8010	9338	6799	10221
惠州	30081	33991	37436	31564	18060	33965
汕尾	6638	5633	4178	4941	3024	3947
东莞	186178	120946	134498	132009	85574	147593
中山	46593	53769	47023	46224	33204	43247
江门	37968	28621	21596	24156	15717	23431
阳江	2671	5732	6737	2486	1465	2169
湛江	25503	16364	14546	14353	9441	14449
茂名	22467	15720	16182	12758	10973	13017
肇庆	20437	10507	15483	15009	7891	14200
清远	16507	14502	16723	15916	8805	14419
潮州	8780	5191	5280	4813	2688	5930
揭阳	7081	6338	5839	6411	3816	5713
云浮	7553	4671	5434	4765	4192	4744
省直	4084	531	5632	14776	5651	1641

注：1. 基金收入为不含上下级往来的基金收入小计，基金收入 = 收入总计 - 上级补助收入 - 下级上解收入。
2. 2015-2019 年数据已相应调整为基金收入小计口径。
3. 各区域不包括省直。

5-23 各市工伤保险基金收入情况

单位：万元

市 别	2015	2017	2018	2019	2020	2021
全 省	**689122**	**739429**	**729135**	**523421**	**292793**	**510712**
广 州	99732	144848	113816	90013	82130	98447
深 圳	168312	189104	204691	111401	64731	115384
珠 海	19536	17968	22254	22169	8866	13749
汕 头	8280	10671	9435	9145	5471	7593
佛 山	68615	65101	63082	55015	18418	48951
韶 关	9109	11172	11759	9549	5318	7671
河 源	4500	4864	6354	4381	3065	4663
梅 州	6262	7443	8798	6441	3259	4596
惠 州	30172	35637	40998	25783	14762	30990
汕 尾	3547	3602	5076	4788	2132	2742
东 莞	132696	124306	99646	73789	27213	74562
中 山	45755	27836	26926	21696	12339	20775
江 门	13897	16934	19113	14910	6607	13382
阳 江	2739	6401	6003	3887	2247	3577
湛 江	8961	11725	8540	6623	3755	5380
茂 名	11452	10439	10020	6253	4765	6119
肇 庆	10192	11586	13824	8906	4142	9250
清 远	6823	10454	11697	8273	4250	7715
潮 州	4865	3851	3647	2841	1669	2679
揭 阳	2678	2165	3040	3090	2531	4092
云 浮	4368	5589	6761	4520	2431	3773
省 直	26631	17733	33652	29948	12692	24621

注：1. 基金收入为不含上下级往来的基金收入小计，基金收入＝收入总计－上级补助收入－下级上解收入。
2. 2013-2019年数据已相应调整为基金收入小计口径。
3. 各区域不包括省直。

5-24 各市城镇职工基本养老保险基金征收收入情况

单位：万元

市 别	2015	2017	2018	2019	2020	2021
全 省	**22730817**	**31432847**	**36871967**	**48109116**	**29539370**	**52680629**
广 州	3855343	5370892	6832165	10618022	5461066	10878391
深 圳	6162593	9406328	9790062	10865519	7419125	13719565
珠 海	857145	1039517	1209049	1421836	948656	1701120
汕 头	369127	440743	633190	1097011	701604	859680
佛 山	1652417	2627195	2897180	3143284	2036924	4031133
韶 关	238311	280554	445229	592897	421804	685413
河 源	165294	252628	349666	714014	330540	483240
梅 州	235426	382557	808311	776880	540206	705431
惠 州	797856	1106323	1437130	2141555	1131750	2041012
汕 尾	112074	133759	213126	320410	206548	275570
东 莞	2881681	3593552	4116476	4544051	2903643	5620324
中 山	1097050	1446309	1616473	2126088	1092257	2107827
江 门	618339	808377	972352	1582463	784021	1335385
阳 江	141211	187928	273417	406522	277430	485681
湛 江	356761	419980	542362	910816	560229	875718
茂 名	291901	327724	474281	680151	576183	687464
肇 庆	281936	353225	533955	930923	464035	755128
清 远	256878	337877	516411	862421	522100	774525
潮 州	163745	180120	244749	519235	237322	383783
揭 阳	239204	360549	433679	558886	389583	541353
云 浮	115652	203212	263745	363671	242304	328109
省 直	1840871	2173496	2268958	2932461	2292041	3404778

注：1. 城镇职工基本养老保险＝企业职工基本养老保险＋机关事业单位基本养老保险。

2. 各区域不包括省直。

5-25 各市城镇职工基本养老保险（执行企业养老保险制度）基金征收收入情况

单位：万元

市　别	2015	2017	2018	2019	2020	2021
全　省	**21758167**	**28015152**	**31721717**	**35241604**	**22807244**	**45265246**
广　州	3855343	5370833	6478160	7613652	4669181	9861277
深　圳	6097101	7868517	8954880	9963335	6326271	12725982
珠　海	727173	887222	976731	1147973	744572	1496081
汕　头	343639	418547	447877	461737	310275	587218
佛　山	1563575	2122553	2299444	2608045	1613504	3510709
韶　关	217748	268642	280008	288744	226853	394449
河　源	142301	220036	223428	230415	178480	314818
梅　州	214117	316895	449387	355066	305284	471705
惠　州	757809	1016409	1132807	1289573	842681	1725436
汕　尾	100757	120775	141900	111274	99319	157828
东　莞	2764329	3351742	3829228	4279725	2607427	5333617
中　山	1031656	1304648	1436905	1549392	915223	1914641
江　门	553505	728565	766964	817397	528862	1091441
阳　江	128593	153924	159679	178808	135914	241727
湛　江	322956	373624	395818	427961	312535	566626
茂　名	258290	288939	293193	295334	238831	396812
肇　庆	246627	312807	322858	358299	253919	481516
清　远	251919	314408	341970	376639	287784	543904
潮　州	151820	168432	165542	174808	129675	252519
揭　阳	144172	210915	274071	242614	182447	304516
云　浮	105581	129693	134029	146573	113300	204474
省　直	1779155	2067026	2216838	2324243	1784906	2687952

注：各区域不包括省直。

5-26 各市城乡居民基本养老保险基金征收收入情况

单位：万元

市别	2015	2017	2018	2019	2020	2021
全省	**614487**	**398325**	**356239**	**389890**	**550288**	**628139**
广州	110934	76430	85315	110503	96759	148718
深圳	374	645	731	867	869	1246
珠海	6761	7300	7420	6616	6160	17080
汕头	22996	18991	20359	17722	24277	35497
佛山	244301	14543	18329	16516	12445	15386
韶关	14902	19822	14754	14945	23126	28368
河源	10955	10534	11243	10407	14263	17931
梅州	19333	12285	16097	22499	63161	17300
惠州	18593	17862	20084	16808	17163	43029
汕尾	5146	9296	14089	20173	54333	44050
东莞						65
中山	5	10	111	195	381	1185
江门	15100	21711	20389	15152	17760	29102
阳江	10586	11238	12025	12570	20784	19098
湛江	3670	25214	25376	23453	32899	52495
茂名	33045	18546	23187	19793	36059	48111
肇庆	31770	17283	32780	20423	31623	25735
清远	14469	80867	-364	27887	39964	37431
潮州	6782	6854	6702	6804	9282	10404
揭阳	17786	17185	17292	16839	34117	22659
云浮	26978	11708	10319	9719	14860	13248
省直						

5-27 各市失业保险基金征收收入情况

单位：万元

市　别	2015	2017	2018	2019	2020	2021
全　省	**1460799**	**995465**	**1034278**	**958755**	**491594**	**1045369**
广　州	326496	205514	243652	272773	142769	283701
深　圳	576275	388746	382156	274480	135796	324247
珠　海	43105	36386	35910	33471	17182	33065
汕　头	30921	19215	17908	15071	7592	16000
佛　山	63726	51131	57453	62549	31142	69263
韶　关	16337	9658	9509	8730	5359	9575
河　源	9605	6735	5196	5718	3166	6457
梅　州	12719	7630	7345	6936	5682	9096
惠　州	25426	31242	27663	30066	15084	30631
汕　尾	5668	3967	4130	3652	2385	3845
东　莞	180387	106815	118599	126354	61995	136419
中　山	43257	46410	43610	41218	19052	40714
江　门	32928	18799	16401	17794	9126	18756
阳　江	2618	4710	3784	2154	1057	1963
湛　江	20120	10071	11446	12267	7346	12557
茂　名	18544	11647	11484	10148	7161	10864
肇　庆	17434	10177	10757	10101	6165	10876
清　远	15241	13292	13248	12413	6637	12868
潮　州	7837	4329	4389	3969	2113	5448
揭　阳	5479	5096	5029	4615	2385	4717
云　浮	6675	3894	4608	4277	2400	4306
省　直						

5-28 各市工伤保险基金征收收入情况

单位：万元

市 别	2015	2017	2018	2019	2020	2021
全 省	**611261**	**645154**	**622630**	**438923**	**203105**	**442467**
广 州	97948	96548	103791	86623	39968	86070
深 圳	128363	176615	161851	102718	54631	111201
珠 海	17838	14724	19554	14161	7354	12413
汕 头	7560	9322	8262	7580	4428	7084
佛 山	64038	59475	57470	37329	14560	37572
韶 关	8960	10945	11693	9161	4995	7389
河 源	4476	4832	4923	4296	2490	4482
梅 州	5814	6963	8214	5403	2428	4157
惠 州	29231	30919	34746	24159	14416	23991
汕 尾	2653	3592	5066	3445	1794	2596
东 莞	126442	117675	89973	63151	18062	63922
中 山	42953	25867	26584	18895	5791	19627
江 门	12168	13893	17888	13033	4600	12890
阳 江	2722	5671	5486	3787	2081	3511
湛 江	7583	10361	7926	5934	3187	4875
茂 名	10123	8481	8919	5356	3086	5125
肇 庆	8761	11266	12278	7983	3698	8092
清 远	6592	10009	11311	7486	3457	7366
潮 州	4483	3515	3451	2541	1432	2375
揭 阳	2403	2001	2858	2926	1867	3731
云 浮	3639	5063	6606	4022	2259	3417
省 直	16510	17415	13778	8937	6522	10580

注：各区域不包括省直。

5-29 各市城镇职工基本养老保险基金支出情况

单位：万元

市 别	2015	2017	2018	2019	2020	2021
全 省	**14754831**	**18980432**	**24506413**	**37614548**	**33136436**	**34839424**
广 州	3355432	4123019	4880130	8754757	6643380	6972909
深 圳	1447750	1814579	2218909	3183512	4675375	3957337
珠 海	354485	658932	831961	1186054	1021051	917773
汕 头	523041	747726	852953	1459844	1327981	1267812
佛 山	1399681	2145920	2397602	2645012	2704775	2946144
韶 关	361060	491829	746730	1125654	915194	1108500
河 源	146261	195208	327764	718615	439513	429151
梅 州	440626	608847	892344	1159010	1074744	1172092
惠 州	286018	397708	721683	1391122	791625	879808
汕 尾	121344	153288	248134	417832	329225	359978
东 莞	765854	854678	1001276	1185937	1226975	1482078
中 山	613149	797431	841754	1534186	1027601	1166039
江 门	683981	819676	1039931	2053327	1375706	1456273
阳 江	158022	190851	302349	463638	425160	573644
湛 江	649528	780009	937128	1543648	1372866	1535390
茂 名	381401	475457	760658	926106	1025057	999335
肇 庆	314087	447168	614338	1220093	753002	866781
清 远	257687	305181	583413	922437	735874	719383
潮 州	267362	325671	419156	827622	628821	640759
揭 阳	359816	427957	478454	825530	742345	699077
云 浮	116226	185293	279066	450065	329525	335988
省 直	1752020	2034002	3130682	3620547	3570641	4353174

注：1. 基金支出为不含上下级往来的基金支出小计，基金支出＝支出总计－补助下级支出－上解上级支出。
2. 城镇职工基本养老保险＝企业职工基本养老保险＋机关事业单位基本养老保险。
3. 2013-2019年数据已相应调整为基金支出小计口径。
4. 各区域不包括省直。

5-30 各市城镇职工基本养老保险（执行企业养老保险制度）基金支出情况

单位：万元

市别	2015	2017	2018	2019	2020	2021
全省	**13983071**	**17116704**	**18701092**	**20631319**	**22439957**	**24818261**
广州	3355432	4122995	4387192	4686015	5391770	5622395
深圳	1377426	1727435	1961345	2233462	2526644	2909805
珠海	279091	383822	440498	508196	565880	663152
汕头	518831	602890	658809	731628	778073	864220
佛山	1312001	1692042	1783857	2040566	2091485	2369591
韶关	353990	432401	464670	513751	554584	631724
河源	140372	164938	178041	203395	219649	244582
梅州	435700	578544	561547	675469	633820	767846
惠州	281100	342836	359931	412051	428423	508508
汕尾	118414	149839	168168	213260	204637	218587
东莞	596333	729792	858063	948737	1039730	1273638
中山	562084	657957	750303	802344	877401	965623
江门	608236	728287	816022	921177	989431	1091508
阳江	155659	186733	199463	227939	246535	249046
湛江	641935	770418	845379	910976	992586	1074388
茂名	375600	450142	491187	539476	628634	656841
肇庆	286032	357150	384165	495477	424901	506595
清远	253032	299583	336053	346024	386506	418087
潮州	253102	308385	343583	381959	407448	441285
揭阳	224029	269477	299027	345897	365409	395348
云浮	114056	137800	152321	190327	172775	198939
省直	1740616	2023240	2261467	2303192	2513638	2746551

注：1. 基金支出为不含上下级往来的基金支出小计，基金支出 = 支出总计 - 补助下级支出 - 上解上级支出。
2. 201[illegible]-2019 年数据已相应调整为基金支出小计口径。
3. 各区域不包括省直。

5-31 各市城乡居民基本养老保险基金支出情况

单位：万元

市 别	2015	2017	2018	2019	2020	2021
全 省	**1469326**	**1705862**	**2018885**	**2500551**	**2652897**	**2735938**
广 州	313873	336535	345745	552861	576051	574283
深 圳	3087	3193	3732	4182	5207	4681
珠 海	34911	21867	24351	27159	29704	32558
汕 头	62133	79094	102744	123640	133230	146967
佛 山	145836	148220	160265	174113	173790	149282
韶 关	40334	50585	63905	74376	81798	92071
河 源	49337	59800	74189	86730	93928	97399
梅 州	88169	104569	125266	145995	147918	156671
惠 州	63439	73498	87895	96075	98440	100730
汕 尾	39651	49500	62575	73656	80046	86410
东 莞	35112	34934	35367	34965	40991	42682
中 山	117	171	236	362	408	622
江 门	68883	85968	107227	123809	129400	135779
阳 江	42256	52300	65180	76932	83124	85816
湛 江	99064	123379	151778	183305	199523	214078
茂 名	95881	121760	149435	179181	192141	202269
肇 庆	60703	77330	98092	115497	122333	127016
清 远	58795	72745	92997	110701	119817	129641
潮 州	39120	48750	62850	74743	78809	81900
揭 阳	85383	107294	137199	161954	180574	185972
云 浮	43240	54368	67858	80313	85664	89112
省 直						

注：1. 基金支出为不含上下级往来的基金支出小计，基金支出 = 支出总计 - 补助下级支出 - 上解上级支出。
2. 2013-2019 年数据已相应调整为基金支出小计口径。

5-32 各市失业保险基金支出情况

单位：万元

市 别	2015	2017	2018	2019	2020	2021
全 省	**363175**	**714748**	**731159**	**1126473**	**2385987**	**1503425**
广 州	127131	217674	217817	213283	660929	463847
深 圳	48569	209036	208064	413561	814319	474591
珠 海	18287	30882	29037	55469	126420	59734
汕 头	4592	10186	8614	26834	43820	20537
佛 山	36122	57393	52116	92225	137538	94261
韶 关	4613	9517	5392	6352	15664	11630
河 源	3283	4385	3940	13494	12249	7561
梅 州	3809	4578	4214	7563	7712	9088
惠 州	9372	16858	18253	33708	71838	34605
汕 尾	1098	1349	1855	5071	8242	6714
东 莞	56571	73914	91659	125345	229734	152675
中 山	18013	31529	41265	60387	99967	68996
江 门	10400	16319	15143	27913	49484	23425
阳 江	2073	3018	3024	3794	4505	5098
湛 江	4722	4535	5528	5436	18262	12323
茂 名	2990	5177	7202	5101	11092	6445
肇 庆	5017	5770	5924	8106	25894	17082
清 远	4140	6208	5974	8685	23980	20363
潮 州	1545	3362	3202	6435	7981	5143
揭 阳	33	907	985	794	4087	2982
云 浮	793	2152	1953	6920	12269	6325
省 直						

注：1. 基金支出为不含上下级往来的基金支出小计，基金支出 = 支出总计 - 补助下级支出 - 上解上级支出。
2. 2015—2019 年数据已相应调整为基金支出小计口径。

5-33 各市工伤保险基金支出情况

单位：万元

市　别	2015	2017	2018	2019	2020	2021
全　省	**447170**	**512384**	**600505**	**656827**	**720059**	**923641**
广　州	57218	66837	70790	81025	89968	117769
深　圳	108295	135955	174075	174670	172427	225050
珠　海	14946	18980	21818	29043	32586	40968
汕　头	2902	3157	4898	4959	8007	9201
佛　山	35422	42885	49820	58592	56215	84811
韶　关	14681	15663	16392	17792	21946	24359
河　源	3612	3556	5056	6313	10104	9601
梅　州	4458	5877	7069	9645	8217	12274
惠　州	11685	17036	25151	30361	36169	53641
汕　尾	758	1049	997	1728	2947	2589
东　莞	114036	111901	116349	125200	132966	161926
中　山	28263	31774	33340	39485	43651	55805
江　门	11764	15399	19648	20178	27273	32803
阳　江	2765	3524	4662	3596	7385	7951
湛　江	4440	4424	6141	6766	8554	9953
茂　名	4253	5050	4854	6117	8193	10576
肇　庆	5248	7805	8486	12000	14645	17635
清　远	6483	5248	9612	8779	14164	18738
潮　州	1368	1356	1973	1680	2713	3064
揭　阳	970	1053	1172	1485	2619	3112
云　浮	2641	3000	4368	5196	5709	7415
省　直	10961	10856	13833	12216	13601	14398

注：1. 基金支出为不含上下级往来的基金支出小计，基金支出＝支出总计－补助下级支出－上解上级支出。
　　2. 2013-2019 年数据已相应调整为基金支出小计口径。
　　3. 各区域不包括省直。

5-34 各市城乡居民基本养老保险基金累计结余情况

单位：万元

市别	2015	2017	2018	2019	2020	2021
全省	**3573471**	**4027451**	**4166892**	**4570597**	**4750524**	**5063997**
广州	1754706	1624416	1532512	1649362	1451243	1303112
深圳	4103	3687	3526	3795	3958	7079
珠海	75058	90046	101840	113954	120786	145684
汕头	117484	154796	164103	186434	212548	249072
佛山	295314	243657	242321	210561	153257	129723
韶关	75718	114180	130209	149045	182806	219702
河源	60598	78974	89092	107208	118891	131123
梅州	78029	109020	105025	118636	163839	170634
惠州	144519	216484	254061	286042	323932	389874
汕尾	15804	25828	38806	57117	107171	144492
东莞	540	728	771	1005	709	3838
中山	15	56	153	304	684	1913
江门	123013	181524	198918	215186	234159	268721
阳江	87022	124849	135339	152867	178636	199722
湛江	144360	190514	221798	242868	264873	301552
茂名	133125	177659	205605	239441	266537	317429
肇庆	127231	179111	194497	216179	247711	273289
清远	76143	182276	204361	247705	296917	339183
潮州	46966	60117	62688	68911	78175	87832
揭阳	120072	142759	146168	159227	183090	202633
云浮	93651	126770	135098	144751	160602	177390
省直						

5-35 各市失业保险基金累计结余情况

单位：万元

市　别	2015	2017	2018	2019	2020	2021
全　省	**6345616**	**6832806**	**7320343**	**6310093**	**4729976**	**4387880**
广　州	2181934	2123501	2156439	2094750	1663909	1516854
深　圳	1714189	1854354	2085745	1712539	1155036	1024864
珠　海	256572	273298	294920	236577	136749	119013
汕　头	190817	213179	232199	183676	155442	152925
佛　山	325138	338086	350609	268393	167219	153153
韶　关	97990	106070	113109	95064	86504	87175
河　源	43291	47308	51856	35025	28493	28771
梅　州	30706	37605	41332	34768	34497	36342
惠　州	104233	128263	146676	114435	61600	61622
汕　尾	27547	34212	36490	29183	24733	22272
东　莞	310788	386031	425772	343867	197698	192409
中　山	171597	214854	219335	160174	93983	68684
江　门	159877	183818	189820	147676	114564	115341
阳　江	24370	28944	32652	24841	22524	19917
湛　江	100484	120897	129701	112422	103885	106703
茂　名	130443	150478	159215	134837	135006	142344
肇　庆	97918	109771	119109	102162	84273	82239
清　远	85315	101290	111940	96267	81594	76493
潮　州	51154	55407	57429	44374	39878	41243
揭　阳	41859	51208	55994	50337	50311	53461
云　浮	37663	43099	46547	35051	27952	26778
省　直	161733	231134	263454	253674	264125	259277

注：各区域不包括省直。

5-36 各市医疗、生育保险参保人数(2021 年)

单位：人

市别	基本医疗保险	城镇职工基本医疗保险	城乡居民基本医疗保险	生育保险
全省	**112719192**	**47571380**	**65147812**	**39738827**
广州	13968100	8944800	5023300	6896676
深圳	16596156	13346792	3249364	13303142
珠海	2163243	1484423	678820	1211335
汕头	5207708	830284	4377424	597747
佛山	6321931	3956891	2365040	3237604
韶关	3135573	795828	2339745	468658
河源	3099910	435226	2664684	408123
梅州	4606112	611904	3994208	413884
惠州	4774097	2246904	2527193	1944231
汕尾	2914476	330754	2583722	223881
东莞	6582667	6582667		5070169
中山	2970742	1823848	1146894	1680033
江门	4203391	1741921	2461470	1175362
阳江	2722793	329864	2392929	264945
湛江	7249958	823968	6425990	591365
茂名	6759941	630135	6129806	404082
肇庆	4235037	871758	3363279	591434
清远	4184724	851933	3332791	583761
潮州	2586671	339472	2247199	239908
揭阳	5778321	260734	5517587	188329
云浮	2657641	331274	2326367	244158

注：1. 省直医疗、生育保险属地化管理，无数据，下表同。
2. 东莞市执行城乡统一医疗保险，在职工医疗口径反映。
3. 各区域不包括省直。

5-37 各市城镇职工基本医疗保险参保人数

单位：人

市 别	2015	2017	2018	2019	2020	2021
全 省	**37118478**	**39626374**	**41706925**	**43757263**	**45781375**	**47571380**
广 州	6076242	6842761	7519504	8031247	8441958	8944800
深 圳	10391166	11510112	11952451	12395741	13029297	13346792
珠 海	1105038	1191554	1297457	1348304	1450743	1484423
汕 头	516030	547005	569921	585071	599127	830284
佛 山	2777424	3029694	3246530	3476991	3623460	3956891
韶 关	540012	576427	603038	619011	639999	795828
河 源	301132	333359	348904	361799	380996	435226
梅 州	430967	461207	480084	500279	527117	611904
惠 州	1618333	1550800	1565756	1720406	1831716	2246904
汕 尾	281330	320672	326329	324138	330088	330754
东 莞	6019153	5660857	5832967	6154985	6311931	6582667
中 山	2546162	2669843	2782258	2837132	2940535	1823848
江 门	1211309	1323598	1378735	1419251	1471799	1741921
阳 江	270819	279587	293128	306654	329187	329864
湛 江	633640	680339	761843	793309	828992	823968
茂 名	422490	465238	490876	512168	550691	630135
肇 庆	618203	645844	701739	749376	786789	871758
清 远	553793	595520	623941	667864	706985	851933
潮 州	319139	336174	350319	361527	399853	339472
揭 阳	262883	361672	322080	318277	310112	260734
云 浮	223213	244111	259065	273733	290000	331274

5-38 各市城乡居民基本医疗保险参保人数

单位：人

市　别	2015	2017	2018	2019	2020	2021
全　省	**64241734**	**64024306**	**64450781**	**64077401**	**64132993**	**65147812**
广　州	4449913	4774043	4957484	4990779	5039403	5023300
深　圳	1740390	2450977	2716744	2970216	3056283	3249364
珠　海	477551	559551	603204	629868	682382	678820
汕　头	4608609	4475685	4452173	4420523	4418534	4377424
佛　山	2070038	2147662	2219548	2284388	2340999	2365040
韶　关	2293995	2365184	2371824	2357682	2353668	2339745
河　源	3058058	2901622	2866343	2752323	2700355	2664684
梅　州	4419101	4248547	4194098	4106081	4060724	3994208
惠　州	2661439	2761150	2801753	2517512	2526193	2527193
汕　尾	2741373	2740821	2741591	2652671	2612498	2583722
东　莞						
中　山						1146894
江　门	2658610	2564541	2534216	2494322	2484259	2461470
阳　江	2358769	2400955	2416721	2417672	2410600	2392929
湛　江	6655940	6469957	6319825	6326353	6411828	6425990
茂　名	6431180	5948018	5983469	6015336	6115552	6129806
肇　庆	3513387	3439310	3440270	3398256	3362674	3363279
清　远	3537141	3435122	3387847	3376957	3387837	3332791
潮　州	2294945	2307478	2307667	2288047	2263181	2247199
揭　阳	5714175	5532815	5641546	5633269	5530838	5517587
云　浮	2557120	2500868	2494458	2445146	2375185	2326367

注：1. 东莞市居民医疗 2010 年起与职工医疗制度合并，中山市居民医疗 2014 年起与职工医疗制度合并，2021 年实行基本医疗保险一体化制度拆分，职工与居民分类保障。
2. 2013 年广州、韶关、河源含新农合参合人数，其中韶关、河源于 2014 年并入城乡居民医保；2014 年广州含新农合人数，次年并入城乡居民医保。

5-39 各市生育保险参保人数

单位：人

市　别	2015	2017	2018	2019	2020	2021
全　省	**30817976**	**33008912**	**34953368**	**36693633**	**37998226**	**39738827**
广　州	4368202	5189222	5852979	6281315	6335769	6896676
深　圳	10328970	11605683	12026177	12467099	13047905	13303142
珠　海	902786	999181	1067679	1106359	1193331	1211335
汕　头	727332	580807	654399	728678	578440	597747
佛　山	2240608	2452850	2643801	2833214	2969783	3237604
韶　关	238203	284214	347901	362619	386705	468658
河　源	222118	267369	286791	306557	328233	408123
梅　州	285660	305209	329540	348317	380208	413884
惠　州	1618333	1550800	1565756	1720406	1831716	1944231
汕　尾	190084	219538	228260	230745	234670	223881
东　莞	5108233	4661485	4741815	4870292	4931393	5070169
中　山	1438604	1488528	1558025	1593482	1668371	1680033
江　门	765743	856919	909182	936180	987560	1175362
阳　江	197481	201295	213040	226255	244150	264945
湛　江	431234	474085	496252	517697	547059	591365
茂　名	280469	304518	318016	340114	382824	404082
肇　庆	414176	429952	507880	548050	597605	591434
清　远	365893	386954	413118	449737	503529	583761
潮　州	303592	332581	352322	374562	404027	239908
揭　阳	214411	216876	227839	225630	201771	188329
云　浮	175844	200846	212596	226325	243177	244158

注：省直生育保险 2015 年属地化管理，主要移交广州市。

5-40 各市参保女职工生育人数

单位：人

市　别	2015	2017	2018	2019	2020	2021
全　省	**327038**	**690933**	**622028**	**687432**	**616395**	**634495**
广　州	69305	136272	132897	133491	129266	130659
深　圳	93155	178379	156792	206046	183179	167646
珠　海	14270	25214	22315	24360	20592	20048
汕　头	5730	13257	13625	12025	12607	12197
佛　山	37441	75925	70881	66100	65592	60947
韶　关	2101	7912	7620	7009	5535	5969
河　源	3864	14743	13369	13513	11585	15481
梅　州	4308	9218	2090	7961	6842	6332
惠　州	13406	27965	25469	24993	26579	35813
汕　尾	1137	3521	2949	2975	3455	3327
东　莞	26973	65425	58854	56960	52405	56641
中　山	21024	27018	26145	26704	23713	23209
江　门	9146	23723	19790	18344	16138	17691
阳　江	1653	7232	5361	5197	5251	4287
湛　江	2453	13061	10891	15586	7922	38992
茂　名	3904	20016	13811	18700	8605	5584
肇　庆	4402	10914	11504	10259	9508	10400
清　远	3114	10143	10899	10074	10872	8465
潮　州	2892	6761	5763	5603	5899	3225
揭　阳	2059	6515	5146	4590	4949	2967
云　浮	1349	7719	5857	16942	5901	4615
省　直	3352					

5-41 各市医疗、生育保险基金收入支出情况(2021年)

单位：万元

市别	收入		支出	
	城镇职工基本医疗保险（含生育保险）	城乡居民基本医疗保险	城镇职工基本医疗保险（含生育保险）	城乡居民基本医疗保险
全省	**10618092**	**6826417**	**9760660**	**6263794**
广州	3145216	592477	2670073	478412
深圳	2282822	596016	2379339	430517
珠海	282919	81328	292956	76393
汕头	149521	387629	136968	368068
佛山	962246	445935	879722	443307
韶关	223026	199397	120349	193900
河源	98810	234581	83680	268671
梅州	174614	348247	128012	406337
惠州	334084	230890	356395	225611
汕尾	51598	303726	54123	226340
东莞	1161502		1183422	
中山	281279	268814	278965	221162
江门	352499	242122	345830	256145
阳江	92326	214672	75235	186774
湛江	289537	582693	201876	470783
茂名	145768	551165	127386	604728
肇庆	201888	306477	129326	296118
清远	146334	290440	141192	238892
潮州	85691	206332	60938	187299
揭阳	74069	539497	45460	464743
云浮	82343	203977	69414	219593

注：1. 根据《国务院办公厅关于全面推进生育保险和职工基本医疗保险合并实施的意见》（国办发〔2019〕10号）精神，生育保险基金并入职工基本医疗保险基金，统一征缴，统筹层次一致。同时，职工基本医疗保险基金严格执行社会保险基金财务制度，不再单列生育保险基金收入。

2. 根据实际工作情况，2021年职工基本医疗保险基金收支余口径调整为职工基本医疗保险统筹基金收支余口径，不包含个人账户基金、其他医疗保险基金收支余数据。

5-42 各市医疗、生育保险基金征收收入、累计结余情况（2021 年）

单位：万元

市别	征收收入		累计结余	
	城镇职工基本医疗保险（含生育保险）	城乡居民基本医疗保险	城镇职工基本医疗保险（含生育保险）	城乡居民基本医疗保险
全省	**9756799**	**2596290**	**20125056**	**7288710**
广州	2853411	201063	11992706	724569
深圳	2148328	347007	3089895	582553
珠海	267651	31812	222037	114095
汕头	148293	126159	71038	691378
佛山	864964	140694	800524	1574201
韶关	217776	69688	406362	167156
河源	95183	79536	107271	159673
梅州	169740	119070	149925	104629
惠州	300022	79582	543066	60685
汕尾	50497	145166	32656	240629
东莞	959765		841812	
中山	270392	165115	229428	256293
江门	337707	90262	390463	195793
阳江	91128	73828	149304	139040
湛江	279740	201488	337773	654758
茂名	134721	179275	221247	386693
肇庆	196847	103279	147143	273613
清远	138549	97908	152435	151001
潮州	84250	68288	96669	336454
揭阳	71180	207774	47289	415045
云浮	76656	69297	96013	60453

注：1. 根据《国务院办公厅关于全面推进生育保险和职工基本医疗保险合并实施的意见》（国办发〔2019〕10 号）精神，生育保险基金并入职工基本医疗保险基金，统一征缴，统筹层次一致。同时，职工基本医疗保险基金严格执行社会保险基金财务制度，不再单列生育保险基金收入。

2. 根据实际工作情况，2021 年职工基本医疗保险基金收支余口径调整为职工基本医疗保险统筹基金收支余口径，不包含个人账户基金、其他医疗保险基金收支余数据。

5-43 各市城镇职工基本医疗保险（含生育保险）基金收入情况

单位：万元

市 别	2015	2017	2018	2019	2020	2021
全 省	**9851772**	**13134947**	**15290268**	**17529217**	**17447146**	**10618092**
广 州	3268748	4119883	4769309	5940100	5534852	3145216
深 圳	2284019	3300004	3980842	4406411	4628270	2282822
珠 海	324222	476794	495021	523211	494658	282919
汕 头	146372	173428	195696	231309	231549	149521
佛 山	916529	1329139	1537324	1779266	1661377	962246
韶 关	167124	199112	231371	230090	279274	223026
河 源	89959	109252	128307	145343	158466	98810
梅 州	116519	148837	171516	197174	236876	174614
惠 州	375067	421054	486287	513178	512937	334084
汕 尾	40907	50957	59215	66813	67960	51598
东 莞	649371	940444	1033400	1093771	1164764	1161502
中 山	332483	439542	464118	497028	498196	281279
江 门	336711	405860	488744	531927	524141	352499
阳 江	67940	95069	125687	133726	131625	92326
湛 江	177875	242390	295600	342608	360302	289537
茂 名	139028	169299	185963	198783	208667	145768
肇 庆	138602	153045	202753	225003	241248	201888
清 远	137194	172509	204914	214695	221981	146334
潮 州	52526	68238	79759	99804	109720	85691
揭 阳	30349	44770	63031	67346	80999	74069
云 浮	59890	75279	91413	91631	99283	82343
省 直	339	44				

注：1. 根据《国务院办公厅关于全面推进生育保险和职工基本医疗保险合并实施的意见》（国办发〔2019〕10号）精神，生育保险基金并入职工基本医疗保险基金，统一征缴，统筹层次一致。同时，职工基本医疗保险基金严格执行社会保险基金财务制度，不再单列生育保险基金收入。因无法统计生育保险基金收入情况，故无法计算生育保险基金累计结余。为保持2020年职工基本医疗保险（含生育保险）收入口径与其他年份一致，对2015-2019年数据统一口径化。

2. 根据实际工作情况，2021年职工基本医疗保险基金收支余口径调整为职工基本医疗保险统筹基金收支余口径，不包含个人账户基金、其他医疗保险基金收支余数据。

5-44 各市城乡居民基本医疗保险基金收入情况

单位：万元

市 别	2015	2017	2018	2019	2020	2021
全 省	**3487869**	**4162728**	**4568552**	**5363880**	**5826131**	**6826417**
广 州	252167	314309	390324	498251	595897	592477
深 圳	167706	271439	332694	408835	481690	596016
珠 海	27329					81328
汕 头	232064	284771	323954	379326	378568	387629
佛 山	221323					445935
韶 关	115664	153597	167690	190215	195001	199397
河 源	152555	211696	197033	242677	249944	234581
梅 州	222213	276917	325825	333677	352877	348247
惠 州	143577	176565	201005	218688	219681	230890
汕 尾	127978	157775	187965	193263	207746	303726
东 莞						
中 山						268814
江 门	139183	189102	211848	221086	220907	242122
阳 江	118354	159414	172041	196396	198037	214672
湛 江	311272	440055	466724	470080	547624	582693
茂 名	324291	437161	441210	497999	558977	551165
肇 庆	178867	220967	195909	329486	285184	306477
清 远	179117	216339	253118	276339	283980	290440
潮 州	108808	148995	149976	263260	268390	206332
揭 阳	313914	342985	378704	446483	578703	539497
云 浮	151487	160639	172534	197819	202924	203977

5-45 各市城镇职工基本医疗保险（含生育保险）基金征收收入情况

单位：万元

市　别	2015	2017	2018	2019	2020	2021
全　省	**9487055**	**12150081**	**14266862**	**15311249**	**15791764**	**9756799**
广　州	3214648	3930558	4676774	5023939	5120148	2853411
深　圳	2170472	2941489	3585911	3938263	4205135	2148328
珠　海	320285	435465	457464	454858	431072	267651
汕　头	138048	160172	188763	222720	228081	148293
佛　山	865636	1120074	1237817	1355885	1290485	864964
韶　关	160234	192528	225138	225757	270743	217776
河　源	84867	103098	121257	139806	153478	95183
梅　州	103794	139517	161869	189107	229861	169740
惠　州	351183	393308	444279	495734	501418	300022
汕　尾	39277	49808	58165	65505	67092	50497
东　莞	632522	906005	974480	954454	1002065	959765
中　山	318039	419547	458685	394835	383150	270392
江　门	327004	389229	477703	521763	511119	337707
阳　江	64834	89817	115883	127657	125619	91128
湛　江	170553	225078	285914	334959	352681	279740
茂　名	128450	161697	181987	195406	203348	134721
肇　庆	132297	147025	191976	220714	235234	196847
清　远	130087	166393	198789	208031	213341	138549
潮　州	50147	65735	77398	87035	92539	84250
揭　阳	28237	41879	58480	66596	79310	71180
云　浮	56413	71657	88132	88225	95844	76656
省　直	29	2				

注：1. 根据《国务院办公厅关于全面推进生育保险和职工基本医疗保险合并实施的意见》（国办发〔2019〕10 号）精神，生育保险基金并入职工基本医疗保险基金，统一征缴，统筹层次一致。同时，职工基本医疗保险基金严格执行社会保险基金财务制度，不再单列生育保险基金收入。因无法测算出生育保险基金收入情况，故无法计算生育保险基金累计结余情况。为保持2020年职工基本医疗保险（含生育保险）征收收入口径与其他年份一致，对2015-2019年数据统一口径化。

2. 根据实际工作情况，2021 年职工基本医疗保险基金收支余口径调整为职工基本医疗保险统筹基金收支余口径，不包含个人账户基金、其他医疗保险基金收支余数据。

5-46 各市城镇职工基本医疗保险（含生育保险）基金支出情况

单位：万元

市　别	2015	2017	2018	2019	2020	2021
全　省	**7302284**	**10253823**	**11624429**	**13372553**	**14279602**	**9760660**
广　州	2460807	3191006	3618007	4241668	4447497	2670073
深　圳	1116844	1842612	2084229	2587692	2766348	2379339
珠　海	277964	440911	458889	563133	604683	292956
汕　头	130385	164720	280408	229634	233305	136968
佛　山	742888	1181827	1293505	1444494	1519231	879722
韶　关	128957	178050	206965	220474	223968	120349
河　源	80337	108650	116782	138635	141923	83680
梅　州	116782	147854	163169	176450	204065	128012
惠　州	291579	386375	433358	499958	563113	356395
汕　尾	38234	48750	51838	53942	50780	54123
东　莞	555938	809482	922199	950166	1229104	1183422
中　山	279471	398808	393578	429119	393175	278965
江　门	309027	355496	448009	510484	507407	345830
阳　江	60409	90302	103494	117064	113378	75235
湛　江	154379	217924	289651	324912	342532	201876
茂　名	137805	171519	180184	204496	216613	127386
肇　庆	131348	168849	201723	220829	238997	129326
清　远	156108	159629	182286	196839	218885	141192
潮　州	47272	63551	69967	90887	100641	60938
揭　阳	29848	43005	49183	86448	76134	45460
云　浮	47985	70247	77005	85228	87822	69414
省　直	7918	14256				

注：1. 根据《国务院办公厅关于全面推进生育保险和职工基本医疗保险合并实施的意见》（国办发〔2019〕10号）精神，生育保险基金并入职工基本医疗保险基金，统一征缴，统筹层次一致。同时，职工基本医疗保险基金严格执行社会保险基金财务制度，不再单列生育保险基金收入。因无法测算出生育保险基金收入情况，故无法计算生育保险基金累计结余情况。为保持2020年职工基本医疗保险（含生育保险）征收收入口径与其他年份一致，对2015-2019年数据统一口径化。

2. 根据实际工作情况，2021年职工基本医疗保险基金收支余口径调整为职工基本医疗保险统筹基金收支余口径，不包含个人账户基金、其他医疗保险基金收支余数据。

5-47 各市城乡居民基本医疗保险基金征收收入情况

单位：万元

市别	2015	2017	2018	2019	2020	2021
全省	**3382278**	**4049411**	**1515789**	**1699741**	**1999824**	**2596290**
广州	250568	309958	141373	170016	197801	201063
深圳	163737	267829	197796	251227	296439	347007
珠海	26955					31812
汕头	226498	271261	110464	109965	126928	126159
佛山	219380					140694
韶关	112995	149851	48440	57751	64807	69688
河源	145775	195038	66472	67296	74804	79536
梅州	219683	273783	98320	99579	112566	119070
惠州	139105	176158	67320	72308	74803	79582
汕尾	126390	153788	47498	38408	58736	145166
东莞						
中山						165115
江门	138062	187714	84654	84153	83297	90262
阳江	117359	158791	53123	60380	67267	73828
湛江	304730	432665	166479	122109	190820	201488
茂名	301042	405035	139292	129352	174648	179275
肇庆	178184	219309	28550	143494	98781	103279
清远	172632	210935	74982	85863	92472	97908
潮州	103376	144653	41532	56277	62276	68288
揭阳	307656	333714	93021	93137	155283	207774
云浮	128153	158931	56472	58426	68096	69297

5-48 各市城乡居民基本医疗保险基金支出情况

单位：万元

市　别	2015	2017	2018	2019	2020	2021
全　省	**2817740**	**3816030**	**4470623**	**4982963**	**5142468**	**6263794**
广　州	209629	282643	341665	402254	386713	478412
深　圳	136592	252047	300909	352544	338916	430517
珠　海	24127					76393
汕　头	124789	239228	273528	297971	286827	368068
佛　山	206943					443307
韶　关	94580	128913	165254	187858	194787	193900
河　源	121341	173526	217412	243953	242251	268671
梅　州	163443	287718	340329	366689	355152	406337
惠　州	142193	179306	214068	215594	214728	225611
汕　尾	119154	154616	181650	171297	183381	226340
东　莞						
中　山						221162
江　门	128454	146351	172796	216402	188250	256145
阳　江	108893	187264	183832	165806	172517	186774
湛　江	268182	353097	421283	455978	460001	470783
茂　名	286787	374845	435192	476807	519907	604728
肇　庆	144497	190430	221825	239740	282192	296118
清　远	140351	238795	264224	293324	288737	238892
潮　州	62945	112684	124756	229339	236702	187299
揭　阳	213121	353977	413074	463593	553393	464743
云　浮	121720	160590	198829	203814	238015	219593

5-49 各市城镇职工基本医疗保险（含生育保险）基金累计结余情况

单位：万元

市　别	2015	2017	2018	2019	2020	2021
全　省	**17765339**	**23750320**	**27416159**	**31572824**	**34733719**	**20125056**
广　州	6586836	8603407	9754709	11453141	12540496	11992706
深　圳	6450133	9130214	11026827	12845545	14707467	3089895
珠　海	310276	469305	505436	465514	355488	222037
汕　头	179381	185018	100307	101981	100226	71038
佛　山	1198583	1602210	1846029	2180801	2322947	800524
韶　关	217171	279640	304046	313662	368968	406362
河　源	66268	80244	91768	98477	115020	107271
梅　州	76372	77924	86271	106996	139807	149925
惠　州	592105	659816	712745	725964	675788	543066
汕　尾	34077	39830	47208	60077	77258	32656
东　莞	643325	956656	1067856	1211461	1147121	841812
中　山	296965	412965	483506	551416	649575	229428
江　门	297008	349156	389891	411334	428067	390463
阳　江	75730	87701	109894	126556	144803	149304
湛　江	168736	208698	214646	232342	250112	337773
茂　名	207540	223317	229097	223383	215437	221247
肇　庆	105528	91974	93004	97178	99430	147143
清　远	132453	154523	177151	195007	198102	152435
潮　州	40000	46114	55906	64822	74114	96669
揭　阳	19931	20387	34235	15133	19999	47289
云　浮	52870	71222	85629	92032	103493	96013
省　直	14055					

注：1. 根据《国务院办公厅关于全面推进生育保险和职工基本医疗保险合并实施的意见》（国办发〔2019〕10号）精神，生育保险基金并入职工基本医疗保险基金，统一征缴，统筹层次一致。同时，职工基本医疗保险基金严格执行社会保险基金财务制度，不再单列生育保险基金收入。因无法统计出2020年生育保险基金收入情况，故无法计算生育保险基金累计结余。为保持2020年职工基本医疗保险（含生育保险）基金累计结余口径与其他年份一致，对2015-2019年数据统一口径化。

2. 根据实际工作情况，2021年职工基本医疗保险基金收支余口径调整为职工基本医疗保险统筹基金收支余口径，不包含个人账户基金、其他医疗保险基金收支余数据。

5-50 各市城乡居民基本医疗保险基金累计结余情况

单位：万元

市别	2015	2017	2018	2019	2020	2021
全省	**2887286**	**3674206**	**3772134**	**4153051**	**4836713**	**7288710**
广州	163260	256663	305323	401319	610503	724569
深圳	141760	186203	217988	274279	417054	582553
珠海	14404					114095
汕头	344017	448295	498721	580076	671817	691378
佛山	124804					1574201
韶关	109900	156652	159088	161446	161659	167156
河源	150088	207726	187347	186071	193764	159673
梅州	198929	212510	198006	164994	162719	104629
惠州	64802	60422	47359	50453	55406	60685
汕尾	81346	110596	116911	138877	163243	240629
东莞						
中山						256293
江门	68009	133424	172476	177160	209816	195793
阳江	91993	66822	55031	85621	111141	139040
湛江	240694	395683	441123	455224	542848	654758
茂名	222412	373976	379995	401187	440256	386693
肇庆	127362	196431	170515	260262	263253	273613
清远	134856	132301	121195	104210	99453	151001
潮州	165712	226590	251810	285732	317421	336454
揭阳	339283	366462	332091	314981	340291	415045
云浮	103652	143449	117154	111159	76069	60453

主要统计指标解释

城镇登记失业率 指报告期末，城镇登记失业人数占期末从业人员总数与期末实有城镇登记失业人数之和的比重。

社会保险 是指社会保障的一个子系统和核心。它是指以劳动者为保障对象，以劳动者的年老、患病、生育、伤残、死亡等暂时或永久性丧失劳动能力以及失业中断劳动而失去收入来源等特殊事件为保障内容的一种社会保障制度。社会保险分为基本保险和补充保险，基本保险包括养老保险、医疗保险、失业保险、工伤保险和生育保险等内容，补充保险主要包括各种互助保障、个人或单位自主参加的其他保险。

参加保险人数 是指报告期末按照国家法律、法规和有关政策规定参加基本社会保险的人数。

社会保险基金收入 是指根据国家规定，由纳入基本社会保险范围的单位，按照国家规定的缴费基数和缴费比例缴纳的社会基金以及通过其他方式取得的形成基金来源的收入，包括单位缴纳的社会统筹基金收入、个人缴纳社会保险费、财政补贴收入、利息收入及其他收入。

社会保险基金支出 是指按照国家政策规定的开支范围和开支标准从社会统筹基金中支付给参加基本社会保险人员个人的费用以及由于保险关系转移、上下级之间调剂资金等原因而发生的支出。

社会保险基金结余 是指截至报告期末基本养老保险的基金结余金额（含统筹基金结余和个人账户积累），包括银行存款、财政专户、债券投资和其他。

六、社会安全

简要说明

1．本篇资料主要反映广东省网信、公安、检察、法院、司法、消防以及安全生产的基本情况。

2．本篇资料主要包括：

(1) 全省刑事案件立案和破案、违反治安管理案件、交通和火灾事故及机动车拥有情况；人民检察院受理举报、控告、申诉案件情况；人民法院审理案件及判处罪犯情况；全省律师、公证及人民调解情况；全省各类生产安全事故情况、全省火灾事故情况、全省消防救援队伍接处警情况、全省网信工作开展情况等。

(2) 地区全省和 21 个地级以上市。

(3) 年份有当年、近 5 年和 1978 年以来连续年份。

3．统计资料来源：本篇资料由广东省公安厅、广东省人民检察院、广东省高级人民法院、广东省司法厅、广东省应急厅、广东省消防救援总队、广东省信访局负责整理、审核、提供。

2021年广东社会安全概述

省公安厅

2021年，在省委、省政府和公安部的领导下，省公安厅党委组织带领全省公安机关，坚持以习近平新时代中国特色社会主义思想为指导，以建党100周年安保维稳为主线，全力以赴防风险、保安全、护稳定、战疫情，圆满完成了各项工作任务，实现了全省刑事治安警情、电信网络诈骗案件、交通事故“三个下降”，影响政治安全案事件、暴力恐怖案事件、重大群体性事件、规模性赴省进京集访、重大交通事故“五个零发生”，有力维护了全省社会大局持续平安稳定。

一是深入开展“八大专项行动”，整治了群众反映强烈的突出治安问题。始终保持严打高压态势，以雷霆之势扫除治安乱象。一是深入开展常态化扫黑除恶斗争。全省共打掉涉黑组织26个、涉恶犯罪集团101个。二是重拳打击突出刑事犯罪。全省共破获刑事案件23.4万起，抓获嫌疑人18.2万名，同比分别上升1.7%、3.9%。现行命案首次实现100%全破；推动安装“国家反诈中心APP”6636万人次，数量全国第一，电诈案件破案数、抓获嫌疑人数同比分别上升46.3%、81.62%。

二是深入开展安全隐患排查整治，守住了公共安全底线。及时复盘重大恶性案事件，深入查摆基础防范工作短板，全力消除各类安全隐患。一是扎实推进校园安保工作。部署开展五轮校园安全隐患排查整治，推动7266所校园安装一键报警装置、709所校园安装视频监控；组织校园无证保安员考试发证5724人；建立学校最小应急单元3.8万个。二是深入开展治安风险整治。累计核查刀具制售企业2.78万家，查处违规制售管制刀具1.13万把。三是全面开展出租屋、“三非”外国人、电诈“三合一”排摸整治。共排查出租屋3436万间、流动人口5198万人，共排出重点人员8.9万人，收缴危险刀具41万把，查处违法犯罪案件1.69万起，遣送“三非”外国人6700多名。四是持续强化道路交通安全秩序整治。全省交通事故起数、死亡人数同比下降14.3%、16.3%，没有发生重特大事故。在全国率先实行异常交警监控设备熔断机制，全省查处“轻微违法”同比减少99.8%。

三是深入开展“我为群众办实事”活动，打造了新时代广东公安“枫桥经验”。深入践行以人民为中心发展思想，不断完善“小切口大变化”民生实事办理制度，切实提升人民群众获得感。一是在互联网开设“平安厅”信箱。省市两级公安机关同步开设、上下呼应、全警联动，5月1日上线以来累计响应群众来信7.5万余封，解决“急难愁盼”问题1.9万个，破获案件909起，整改一批群众反映的执法问题，推动出台各类执法规范性文件73个，成为解决群众民生诉求的“快车道”、打击违法犯罪的“千里眼”、感知预警社会风险的“报警器”、检视公安工作问题的“透视镜”、提升规范执法水平的“校准仪”，受到中央和省市媒体、社会广泛赞誉。二是做实做细“八件为民实事”。累计上线“粤省事”政务服务事项302项、“粤商通”42项，122项公安政务服务实现“无纸化”，设置老年人办理出入境、户政、交管业务专窗1800多个，未成年人被侵害案件“一站式”取证救助专区203个，利用DNA比对寻亲绿色通道查找解救被拐失踪儿童562名，推出服务大湾区20项举措和支持深圳综合改革试点8项措施。

撰稿：李卫雄

省消防救援总队

2021年，在省委、省政府的坚强领导下，全省消防救援队伍坚持以习近平新时代中国特色社会主义思想为指导，深入学习党的十九届六中全会精神，忠诚践行习近平总书记重要训词精神和关于应急管理重要论述，主动融入“双区＋双合作区”建设大局，坚持“稳中精进、创新创优”总基调，瞄准“防风险、保稳定、走前列”总目标，一手抓疫情防控，一手抓主责主业，感恩奋进、勇毅笃行，圆满完成了中国共产党成立 100 周年和第 130 届广交会消防安保及珠海“7·15”透水事故抢险救援等重大任务，全年较大亡人火灾事故下降 50%，连续 3 年未发生重大以上火灾事故，为全省经济社会发展和人民安居乐业创造了良好消防安全环境。

一、抢抓机遇、融入大局，在推进改革发展中构建新格局。主动对标习近平总书记赋予广东的总定位总目标，全面融入“双区 + 双合作区建设”大局，从服务党和国家工作全局出发推动改革发展，省委、省政府出台《广东省“十四五”消防规划》《关于推动新时代消防救援工作高质量发展的意见》《粤港澳大湾区（广东）消防救援规划》等政策文件，21 个地市消防重点工作全部纳入本市“十四五”规划纲要，着眼训练基地、消防队站、车辆装备、公共消防基础设施等核心要素，谋划推出一批重大政策和改革措施。借力“乡村振兴”等重大战略，实施消防“强基工程”，织密消防救援站布点，新建、改造消防站 79 个，3 个支队级训练基地完成建设，国家陆搜基地（广东）1 期投入使用，2 期全面开工。积极推进战勤保障体系建设，实施队站装备配备达标工程，新购置消防车 536 辆、器材 29.94 万件套，装备结构优化升级。组建 255 支化工、森林、地震、抗洪抢险等专业救援队，新增政府专职消防队 63 支、专职消防员 3258 人，消防救援力量进一步加强。在习近平总书记授旗训词三周年之际，李希书记等领导亲切会见英模代表，批示肯定改革转制三年来全省消防救援工作和队伍建设成效。

二、综合治理，系统防控，在守护民生民安中体现新担当。始终胸怀“两个大局”、树牢“两个至上”，着力“防大火、控小火、遏亡人”，持续深化责任、依法、重点、基础、全民、科技“六大防控体系”建设，大力推行“党政领治、部门联治、单位自治、科技强治、专家诊治、社会共治”工作模式和“消地协同”“警消联动”等联合监管机制，省委、省政府与 21 个地市 57 个部门签订安全生产和消防工作目标责任书，与行业部门联合发布消防安全标准化管理规定，在全国率先建成火调执法办案中心，大力实施火灾延伸调查、一案三查[1]，消防安全责任链条更加紧实。探索打造 593 个镇街“消防救援所”“应急消防所”，全面推广“委托执法”“防消一体化”等新机制，消防治理末端虚化空转难题得到缓解。全面推行消防安检告知承诺制，落实“容缺受理”“一次性告知”“预约式检查”等服务举措，纳入省政府“一照通行”第一批改革试点，消防营商环境持续优化。持续深化消防宣传“五进”，开展“消防安全进万家”“暖企行动”“百车南粤万村行”等活动，实施消防宣传志愿服务“益苗计划”和消防安全技能提升工程，联合广东广电网络开通“广东消防电视频道”，在 1400 万电视机顶盒植入消防安全提示，消防安全的人民防线进一步筑牢。以消防安全专项整治三年行动管总，持续深化“夜查”“破网封墙扫街”“敲门行动”，扎实开展大型综合体、高层公共建筑等 15 项攻坚治理，省政府连续第 13 年挂牌整治火灾隐患重点地区和单位，带动各级政府挂牌整治 145 个火灾高风险区域、298 个重大火灾隐患单位。全年检查社会单位 14.1 万家，整改隐患 4.3 万处，圆满完成建党百年、广交会、中国航展等消防安保任务。全年接报火灾 6.4 万余起，死亡 122 人、受伤 235 人，未发生重大以上火灾事故，全省社会面火灾形势持续平稳。

三、提质强能、练兵备战，在加速转型升级中展现新作为。始终坚持战斗力标准，瞄准“全灾种、大应急”任务需要，深化全员岗位大练兵，狠抓作战训练安全，强化“三基一专”[2]“四同一”[3]训练，完善 374 个队站 8 类“房前屋后”训练场地设施，扎实开展电化学储能电站等新兴领域、高危单位的熟悉调研，开展综合实战演练 300 余次，队伍实战攻坚打赢本领全面增强。总队参加全国首届消防行业职业技能大赛，6 个项目中获 1 个第一、2 个第二，4 个优胜奖，综合成绩名列前茅。创新“进企驻训、情景实训、区域联训”等形式，分级分层开展 12 类专业技术培训，全年培训业务骨干 4000 余名，培养“专业指挥员”“工匠消防员”“金牌教练员”70 名。加快推进现代化指挥体系建设，升级改造总队指挥中心及全省通信保障体系，实施化工园区消防安全治理能力提升工程，完善灾害

---

1. 三查：查原因、查责任、查教训。
2. 三基一专：练实基本体能、练强基本技能、练透基本理论，练精专业技术。
3. 四同一：同一训练大纲、同一训练目标、同一训练内容，同一训练标准。

救援核心圈、调度圈、增援圈“动态三圈”作战响应机制，全面推行“编成式”指挥，推广数字化预案、“高、低、大、化”[4]作战编成，健全战区指挥长协作制，实现“一键式”和“双网”指挥调度，队伍作战效能大幅提升。全年接处警16.7万余次，营救疏散群众3.9万余人，抢救保护财产60.3亿元，圆满完成珠海“7·15”透水事故救援等急难险重任务，赢得了各级党委政府和人民群众广泛赞誉。

四、科技引领、创新驱动，在建设智慧消防中激活新动能。始终坚持以科技引领消防治理能力提升，率先融入“数字政府”建设，大力实施“科技强消”战略，信息化发展三年规划纳入省数字政府“十四五”规划建设内容，消防工作全面融入“粤省事”“粤商通”“粤政易”平台，消防救援模块列入“粤治慧”五大示范建设内容，总队作为数字政府“一网统管”第一批八个试点单位之一，在中国电子政务论坛暨首届数字政府建设峰会展示“智慧消防”建设成果。扎实推进新型消防信息化架构试点，积极参与省“雪亮工程”建设，高标准建设“两智一图”等10余个信息化项目，实现“灭火救援一张图、火灾防控一张网、队伍管理一平台、纪检监督一铁笼”。整合科研院校和高新企业资源，联合建立9个科技创新支撑和示范应用平台，成立7个人才课题工作室，与中山大学等共建“热灾害防控技术及装备实验室中心”等5个科创实验室、研究院。扎实开展18项科技成果试点应用，遴选推广5类105套自主研发成果，建成3个省级消防科技成果应用示范基地，“水带便捷应用”项目获全国消防救援队伍技术革新奖，“建筑消防检测和评估”项目获省科技进步二等奖，创新创造服务消防救援工作的效能不断提升。

撰稿：沙洲洲

省司法厅

【切实履行职责使命，在促进经济社会发展中发挥新优势，彰显新作为】提高行政立法质量，法治保障坚强有力。以“提高立法质量和效率，以良法促进发展，保障法治为广东在全面建设社会主义现代化国家新征程中走在全国前列，创造新的辉煌提供有力法治保障”为总体要求，坚持部门法制机构与司法行政部门“双重审核”机制，创新升级规范性文件监管，完善政府法律顾问工作体系和机制，在地级以上市建立立法基层联系点，确保民意畅通，做好提请省政府有关规章的审议、修改、论证、废止工作。

严格规范行政执法，推动政府职能转变。以建设行政执法信息平台、行政执法监督网络平台为重要抓手，推进全省行政执法标准化、信息化、公开化。推进镇街综合行政执法改革，实现机构权责、力量、办公及执法统一。深化“放管服”改革，加强省级权责清单管理，增强发展活力。强化行政执法监管，并运用法治广东建设考评，让群众看到风清气正，从每一项执法中决定中感受到公平正义。

整体联动多措并举，公共法律服务利企便民。统筹律师、公证、司法鉴定、仲裁、调解、法律援助等法律服务资源，加快公共法律服务热线平台、网络平台、实体平台融合，发挥公共法律服务中心、工作站等本系载体作用，围绕省委、省政府确定的综合改革重点、民生实事，实施法律服务专项行动。服务“双区”（粤港澳大湾区、深圳社会主义先行示范区）、“两个合作区”（横琴粤澳深度合作区、前海深港现代服务业合作区）建设，加强县、镇、村三级公共法律服务中心、站、室建设，使法律服务更加贴近基层、贴近群众。

充分发动群众参与，增强基层治理能力。开展公民法治素养提升行动，列入年度法治宣传改革创新项目和省委全面依法治省委员会办公室民生实事。实施“法律明白人”培养工程，培育农村学法用法示范户，民主法治示范村（社区）活动取得新成效。村（居）法律顾问把宣传民法典、土地承包等宣传教育与农民生产生活密切联系起来，让农民在家门口就获得实实在在的法律服务。运用新时代“枫桥经验”，做好矛盾纠纷调处、维护基层社会稳定。

撰稿：张智慧 骆文经

4. 高、低、大、化：高层建筑、地下建筑、大型综合体、石化企业。

省人民检查院

2021 年，广东省检察机关依法严厉打击各类刑事犯罪活动，共批准和决定逮捕各类犯罪嫌疑人 99029 人，提起公诉 160955 人。依法开展刑事诉讼活动监督，共监督公安机关立案 1375 件，监督公安机关撤案 1607 件，针对侦查活动违法已纠正 1695 件次，按二审程序和审判监督程序提出抗诉 569 件。全面推动其他检察业务工作开展，对民事判决、裁定、调解书共提出抗诉 167 件，提出再审检察建议 475 件；对行政判决、裁定、调解书提出抗诉 22 件；对公益诉讼案件立案 10429 件，提起公益诉讼 567 件。

撰稿：周 旭

省高级人民法院

2021 年，全省法院新收各类案件 292.8 万件，审结 281.7 万件。贯彻总体国家安全观，依法惩治各类犯罪，审结刑事一审案件 12.2 万件，判处罪犯 15.9 万人。深刻把握新发展阶段、新发展理念、新发展格局要求，全面服务打造新发展格局战略支点，审结民商事一审案件 135.8 万件。依法平等保护各类市场主体产权，审结各类合同纠纷一审案件 92.6 万件，审结知识产权与竞争纠纷一审案件 17.1 万件。依法支持行政机关全面实施“放管服”改革，审结行政一审案件 2.4 万件。开展“南粤执行风暴 2021”专项活动，执结案件 90.8 万件。

撰稿：黄文颖

省应急厅

2021 年，广东省应急管理系统统一部署、统一协调、统一行动，推动形成安全生产“齐抓共管”格局，实现市、县（市、区）、镇街三级安委会“双主任”制全覆盖，制度化、规范化各级党政领导特别是主要领导定期研究部署、带队检查安全生产工作；正确处理好疫情防控和复工复产、监管执法和安全指导的关系，坚持服务往下沉，靶向发力解难题，扎实做好疫情防控和复工复产安全防范工作，做到两手抓、两不误；压实企业主体责任，深入推进安全监管执法“三个转变”，实行“安全三问”现场考核制，坚持“线上监管 + 线下执法”相结合，对重点领域企业开展明查暗访，运用应急联动“一键通”系统，对重点企业主要负责人是否在岗进行随机抽查，执法处罚次数和经济处罚金额同比分别上升 39.9% 和 46.5%；全面推行“一线三排”工作机制，落实化工企业“四令三制”、动火作业“三个一律”、有限空间作业“七个不准”、高空作业“五个必须”等安全生产措施；全面开展安全风险分析研判，坚持每周一张风险评估表、每月一份风险分析报告、每季度召开一次灾害风险形势综合会商研判会、每半年公布一次重大风险，在事故多发频发的时间节点、行业领域以及外地发生事故时，启动全国全省“一盘棋”应急响应，提前警示相关部门、企业做好安全防范，举一反三，加强防范；高标准推进安全生产专项整治三年行动，全省排查整治重大隐患 2115 项，制定制度措施 1362 项，从根本上消除事故隐患，从根本上解决问题；印发《关于全面加强危险化学品安全生产工作的实施方案》，科学规划布局“一核一带一区”化工项目，清理退出 28 个化工园区，26 个保留园区全部落实封闭化管理、在线监控，1352 家危化品生产、进口企业全部做到“一企一品一码”电子化跟踪管理；组织对 11 家边坡高度超过 200 米的露天矿山进行安全风险评估，对 133 家地下矿山实施安全综合整治，对 76 家涉氨制冷企业全覆盖执法检查，关闭矿山 28 座、注销尾矿库 6 座。全省安全生产形势持续稳定好转，事故起数、死亡人数继续保持“双下降”，同比分别下降 17.1% 和 10.5%

撰稿：杨 鹏

省信访局

2021 年，全省信访系统认真学习贯彻习近平总书记关于加强和改进人民信访工作的重要思想，按照国家信访局“11345”施工路线图决策部署和省委、省政府的工作要求，围绕信访部门政治机关定位和打造“信访铁军”的目标，坚持以人民为中心，着力化解信访突出问题，大力推进信访事项全流程办理改革创新，有力维护了群众合法权益、促进了社会和谐稳定。全省信访事项按期答复率、群众满意率均达到近年来最高水平，“治理重复信访、化解信访积案”专项工作质量和进度均位居全国前列。在 2021 年全国信访工作考核中，我省被评为“优秀”等次。

撰稿：高晓奇

6-1 全省刑事案件立案和破案情况

单位：起

项　　目	立　　案	破　　案
2015年合计	**783500**	**240629**
伤　害	12739	7161
盗　窃	422988	80549
其中：入室盗窃	116632	19134
盗抢机动车	77270	19753
抢　劫	19263	6456
其中：入室抢劫	854	276
抢机动车	1193	405
抢　夺	35441	7297
其　他	293069	139166
2017年合计	**571262**	**254399**
伤　害	10797	6833
盗　窃	271812	69826
其中：入室盗窃	71310	13459
盗抢机动车	41531	14021
抢　劫	8508	4186
其中：入室抢劫	428	226
抢机动车	333	127
抢　夺	13384	4252
其　他	266761	169302
2018年合计	**525089**	**259087**
伤　害	10678	9035
盗　窃	225408	123769
其中：入室盗窃	48800	25221
盗抢机动车	32238	27306
抢　劫	5010	3607
其中：入室抢劫	260	227
抢机动车	105	76
抢　夺	4666	3214
其　他	279327	119462
2019年合计	**499024**	**262212**
伤　害	8947	6821
盗　窃	162058	56443
其中：入室盗窃	30658	8467
盗抢机动车	22463	8661
抢　劫	2928	2287
其中：入室抢劫	172	116
抢机动车	83	60
抢　夺	1607	953
其　他	323484	195708
2020年合计	**553301**	**229759**
伤　害	8843	7705
盗　窃	121455	66999
其中：入室盗窃	20413	9899
盗抢机动车	15936	11434
抢　劫	1798	1687
其中：入室抢劫	112	112
抢机动车	77	62
抢　夺	979	688
其　他	420226	152680
2021年合计	**552638**	**233591**
伤　害	9965	9142
盗　窃	113767	55351
其中：入室盗窃	16004	7854
盗抢机动车	12644	2007
抢　劫	1618	1511
其中：入室抢劫	99	77
抢机动车	81	73
抢　夺	598	463
其　他	426690	167124

6-2 各市刑事案件立案情况

单位：起

市　别	2015	2017	2018	2019	2020	2021
全　省	**783500**	**571262**	**525089**	**499024**	**553301**	**552638**
广　州	189042	133830	117049	104786	102797	96623
深　圳	112736	83156	71564	58323	87722	96166
珠　海	30359	19721	18730	17049	14534	15355
汕　头	17426	12461	11940	12605	12890	15155
佛　山	62156	43140	41032	40850	47465	49125
韶　关	14000	11463	10617	11050	11265	11400
河　源	9133	6489	6546	7850	8904	10372
梅　州	9707	7542	7817	8613	9404	8933
惠　州	53213	32770	29257	29213	29068	28998
汕　尾	3192	3322	3264	2995	3591	5202
东　莞	96781	76549	72290	76323	75955	72805
中　山	35478	29225	28206	24953	28750	26992
江　门	34905	23515	21560	19120	20994	19884
阳　江	9405	8338	8261	7943	8850	10022
湛　江	20932	16518	16318	18152	23152	19208
茂　名	14170	11669	11409	11253	14749	13478
肇　庆	21091	13164	12519	11636	12972	13278
清　远	19313	15058	15099	13906	15850	14295
潮　州	7812	7355	6514	6829	7282	7798
揭　阳	14480	9609	9534	10099	11378	10493
云　浮	8169	6368	5563	5476	5729	5830

6-3 各市刑事案件破案情况

单位：起

市　别	2015	2017	2018	2019	2020	2021
全　省	**240629**	**254399**	**259087**	**262212**	**229759**	**233591**
广　州	34743	34622	38269	42631	38691	44756
深　圳	27571	32048	31624	34672	27756	26939
珠　海	10482	11740	12505	10795	6074	6214
汕　头	7989	8563	8417	8269	6611	5986
佛　山	32166	32159	32671	30401	30964	28788
韶　关	6693	6025	6619	6066	3816	3448
河　源	3634	3962	3767	3904	3954	4264
梅　州	5012	5763	5767	5889	6057	3998
惠　州	15023	15676	15753	14034	9551	10911
汕　尾	1628	2083	2114	2118	2208	2331
东　莞	24836	27265	26435	30409	30965	36677
中　山	12909	13500	13894	14697	14184	14451
江　门	9617	11194	11042	11184	8281	8217
阳　江	5029	5381	5210	5377	4634	2686
湛　江	8676	9066	9260	9267	8904	8458
茂　名	8642	8035	7938	7524	5964	6463
肇　庆	8487	9479	9133	6102	3799	3948
清　远	7064	6806	6953	7025	6020	4253
潮　州	2707	2929	2820	2857	3057	3268
揭　阳	4420	4487	5074	5143	5071	4842
云　浮	3301	3616	3822	3848	3198	2693

6-4 全省违反治安管理案件情况

项　　目	2020年			2021年		
	发现受理（起）	查处（起）	处罚人员（人次）	发现受理（起）	查处（起）	处罚人员（人次）
合　计	**640130**	**512036**	**278554**	**679347**	**552257**	**314480**
扰乱公共场所秩序	15690	14075	12029	2288	2218	2464
妨害公共安全	10880	10302	4693	10221	9479	4138
殴打他人	78959	64127	22664	103615	87303	43616
盗　窃	230754	171792	27509	247537	186756	37593
抢　夺	803	652	344	798	687	311
诈　骗	85034	60634	3348	76052	57048	3140
卖淫嫖娼	9126	8975	20184	12943	12684	28596
赌　博	17868	17349	79404	26673	25959	91384
其　他	191016	164130	108379	199220	170123	103238

6-5 各市违反治安管理案件发现受理情况

单位：起

市 别	2015	2017	2018	2019	2020	2021
全 省	**1030810**	**817176**	**741447**	**772818**	**640130**	**679347**
广 州	185125	165474	152002	137220	121422	102131
深 圳	220618	127649	110755	111698	91430	132278
珠 海	31672	48258	32675	35027	23109	22958
汕 头	22698	20442	21070	18289	14111	15710
佛 山	119902	93008	80563	81977	62540	68904
韶 关	19506	14381	13791	15435	14989	17504
河 源	11216	11077	9477	7971	7137	11462
梅 州	16408	11098	10058	9710	10649	10506
惠 州	43045	30616	26775	28651	20925	25901
汕 尾	3618	4940	4921	5238	5119	4058
东 莞	128576	104508	105686	146422	104907	93946
中 山	62053	53944	54074	55470	39399	37405
江 门	24543	19520	17065	16362	15877	17145
阳 江	14856	11246	11331	12447	11635	12996
湛 江	25440	22376	21271	21205	22230	22169
茂 名	16070	13229	11839	11406	14686	14663
肇 庆	28054	17930	15300	15768	15238	17632
清 远	23349	19227	16741	15376	18934	27427
潮 州	10598	9828	9331	9640	9830	8825
揭 阳	12744	10807	9154	9268	8824	9016
云 浮	10719	7618	7568	8238	7139	6711

6-6 各市违反治安管理案件查处情况

单位：起

市 别	2015	2017	2018	2019	2020	2021
全 省	**886539**	**704363**	**619079**	**622728**	**512036**	**552257**
广 州	179866	161946	142750	132427	116784	97636
深 圳	207117	122644	106866	108781	89652	132223
珠 海	31658	48232	32641	34984	23061	22864
汕 头	20936	18906	19618	16529	12111	13001
佛 山	119834	92818	80558	80594	60993	68849
韶 关	17874	12621	11995	13232	12909	14334
河 源	9467	8351	6377	4339	3736	4758
梅 州	15409	10600	9595	9255	9810	9552
惠 州	41100	28736	25852	26347	17827	21947
汕 尾	3594	4869	4546	5043	4452	3848
东 莞	58375	52869	47773	64695	38842	29578
中 山	33380	26360	26355	25653	18281	17220
江 门	21299	16787	13964	13037	11987	13599
阳 江	14762	11233	11330	12443	11635	12996
湛 江	21354	18492	18033	17666	18040	18133
茂 名	13963	11610	9889	9467	13045	12391
肇 庆	27545	17777	14793	14812	14139	16549
清 远	22717	18904	16492	14305	17322	26672
潮 州	10598	9828	9332	9637	9830	8823
揭 阳	7436	5234	4703	3976	3294	3176
云 浮	8255	5546	5617	5506	4286	4108

6-7 各市违反治安管理案件处罚人员情况

单位：人次

市 别	2015	2017	2018	2019	2020	2021
全 省	**513065**	**447939**	**420196**	**399156**	**278554**	**314480**
广 州	84575	86611	85429	70310	47343	48074
深 圳	57505	43889	45692	49187	31532	79165
珠 海	23498	41101	22950	24802	13194	12087
汕 头	11875	11961	13247	9459	5527	5697
佛 山	65550	59170	62516	54759	31603	25216
韶 关	11657	5408	4492	4093	3812	2879
河 源	8382	5857	4605	3854	2717	3710
梅 州	9849	6299	4093	4299	3945	3016
惠 州	35373	25509	26422	23052	16215	19576
汕 尾	4534	7793	7245	7263	3659	2982
东 莞	49312	44820	37544	56394	42927	42241
中 山	20493	20804	24553	19353	13235	12646
江 门	19376	15724	14659	14252	11436	15383
阳 江	12468	6707	6312	5545	5041	4227
湛 江	20064	14498	12876	12401	11904	10456
茂 名	19452	14745	11194	8378	6861	5298
肇 庆	11693	6446	7306	6575	4546	3860
清 远	16567	10036	8845	8496	8249	5827
潮 州	8660	6414	6178	5756	4771	3929
揭 阳	10390	8157	6885	4718	4681	4270
云 浮	11792	5990	7153	6210	5356	3941

6-8 历年全省刑事治安案件情况

年 份	刑事案件		治安案件		
	立案（起）	破案（起）	发现受理（起）	查处（起）	处罚违法人员（人次）
1990	194685	79403	122374	113854	253169
1991	197362	86926	155939	145512	338358
1992	135254	70883	201299	166374	381061
1993	148007	84554	207546	172185	399454
1994	163533	100951	210746	189046	430676
1995	164691	108757	218085	202655	460588
1996	145819	100330	218987	208248	487504
1997	129740	85982	223877	213890	484637
1998	128310	81785	228318	218750	484185
1999	145884	87092	246153	231259	493400
2000	467222	131627	309009	260026	571223
2001	524440	141871	391019	317598	626082
2002	474137	169103	400391	297668	554323
2003	516971	161765	409209	266207	447841
2004	514507	178984	439026	275974	435497
2005	497525	186476	465598	323186	452751
2006	468589	188055	901751	795086	692183
2007	447576	178859	1042397	979934	784686
2008	422016	168869	1101926	1066451	804132
2009	486476	192179	1226409	1190608	997559
2010	536146	196105	1037680	1000515	749510
2011	483950	187690	940024	904404	622990
2012	648255	211917	1048029	1007265	686815
2013	947933	221510	1085101	1008796	663159
2014	864551	206947	1070602	933703	604842
2015	783500	240629	1030810	886539	513065
2016	654568	244615	944512	813773	484868
2017	571262	254399	817176	704363	447939
2018	525089	259087	741447	619079	420196
2019	499024	262212	772818	622728	399156
2020	553301	229759	640130	512036	278554
2021	552638	233591	679347	552257	314480

6-9 全省交通事故及原因情况

项目	2020年				2021年			
	发生数（起）	死亡（人）	受伤（人）	直接财产损失（元）	发生数（起）	死亡（人）	受伤（人）	直接财产损失（元）
合　计	**26444**	**4809**	**25837**	**76727923**	**48206**	**5371**	**46652**	**105344776**
机动车违法	22833	4192	22368	68423481	41421	4690	39774	93736154
非机动车违法	1903	238	2028	2478535	3908	351	4197	4754789
行人乘车人违法	374	145	270	1440822	652	172	527	1488964
道　路	4	0	5	12500	9	1	11	7520
其他违法	302	51	194	895473	795	54	376	1177861
非违法过错	1	1	0	2000	1050	50	1156	2963811
意　外	808	144	780	3206521	221	34	200	789770
其他违法	219	38	192	268591	150	19	411	425907

6-10 全省交通事故机动车违法行为情况(2020年)

项　　目	发生数(起)	死亡(人)	受伤(人)	直接财产损失(元)
合　　计	**22833**	**4192**	**22368**	**68423481**
不按规定使用灯光	34	5	36	88500
超速行驶	342	186	254	1193320
酒后驾驶	2265	348	1620	7628281
逆　行	707	111	826	1389691
疲劳驾驶	69	40	62	709800
无证驾驶	1795	340	2084	3009384
未按规定让行	3164	401	3510	5229637
违法变更车道	834	113	896	2567572
违反交通信号	712	145	771	3605350
违法占道行驶	123	30	134	309510
违法超车	571	75	679	1370540
违法倒车	495	72	314	599216
违法掉头	317	32	401	690905
违法会车	417	46	421	533546
违法抢行	48	12	41	101900
违法装载	37	14	32	172800
违法停车	117	21	123	384385
其　他	10786	2201	10164	38839144

6-11 全省交通事故机动车违法行为情况（2021年）

项　　目	发生数（起）	死亡（人）	受伤（千元）	直接财产损失（元）
合　　计	**48206**	**5371**	**46652**	**105344776**
不按规定使用灯光	108	16	76	135110
超速行驶	668	293	575	3594411
酒后驾驶	4496	333	3046	8807957
逆　行	1237	111	1519	2150003
疲劳驾驶	239	75	199	1065690
无证驾驶	3457	451	3833	4236144
未按规定让行	5955	607	6567	8175572
违法变更车道	1833	189	1814	6241371
违反交通信号	1268	196	1385	2364130
违法占道行驶	249	22	283	560421
违法超车	1115	105	1310	1697189
违法倒车	954	71	550	1165732
违法掉头	604	31	706	1731692
违法会车	796	57	998	1225676
违法抢行	189	16	207	342502
违法装载	75	19	93	384851
违法停车	187	32	185	739310
其　他	24776	2747	23306	60727015

6-12 各市交通事故发生起数情况

单位：起

市　别	2015	2017	2018	2019	2020	2021
全　省	**24672**	**24138**	**24293**	**23630**	**26444**	**48206**
广　州	2676	2357	2567	2521	2972	4836
深　圳	1148	2011	1736	1735	1390	1375
珠　海	425	403	401	393	389	416
汕　头	389	643	575	574	610	2444
佛　山	2311	1896	1895	1932	1852	3151
韶　关	425	425	365	350	329	1166
河　源	454	244	311	163	321	2217
梅　州	293	335	307	301	3089	2755
惠　州	495	466	446	438	358	934
汕　尾	591	601	656	610	516	1150
东　莞	3594	3469	3394	2974	3345	3842
中　山	1707	1590	1513	1527	1451	6562
江　门	3391	3035	2686	1882	1690	1887
阳　江	640	618	588	558	519	1524
湛　江	2009	2073	2290	1929	2194	4021
茂　名	696	740	623	641	617	944
肇　庆	1283	949	1004	941	757	1509
清　远	819	835	666	600	506	2711
潮　州	502	528	470	506	522	803
揭　阳	424	568	1438	2715	2672	2499
云　浮	397	350	360	337	340	1455
机　场						5

6-13 各市交通事故受伤情况

单位：人

市别	2015	2017	2018	2019	2020	2021
全省	**27765**	**24680**	**24138**	**22585**	**25837**	**46652**
广州	2953	2284	2475	2282	2588	4342
深圳	1171	1218	970	1036	912	986
珠海	431	363	314	309	303	340
汕头	325	644	572	552	483	2398
佛山	2449	1833	1794	1708	1644	2826
韶关	477	472	438	404	311	1386
河源	494	303	352	159	425	2797
梅州	283	356	297	262	3645	3229
惠州	485	464	458	408	327	1027
汕尾	729	714	753	689	590	1504
东莞	3933	3631	3216	2616	3003	3170
中山	1790	1469	1265	1260	1223	3809
江门	4193	3498	2845	1870	1668	1794
阳江	773	713	680	621	578	1781
湛江	2624	2535	2796	2385	2520	4714
茂名	714	722	632	480	436	872
肇庆	1442	988	1109	1051	797	1545
清远	997	910	715	564	478	3111
潮州	554	590	473	493	530	813
揭阳	474	595	1581	3080	3011	2670
云浮	468	376	401	351	361	1535
机场						3

6-14 各市交通事故死亡人数情况

单位：人

市 别	2015	2017	2018	2019	2020	2021
全 省	**5549**	**5459**	**5040**	**5045**	**4809**	**5371**
广 州	847	794	736	729	669	619
深 圳	421	355	286	271	235	208
珠 海	100	99	89	93	89	95
汕 头	176	163	148	152	143	252
佛 山	593	542	431	502	471	416
韶 关	174	186	167	170	163	209
河 源	102	109	99	97	92	202
梅 州	149	151	148	141	278	242
惠 州	290	288	275	270	229	249
汕 尾	136	139	126	117	107	122
东 莞	482	481	444	454	434	418
中 山	292	245	219	231	217	236
江 门	342	314	302	294	280	316
阳 江	157	180	169	167	156	210
湛 江	212	262	237	215	198	333
茂 名	235	232	230	218	204	216
肇 庆	231	253	237	235	196	223
清 远	190	198	198	176	166	221
潮 州	135	142	136	128	119	168
揭 阳	173	199	233	266	251	259
云 浮	112	127	130	118	112	156
机 场						1

6-15 各市交通事故直接财产损失情况

单位：元

市别	2015	2017	2018	2019	2020	2021
全省	**67839882**	**105531355**	**79766936**	**76891371**	**76727923**	**105344776**
广州	8111100	9689490	8872130	7423680	9422630	13044506
深圳	8825510	9730551	8994301	7087406	6452400	6066502
珠海	947950	885010	536911	533454	418450	323341
汕头	1043600	1362650	1249460	1535671	1433850	3935700
佛山	6173830	4599050	3673211	3890955	3964070	5123170
韶关	3272640	5777752	4560550	4387600	4107801	6051590
河源	3002879	2149601	2437653	1633900	2237800	8558351
梅州	283681	247243	380530	231000	1985943	1883279
惠州	2679950	35768625	11877100	11167501	12308750	8780301
汕尾	1419896	1198350	1330331	1784370	518500	1199504
东莞	5512657	6536273	7323930	7041980	8077400	7523374
中山	2491716	2264350	1473582	2097559	1900203	3978677
江门	7491800	5710401	5470971	4028483	3397309	4882216
阳江	2064780	1106620	1366460	1208690	1104180	2305385
湛江	3054142	2660268	3656486	3172659	3575741	5061393
茂名	1550150	1685004	1541002	1772250	1258500	5116390
肇庆	3099380	5782980	5842231	6410830	3752200	5779699
清远	2145361	3183180	1822600	1240250	1104980	3111560
潮州	1113293	1284595	1226815	1178203	1369115	1415662
揭阳	1282117	2247762	4037882	7256710	6962901	8153650
云浮	2218450	1655600	2087800	1288220	1220200	2906526
机场						144000

6-16 历年全省发生交通事故情况

年份	发生起数（起）	死亡人数（人）	受伤人数（人）	直接经济损失（万元）
1990	25909	3639	14875	5044
1991	30306	4429	16979	6622
1992	34023	5509	18286	10464
1993	42700	6933	21075	19799
1994	46140	7647	23848	28028
1995	42115	7809	25210	28700
1996	39574	7725	27884	26554
1997	39086	7617	32882	26517
1998	38914	8246	36124	23051
1999	54812	9065	51883	25624
2000	66072	10208	63759	27526
2001	69555	10801	64788	30099
2002	78929	12035	75040	35834
2003	68903	11151	73170	31388
2004	68423	10657	78562	24127
2005	67756	9959	77591	20883
2006	56171	8828	67242	13298
2007	46558	7994	55565	12075
2008	39389	7182	46998	10014
2009	32455	6542	38598	8553
2010	30480	6223	36540	8051
2011	26586	5873	31015	9359
2012	25719	5714	29095	7915
2013	25424	5647	28435	8017
2014	26820	5629	30585	7368
2015	24672	5549	27765	6784
2016	24876	5556	26883	7414
2017	24138	5459	24680	10553
2018	24293	5040	24138	7977
2019	23630	5045	22585	7689
2020	26444	4809	25837	7673
2021	48206	5371	46652	10535

6-17 各市机动车拥有量情况(2021年)

单位:辆

市别	机动车总计	汽车				
		合计	小计	载客		
				其中大型	其中轿车	其中个人
全省	**36552998**	**27025468**	**24103703**	**157149**	**15694407**	**22134234**
广州	3308683	3198405	2708867	34853	1579338	2325090
深圳	3791241	3726797	3188583	31300	1907713	2837727
珠海	906607	830656	764203	8368	506905	694449
汕头	1400749	955792	849005	4645	572810	816464
佛山	3615126	3164218	2899613	11740	1904393	2690673
韶关	776346	509840	464145	2179	306744	438834
河源	1062747	528678	471768	1373	353287	458507
梅州	1690596	1392334	1247992	4996	829717	1179490
惠州	3648511	3639042	3385268	17115	2147757	3077393
汕尾	2487855	1046526	936406	3860	659200	884728
东莞	1504183	694478	611164	3012	405411	579709
中山	1180808	822130	727092	3467	477272	668275
江门	1828007	1564766	1440393	7145	966628	1308677
阳江	1254487	853884	759506	3941	541455	732694
湛江	856467	513941	459694	2104	320517	428515
茂名	634948	356882	332449	2522	225648	308343
肇庆	1040596	686335	603985	3098	425562	567427
清远	2391032	914492	820558	3326	598183	794898
潮州	995726	448587	393741	1022	266052	382278
揭阳	1117927	717831	637011	3352	425717	608835
云浮	981908	424877	373761	1445	266435	351228
省直属	78448	34977	28499	2286	7663	0
省农机办						

6-17 续表

单位：辆

市　别	汽　车			摩托车	挂车	其它类型车
	载　货		其他汽车			
	小计	其中个人				
全　省	**2822178**	**1498671**	**99587**	**9316149**	**211095**	**286**
广　州	469585	197064	19953	77616	32376	286
深　圳	519695	95921	18519	4200	60244	0
珠　海	63107	37542	3346	72286	3665	0
汕　头	104629	76974	2158	441011	3946	0
佛　山	255988	150607	8617	432664	18244	0
韶　关	43821	29632	1874	262516	3990	0
河　源	54730	43965	2180	530130	3939	0
梅　州	141299	92719	3043	294277	3985	0
惠　州	245704	126068	8070	386	9083	0
汕　尾	107115	67294	3005	1433675	7654	0
东　莞	81320	51068	1994	804599	5106	0
中　山	92003	62018	3035	343537	15141	0
江　门	118301	60277	6072	254795	8446	0
阳　江	91238	74482	3140	394765	5838	0
湛　江	51520	37596	2727	337808	4718	0
茂　名	23148	17299	1285	277085	981	0
肇　庆	80184	61804	2166	346166	8095	0
清　远	90755	70468	3179	1468673	7867	0
潮　州	53944	44934	902	546642	497	0
揭　阳	79409	66450	1411	398098	1998	0
云　浮	49685	34489	1431	551749	5282	0
省直属	4998	0	1480	43471	0	0
省农机办						

6-18 各市机动车拥有量情况

市　别	2015	2017	2018	2019	2020	2021
全　省	**25204173**	**28698957**	**28953224**	**31150762**	**33552701**	**36552998**
广　州	2438611	2489029	2660191	2882296	3081809	3308683
深　圳	3193498	3265998	3366643	3482011	3588883	3791241
珠　海	455623	624579	699330	766517	832645	906607
汕　头	1030809	1119604	1200360	1272498	1336313	1400749
佛　山	2465559	2809010	3020746	3188524	3363031	3615126
韶　关	426103	512715	565287	581391	702710	776346
河　源	457931	580668	736064	846885	1042852	856467
梅　州	610679	718752	1375027	1365145	1435180	1040596
惠　州	990915	1341417	2252979	2308588	2393377	1828007
汕　尾	142719	236776	1635705	1850704	2097378	634948
东　莞	1881403	2633304	1369550	1514009	1643012	3648511
中　山	1033884	1282574	648773	767383	889839	1690596
江　门	2765997	2933682	296153	370360	484503	2487855
阳　江	811782	815326	601117	670720	745182	1062747
湛　江	741555	866533	741360	865498	970523	1254487
茂　名	1584968	1814763	834370	933289	1061844	2391032
肇　庆	1252105	1451532	2953450	3241928	3418096	1504183
清　远	773492	801840	1408462	1511633	1588065	1180808
潮　州	632161	730053	793814	859098	912373	995726
揭　阳	696527	771813	843472	927607	998215	1117927
云　浮	748430	830469	879820	872852	892048	981908
省直属	69422	68520	70551	71826	74823	78448
省农机办						

6-19 各市机动车驾驶员情况

单位：人

市别	2015	2017	2018	2019	2020	2021
全省	**28747452**	**34153327**	**37557811**	**41373910**	**39242002**	**47174340**
广州	3963063	4653852	4989006	5378157	5514878	6128404
深圳	3363384	3937912	4387755	4941972	5326103	5862467
珠海	687238	883508	978455	1080016	1098542	1248473
汕头	1175172	1388607	1457364	1553429	1441596	1732755
佛山	2884632	3287750	3474547	3693659	3508468	4079173
韶关	618914	713327	787539	877668	848962	1125708
河源	891715	1046671	1167152	1344190	1365339	1525885
梅州	931523	1044790	1367779	1470766	1141228	1284973
惠州	1346795	1847898	1817622	1917014	1402973	2671902
汕尾	512924	605058	1795224	1929733	1520030	1014233
东莞	2254668	2712209	2126611	2409726	2383518	3591658
中山	1121679	1421839	112211	1200977	1105668	1959472
江门	1572244	1751684	692042	783070	777887	2108145
阳江	880974	982660	1250333	1435813	1286551	1323976
湛江	875453	1051380	1110845	1236399	861525	1619120
茂名	1459808	1696060	1518516	1920276	1936080	2253594
肇庆	1199304	1322048	2981600	3239260	3332992	1772212
清远	838369	1144848	1583303	1749048	1622064	2341511
潮州	651447	810166	901128	950492	752242	1030808
揭阳	830125	1064756	1208431	1364808	1361166	1547227
云浮	688021	786304	840448	897437	654190	952644

6-20 各市户籍人口情况（2021 年）

单位：人

市　别	年末总人口（人）	性别		年龄			
		男	女	18 岁以下	18-35 岁	35-60 岁	60 岁以上
全　省	**99469546**	**50889301**	**48580245**	**24475641**	**25575249**	**33997713**	**15420943**
广　州	10115306	5012522	5102784	2239536	2239497	3788080	1848193
深　圳	6279402	3104126	3175276	1673334	1890234	2337442	378392
珠　海	1478285	724720	753565	353520	334406	589815	200544
汕　头	5776537	2908294	2868243	1427884	1687662	1763839	897152
佛　山	4841298	2340414	2500884	1174319	1045825	1801962	819192
韶　关	3367520	1737071	1630449	741207	730825	1296814	598674
河　源	3719327	1916244	1803083	948446	873648	1330463	566770
梅　州	5416803	2805088	2611715	1274130	1319597	1881173	941903
惠　州	4059108	2026228	2032880	1113277	971656	1442840	531335
汕　尾	3644568	1906039	1738529	993023	1120689	1047339	483517
东　莞	2786106	1360585	1425521	811306	605452	1017233	352115
中　山	1987414	956759	1030655	509179	439419	738352	300464
江　门	4028708	2016836	2011872	707103	907612	1534516	879477
阳　江	3027455	1606077	1421378	705912	697667	1119023	504853
湛　江	8655681	4617185	4038496	2255568	2431116	2596099	1372898
茂　名	8287793	4445109	3842684	2132148	2331768	2544406	1279471
肇　庆	4581008	2384656	2196352	1078553	1151369	1612206	738880
清　远	4518354	2345786	2172568	1076994	1072536	1645989	722835
潮　州	2753709	1398958	1354751	596525	720540	933370	503274
揭　阳	7125649	3681832	3443817	1916460	2225602	1961184	1022403
云　浮	3019515	1594772	1424743	747217	778129	1015568	478601

6-21 各市暂住人口分布情况（2021 年）

单位：人

市　别	合计	性别		暂住时间			
		男	女	半年以下	半年至一年	一年至五年	五年以上
全　省	**51653559**	**29983570**	**21669989**	**10959420**	**5922463**	**23361699**	**11409977**
广　州	11883002	6780339	5102663	2813211	1806446	6307838	955507
深　圳	14961145	8318632	6642513	4020253	2434489	6374585	2131818
珠　海	2933886	1697694	1236192	63302	81904	1249468	1539212
汕　头	421805	262521	159284	24584	24147	247749	125325
佛　山	5298036	3200019	2098017	830672	512441	3271818	683105
韶　关	96180	56644	39536	18527	19242	49320	9091
河　源	114668	68211	46457	13061	16543	69650	15414
梅　州	71795	46694	25101	7048	12410	42975	9362
惠　州	2121939	1322731	799208	125668	139121	1061657	795493
汕　尾	118354	76272	42082	32644	13175	59082	13453
东　莞	9058756	5423776	3634980	2547467	374570	2578105	3558614
中　山	2798634	1636174	1162460	191327	206060	1181806	1219441
江　门	675470	404012	271458	108803	95916	301772	168979
阳　江	105764	65662	40102	11221	18456	57850	18237
湛　江	97802	60595	37207	10609	18059	61862	7272
茂　名	78834	44826	34008	7975	31391	36101	3367
肇　庆	390768	242560	148208	80755	49093	179503	81417
清　远	144761	91952	52809	21284	36539	66990	19948
潮　州	90461	58625	31836	6088	7464	59042	17867
揭　阳	149757	99391	50366	17832	18812	82748	30365
云　浮	41742	26240	15502	7089	6185	21778	6690

6-21 续表 1

单位：人

市别	来自地区			
	省内		省外	
	乡村	城镇	乡村	城镇
全　省	**10599990**	**6369341**	**23594028**	**11090200**
广　州	3079765	2009230	5237275	1556732
深　圳	3104857	1649046	7663712	2543530
珠　海	528507	424791	1180898	799690
汕　头	68256	52050	200002	101497
佛　山	1349834	328115	1806402	1813685
韶　关	24564	22297	35523	13796
河　源	18444	18608	43699	33917
梅　州	6584	13022	34422	17767
惠　州	335786	326402	734685	725066
汕　尾	17071	23730	56895	20658
东　莞	1284516	979867	4377843	2416530
中　山	468084	242591	1425106	662853
江　门	114640	87061	324776	148993
阳　江	14946	10633	56587	23598
湛　江	14328	33970	31759	17745
茂　名	30580	22705	17764	7785
肇　庆	91614	83949	127779	87426
清　远	24084	21262	76940	22475
潮　州	4011	5715	34984	45751
揭　阳	9743	7491	108065	24458
云　浮	9776	6806	18912	6248

6-21 续表 2

单位：人

市　别	居住处所						
	租凭房屋	单位内部	工地现场	旅店	居民家中	自购房屋	其他
全　省	**30918210**	**6928945**	**365243**	**611644**	**1724891**	**4228629**	**6875997**
广　州	7692174	580505	70473	86729	158241	1026684	2268196
深　圳	11256748	1538336	125171	102577	308803	1235773	393737
珠　海	880563	246646	8868	260918	97633	170378	1268880
汕　头	212975	89100	9998	15799	28659	26190	39084
佛　山	3735849	582217	35900	18425	255040	497837	172768
韶　关	19687	7614	1822	5067	15693	21164	25133
河　源	23561	16657	2413	1346	5511	14696	50484
梅　州	27235	7834	13421	847	8007	12063	2388
惠　州	811555	766930	16683	28022	125194	234844	138711
汕　尾	54497	13615	10059	3391	17732	12465	6595
东　莞	4869484	2389249	7021	11784	394252	428720	958246
中　山	733870	177316	20092	34337	136074	320699	1376246
江　门	271858	162061	10139	2905	57390	101859	69258
阳　江	43927	19592	3600	820	11452	14347	12026
湛　江	20302	46255	2088	3100	7331	7694	11032
茂　名	11169	41775	3931	2131	11120	3951	4757
肇　庆	106194	153047	7888	13094	55153	44260	11132
清　远	28609	38198	6465	2018	17461	42125	9885
潮　州	57307	17689	899	576	3077	3799	7114
揭　阳	46846	26965	6309	16047	4409	3588	45593
云　浮	13800	7344	2003	1711	6659	5493	4732

6-22 全省火灾事故情况

项　　目	起数（起）	死亡（人）	受伤（人）	直接财产损失（万元）
2015 年合计	**17992**	**141**	**100**	**37857**
其中：较大火灾	9	34	29	297
重大火灾				
特别重大火灾				
2017 年合计	**16438**	**106**	**69**	**29931**
其中：较大火灾	8	34	7	262
重大火灾				
特别重大火灾				
2018 年合计	**13064**	**77**	**70**	**27173**
其中：较大火灾	4	18	1	55
重大火灾				
特别重大火灾				
2019 年合计	**13197**	**98**	**60**	**31738**
其中：较大火灾	8	36	4	1350
重大火灾				
特别重大火灾				
2020 年合计	**54683**	**117**	**109**	**55374**
其中：较大火灾	8	29	1	4152
重大火灾				
特别重大火灾				
2021 年合计	**64112**	**122**	**235**	**74743**
其中：较大火灾	4	17	3	75
重大火灾				
特别重大火灾				

注：2021 年火灾指数升高与统计口径变化有关。

6-23 各市消防救援接处警情况(2021 年)

单位：起

市　别	火灾扑救	抢险救援	社会救助	公务执勤	其他出动	合计
全　省	**64040**	**44819**	**48963**	**1120**	**8997**	**167941**
广　州	9151	9708	9905	216	3647	32627
深　圳	6749	7382	6113	66	1712	22022
珠　海	1323	1268	1662	4	348	4605
汕　头	2425	738	1376		182	4721
佛　山	5095	5925	6158		20	17198
韶　关	1902	1280	1500	182	111	4975
河　源	1855	723	1138	1	77	3794
梅　州	1222	421	77		20	1740
惠　州	5017	3070	3104		72	11263
汕　尾	440	302	275		35	1052
东　莞	3695	2968	2530		1263	10456
中　山	3208	2986	3145		446	9785
江　门	3318	1628	2977	77	54	8056
阳　江	1731	678	1246	1	50	3706
湛　江	5588	1061	1232	223	452	8556
茂　名	2166	815	848	41	59	3929
肇　庆	2687	1107	1953	118	126	5991
清　远	2860	1344	2256	190	264	6914
潮　州	1192	512	330		56	2090
揭　阳	1573	503	49		1	2126
云　浮	843	400	1089	1	2	2335

注：接处警数据为119系统数据，含虚假警。

6-24 全省火灾事故原因情况

项　　目	起数（起）	死亡（人）	受伤（人）	直接财产损失（万元）	烧毁面积（m^2）
2019 年合计	**13197**	**98**	**60**	**31738**	**322987**
电气火灾	2695	51	15	12907	78216
生产作业类火灾	845	8	5	5086	50797
生活用火不慎	2954	10	5	2700	49545
吸 烟	408		2	100	6706
玩 火	103			178	1811
自 燃	1174	1	17	2748	15080
雷 击	15			18	532
静 电	23			559	4106
不明确原因	692	2	1	1202	22512
放 火	156	22	3	353	21056
其 他	4132	4	12	5887	72627
2020 年合计	**54683**	**117**	**109**	**55374**	**1197358**
电气火灾	15110	46	46	21672	196395
生产作业类火灾	1519	11	19	11954	60110
生活用火不慎	12038	14	15	2874	230221
吸 烟	2481	1		270	20670
玩 火	468	5	3	677	10261
自 燃	6521	3	4	8416	149249
雷 击	30			28	895
静 电	189			273	2284
不明确原因	1750	1	8	2576	41504
放 火	786	27	4	1034	22495
其 他	11158	9	10	5600	463275
2021 年合计	**64112**	**122**	**235**	**74743**	**2481946**
电气火灾	16932	57	93	35715	240462
生产作业类火灾	2028	18	46	16390	104408
生活用火不慎	15176	11	60	2924	579566
吸 烟	4252	2	4	692	46630
玩 火	342		2	160	8632
自 燃	12493		4	9311	186749
雷 击	62			11	605
静 电	330		5	600	5789
燃放烟花爆竹	322			593	26311
遗留火种	9310	3	2	2584	1104581
不明确原因	1625		8	4080	91853
放 火	339	31	7	382	5868
其 他	901		4	1300	80493

注：2021年火灾事故原因新增燃放烟花爆竹、遗留火种。

6-25 各市火灾事故发生起数情况

单位：起

市　别	2015	2017	2018	2019	2020	2021
全　省	**17992**	**16438**	**13064**	**13197**	**54683**	**64112**
广　州	2696	2485	2305	2662	8555	9152
深　圳	1767	2096	1613	981	5577	6752
珠　海	569	233	102	116	1088	1320
汕　头	531	506	480	491	2007	2420
佛　山	1371	891	677	755	3830	5096
韶　关	584	978	888	835	1490	1902
河　源	405	265	225	192	1467	1900
梅　州	409	326	195	217	976	1221
惠　州	522	514	399	354	3876	5009
汕　尾	455	567	562	649	659	440
东　莞	1668	1326	1029	842	4718	3696
中　山	1314	643	410	529	3345	3210
江　门	751	590	511	776	2738	3315
阳　江	582	434	420	544	1261	1733
湛　江	674	467	242	257	4518	5590
茂　名	503	855	652	444	1995	2186
肇　庆	505	302	246	323	1381	2688
清　远	774	1237	1113	1254	1981	2863
潮　州	763	737	258	209	1041	1192
揭　阳	863	745	537	527	1384	1584
云　浮	286	241	200	240	796	843

注：2021 年火灾起数升高与统计口径变化有关。

6-26 各市火灾事故死亡人数情况

单位：人

市　别	2015	2017	2018	2019	2020	2021
全　省	**141**	**106**	**77**	**98**	**117**	**122**
广　州	23	12	15	24	11	19
深　圳	8	12	7	7	13	7
珠　海	5					3
汕　头	12	6	7	3	6	4
佛　山	19	12	1	4	10	12
韶　关		2		2		2
河　源	2	2		1	4	2
梅　州	9	2	1	2	4	8
惠　州	8	4	3	1	7	4
汕　尾	4	11	6	15	4	3
东　莞	12	6	6	7	16	9
中　山	7	5	3	15	5	3
江　门	5	3	1		1	5
阳　江	2		2	2	3	1
湛　江		9		5	9	6
茂　名	1	4	5	2	2	3
肇　庆		1		1	4	4
清　远	4	4	14	2	1	7
潮　州	4	2	2	2	7	3
揭　阳	11	6	4	3	10	15
云　浮		3				2

6-27 各市火灾事故受伤人数情况

单位：人

市别	2015	2017	2018	2019	2020	2021
全省	**100**	**69**	**70**	**60**	**109**	**235**
广州	12	9	13	12	6	25
深圳	15	21	16	15	24	89
珠海	18				3	3
汕头		1		2		13
佛山	13	6	1	3	17	18
韶关	1	3				1
河源					1	4
梅州		1			4	3
惠州	1		2		3	6
汕尾		3	1	1	1	2
东莞	3	5	3	15	21	15
中山	8	1	4	4	6	20
江门		1			5	7
阳江			5		2	
湛江	3	6	10	6	5	7
茂名	3	3	10		2	5
肇庆		6				
清远	2		1	2	2	9
潮州	4				1	1
揭阳	3	1	3		4	6
云浮	1	2	1		2	1

6-28 各市火灾事故直接财产损失情况

单位：万元

市别	2015	2017	2018	2019	2020	2021
全省	**37856.9**	**29931**	**27173**	**31738**	**55373.6**	**74743.4**
广州	3001.2	3141.3	3018	4224	4644.4	10066.7
深圳	410.1	1750	1648	2804	2882.7	3862.2
珠海	2810.7	392.9	721	277	1222.7	851.6
汕头	1419.6	679	417	644	1391.3	1850.6
佛山	721.1	4165	2004	5766	8637.6	9399.2
韶关	4280.4	1368.4	1105	581	395.2	1676.1
河源	3236.6	310.7	417	450	883.6	1345.7
梅州	1836.3	1497	495	740	708.5	806.5
惠州	1331.8	699.1	364	447	2100.1	1941.0
汕尾	1593.7	1487.5	605	438	469.1	292.9
东莞	1888.9	4189.7	4787	5889	14523.7	13611.6
中山	923.7	1644.5	1494	1175	2145.0	6637.7
江门	638.7	1808.3	1768	1292	5606.8	5161.6
阳江	1856.8	551.8	540	409	676.5	2214.4
湛江	422.7	1495.5	848	1151	1725.8	2863.4
茂名	1347.6	788.8	497	536	837.5	2130.4
肇庆	5605.1	768.1	2585	864	2357.4	1852.8
清远	1579.3	1088.9	1703	2972	2593.6	3508.1
潮州	468.3	214.6	149	309	288.7	1023.3
揭阳	2228.4	1564.3	1237	477	813.8	2639.6
云浮	255.9	325.4	771	293	469.4	1007.9

6-29 省级立法情况

项 目	提请省人大常委会审议法规（项）					
	2015	2017	2018	2019	2020	2021
经济类立法	5		3	3	3	9
文化类立法		2			1	1
社会类立法	7	4	4	2	3	6
生态类立法		2	2	2	4	
政府自身建设类立法	2			1	1	
其他			1	3	3	2

6-29 续表

项 目	省政府常务会议通过规章（项）					
	2015	2017	2018	2019	2020	2021
经济类立法	5	6	3	5	5	2
文化类立法		1	1			1
社会类立法	5	6	4	3	1	5
生态类立法	1	2				
政府自身建设类立法	2		1	1	2	5
其他		1	1	3	1	1

6-30 全省社区矫正工作情况统计表

单位：人

年份	本年度列管社区矫正对象	本年度接收社区矫正对象	本年度解除社区矫正对象	本年度由社区矫正转为收监执行对象	本年度社区矫正对象再犯罪	累计接收社区矫正对象	累计解除和中止社区矫正对象	累计社区矫正对象再犯罪
2015	34513	25081	23228	387	97	107737	73367	273
2017	62299	27793	27732	228	65	160950	126308	416
2018	66358	31716	31288	284	55	192666	157596	471
2019	68042	32972	33603	297	51	225638	191199	522
2020	70958	35254	33989	309	51	260892	225188	573
2021	81689	45985	40221	451	111	306877	265409	684

注：2019 年社区矫正法出台。列管社区矫正对象出自《中华人民共和国司法行政行业标准》。列管社区矫正对象人数：上个期间末在册社区矫正对象数量与本期间内新接收的社区矫对象人数之和。

6-31 省级行政复议情况

单位：件

项　目	2015	2017	2018	2019	2020	2021
全省各级行政复议机关共收到行政复议案件	19397	29447	33565	33961	28923	34315
办理国务院行政复议裁决案件	8	10	14	8	10	4
省政府本级行政复议案件	624	693	598	626	485	459

6-32 省级行政应诉情况

单位：件

项　目	2015	2017	2018	2019	2020	2021
全省各级行政机关共办理行政应诉案件	12378	16961	19007	20071	19517	24621
省政府本级行政应诉案	342	501	232	348	248	238

6-33 全省司法所建设情况

年份	建所数（个）	建所数（个）	建所数（个）	建所数（个）	建所数（个）	建所数（个）
2015	1616	6036	3958	3522	152	284
2017	1631	6567		3516	113	298
2018	1631	8048		3748	102	286
2019	1631	8413	3973	3611	108	254
2020	1631	8798	3925	3637	59	334
2021	1628	8896	3717	3295	184	238

资料来源：2001-2020 年《全国司法行政基层工作统计分析和统计资料》（司法部基层工作指导司编，法律出版社）。
注：司法助理人数由政法专项编制、地方行政编制、地方事业编制。

6-34 各市司法鉴定工作情况（2021 年）

市别	司法鉴定所（个）	司法鉴定人（人）	办理法医类案件（件）	办理物证类案件（件）	办理声像类案件（件）	办理环境损害类案件（件）
全省	**201**	**2224**	**242321**	**62450**	**6741**	**2285**
广州	37	521	51240	11347	2934	1798
深圳	25	434	77285	9105	3447	487
珠海	7	33	2533	220	74	
汕头	7	106	7615	2925	8	
佛山	12	133	11041	5829	53	
韶关	13	101	6115	4799		
河源	4	35	1785	1312		
梅州	5	38	1443	12		
惠州	14	130	9127	5244	183	
汕尾	5	43	4128			
东莞	11	127	22435	11294	36	
中山	7	74	8713	2453		
江门	8	85	9786	552		
阳江	6	38	2533			
湛江	6	59	8773	1732		
茂名	8	57	5763	16		
肇庆	5	68	3372	458	4	
清远	11	68	4040	3783		
潮州	2	23	248	840	2	
揭阳	5	29	3035			
云浮	3	22	1311	529		

6-35 全省人民调解业务情况表

年份	已建调委会数（个）	调委会人数（人）	调解总数（件）	调解成功数（件）	预防纠纷（预防自杀）	
					（件）	（人）
2015	32549	181205	326174	318659	335	289
2017	33750	181441	361079	358631		
2018	31898	170775	397191	389979		
2019	31666	172280	460674	450056	48249	
2020	31494	172816	444984	435278	39490	
2021	31689	182304	489348	482239	45262	

6-35 续表

年份	民间纠纷转化为民商事案件（防止转化为刑事案件）刑事案件（防止转化为刑事）		民间纠纷转化为治安案件（制止群体械斗）		民间纠纷转化为刑事案件（防止群体上访）	
	（件）	（人）	（件）	（人）	（件）	（人）
2015	1306	6864	517	22615	3460	76856
2017	463	731				
2018	567	578				
2019	77	503				
2020	108		19		37	
2021	135		2		8	

资料来源：2001-2020 年《全国司法行政基层工作统计分析和统计资料》（司法部基层工作指导司编，法律出版社）。

注：自 2019 年起司法部正式报表的统计项目作了部分修改，内容栏中括号内表述的是 2018 年以前的统计数据。

6-36 各市人民调解工作情况（2021 年）

市　别	调解委员会总数（个）	村（居）调委会（个）	乡镇（街道）调委会（个）	企事业单位调委会（个）	社会团体和其他组织调委会（个）	调解员总数（人）	调解案件总数（件）
全　省	**31689**	**26511**	**1636**	**1538**	**2004**	**182304**	**489348**
广　州	3389	2810	176	231	172	17462	86151
深　圳	1057	862	83	20	92	6285	135310
珠　海	423	329	25	28	41	2921	14624
汕　头	1258	1088	67	14	89	6835	3071
佛　山	1317	789	32	232	264	11650	25754
韶　关	1794	1460	108	43	183	10100	14698
河　源	1663	1444	100	27	92	9593	7880
梅　州	2540	2054	111	106	269	12650	16024
惠　州	1545	1322	75	99	49	9765	6394
汕　尾	944	848	52	23	21	3416	2330
东　莞	1204	590	32	338	244	8312	74609
中　山	430	296	23	22	89	3059	5932
江　门	1583	1327	78	56	122	9881	9891
阳　江	939	845	48	13	33	5411	9845
湛　江	2185	1951	121	27	86	13628	19469
茂　名	2186	1916	117	44	109	15022	23168
肇　庆	1874	1549	105	119	101	10295	10821
清　远	1410	1224	85	55	46	8179	7623
潮　州	1105	1023	46	18	18	4581	2889
揭　阳	1766	1608	89	9	60	7269	5027
云　浮	1077	976	63	14	24	5794	7838

6-37 各市公证工作情况(2021年)

市 别	机构(个)	公证员(个)	国内公证(件)	涉外公证(件)	涉港澳台公证(件)	案件总数(件)
全 省	**154**	**904**	**1066235**	**204526**	**34300**	**1305061**
广 州	10	163	337431	52539	4713	394683
深 圳	11	166	290053	44387	6141	340581
珠 海	5	29	25602	5383	4421	35406
汕 头	9	42	13659	2352	286	16297
佛 山	8	82	95303	8265	1690	105258
韶 关	11	27	12479	1027	227	13733
河 源	7	17	5614	560	191	6365
梅 州	9	27	7997	933	515	9445
惠 州	8	42	43672	3819	846	48337
汕 尾	5	9	3345	678	445	4468
东 莞	3	40	59160	8358	4750	72268
中 山	6	37	28589	6575	3932	39096
江 门	8	40	53356	48101	2491	103948
阳 江	5	11	2427	626	307	3360
湛 江	7	22	17218	3430	635	21283
茂 名	7	22	12140	1657	461	14258
肇 庆	10	29	12207	2657	391	15255
清 远	9	17	6506	1230	383	8119
潮 州	3	12	3276	694	67	4037
揭 阳	6	23	5023	723	250	5996
云 浮	6	13	2936	536	291	3763
南方处	1	34	28242	9996	867	39105

6-38 全省公证工作情况表

年份	公证处（个）	工作人员（人）	其中		出证总数（件）	其中		
			公证员	公证员助理		国内公证	涉外公证	涉港澳台公证
2015	146	2190	770	543	1525912	1044876	429298	51738
2017	147	2309	883		1253064	927684	287961	37419
2018	157	2512	862	914	1783427	1327191	408370	47866
2019	156	2524	890	898	1664068	1229981	392494	41593
2020	156	2750	937	1002	1421210	1235756	158960	26494
2021	154	2928	904	1031	1305061	1066235	204526	34300

资料来源：2001-2020 年《公证工作统计报表》（广东省司法厅，2001-2020）。

6-39 全省律师工作情况表

年份	律师事务所总数（个）	律师总数（人）	担任法律顾问（家）	律师事务（件）				
				刑事诉讼辩护及代理	民事案件诉讼代理	经济案件诉讼代理	行政案件诉讼代理	非诉讼代理
2015	2290	28221	59664	30739	225385		9689	174951
2017	2788	35045	70687	63511	288156		12854	165275
2018	2901	43434	77954	92642	371893		18319	214252
2019	3418	48971	84359	109733	514353		20392	317205
2020	3541	54957	92416	117566	610739		19470	262059
2021	3758	61946	100925	135519	866545		29562	390888

资料来源：2001-2020 年《律师工作统计报表》，中华人民共和国民事诉讼法（2017 年修正）。

6-40 各市律师工作情况(2021年)

市别	律师事务所(个)	律师总数(人)	兼职律师(人)	律师辅助人员(人)	担任法律顾问(处)	民事诉讼代理(件)
全省	**3758**	**61946**	**819**	**12952**	**64339**	**866545**
广州	851	20053	497	3481	25824	236542
深圳	1103	19463	49	2938	24755	233350
珠海	117	2101	32	360	3684	25119
汕头	90	866	17	171	1994	9752
佛山	362	4193	38	1415	9767	73185
韶关	56	707	23	94	1457	10989
河源	46	489	9	172	1095	7625
梅州	44	443	11	67	829	4764
惠州	128	1828	14	488	3577	26691
汕尾	24	143		35	345	1146
东莞	271	4338	35	1245	11630	82909
中山	143	1898	10	1048	5689	43205
江门	96	1352	11	375	3263	27214
阳江	36	348	5	65	564	13537
湛江	78	843	29	194	827	13809
茂名	53	592	7	101	972	13564
肇庆	70	594	24	262	1207	10796
清远	72	750	2	234	1293	16353
潮州	47	330	5	49	924	4159
揭阳	28	341	1	66	518	6737
云浮	43	274		92	711	5099

6-40 续表

市 别	刑事诉讼辩护及代理（件）	行政诉讼代理（件）	非诉讼法律事务（件）	解答法律咨询和代写法律文书（件）	参加公益事业和社会活动（件）
全 省	**135519**	**29562**	**390888**	**128974**	**109343**
广 州	32656	5666	77316	10475	19275
深 圳	23820	7409	171081	19052	18363
珠 海	2919	1063	7764	13399	1733
汕 头	3027	299	2268	1835	2819
佛 山	7385	2329	12037	6944	6758
韶 关	3345	598	581	2784	4290
河 源	2007	247	943	1302	2087
梅 州	3454	359	418	8611	4332
惠 州	5683	1876	5955	6532	5390
汕 尾	622	314	125	306	478
东 莞	12941	2361	16864	4950	7372
中 山	3955	1590	63624	33811	3810
江 门	6519	1585	4137	5270	5106
阳 江	1546	392	398	1034	730
湛 江	5526	1017	3839	2855	6848
茂 名	4353	650	2230	1569	4198
肇 庆	2253	579	12241	672	2809
清 远	3832	688	7558	1701	3242
潮 州	3247	100	541	1617	3081
揭 阳	4500	258	355	2994	2717
云 浮	1929	182	613	1261	3905

6-41 全省仲裁情况

项目		2015	2017	2018	2019	2020	2021
仲裁委员会（个）		14	13	15	16	19	19
受理仲裁案件总数（件）		17808	1690076	213304	74975	47693	54126
涉外仲裁（件）	涉港案件总数	770	1018	1154	487	464	669
	涉澳案件总数	168	272	304	70	52	87
	涉台案件总数	162	238	188	47	51	54
	其他案件总数	259	578	887	118	154	186

6-42 全省法律援助工作情况表

项目		2015	2017	2018	2019	2020	2021
已建机构数（个）		152	153	153	153	153	153
法律援助机构工作人（人）		780	730	809	899	804	757
其中有律师资格或法律职业资格		373	378	410	366	356	327
受理案件总数（件）		81301	75061	142453	240515	245551	126361
其中：受理法律援助案件类型（件）	刑事案件	23112	23283	81774	173417	184133	66289
	民事案件	57783	51249	60013	66267	60800	59558
	行政案件	504	529	666	831	618	514
经费总额（万元）		13338.07	21623.93	29588.32	38347.74	36383.64	38708.06
咨询（人次）		382083	1096355	1058080	430554	2700941	2887409
法律援助受援人数（人）		96632	89647	158866	259808	254719	147779
其中：各类受援人数（人）	残疾人	2058	2536	1892	1669	1636	1667
	老年人	2454	1936	2312	2859	2743	2673
	未成年人	15889	14012	12424	14265	11735	15099
	妇女	20446	25241	32541	32838	39592	37602
	农民工	52664	48771	68937	74985	99632	70364

注：自2021年起，司法部统计报表中将值班律师法律帮助案件以及法律援助受援人数不列入受理案件总数以及法律援助受援人数统计。

6-43 各市法律援助工作情况(2021 年)

市　别	法律援助机构数（个）	法律援助机构工作人员（人）	其中有律师资格或法律职业资格（人）	经费总数（万元）
全　省	**153**	**757**	**327**	**38708.06**
省本级	1	15	6	1535.52
广　州	12	84	36	6236.83
深　圳	12	68	29	10887.97
珠　海	6	24	10	1247.74
汕　头	8	40	19	945.4
佛　山	6	46	24	2684.26
韶　关	11	55	45	1507.94
河　源	7	34	7	671.66
梅　州	9	38	21	859.27
惠　州	7	52	12	1389.03
汕　尾	6	17	5	404.63
东　莞	1	9	4	1689.61
中　山	1	10	4	944.9
江　门	8	34	16	1292.08
阳　江	6	23	8	498.52
湛　江	11	36	17	1775.93
茂　名	6	27	12	582
肇　庆	9	33	17	783.03
清　远	9	46	12	1292.28
潮　州	5	18	6	415.15
揭　阳	6	35	12	618.9
云　浮	6	13	5	445.41

6-43 续表

市　别	业务经费（万元）	受理案件（件）	受援人总数（人）	咨询（人）
全　省	**24957.37**	**126361**	**147779**	**2887409**
省本级	846.44	1805	1807	2428325
广　州	3898.66	24178	24195	61513
深　圳	8768.62	20928	39333	150681
珠　海	799.28	3668	3671	22783
汕　头	397.50	2079	2257	7620
佛　山	1486.79	11511	11615	42264
韶　关	497.18	5054	5071	7503
河　源	369.20	4038	4284	3469
梅　州	495.50	1765	2654	8420
惠　州	648.37	7337	7341	19756
汕　尾	247.49	1487	2680	4961
东　莞	1386.61	12787	12787	42858
中　山	619.98	3818	3821	27951
江　门	675.54	3995	4000	12243
阳　江	262.00	1901	2054	3920
湛　江	1420.42	4406	4462	17363
茂　名	401.90	4018	4032	7283
肇　庆	407.04	3227	3228	8518
清　远	569.07	4184	4307	3884
潮　州	191.78	828	828	927
揭　阳	278.00	1172	1177	1709
云　浮	290.00	2175	2175	3458

6-44 人民检察院审查逮捕、审查起诉情况(2021年)

案件分类	批捕、决定逮捕合计		决定起诉合计	
	(件)	(人)	(件)	(人)
全　省	67177	99029	120121	160955
危害公共安全案	3024	3314	43574	44030
破坏社会主义市场秩序案	6089	11410	7395	14568
侵犯公民人身、民主权利案	12009	14334	13447	16453
侵犯财产案	23256	30438	27808	36687
妨害社会管理秩序案	22660	38881	26918	47912
贪污贿赂案	49	523	841	1131
渎职侵权案	46	78	103	133
其他	44	51	35	41
构成(%)				
合计	100.00	100.00	100.00	100.00
危害公共安全案	4.50	3.35	36.28	27.36
破坏社会主义市场秩序案	9.06	11.52	6.16	9.05
侵犯公民人身、民主权利案	17.88	14.47	11.19	10.22
侵犯财产案	34.62	30.74	23.15	22.79
妨害社会管理秩序案	33.73	39.26	22.41	29.77
贪污贿赂案	0.07	0.53	0.70	0.70
渎职侵权案	0.07	0.08	0.09	0.08
其他	0.07	0.05	0.03	0.03

6-45 人民检察院办理刑事抗诉案件情况(2021年)

案件分类	提出抗诉（个）	审判结果合计（件）	改判（件）	改判（人）	维持原判（件）	发回重审（件）
合计	**569**	**340**	**179**	**419**	**97**	**64**
普通刑事案件	535	316	165	403	95	56
贪污贿赂案件	31	23	13	15	2	8
渎职侵权案件	3	1	1	1		

6-46 人民检察院纠正违法情况(2021年)

项目	2020	2021
已纠正件次合计（件次）	**6442**	**21460**
立案监督小计	2414	2982
监督立案	1162	1375
监督撤案	1252	1607
侦查监督	1135	1695
刑事执行活动检察（非监外执行）	2893	16783
已纠正案件涉及人次合计（人次）	**16049**	**27334**
立案监督小计	3315	3473
监督立案	1804	1576
监督撤案	1511	1897
侦查监督小计	2614	2837
纠正漏捕	1402	1466
纠正漏诉	1212	1371
减刑、假释、暂予监外执行检察	3332	6821
监外执行和社区矫监督活动检察	6788	14203

6-47 人民检察院处理申诉案件情况（2021年）

单位：件

案件分类	受 案	复查决定			
		改变原决定	纠正原决定	提出抗诉	提出再审检察建议
合 计	**865**	**129**	**13**	**5**	**19**
不服检察机关处理决定小计	421	7	13		
普通刑事案件	368	6	11		
贪污贿赂案件	3				
渎职侵权案件	2				
其 他	48	1	2		
不服法院刑事判决裁定小计	444	122		5	19
普通刑事案件	372	107			
贪污贿赂案件	23	5			
渎职侵权案件	6	3			
其 他	43	7			

6-48 人民检察院办理民事、行政抗诉案件情况（2021年）

单位：件

案件分类	合 计		
		民事案件	行政案件
提出抗诉	189	167	22
抗诉案件再审	155	152	3
改 判	90	89	1
调 解	6	6	
发回重审	35	35	
和解撤诉			
维持原判	21	19	2
其 他	3	3	
提出再审检察建议	476	475	1
采纳再审检察建议再审情况	130	130	
改 判	102	102	
调 解	3	3	
发回重审	1	1	
和解撤诉	3	3	
维持原判	1	1	
其 他	20	20	

6-49 人民检察院办理公益诉讼案件情况（2021 年）

单位：件

案件分类	立案数	诉前程序数	起诉数
合 计	**10429**	**8513**	**567**
行政公益诉讼	8988	7292	4
民事公益诉讼	1441	1221	563

6-50 人民法院各类一审案件情况

单位：件

年份	收案				结案			
		刑事	民事	行政		刑事	民事	行政
2015	800445	129290	655124	16031	715795	122882	579042	13871
2017	897205	116139	762896	18170	916700	116760	782164	17776
2018	1039261	120487	897332	21442	1031561	119862	890383	21316
2019	1238625	130693	1084783	23149	1216812	130239	1063663	22910
2020	1359430	114497	1222929	22004	1356747	116515	1216937	23295
2021	1562807	122125	1413213	27469	1504165	121658	1358164	24343

6-51 人民法院刑事一审案件情况（2021 年）

单位：件

项　目	收案	结案
合 计	**122125**	**121658**
危害国家安全罪	14	11
危害公共安全罪	43063	42864
破坏社会主义市场经济秩序罪	7723	7908
侵犯公民人身权利民主权利罪	14044	13944
侵犯财产罪	28955	29073
妨害社会管理秩序罪	27315	26931
危害国防利益罪	16	16
贪污贿赂罪	883	804
渎职罪	112	107

6-52 人民法院刑事案件被告人判决生效情况（2021 年）

单位：件、人

项　目	件	人
合 计	**117832**	**159358**
危害国家安全罪	14	18
危害公共安全罪	41602	42046
破坏社会主义市场经济秩序罪	7433	14510
侵犯公民人身权利民主权利罪	13340	16337
侵犯财产罪	28427	37794
妨害社会管理秩序罪	26099	47481
危害国防利益罪	15	16
贪污贿赂罪	789	988
渎职罪	113	168

6-53 人民法院判处刑事罪犯情况

单位：人

年份	判处罪犯总数					青少年罪犯占刑事罪犯比重（%）
		女性	青少年罪犯			
				不满 18 岁	18~25 岁	
2021	159292	13627	29564	3972	25592	18.56

6-54 人民法院民事一审案件情况（2021 年）（一）

单位：件

项　目	收案	结案
人格权纠纷（合计）	**11719**	**10943**
生命权、健康权、身体权纠纷	9016	8446
姓名权纠纷	117	104
肖像权纠纷	223	189
名誉权纠纷	1806	1742
荣誉权纠纷	7	3
隐私权纠纷	109	92
人身自由权纠纷	4	5
一般人格权纠纷	48	43
其　他	389	319
劳动争议、人事争议（合计）	**51299**	**50206**
劳动争议	50186	49121
劳动合同纠纷	18133	17398
社会保险纠纷	878	805
福利待遇纠纷	48	47
其　他	31127	30871
人事争议	**78**	**77**
其　他	**1035**	**1008**

6-55 人民法院民事一审案件情况（2021 年）（二）

单位：件

项　目	收案	结案
婚姻家庭、继承纠纷（合计）	**71937**	**68412**
婚姻家庭纠纷	66063	62992
离婚纠纷	52779	50441
离婚后财产纠纷	3547	3384
同居关系纠纷	1305	1220
抚养、扶养纠纷	6143	5847
赡养纠纷	473	439
探望权纠纷	492	462
其　他	1324	1199
继承纠纷	**5874**	**5420**
法定继承纠纷	2746	2560
遗嘱继承纠纷	333	287
被继承人债务清偿纠纷	399	387
其　他	2396	2186

6-56 人民法院民事一审案件情况（2021年）（三）

单位：件

项　目	收案	结案
物权纠纷（合计）	**22909**	**20922**
不动产登记纠纷	105	92
物权保护纠纷	13459	12670
物权确认纠纷	1585	1537
返还原物纠纷	2057	1967
排除妨害纠纷	1748	1664
恢复原状纠纷	338	338
财产损害赔偿纠纷	5246	5053
其 他	2485	2111
所有权纠纷	**6518**	**5973**
侵害集体经济组织成员权益纠纷	2523	2314
相邻关系纠纷	1681	1577
共有纠纷	1709	1519
其 他	605	563
用益物权纠纷	**1171**	**1036**
土地承包经营权纠纷	721	662
建设用地使用权纠纷	50	44
宅基地使用权纠纷	335	275
其 他	65	55
担保物权纠纷	**773**	**362**
占有保护纠纷	**501**	**444**
其 他	**382**	**345**

6-57 人民法院民事一审案件情况(2021 年)(四)

单位:件

项　目	收案	结案
知识产权与竞争纠纷(合计)	**172145**	**171107**
知识产权合同纠纷	**4471**	**4513**
著作权合同纠纷	2204	2259
商标合同纠纷	81	70
专利合同纠纷	36	51
技术合同纠纷	351	327
特许经营合同纠纷	1775	1781
网络域名合同纠纷	3	3
其　他	21	22
知识产权权属、侵权纠纷	**165983**	**164969**
著作权权属、侵权纠纷	132013	131973
商标权权属、侵权纠纷	20376	18427
专利权权属、侵权纠纷	9611	10627
网络域名权属、侵权纠纷	28	22
其　他	3955	3920
不正当竞争纠纷	**1312**	**1271**
仿冒纠纷	49	54
侵害商业秘密纠纷	176	155
其　他	1087	1062
垄断纠纷	**5**	**5**
其　他	**374**	**349**

6-58 人民法院民事一审案件情况（2021 年）（五）

单位：件

项　目	收案	结案
海事海商纠纷（合计）	**1752**	**1628**
船舶碰撞损害责任纠纷	53	55
船舶触碰损害责任纠纷	18	20
船舶污染损害责任纠纷	1	1
海上、通海水域人身损害责任纠纷	53	50
非法留置船舶、船载货物、船用燃油、船用物料损害责任纠纷	2	1
海上、通海水域货物运输合同纠纷	374	371
船舶经营管理合同纠纷	17	18
船舶买卖合同纠纷	25	26
船舶建造合同纠纷	31	26
船舶修理合同纠纷	22	19
航次租船合同纠纷	30	34
船舶租用合同纠纷	124	114
海上、通海水域货运代理合同纠纷	625	582
船舶物料和备品供应合同纠纷	18	14
船员劳务合同纠纷	174	149
海上、通海水域保险合同纠纷	52	45
港口作业纠纷	16	12
其　他	117	91

6-59 人民法院民事一审案件情况(2021年)(六)

单位：件

项　目	收案	结案
合同、不当得利、无因管理纠纷(合计)	**958201**	**925914**
确认合同效力纠纷	2343	2244
买卖合同纠纷	148596	139582
建设用地使用权合同纠纷	730	678
房地产开发经营合同纠纷	367	327
房屋买卖合同纠纷	47555	45577
房屋拆迁安置补偿合同纠纷（案由名称变为：民事主体间房屋拆迁补偿合同纠纷）	1212	1001
赠与合同纠纷	930	783
借款合同纠纷	309871	309043
保证合同纠纷	1107	1002
银行卡纠纷	148576	149917
租赁合同纠纷	54137	53367
融资租赁合同纠纷	6350	6123
承揽合同纠纷	18057	16597
建设工程合同纠纷	25914	22037
运输合同纠纷	4384	3907
委托合同纠纷	5566	5096
居间合同纠纷	0	0
合伙协议纠纷	6601	5924
农、林、渔、牧业、农村土地承包合同纠纷	1402	1364
服务合同纠纷	25970	21189
劳务合同纠纷	17008	15726
追偿权纠纷	17963	17416
不当得利纠纷	5766	5184
无因管理纠纷	145	164
其　他	107651	101666

6-60 人民法院民事一审案件情况（2021 年）（七）

单位：件

项　目	收案	结案
与公司、证券、保险、票据等有关的纠纷（合计）	**63102**	**54104**
与企业有关的纠纷	2209	2201
挂靠经营合同纠纷	1908	1918
联营合同纠纷	61	76
企业承包经营合同纠纷	112	96
其 他	128	111
与公司有关的纠纷	**12411**	**12028**
股东资格确认纠纷	595	548
请求变更公司登记纠纷	625	561
股东出资纠纷	415	378
股东知情权纠纷	697	626
股权转让纠纷	4672	4551
股东损害公司债权人利益责任纠纷	1425	1654
公司解散纠纷	525	454
其 他	3457	3256
合伙企业纠纷	**455**	**422**
与破产有关的纠纷	**2339**	**2007**
证券纠纷	**2381**	**2907**
期货交易纠纷	**29**	**22**
信托纠纷	**15**	**27**
保险纠纷	**33511**	**32377**
票据纠纷	**9711**	**2066**
信用证纠纷	**5**	**4**
其 他	**36**	**43**

6-61 人民法院民事一审案件情况(2021年)(八)

单位：件

项　目	收案	结案
侵权责任纠纷(合计)	**53543**	**49033**
提供劳务者致害责任纠纷	106	92
提供劳务者受害责任纠纷	3364	2941
网络侵权责任纠纷	703	547
违反安全保障义务责任纠纷	302	263
教育机构责任纠纷	130	107
产品责任纠纷	2425	2325
机动车交通事故责任纠纷	40265	36910
医疗损害责任纠纷	1153	1128
环境污染责任纠纷	126	157
饲养动物损害责任纠纷	198	179
物件损害责任纠纷（案由更名为：建筑物和物件损害责任纠纷）	183	189
因申请诉中财产保全损害责任纠纷	277	200
其　他	4311	3995
适用特殊程序案件案由(合计)（案由更名为：特殊诉讼程序案件案由（合计）	**6606**	**5895**

6-62 人民法院行政一审案件情况（2021）

单位：件

项目	收案	结案
合计	**27469**	**24343**
公安	1962	1769
资源	2601	2403
城建	3337	2970
计划生育	4	4
工商	1154	954
商标	20	16
质量监督	101	79
卫生	138	143
食品、药品	235	209
农业	54	47
环保	865	719
交通	241	229
信息、电讯	13	10
税务	155	89
金融	32	29
财政	41	37
劳动、社会保障	4632	4223
水利	59	52
司法行政	117	114
民政	124	102
教育	112	98
监察	3	4
乡政府	4884	3852
其他	6585	6191

6-63 各市人民法院各类一审案件收案情况

单位：件

市 别	2015	2017	2018	2019	2020	2021
广 州	144708	153859	200045	314233	347938	400564
深 圳	164197	187798	208736	245863	293451	281184
珠 海	24884	22535	27295	31207	34646	47119
汕 头	14127	17822	23239	19117	23513	25692
佛 山	84579	84200	109705	122131	127799	143233
韶 关	17051	18576	20766	24644	24407	29304
河 源	11054	11240	13438	16082	17575	23313
梅 州	13609	15169	17177	19295	22545	24836
惠 州	35484	35984	48797	52310	53658	71404
汕 尾	4893	5752	6984	8160	10768	12849
东 莞	65907	70547	95625	89985	85136	103821
中 山	51433	47193	56922	56154	56381	73246
江 门	32172	31229	39669	45567	52935	67594
阳 江	14688	13082	15882	21165	23245	26172
湛 江	24394	25479	31053	32871	36282	46047
茂 名	18788	22056	22972	28147	29562	38300
肇 庆	20708	18975	23761	27455	27778	35424
清 远	22760	25187	29684	33607	36490	48574
潮 州	6265	6740	8106	8054	8843	10348
揭 阳	10834	10132	13364	14166	16340	19289
云 浮	11819	10734	11852	13525	13929	17336
知 产	1866	4665	3981	4250	7613	5996
海 事	2188	1144	2226	2574	1387	2206
铁 路	898	6001	7974	7976	7194	8940

6-64 各市人民法院各类一审案件结案情况

单位：件

市别	2015	2017	2018	2019	2020	2021
广州	129758	160875	204509	303365	347324	388583
深圳	131065	188422	205458	233224	289557	279189
珠海	23735	22776	27720	30777	34454	46326
汕头	14003	17945	23170	19035	23221	23911
佛山	77402	84879	106880	122310	128153	135735
韶关	15435	18772	20648	25048	24445	28322
河源	10954	11281	12750	15740	16391	21142
梅州	13102	15189	16765	19302	22508	24361
惠州	32914	37383	48008	54536	53599	67094
汕尾	4450	6156	6989	8134	10364	11800
东莞	60506	72486	93712	90872	85282	102972
中山	44535	49228	56052	55426	61570	69345
江门	30697	32185	39742	46049	52786	64020
阳江	13926	13935	15527	20565	23130	26069
湛江	22738	26468	31331	32607	36420	43236
茂名	17176	22897	22971	27975	29250	34962
肇庆	20192	20597	23846	27531	27040	33369
清远	21371	25811	28998	33622	37832	44866
潮州	5544	6850	7639	8712	9614	9955
揭阳	10450	10426	13282	13708	15626	17145
云浮	11392	11100	11695	13521	13822	16107
知产	1433	3533	4053	4159	5104	6139
海事	2080	1245	2129	2505	1363	2139
铁路	875	5569	7672	7965	7780	7317

6-65 各市人民法院各类案件收案情况

单位：件

市 别	2015	2017	2018	2019	2020	2021
广 州	252974	341581	383619	557198	634939	694343
深 圳	258782	384364	409368	524100	598648	540253
珠 海	40288	51570	54565	65841	73555	81198
汕 头	19888	27103	36244	34945	39426	42164
佛 山	136222	179518	213301	261983	270210	279456
韶 关	25958	33574	37457	46356	48808	57109
河 源	15363	17797	21667	27330	31346	38314
梅 州	19745	24131	28045	33556	38770	43934
惠 州	54937	70249	83818	99316	108294	125627
汕 尾	6153	8945	11731	14317	17921	22721
东 莞	119778	156639	194393	215635	217400	228078
中 山	76147	105145	109307	118771	122213	135621
江 门	49894	61860	72813	94726	111379	129989
阳 江	22459	25059	29011	38057	42233	47219
湛 江	33603	43418	51543	57047	64435	77062
茂 名	27200	36198	37535	50026	52749	62581
肇 庆	30273	34350	42069	52787	54270	66673
清 远	35793	44415	56724	67946	73785	88720
潮 州	8925	11093	13198	14847	17926	20468
揭 阳	13753	16230	18587	23034	26063	31817
云 浮	17568	19869	21870	25891	28458	30817
知 产	4941	9213	10085	12896	13739	15241
海 事	3149	2624	3377	4252	2873	3073
铁 路	1273	20540	23061	27612	29206	26213

6-66 各市人民法院各类案件结案情况

单位：件

市 别	2015	2017	2018	2019	2020	2021
广 州	230334	349210	395778	546330	633154	666426
深 圳	215077	375534	408643	502841	592412	529154
珠 海	36768	51954	54885	65493	73573	80568
汕 头	19800	26922	35970	35112	39085	40042
佛 山	125117	178902	210100	262879	271720	272105
韶 关	23609	33563	36640	47765	48988	55623
河 源	15123	18059	20753	26959	30003	34861
梅 州	19055	23869	27422	33455	38876	43522
惠 州	51844	69666	83991	103672	107243	119369
汕 尾	5635	9281	11741	14316	17287	21300
东 莞	111682	158461	193693	216695	217861	227773
中 山	66884	100502	118193	120351	129244	128451
江 门	47244	63083	73140	95804	111123	124477
阳 江	21131	26441	28074	37480	42160	47044
湛 江	31597	44668	51457	56900	64929	72666
茂 名	24988	36694	37657	49896	52783	56527
肇 庆	29004	36376	41797	53348	53397	63714
清 远	33061	45347	54742	68909	76179	82324
潮 州	7823	10956	13294	15775	19011	19980
揭 阳	13253	16439	18744	22442	24946	28897
云 浮	16801	19855	21705	26306	28403	28936
知 产	3402	7804	9407	13488	10853	14279
海 事	2894	2815	3262	4194	2866	2975
铁 路	1276	20237	22718	27354	30143	24286

6-67 全省各行业生产安全事故情况表（2021 年）

单位：起、人

行业	2021 年					
	合计		其中			
			较大事故		重大事故	
	事故起数	死亡人数	事故起数	死亡人数	事故起数	死亡人数
合计	**3124**	**2317**	**26**	**93**	**1**	**14**
农、林、牧、渔业	29	36	1	3		
采矿业	2	2				
制造业	186	164	1	3		
电力、热力、燃气及水生产和供应业	7	8				
建筑业	418	410	3	12	1	14
批发和零售业	25	24				
交通运输、仓储和邮政业	2345	1566	18	65		
住宿和餐饮业	6	5				
信息传输、软件和信息技术服务业	3	4				
金融业						
房地产业	12	10				
租赁和商务服务业	16	17	1	4		
科学研究和技术服务业	4	5				
水利、环境和公共设施管理业	18	22	2	6		
居民服务、修理和其他服务业	43	37				
教育	4	2				
卫生和社会工作						
文化、体育和娱乐业	6	5				
公共管理、社会保障和社会组织						
国际组织						

注：表格空白处为 0。

6-68 各市生产安全事故情况表（2021 年）

单位：起、人

市别	合计		其中			
			较大事故		重大事故	
	事故起数	死亡人数	事故起数	死亡人数	事故起数	死亡人数
全省	**3124**	**2317**	**26**	**93**	**1**	**14**
广州	417	327	2	6		
深圳	293	240	1	3		
珠海	83	74	1	5	1	14
汕头	126	40				
佛山	291	215	2	6		
韶关	136	88	3	12		
河源	120	84	2	7		
梅州	34	24				
惠州	188	136	1	4		
汕尾	70	62	1	4		
东莞	247	173	3	10		
中山	173	159	2	6		
江门	58	57	2	8		
阳江	131	89				
湛江	125	117				
茂名	50	47	1	3		
肇庆	121	84				
清远	101	90	3	9		
潮州	81	43				
揭阳	95	68	1	3		
云浮	160	72				

注：表格空白处为 0。

6-69 全省生产安全事故类型情况表（2021 年）

单位：起、人

事故类型	2021 年					
	合计		其中			
			较大事故		重大事故	
	事故起数	死亡人数	事故起数	死亡人数	事故起数	死亡人数
合 计	**3124**	**2317**	**26**	**93**	**1**	**14**
物体打击	135	123				
车辆伤害	159	112				
机械伤害	73	64				
起重伤害	12	12				
触 电	102	101				
淹 溺	40	57	2	11		
灼 烫	3	2				
火 灾	27	27				
高处坠落	257	225	1	3		
坍 塌	47	55	3	11		
冒顶片帮						
透 水	1	14			1	14
爆 破						
火药爆炸						
瓦斯爆炸						
锅炉爆炸						
容器爆炸	2	2				
其他爆炸	11	6				
中毒和窒息	29	45	5	17		
其他伤害	59	48	1	4		
道路运输	2167	1424	14	47		

注：表格空白处为 0。

6-70 到省市县三级信访情况

指标名称	计量单位	2021
信访总量	件，批次	143186
按信访形式分类		
来信数量	件次	35979
省级	件次	6776
地市级	件次	22456
县（市、区）级及以下	件次	6747
走访数量	批次	45032
	人次	106536
省级	批次	6350
	人次	13380
地市级	批次	14571
	人次	37275
县（市、区）级及以下	批次	24111
	人次	55701
网上信访数量	件次	62175
省级	件次	11538
地市级	件次	40200
县（市、区）级及以下	件次	10437

七、民政和退役军人事务

2021 年广东民政和退役军人事业发展概述

省民政厅

2021年，是党和国家历史上具有里程碑意义的一年，是广东改革发展历史上具有重要意义的一年，也是我省民政事业发展的重要一年。在省委省政府的坚强领导和民政部的有力指导下，统筹抓好常态化疫情防控和民政事业高质量发展，全省民政系统辛勤努力的成效得到了省委省政府、民政部的充分肯定，同时，在民政部 2021 年重点工作综合评估中，我省再获“优秀”等次。

（一）全面加强民政领域党的领导和党的建设，政治引领作用进一步增强。深刻把握民政机关是政治机关的基本定位，不断深化对习近平新时代中国特色社会主义思想的学习领会，跟进学习习近平总书记重要论述和指示批示精神，常态化推进模范机关创建，广大民政干部职工不断增强“四个意识”、坚定“四个自信”、做到“两个维护”。高质量完成党史学习教育任务，13 项“我为群众办实事”实践活动成效明显，入户核查81.8万户困难家庭并解决2.7万个问题，1.4万名“双百社工”深入困难群众和特殊群体提供专业服务，实现高龄老年人津（补）贴网上申领和防疫亮码“一证通行”，开通“孤残儿童医疗救治绿色通道”，实现婚姻登记、残疾人两项补贴、孤儿和事实无人抚养儿童认定申请受理“跨省通办”，投入 3 亿多元全面开展殡仪馆火化机尾气排放治理工作，动员社会组织减轻企业负担 2.77 亿元，地名文化宣传、信访等为民实事也取得了较好成效。抓牢民政领域党风廉政建设和反腐败工作，坚持落实厅党组与驻厅纪检监察组定期会商制度，持续整治民政领域腐败问题和不正之风，着力解决群众反映强烈的突出问题，保障了民政事业的健康发展。

（二）民生兜底保障更加精准有效。全省各级财政投入困难群众救助补助资金 130.2 亿元，提前完成省十件民生实事涉民政提标任务并继续保持全国前列。推进脱贫攻坚兜底保障成果与乡村振兴有效衔接，将近 3 万名防返贫监测对象纳入救助范围，实现了应保尽保。建立省低收入人口动态监测和常态化救助帮扶工作机制，对 404 万名低收入人口开展监测救助。推动出台《关于改革完善社会救助制度的实施方案》，修订完善《广东省临时救助办法》，全面建立临时救助备用金制度。在全国率先建立省级流浪救助管理特邀监督员制度。救助生活无着的流浪乞讨人员 5.1 万余人次，救助总量、寻亲成功人数位居全国前列。

（三）养老服务事业加快发展。基本养老服务体系建设先行探索重大任务取得突破，民政部召开全国会议独家推广广州样本和广东经验。印发《关于进一步加强养老服务设施规划建设和用地保障的通知》，加大基本养老服务基础设施保障，着力打造“街道－社区－小区－家庭”四级联动的养老服务网络，初步形成“15 分钟”城市社区养老服务圈。加大资金投入，不断优化养老服务有效供给，大力加强养老护理队伍建设，开展养老护理职业技能培训，培训养老护理员 9.4 万人次。创新模式，在原有 5 省市合作的基础上，再增加与湖南、重庆、四川、贵州、陕西签订“旅居养老”合作框架协议，评出“旅居养老”示范基地11个。推动《养老机构认知症老年人生活照顾指南》纳入首批湾区标准清单。

（四）儿童福利和未成年人保护工作开拓创新。深入贯彻落实《民法典》《未成年人保护法》，推动省、市、县建立未成年人保护工作领导协调机制 158 个，建立乡镇未成年人保护工作站 411 个，配备镇（街）儿童督导员 1890 名、村（居）儿童主任 30025 名，基本建成“市县镇村”四级未成年人关爱保护网络。在广州、茂名、江门、肇庆 4 市开展孤残儿童区域化集中养育试点，联合省委编办等 16 部门印发《关于进一步推进广东省儿童福利机构优化提质和创新转型高质量发展的实施意见》，召开全省推进儿童福利机构优化提质和创新转型高质量发展现场会，进一步提升儿童福利机构养育、治疗、特教、康复服务能力和水平。联合省卫生健康委建立孤残儿童医疗救治“绿色通道”，实现29家省级知名医院与全省106家儿童福利机构无缝对接。开展孤儿、事实无人抚养儿童认定申请受理“跨省通办”，推进实施收养评估工作。成立省未成年人保护专项基金，持续开展广东省百家社会组织走近留守和困境儿童牵手行动，不断加大农村留守儿童和困境儿童关爱服务力度。

（五）**慈善事业和志愿服务蓬勃发展**。指导各地建立慈善联席会议制度，推动多地出台慈善事业高质量发展配套文件。配合开展“中华慈善日”、第九届中国公益慈善项目交流展示会、“630扶贫济困日”等活动，营造全民慈善良好氛围。做好社会服务机构和公益性社会团体慈善组织登记认定工作，全省登记注册慈善组织1748家、公募慈善组织183家，慈善信托资金7.8亿元。出台《志愿服务协议示范文本》，深入推进民政领域志愿服务工作，抓好志愿服务阵地建设、站点培育和组织标识，全省注册志愿者超1400万人，标识的志愿服务组织1894家，建设志愿服务站点22415个，覆盖率达77%。全年全省福利彩票销售额达161.83亿元，筹集公益金50.24亿元，连续14年保持全国第一，为支持基本民生保障、扎实推动共同富裕作出了积极贡献。

（六）**基层社会治理水平持续提升**。研究制定我省基层治理现代化若干措施、城乡社区服务体系“十四五”规划、村级建制调整程序等文件。高质量完成全省村（居）委会换届选举，村党组织书记“一肩挑”比例达99.5%。基层保障能力持续增强，各地不断完善城乡社区综合服务设施，粤东粤西粤北地区村“两委”干部补贴提高至3200元每月。开展社区“万能章”治理行动，各地普遍削减证明事项30多项。指导深圳盐田区、佛山禅城区完成全国街道社区治理创新实验任务，启动新一轮全国基层治理领域实验工作。全力推进“广东兜底民生服务社会工作双百工程”，全年投入财政资金共9.6亿元，实现全省乡镇（街道）社工站100%覆盖。

（七）**社会组织发展健康有序**。加强党对社会组织的全面领导，深入开展全省社会组织庆祝中国共产党成立100周年系列活动，建立“双同步”“五融合”工作机制，建设党建工作站、党建示范点和党组织参与议事决策观察点，促进社会组织党建与业务融合发展，不断推进社会组织党组织规范化建设。强化规范管理，印发社会团体、行业协会、民办非企业单位章程示范文本，修订《关于异地商会登记的管理办法》。大力培育社区社会组织，推动创新示范点建设，开展社会组织“邻里守望”关爱行动。落实“双减”政策，做好学科类培训机构登记工作。升级改造登记信息化工作，升级办事指引、实现章程电子化以及实现数据电子化、智能化和规范化，社会组织登记业务由原48个，减少整合为39个，减少业务申报材料141份。强化社会组织日常监管，规范社会组织举办“一讲两坛三会”和评比表彰活动。开展规范社会组织法人治理、进一步打击整治非法社会组织、清理“僵尸型”社会组织等整治行动取得显著成效，全省查处非法社会组织291家，清查“僵尸型”社会组织3877家，将6581家社会组织列入活动异常名录、1121家列入严重违法失信名单。引导社会组织做好脱贫攻坚与乡村振兴有效衔接，参与广东扶贫济困日活动捐款超1.5亿元。

（八）**民政专项事务服务和行政管理水平不断提升**。稳步推进婚姻管理改革创新，全省各地市实现婚姻登记“全城通办”，“跨省通办”试点顺利推进。启动婚俗改革试点工作，广州市被确定为全国婚俗改革试验区。加强殡葬管理服务，深入开展殡葬业价格秩序、安葬（放）设施建设经营专项整治，全力做好清明节祭扫场所疫情防控、安全管理和服务保障工作，实现“平安清明”“文明清明”。加快推进康复辅助器具产业发展，东莞市被确定为第二批国家综合创新试点单位。审慎做好区划地名工作，广州、梅州、中山、湛江、茂名、肇庆、潮州、揭阳等8市开展了行政区划变更，共撤销6

个镇和6个街道，新设立2个镇和8个街道；完成年度行政区域界线联检任务，开展形式丰富的地名文化宣传保护活动，稳妥开展不规范地名整治工作。

撰稿：王德彬

退役军人事务厅

一、退役军人就业安置工作高标准落实

一是着力提升教育培训质量。为全省1.4万名退役军人开展适应性培训，为近万名退役军人开展短期培训和中高职培训，10943人被高职扩招录取。创新开展公职人员考试“线上+线下”培训，323名退役军人被录取，占省考专项岗位63%。协调应急部门在2021年消防员招录中调配三分之一岗位，用于招录退役士兵。开展东西部教育培训对口协作试点工作，培训甘肃、青海退役军人学员47人并全部推荐就业。二是加大就业创业扶持力度。建立省退役军人农业双新双创服务中心，举办退役军人乡村振兴双新双创培训示范班。确定331家教育培训承训机构，同比增长45%。全省各级共举办退役军人专场招聘活动478场次，提供岗位32万余个，1.4万名退役军人达成就业意向。创业扶持政策为退役军人创业减免税收3.96亿元，累计发放一次性创业资助700万元、创业担保贷款2370.9万元。三是全力落实安置任务。指导建立国企安置退役士兵岗位归集审核机制，会同省军区制定转业军官考核评分暂行办法，首次在全省推广“直通车”安置，建立“6+1”安置保障机制，圆满完成1295名安排工作退役士兵、1851名转业军官、39名随调家属、222名随迁人员的年度安置任务。联合制定移交军队离退休人员安置文件，超额完成年度接收安置任务，全年安置513人，接收安置率达到137.2%。

二、退役军人服务保障工作高质量推进

一是精准做好优待抚恤工作。中央和省级财政投入优抚补助资金27.5亿元，为40多万名优抚对象发放定期抚恤补助金。完成3.1万名残疾人员证件换发工作，为1.1万名优抚对象免费送医送药，组织2092名优抚对象参加短期疗养，推动南部战区总医院结对帮扶4家优抚医院。建成烈士烈属信息库，投入慰问、帮扶资金近1300万元。二是大力提升服务保障水平。继续开展服务中心（站）能力提升三年行动，实施“强镇带村”工程，投入1.842亿元支持镇级服务站购买服务、星级服务站奖补，评选“优秀主任（站长）”36名、“优秀接访员”51名。1720个县镇两级服务中心（站）获评三星级以上，全省县镇两级100%创建成全国示范型中心（站）。推动全省县级以上服务中心挂牌建立公共法律服务中心退役军人工作站144个，为退役军人提供免费法律咨询服务9000人次。累计走访服务对象165万人次，办结服务事项4万项。组织开展军休服务管理机构“星级评定”，深圳市军休大学成为全国六所首批揭牌军休大学之一。省退役军人应急救助资金救助3451人、拨付资金8406.22万元。三是扎实推进信息化赋能行动。8大业务系统上线运行，“一人一档”退役军人主题库实现获取12个省直部门83类信息2.3亿条，并亮相中国电子政务论坛暨首届数字政府建设峰会。四是全面完成社保接续工作。全省完成退役士兵社保集中补缴工作80929人，办结缴费资金18.59亿元。

三、退役军人政治思想教育高水平开展

一是强化荣誉激励。实施“退役军人村官培养工程”，11555名退役军人进入村（社区）两委班子，其中2136名当选为“兵支书”。开展“广东优秀兵支书”学习宣传活动，评选出10名“广东优秀兵支书”。打造深圳“红星”等退役军人志愿服务品牌，印发《广东省退役军人志愿服务工作指引》，募集专项基金3660万元，组建退役军人志愿服务队8459支，人员规模32.97万人。开展退役军人党员结对帮扶，确定结对数3.6万对，解决实际问题3.8万项，涉及退役军人超30万人。组织“老兵永远跟党走”系列活动，完成主题慰问、专项访谈等9项活动。推荐珠海刘伟清获评全国“最美退役军人”，东莞莫浩棠获评全国“最美拥军人物”。二是弘扬英烈精神。实施县级以下英雄烈士纪念设施整修工程，零散烈士墓迁移集中保护率达到80%以上。开展“百年英烈”褒扬纪念活动，建成广东英烈网等“一网三库”，14个烈士纪念设施提质改造建设英名墙，“互联网+烈士纪念设施”和“网上祭扫”工作在《人民日报》头版刊登。三是服务备战打战。落实“双清单”制度，开展保障部队演训等拥军支前工作，解决实际困难2000余件，协调1100名随军随调家属就业，优先安排军人子女入学6500余人。营造了军政军民团结的浓厚氛围。

撰稿：李　征

7-1 民政事业发展情况

项目	单位	2015	2017	2018	2019	2020	2021
社会工作							
提供住宿的社会服务机构床位数	(万张)	18.43	22.59	22.09	24.53	26.75	26.32
#养老机构床位		16.18	20.22	20.31	22.84	25.16	24.73
精神疾病服务机构床位		0.41	0.46	0.17	0.17	0.17	0.20
儿童福利和救助保护机构床位		0.49	0.64	0.64	0.57	0.59	0.59
其他提供住宿机构床位		1.35	1.27	0.97	0.95	0.83	0.81
社区服务中心数	(个)	2922	2126	2071	1985	1881	2090
城镇居民最低生活保障人数	(万人)	29.69	22.85	17.34	15.66	15.21	15.00
农村居民最低生活保障人数	(万人)	153.60	146.77	123.75	124.74	127.76	127.33
家庭儿童收养登记总数	(件)	1458	1257	1115	901	634	611
福利彩票销售额	(亿元)	205.05	228.84	242.70	194.77	162.13	161.83
成员组织							
社会组织	(个)	53958	63784	67940	70860	71845	71834
村民委员会	(万个)	1.96	1.98	1.98	1.98	1.94	1.94
社区居委会	(万个)	0.66	0.67	0.68	0.69	0.69	0.70
其他社会服务							
办理结婚登记	(万对)	84.04	75.81	71.38	67.45	63.33	59.11
办理离婚登记	(万对)	16.61	19.38	20.32	22.25	22.23	14.49
火化遗体数	(万具)	45.06	47.19	47.26	48.06	48.66	50.72

注：社区服务中心数包含社区服务指导中心数。

7-2 社会服务机构基本情况

项　　目	单位数（个）		职工人数（人）	
	2020	2021	2020	2021
一、社会工作				
提供住宿的社会服务机构	2039	2109	36647	38249
养老机构	1891	1954	32041	33628
特困人员供养机构	1194	1192	7284	7199
社会福利院	104	98	4538	4587
养老公寓等各类养老机构	593	664	20219	21842
精神疾病服务机构	1	3	699	656
社会福利医院	1	3	699	656
儿童福利和救助机构	55	62	1707	1867
儿童福利机构	36	41	1403	1535
未成年人救助保护中心	19	21	304	332
其他提供住宿机构	92	90	2200	2098
流浪乞讨人员救助管理机构	80	82	1738	1783
其他提供住宿机构	12	8	462	315
不提供住宿的社会服务机构	53400	53398	190413	202636
社会救助服务机构	2		32	
福利彩票发行单位	55	53	795	743
民政部门直属康复辅具机构	1	1	44	42
社区综合服务机构和设施	30978	31894	132034	151461
社区养老服务机构和设施	22364	21450	57508	50390
其他事业单位	29	31	482	530
二、成员组织和其他社会服务机构				
成员组织				
社会组织	71845	71834	960898	996568
社会团体	31966	32089	246270	277494
基金会	1294	1382	4655	5171
民办非企业	38585	38363	709973	713903
自治组织	26322	26443		
居委会	6897	7013		
村委会	19425	19430		
其他社会服务				
婚姻				
婚姻登记服务机构	57	58	386	417
殡葬				
殡仪馆	86	87	4138	4164
公墓	91	92	2356	2408
骨灰堂	3	5	38	78
殡葬管理机构	67	63	768	748
三、行政机关	150	150	4119	4346

7-3 各项民政事业经费情况

单位：亿元

项　　目	2015	2017	2018	2019	2020	2021
民政事业经费合计	**259.52**	**372.35**	**263.11**	**282.65**	**311.23**	**324.27**
抚恤	35.81	45.57				
退役安置	29.98	34.13				
社会福利	40.89	80.64	89.25	109.50	117.74	131.47
社会救助	96.84	131.09	102.47	103.26	124.34	118.65
# 城市最低生活保障	15.95	16.63	14.53	13.46	15.20	14.53
农村最低生活保障	39.35	47.67	47.82	51.15	67.54	64.92
临时救助		10.89	11.04	7.91	8.42	6.28
特困人员供养		21.46	24.44	27.89	31.44	31.18
其他社会救助	24.85	4.14	4.64	2.85	1.74	1.75
医疗救助	16.69	30.29				
自然灾害生活救助	5.11	2.71				
民政管理事务		47.93	48.84	44.70	42.01	47.26
行政事业单位养老支出	4.20	6.44	4.35	4.18	4.62	4.68
其他	46.68	23.85	18.20	21.01	22.51	22.20

注：“其他社会救济”改为“其他社会救助”，“行政事业单位离退休”改为“行政事业单位养老支出”，口径不变。

7-4 各市民政事业经费情况（2021年）

单位：亿元

市别	民政事业费	社会福利	社会救助	民政管理事务	行政事业单位养老支出	其他
全省	**324.27**	**131.47**	**118.65**	**47.26**	**4.68**	**22.20**
省本级	5.02	2.17	0.45	1.87	0.43	0.10
广州	60.75	27.85	9.35	14.43	1.53	7.59
深圳	27.35	15.44	1.04	8.13	0.48	2.26
珠海	7.01	2.58	0.90	0.96	0.12	2.44
汕头	12.94	4.15	6.18	1.24	0.17	1.20
佛山	14.61	8.73	2.50	2.12	0.28	0.98
韶关	10.50	3.79	4.32	1.24	0.11	1.04
河源	11.24	3.76	6.45	0.89	0.05	0.09
梅州	15.32	5.54	7.19	1.93	0.09	0.57
惠州	14.32	4.59	6.12	2.04	0.23	1.34
汕尾	12.13	3.35	7.35	1.09	0.10	0.24
东莞	6.48	4.51	1.24	0.61	0.12	
中山	6.80	3.99	1.18	1.23	0.08	0.31
江门	11.07	4.79	4.45	1.18	0.17	0.48
阳江	10.37	3.16	6.04	0.70	0.05	0.42
湛江	23.80	6.49	14.69	1.16	0.20	1.26
茂名	17.54	6.68	8.95	1.82	0.07	0.01
肇庆	14.14	4.84	7.61	1.30	0.08	0.31
清远	13.78	4.96	7.47	1.09	0.09	0.17
潮州	4.54	1.64	2.20	0.54	0.08	0.07
揭阳	14.56	4.74	8.12	0.97	0.10	0.62
云浮	10.00	3.67	4.87	0.72	0.04	0.70

7-5 各市城市居民最低生活保障人数

单位：人

市　别	2015	2017	2018	2019	2020	2021
全　省	**296930**	**228485**	**173417**	**156563**	**152074**	**150006**
广　州	24256	21723	21590	18742	18995	18660
深　圳	6309	5126	4013	3055	3505	2988
珠　海	3546	3528	2806	2813	3106	3139
汕　头	22881	20788	15919	14963	14558	14950
佛　山	7076	6864	4383	3817	4039	4030
韶　关	14718	7027	6099	5476	5806	5956
河　源	19176	9537	6788	6000	5980	5829
梅　州	11807	9827	7481	6501	6050	5554
惠　州	10721	6875	5262	5090	5566	6026
汕　尾	25174	24535	19702	18387	15641	15506
东　莞	5466	3419	2805	2873	3503	3612
中　山	3355	2778	2040	1776	2043	1956
江　门	8796	7644	4309	3969	4234	4201
阳　江	13385	11778	10226	9493	9112	9163
湛　江	42047	23948	17909	16321	14798	14255
茂　名	28563	25101	15096	13747	12499	12000
肇　庆	5668	4250	3882	3826	4001	3898
清　远	8056	6427	4571	4177	4116	4301
潮　州	9134	6121	3850	3473	3367	3159
揭　阳	21009	15123	10039	8236	7695	7345
云　浮	5787	6066	4647	3828	3460	3478

7-6 各市城市居民最低生活保障户数

单位：户

市 别	2015	2017	2018	2019	2020	2021
全 省	**151870**	**119187**	**92686**	**84529**	**81666**	**79284**
广 州	15076	14359	14392	11640	11962	11971
深 圳	2653	2280	1861	1495	1715	1506
珠 海	2289	2401	1954	1952	2074	2091
汕 头	11953	10276	8280	7804	7506	7395
佛 山	4037	4452	2559	2219	2268	2247
韶 关	9007	4562	4030	3708	3807	3815
河 源	9596	4568	3405	3096	2896	2762
梅 州	6241	5428	4384	3992	3709	3405
惠 州	4754	3245	2591	2590	2779	2967
汕 尾	10089	9520	7887	7430	6157	5955
东 莞	2707	1855	1515	1565	1847	1845
中 山	1668	1341	1073	972	1083	1039
江 门	4724	4210	2516	2390	2532	2512
阳 江	6372	5808	5207	4941	4742	4717
湛 江	20823	11904	9196	8745	7799	7190
茂 名	13939	12201	6943	6350	5710	5465
肇 庆	2940	2631	2446	2488	2549	2330
清 远	4201	3575	2743	2625	2615	2655
潮 州	4290	3474	2303	2136	2067	1964
揭 阳	11475	7802	4742	4215	3924	3612
云 浮	3036	3295	2659	2176	1925	1841

7-7 各市农村居民最低生活保障人数

单位：人

市 别	2015	2017	2018	2019	2020	2021
全 省	**1536045**	**1467670**	**1237512**	**1247362**	**1277643**	**1273281**
广 州	33150	26193	26935	27370	27801	27614
深 圳						
珠 海	4137	4619	3177	3273	3340	2892
汕 头	89959	98685	80538	78180	78391	80002
佛 山	18992	14004	8751	5729	6046	6088
韶 关	58882	47970	40493	40638	46502	48700
河 源	139675	77799	67220	70796	71910	74543
梅 州	182145	144858	117055	114544	112295	105029
惠 州	66124	52212	44630	44283	47756	48371
汕 尾	82246	97339	81740	83774	79781	81428
东 莞	11961	8515	5482	4859	4475	4059
中 山	7120	6394	4556	3366	4076	4180
江 门	52368	46837	29199	26706	27076	26243
阳 江	63238	55649	53442	54397	57481	58769
湛 江	169427	236850	211385	215270	222355	216503
茂 名	162645	166160	133496	126084	125795	123483
肇 庆	49753	39258	38005	50524	58276	61869
清 远	101388	87684	72009	78888	81254	82320
潮 州	52536	45072	37964	38450	38555	38191
揭 阳	129290	146480	123122	119039	120237	117057
云 浮	61009	65092	58313	61192	64241	65940

7-8 各市农村居民最低生活保障户数

单位：户

市别	2015	2017	2018	2019	2020	2021
全省	**712017**	**579442**	**485623**	**501966**	**513488**	**506992**
广州	14595	11734	11953	12175	12118	11798
深圳						
珠海	2423	3180	1964	2033	2096	1825
汕头	37972	35808	27755	27385	27421	27592
佛山	10008	7810	5127	3340	3387	3318
韶关	28684	23157	20008	20760	23930	24878
河源	66642	34834	28223	29684	29226	29691
梅州	75236	61237	51701	51662	50858	49050
惠州	24905	20332	17664	18146	19050	19029
汕尾	38495	33242	27558	27255	25781	26265
东莞	5566	4337	2733	2482	2205	1995
中山	2867	2989	2345	1808	2071	2076
江门	24500	22398	14756	13831	14098	13808
阳江	27543	24281	23188	23429	24984	25287
湛江	91637	78614	71229	73321	76083	72548
茂名	79375	59302	46723	45799	46351	45759
肇庆	22611	19388	18659	26303	28135	27565
清远	43097	37291	30794	37009	38164	38481
潮州	19793	19369	16512	16888	16902	16685
揭阳	69497	51011	40817	41157	41704	40530
云浮	26571	29128	25914	27499	28924	28812

7-9 各市城市特困（“三无”）人员救助集中供养人数

单位：人

市别	2017	2018	2019	2020	2021
全省	**716**	**1299**	**3413**	**4405**	**4947**
省本级	99	93	114	111	110
广州		10	1685	2066	2051
深圳	138	1	2	11	11
珠海		47	48	46	66
汕头	19	28	30	33	44
佛山	23	229	265	262	253
韶关		169	162	166	252
河源	93	53	63	71	79
梅州		86	179	233	286
惠州	11	110	99	106	181
汕尾	19	83	102	63	58
东莞	55		95	180	179
中山	10	113	123	140	149
江门		139	193	242	328
阳江	39	20	21	241	326
湛江	13	12	25	101	127
茂名	16	7	5	68	76
肇庆		27	35	78	97
清远	147	14	66	37	46
潮州	15	17	36	39	65
揭阳	6	12	24	64	84
云浮	13	29	41	47	79

7-10 各市城市特困（“三无”）人员救助分散供养人数

单位：人

市别	2017	2018	2019	2020	2021
全省	**5228**	**7481**	**10374**	**10485**	**11018**
广州			2703	2308	2501
深圳		1	3	4	8
珠海	69	97	102	104	96
汕头	523	503	487	491	506
佛山		918	894	884	843
韶关	261	283	311	359	384
河源	186	237	287	280	293
梅州	154	279	285	333	357
惠州	334	326	337	345	387
汕尾	673	942	1093	1103	1126
东莞	687	687	120	145	166
中山	118	107	102	94	142
江门	230	384	412	405	426
阳江	520	612	628	638	649
湛江	61	255	513	553	593
茂名	426	506	564	617	655
肇庆	175	229	279	324	345
清远	202	331	310	383	433
潮州	165	185	190	216	215
揭阳	345	456	562	686	663
云浮	99	143	192	213	230

7-11 各市农村特困人员救助集中供养人数

单位：人

市　别	2015	2017	2018	2019	2020	2021
全　省	**26000**	**20776**	**16413**	**14758**	**14713**	**14343**
广　州	866	697	637	548	562	520
深　圳						
珠　海	265	257	144	129	136	175
汕　头	469	342	176	144	122	116
佛　山	1037	816	596	569	547	463
韶　关	1682	1424	1380	1378	1368	1355
河　源	1784	977	884	837	929	908
梅　州	2229	2148	1665	1510	1525	1545
惠　州	721	591	574	595	608	628
汕　尾	741	529	255	181	203	195
东　莞	611	543	556	346	248	194
中　山	626	447	399	363	333	297
江　门	1274	1170	1041	998	1026	1102
阳　江	1267	1039	1002	885	1159	1238
湛　江	4444	3556	2240	1586	1380	1152
茂　名	2428	1495	1215	1169	1085	964
肇　庆	1446	1107	954	909	852	867
清　远	1814	1521	1306	1272	1234	1186
潮　州	278	195	166	142	136	156
揭　阳	861	966	348	364	455	510
云　浮	1157	956	875	833	805	772

7-12 各市农村特困人员救助分散供养人数

单位：人

市别	2015	2017	2018	2019	2020	2021
全省	**214147**	**205274**	**203789**	**199608**	**194632**	**187769**
广州	3600	3717	3682	3476	3165	3075
深圳						
珠海	764	723	738	736	671	589
汕头	2849	3437	3441	3422	3479	3460
佛山	1335	1282	888	939	1171	1200
韶关	5061	5217	5285	5315	5367	5424
河源	14778	13750	13093	12797	12220	12046
梅州	12092	12595	14055	14202	14364	14250
惠州	7831	7282	6996	6787	6586	6542
汕尾	11547	11780	10966	10639	10041	9634
东莞	222	220	226	222	164	108
中山	389	309	278	258	227	255
江门	6282	6728	7523	7797	7790	7550
阳江	13672	13458	13477	13492	12798	12340
湛江	38853	33516	32684	30281	28078	25324
茂名	31775	28343	27330	26323	25490	24282
肇庆	11865	12722	13237	13998	14350	13986
清远	18904	18063	17708	17607	17413	17093
潮州	4074	4345	4430	4528	4608	4590
揭阳	13181	13129	13892	14006	14056	13696
云浮	15073	14658	13860	12783	12594	12325

7-13 各市孤儿人数

单位：人

市　别	2015	2017	2018	2019	2020	2021
全　省	**38845**	**29408**	**24097**	**17199**	**14525**	**13083**
省本级	58	50	49	20	15	11
广　州	3029	1942	1860	1698	1609	1504
深　圳	1181	1141	1086	758	698	652
珠　海	284	216	191	180	175	169
汕　头	633	516	498	456	489	429
佛　山	636	567	502	454	430	409
韶　关	801	596	469	362	330	332
河　源	2292	1868	556	405	370	312
梅　州	2371	1081	887	821	755	688
惠　州	666	579	430	412	394	363
汕　尾	2944	2315	1667	1224	332	297
东　莞	925	747	695	646	619	594
中　山	594	474	432	407	363	330
江　门	800	624	543	453	439	424
阳　江	2271	1500	1302	1116	950	814
湛　江	6832	4935	4221	2404	1925	1599
茂　名	5952	4655	4063	1483	1356	1271
肇　庆	1106	981	597	573	536	514
清　远	1328	1062	986	812	728	662
潮　州	316	258	200	163	155	145
揭　阳	2624	2283	1959	1607	1204	971
云　浮	1202	1018	904	745	653	593

7-14 各市收养登记件数

单位：件

市 别	2015	2017	2018	2019	2020	2021
全 省	**1458**	**1257**	**1115**	**901**	**634**	**611**
省本级	446	293	221	172	11	
广 州	53	71	28	30	27	28
深 圳	42	27	39	31	22	13
珠 海	34	20	25	12	12	17
汕 头	13	10	6	12	80	52
佛 山	39	20	16	13	9	10
韶 关	97	60	54	25	7	15
河 源	32	22	17	15	10	35
梅 州	42	21	29	17	16	35
惠 州	34	36	34	26	9	13
汕 尾	19	7	26	20	12	27
东 莞	27	70	41	25	5	10
中 山	46	51	24	13	7	2
江 门	124	75	68	30	15	7
阳 江	74	62	26	20	9	19
湛 江	45	20	33	16	19	36
茂 名	31	59	22	31	28	43
肇 庆	32	35	31	89	169	37
清 远	91	167	192	170	123	105
潮 州	9	2		8	4	18
揭 阳	12	15	44	55	7	61
云 浮	116	114	139	71	33	28

7-15 各市提供住宿的社会工作机构数

单位：个

市 别	2015	2017	2018	2019	2020	2021
全 省	**1588**	**1734**	**1711**	**1909**	**2039**	**2109**
省本级	9	9	5	5	5	5
广 州	205	193	173	228	249	259
深 圳	29	39	38	40	53	68
珠 海	27	24	26	25	26	28
汕 头	41	34	27	38	46	45
佛 山	70	77	76	79	86	93
韶 关	98	126	123	120	129	132
河 源	113	112	108	98	99	101
梅 州	89	125	126	166	179	177
惠 州	92	93	90	88	90	93
汕 尾	59	56	52	49	53	53
东 莞	40	44	44	49	49	49
中 山	25	25	25	25	29	33
江 门	94	102	106	110	119	125
阳 江	58	66	66	76	86	89
湛 江	51	79	68	122	128	129
茂 名	60	93	134	151	159	164
肇 庆	130	136	135	134	137	135
清 远	97	94	94	98	105	115
潮 州	26	33	28	42	45	45
揭 阳	105	98	92	92	94	95
云 浮	70	76	75	74	73	76

注：根据民政部《民政事业统计调查制度》，“收养性单位”修改为“提供住宿的社会工作机构”

7-16 各市提供住宿的社会工作机构床位数

单位：张

市 别	2015	2017	2018	2019	2020	2021
全 省	**184339**	**225942**	**220919**	**245304**	**267529**	**263223**
省本级	2605	2099	1429	1445	1155	1195
广 州	54071	56779	52490	63377	69257	68723
深 圳	7404	9068	10012	11425	12147	12506
珠 海	3451	3985	4129	4138	4188	4303
汕 头	2259	3780	3433	5052	6398	3324
佛 山	13371	16819	17222	18186	18499	19239
韶 关	6252	9122	8854	9044	8811	9301
河 源	6943	9108	8933	3256	3429	3761
梅 州	4544	8500	8746	10915	11867	11078
惠 州	8562	9814	8209	8905	8183	7187
汕 尾	3470	3242	3115	2062	2078	2089
东 莞	5877	5593	5768	6386	6910	6910
中 山	5138	5053	5141	5152	5273	4048
江 门	11094	13482	14551	16282	18621	18896
阳 江	4648	6539	6689	8914	10645	10631
湛 江	5251	6673	5902	8264	9358	9557
茂 名	6157	15522	17409	20046	27973	27590
肇 庆	10332	11184	9565	10851	10807	9828
清 远	7099	7712	7739	7915	8798	9696
潮 州	1292	2418	2331	2967	2414	2404
揭 阳	10845	14169	14820	15787	15919	16034
云 浮	3674	5281	4432	4935	4799	4923

7-17 各市提供住宿的社会工作机构年末收养人数

单位：人

市 别	2015	2017	2018	2019	2020	2021
全 省	**82329**	**89887**	**88172**	**98700**	**102212**	**101126**
省本级	1179	970	396	723	519	513
广 州	26405	26480	27615	32306	31932	30809
深 圳	3272	4235	4597	5162	5070	5427
珠 海	1534	1572	1413	1587	1795	1567
汕 头	825	741	590	859	798	786
佛 山	8990	10045	10031	11614	12220	11858
韶 关	3085	3954	3739	4050	4109	4179
河 源	2813	2626	2487	1749	1614	1402
梅 州	2308	3293	3257	4489	4539	4361
惠 州	2381	2320	2107	2172	2643	2422
汕 尾	1316	632	474	372	408	352
东 莞	2745	2839	2905	3320	3499	3426
中 山	2290	2078	2346	2396	2373	2306
江 门	5175	6050	6838	7239	7250	7437
阳 江	3076	3100	2832	3358	4061	4094
湛 江	1977	2094	1959	2716	3170	3559
茂 名	2859	7170	6012	6172	6833	6626
肇 庆	2957	2883	2640	2902	3257	3469
清 远	2941	3073	2803	2894	3297	3728
潮 州	359	271	315	349	342	389
揭 阳	2100	1757	1253	1175	1465	1221
云 浮	1742	1704	1563	1096	1018	1195

7-18 各市救助类单位数

单位：个

市别	2015	2017	2018	2019	2020	2021
全省	**75**	**73**	**82**	**87**	**99**	**103**
省本级	3	3	3	3	3	3
广州	6	6	6	7	8	8
深圳	3	3	4	4	6	6
珠海	2	2	2	2	2	3
汕头	4	4	4	4	4	4
佛山	1	1	1	2	2	3
韶关	1	1	4	5	7	7
河源	2	1	1	1	1	1
梅州	7	5	4	4	4	5
惠州	5	5	5	5	5	5
汕尾	5	5	5	5	6	6
东莞	1	1	1	1	1	1
中山	1	1	1	1	2	2
江门	6	6	6	7	9	9
阳江	1	1	1	2	2	2
湛江	5	7	8	8	8	8
茂名	5	5	5	5	5	5
肇庆	2	2	3	3	4	4
清远	4	3	6	6	7	7
潮州	2	2	2	2	2	2
揭阳	4	4	5	5	5	5
云浮	5	5	5	5	6	7

注：救助类单位为“流浪乞讨人员救助管理机构”和“未成年人救助保护机构”。

7-19 各市救助类单位床位数

单位：张

市 别	2015	2017	2018	2019	2020	2021
全 省	**8204**	**7520**	**7837**	**7562**	**7360**	**7637**
省本级	1150	600	481	497	497	497
广 州	1664	1634	1550	1584	1716	1820
深 圳	850	671	984	824	535	436
珠 海	388	388	388	132	132	138
汕 头	417	250	192	194	194	192
佛 山	150	150	200	250	250	304
韶 关	210	92	165	211	294	296
河 源	182	160	160	160	160	160
梅 州	234	525	522	511	245	251
惠 州	491	320	337	337	337	337
汕 尾	260	360	311	272	256	256
东 莞	406	448	448	448	448	448
中 山	50	50	50	50	50	50
江 门	265	277	277	300	326	364
阳 江	120	120	132	152	152	152
湛 江	224	221	255	246	253	347
茂 名	177	158	191	198	205	205
肇 庆	111	46	54	54	62	62
清 远	334	346	435	437	487	547
潮 州	94	94	94	94	94	87
揭 阳	362	462	463	463	463	463
云 浮	65	148	148	148	204	225

7-20 各市救助类单位在站救助人次数

单位：人次

市别	2015	2017	2018	2019	2020	2021
全省	**173845**	**140635**	**92837**	**62666**	**26235**	**21888**
省本级	1714	1471	1766	1926	888	889
广州	44736	40351	16853	12103	5051	3383
深圳	21881	8505	15528	6458	2989	3111
珠海	2626	1634	1436	1097	595	502
汕头	3870	2993	2012	1484	617	332
佛山	3757	2739	2511	2029	1414	1063
韶关	3247	2507	2246	1664	1055	939
河源	10652	4393	2526	1689	368	182
梅州	6887	6390	1847	1148	475	376
惠州	10480	9244	6899	3992	2148	1370
汕尾	10430	12751	5759	3793	498	281
东莞	10900	5445	5477	5333	2288	2754
中山	2751	1386	1357	1047	747	777
江门	5104	5098	4199	3280	1233	975
阳江	2515	2794	2279	1296	309	393
湛江	10037	8876	5615	4727	1650	1446
茂名	5254	5241	3430	2196	1174	942
肇庆	3061	2808	1735	1325	628	577
清远	4149	5312	3679	2311	944	661
潮州	1791	2405	1607	1094	301	224
揭阳	5613	6552	3389	1989	571	420
云浮	2390	1740	687	685	292	291

7-21 各市救助类单位年末在站人数

单位：人

市 别	2015	2017	2018	2019	2020	2021
全 省	**2129**	**3238**	**3066**	**2384**	**1905**	**1761**
省本级	420	404	362	312	305	300
广 州	627	1403	1266	948	612	385
深 圳	541	487	571	418	230	196
珠 海	29	30	30	6	5	4
汕 头	57	74	131	107	110	108
佛 山	15	66	34	26	17	42
韶 关	16	66	78	86	103	80
河 源					5	5
梅 州	6	8	8	14	11	10
惠 州	65	73	73	54	64	46
汕 尾	38	95	60	7	18	11
东 莞	251	277	193	140	140	140
中 山	9	24	18	10	9	8
江 门	13	43	34	53	53	26
阳 江		5	1	1	1	8
湛 江	19	36	37	37	41	167
茂 名	4	5	10	10	10	10
肇 庆		15	5	5	5	
清 远	1	76	95	70	70	107
潮 州	2					
揭 阳	16	49	60	76	94	98
云 浮		2		4	2	10

7-22 各市老年人福利人数(2021年)

单位：人

市 别	享受高龄补贴的老年人数	享受护理补贴的老年人数	享受养老服务补贴的老年人数
全 省	**3001192**	**15554**	**90017**
广 州	818592	3886	44367
深 圳	154759		12942
珠 海	24896		489
汕 头	111868		
佛 山	273411	421	12969
韶 关	76187		
河 源	88952		1112
梅 州	137251		
惠 州	79378		355
汕 尾	76881	29	29
东 莞	170042	4704	12996
中 山	39763	295	4758
江 门	109930		
阳 江	71557		
湛 江	166845		
茂 名	167561	2510	
肇 庆	99483	6	
清 远	95887	3703	
潮 州	53504		
揭 阳	123766		
云 浮	60679		

7-23 各市残疾人福利人数

单位：人

市别	享受困难残疾人生活补贴人数			享受重度残疾人护理补贴人数		
	2019	2020	2021	2019	2020	2021
全省	**384486**	**422250**	**428700**	**937919**	**1025247**	**1089614**
广州	28466	30744	31722	102920	105939	110038
深圳	544	684	681	24882	27461	31435
珠海	19677	21068	22512	11457	11993	12675
汕头	20453	22131	23685	47151	49798	53753
佛山	3256	3347	3372	36437	38456	40417
韶关	16674	19413	21798	42582	47152	52575
河源	24126	24591	24664	50683	53159	56332
梅州	38164	38557	37836	76142	79357	82186
惠州	19887	22148	20675	29781	38970	41270
汕尾	14343	16496	18120	34531	38742	41838
东莞	3105	3233	3160	16854	19083	20549
中山	2055	2387	2415	13205	14258	16026
江门	10068	11362	11565	40101	41821	43710
阳江	15537	17989	18291	33111	36407	38305
湛江	45970	50563	48159	77229	86139	92650
茂名	27871	32572	32499	76416	85161	90917
肇庆	20902	23019	22395	53997	56486	61289
清远	25654	26842	26318	58252	60744	62317
潮州	11670	11829	11930	24898	25890	26968
揭阳	18677	22341	24074	54619	60169	64491
云浮	17387	20934	22829	32671	48062	49873

7-24 各市临时救助次数

市 别	2015（户次）	2017（户次）	2018（人次）	2019（人次）	2020（人次）	2021（人次）
全 省	**193850**	**185299**	**133847**	**133266**	**148845**	**97309**
广 州	21597	3014	3312	1638	1748	2049
深 圳	3041	1885	1535	1206	1144	663
珠 海	2022	577	2102	1550	2076	1178
汕 头	21084	23214	8176	9857	8916	5143
佛 山	4698	5500	4050	2906	3112	980
韶 关	10712	5814	3513	4288	7449	4928
河 源	8917	27957	19963	15862	14452	5753
梅 州	3411	4629	4389	6307	9745	13470
惠 州	6711	7822	8095	7675	8906	4462
汕 尾	17398	17722	12229	10317	10930	7706
东 莞	598	637	518	360	49	161
中 山	9037	25516	6575	6434	3188	1588
江 门	14482	3498	2507	2272	1879	1250
阳 江	3248	4281	6554	12939	12968	10052
湛 江	54071	25834	24362	19699	24777	15018
茂 名	1789	4439	4251	4531	3650	2333
肇 庆	2630	2618	3360	2878	6936	1951
清 远	1127	2703	2080	2047	5940	3465
潮 州	2234	8255	4720	2065	2332	926
揭 阳	1786	4957	7485	14192	15679	11615
云 浮	3257	4427	4071	4243	2969	2618

7-25 各市社区服务中心数

单位：个

市别	2015	2017	2018	2019	2020	2021
全省	**2922**	**2126**	**2071**	**1985**	**1881**	**2090**
广州	173	158	184	187	171	153
深圳	668	672	683	683	682	678
珠海	50	25	25	25	25	25
汕头	147	65	66	76	74	74
佛山	126	130	130	32	49	31
韶关	4	61	61	95	95	95
河源	4	3	4	1	2	1
梅州	75	73	73	77	65	73
惠州	764	73	73	73	49	49
汕尾	17	91	91	90		
东莞	51	51	51	51	51	51
中山	2	2	2	2	2	2
江门	112	138	101	116	78	78
阳江	39	48	48	48	47	47
湛江	19	17	17	17	16	16
茂名	86	101	85	60	61	61
肇庆	105	104	104	104	104	104
清远	231	84	83	39	81	82
潮州	48	46	45	62	62	62
揭阳	200	183	144	146	166	166
云浮	1	1	1	1	1	242

注：社区服务中心包含社区服务指导中心数据。

7-26 各市社区服务站数

单位：个

市别	2015	2017	2018	2019	2020	2021
全省	**13284**	**21793**	**22850**	**25627**	**26605**	**27146**
广州	1131	1937	2028	2069	2785	2805
深圳		659	659	660	662	654
珠海	311	319	303	319	323	323
汕头	428	1086	1088	1087	1087	1087
佛山	556	578	779	787	791	791
韶关	173	1114	1114	1436	1436	1442
河源	3	1064	1421	1437	1439	1443
梅州	96	2164	2162	2170	2205	2211
惠州	2675	1278	1278	1280	1289	1303
汕尾	4	779	807	807	873	888
东莞	1117	1117	982	770	756	756
中山	335	286	286	286	286	286
江门	772	1143	1324	1317	1321	1321
阳江	1080	930	977	977	835	843
湛江	137	1911	1911	1911	1967	1968
茂名	57	55	54	2243	1887	1954
肇庆	1554	1554	1554	1554	1551	1549
清远	981	1096	1096	1170	1230	1230
潮州	81	60	137	456	988	987
揭阳	1713	1698	1925	1926	1926	1926
云浮	80	965	965	965	968	1379

7-27 各市社区养老服务机构和设施数总表(2021 年)

单位：个

市别	社区养老服务机构和设施	未登记的特困人员救助供养机构	全托服务社区养老服务机构和设施	日间照料社区养老服务机构和设施	互助型社区养老设施	其他社区养老服务设施
全省	**21450**	**11**	**1579**	**13698**	**3936**	**2226**
广州	2421		142	1082	61	1136
深圳	712	5	9	161		537
珠海	339		2	325		12
汕头	560		82	478		
佛山	856			601	219	36
韶关	344		4	181	149	10
河源	1498		2	1371	125	
梅州	1992	1	37	1553	215	186
惠州	484	2	17	287	143	35
汕尾	263		21	81	122	39
东莞	1463		687	191	585	
中山	391			294		97
江门	855		52	374	341	88
阳江	920			238	682	
湛江	805	1	1	197	606	
茂名	1837	2	33	1542	260	
肇庆	2661			2457	197	7
清远	112		1	67	30	14
潮州	958			954		4
揭阳	1105			1011	94	
云浮	874		489	253	107	25

7-28 社会组织情况

指　　标	年末实有单位数（个）	负责人（人）	# 女性（人）
2015 年			
社会团体	24904	54204	18783
民办非企业单位	28377	31651	12108
基金会	677	1470	655
2017 年			
社会团体	28648	65917	13162
民办非企业单位	34185	42378	16938
基金会	951	1713	726
2018 年			
社会团体	30299	84983	9737
民办非企业单位	36553	52906	21606
基金会	1088	1315	54
2019 年			
社会团体	31494	79983	11111
民办非企业单位	38182	72582	30829
基金会	1184	2271	67
2020 年			
社会团体	31966	85347	14236
民办非企业单位	38585	69739	28725
基金会	1294	2945	401
2021 年			
社会团体	32089	115810	8843
民办非企业单位	38363	75589	31469
基金会	1382	3348	570

7-29 各市社会团体单位数

单位：个

市别	2015	2017	2018	2019	2020	2021
全省	**24904**	**28648**	**30299**	**31494**	**31966**	**32089**
省本级	1733	1979	2037	2067	2068	2114
广州	2255	3015	3261	3423	3440	3467
深圳	3280	4130	4471	4642	4742	4827
珠海	894	1031	1095	1128	1136	1153
汕头	1143	1264	1275	1258	1254	1161
佛山	1966	2300	2418	2527	2557	2580
韶关	930	1071	1133	1147	1159	1164
河源	601	714	764	819	847	902
梅州	1289	1278	1319	1393	1402	1279
惠州	1039	1194	1314	1411	1406	1480
汕尾	387	481	515	538	565	577
东莞	739	912	997	1076	1145	1289
中山	573	662	691	717	715	725
江门	2837	2569	2531	2421	2344	2048
阳江	498	575	653	712	760	779
湛江	718	844	899	939	955	976
茂名	845	967	1043	1109	1119	1161
肇庆	818	913	958	1005	1035	1013
清远	669	801	873	939	956	980
潮州	568	628	655	714	754	777
揭阳	632	790	839	884	945	970
云浮	490	530	558	625	662	667

7-30 各市民办非企业单位数

单位：个

市 别	2015	2017	2018	2019	2020	2021
全 省	**28377**	**34185**	**36553**	**38182**	**38585**	**38363**
省本级	759	807	825	799	779	785
广 州	3989	4535	4536	4633	4551	4440
深 圳	4260	5148	5482	5731	5568	5245
珠 海	1040	1265	1320	1318	1294	1262
汕 头	954	1228	1293	1298	1383	1441
佛 山	1994	2425	2555	2618	2573	2514
韶 关	662	776	773	785	781	769
河 源	797	952	1027	1063	1076	1091
梅 州	567	787	898	980	1090	1108
惠 州	1361	1557	1696	1863	1970	2017
汕 尾	399	418	563	730	772	801
东 莞	2985	3482	3622	3541	3426	3406
中 山	1491	1550	1616	1566	1554	1489
江 门	990	1112	1134	1124	1116	1067
阳 江	610	754	846	922	970	990
湛 江	1632	2006	2180	2210	2306	2358
茂 名	648	940	1171	1449	1571	1609
肇 庆	764	947	1111	1283	1366	1423
清 远	804	1155	1285	1342	1338	1366
潮 州	585	721	823	943	994	1011
揭 阳	789	1216	1364	1523	1628	1692
云 浮	297	404	433	461	479	479

7-31 各市基金会单位数

单位：个

市 别	2015	2017	2018	2019	2020	2021
全 省	**677**	**951**	**1088**	**1184**	**1294**	**1382**
省本级	411	467	480	479	475	475
广 州	17	42	64	79	104	123
深 圳	182	300	354	395	432	450
珠 海	2	8	10	10	13	16
汕 头	5	12	16	17	19	19
佛 山	5	12	19	26	30	38
韶 关		1	2	2	3	3
河 源	1	3	4	5	5	6
梅 州	7	13	16	21	40	56
惠 州	7	8	10	11	16	16
汕 尾	1	1	2	2	2	2
东 莞	9	30	37	47	55	60
中 山	2	3	3	3	4	3
江 门	2	2	2	3	3	3
阳 江	1	3	4	4	4	6
湛 江		4	7	6	6	8
茂 名	5	5	6	7	8	9
肇 庆				1	1	2
清 远	1	2	3	3	3	4
潮 州	3	7	9	12	14	17
揭 阳	12	21	29	35	36	37
云 浮	4	7	11	16	21	29

7-32 各市居委会单位数

单位：个

市别	2015	2017	2018	2019	2020	2021
全省	**6609**	**6747**	**6794**	**6875**	**6897**	**7013**
广州	1494	1549	1568	1596	1614	1661
深圳	798	810	810	810	780	782
珠海	196	197	197	197	201	206
汕头	522	529	529	529	528	531
佛山	411	439	453	458	459	462
韶关	223	225	228	228	234	234
河源	172	182	184	188	188	192
梅州	195	194	194	196	201	210
惠州	219	224	227	246	258	268
汕尾	149	150	150	150	150	162
东莞	247	242	242	243	243	246
中山	127	127	127	127	127	127
江门	272	275	274	266	265	265
阳江	116	117	122	125	126	133
湛江	298	307	307	330	333	334
茂名	274	274	274	276	276	276
肇庆	293	296	296	296	294	294
清远	185	187	189	191	193	193
潮州	122	124	124	124	125	125
揭阳	178	181	181	181	181	188
云浮	118	118	118	118	121	124

7-33 各市村委会单位数

单位：个

市　别	2015	2017	2018	2019	2020	2021
全　省	**19632**	**19785**	**19792**	**19801**	**19425**	**19430**
广　州	1144	1144	1144	1144	1144	1145
深　圳						
珠　海	122	122	122	122	122	122
汕　头	549	557	557	558	558	558
佛　山	328	327	326	329	329	329
韶　关	1205	1205	1205	1208	1208	1208
河　源	1251	1251	1251	1251	1251	1251
梅　州	2042	2042	2042	2044	2044	2047
惠　州	1043	1043	1043	1043	1043	1043
汕　尾	721	723	723	723	723	723
东　莞	350	350	350	350	350	350
中　山	150	150	150	150	150	150
江　门	1051	1050	1050	1050	1056	1056
阳　江	710	710	710	710	710	710
湛　江	1526	1636	1636	1636	1636	1637
茂　名	1628	1628	1628	1628	1628	1628
肇　庆	1255	1255	1255	1255	1255	1255
清　远	1371	1406	1413	1413	1031	1031
潮　州	893	893	894	894	894	894
揭　阳	1446	1446	1446	1446	1446	1446
云　浮	847	847	847	847	847	847

7-34 婚姻登记情况

指标	单位	2015	2017	2018	2019	2020	2021
(一)登记结婚件数	对	840411	758123	713814	674522	633341	591124
(二)登记结婚人数	人	1680822	1516246	1427628	1349044	1266682	1182248
1. 按居住地分类							
(1) 内地居民登记结婚件数	对	832694	750392	704411	665124	629197	586212
内地居民登记结婚人数	人	1665442	1500502	1408874	1330244	1258394	1172424
(2) 涉外及华侨、港澳台居民登记结婚件数	对	7717	7731	9403	9398	4144	4912
内地居民	人	7676	7648	9163	9386	4142	4901
其中：女性	人	5324	4619	4214	4172	1829	2570
香港居民	人	2436	2682	2189	2259	713	1575
澳门居民	人	827	677	650	668	579	616
台湾居民	人	840	695	680	694	328	356
华侨	人	1526	873	768	660	98	106
外国人	人	2129	2887	5356	5129	2428	2270
2. 按婚前状况分类							
初婚人数	人	1501835	1304060	1223100	1143482	1065152	987392
再婚人数	人	178987	212186	204528	205562	201530	194856
其中：女性	人	85208	106202	103424	104469	105297	103362
恢复结婚件数	对	27356	35137	34048	29898	27742	23364
3. 按年龄分类							
其中：20～24	人	490868	396826	345681	291542	243187	184422
25～29	人	718631	638100	603260	571978	550444	521992
30～34	人	230655	225529	231485	242260	247435	258661
35～39	人	90905	98622	95447	96878	93691	94449
40以上	人	149763	157169	151755	146386	131925	122724
(三)离婚登记	对	167544	193846	203181	222463	222287	144933
1. 内地居民登记离婚	对	166142	192514	201791	220974	220703	144402
2. 涉外及华侨、港澳台居民登记离婚	对	1402	1332	1390	1489	1584	531
其中：外国人	人	290	408	417	409	202	138

7-35 各市登记结婚人数

单位：人

市　别	2015	2017	2018	2019	2020	2021
全　省	**1680822**	**1516246**	**1427628**	**1349044**	**1266682**	**1182248**
广　州	185338	171636	155636	147514	135394	143874
深　圳	120182	125096	131280	134620	135250	152760
珠　海	25722	24434	24336	23336	21230	23040
汕　头	91986	83262	79284	75052	68892	61990
佛　山	79092	66770	60806	60680	56390	57740
韶　关	55774	48198	43986	41018	37544	32030
河　源	62350	52688	49030	45058	42000	36248
梅　州	97882	82858	75670	66814	62952	50978
惠　州	64100	58406	57562	54334	48480	48788
汕　尾	68178	61294	56536	52868	49478	40806
东　莞	36540	34356	33748	32486	31742	39526
中　山	30680	29002	26054	24962	23152	24638
江　门	63920	58340	55076	49554	43002	39384
阳　江	49512	42690	39098	37458	32658	28668
湛　江	149256	136850	129128	121438	115158	96886
茂　名	142016	120224	110710	102502	94510	80950
肇　庆	72172	63510	58180	54878	49452	43134
清　远	78130	68580	63468	58442	55614	46596
潮　州	40846	37932	35524	33816	31888	26822
揭　阳	119426	108216	103462	96456	98872	79502
云　浮	47720	41904	39054	35758	33024	27888

7-36 各市内地居民结婚登记人数

单位：人

市　别	2015	2017	2018	2019	2020	2021
全　省	**1665442**	**1500502**	**1427628**	**1330244**	**1258394**	**1172424**
广　州	183310	169520	155636	145868	134656	142908
深　圳	118744	123578	131280	132814	134292	151284
珠　海	24822	23856	24336	22716	20770	22516
汕　头	91790	83048	79284	74728	68636	61840
佛　山	78536	66194	60806	60072	56132	57398
韶　关	55522	47988	43986	40832	37458	31942
河　源	62136	52518	49030	44864	41908	36132
梅　州	97422	82508	75670	66374	62772	50752
惠　州	63634	57804	57562	53762	48274	48436
汕　尾	66372	59220	56536	51250	49066	39942
东　莞	36202	34016	33748	32168	31594	39262
中　山	30194	28576	26054	24586	22926	24362
江　门	59972	54682	55076	46382	42018	38356
阳　江	49250	42252	39098	36340	32158	28374
湛　江	148732	136314	129128	119870	114338	96054
茂　名	141630	119946	110710	101424	93912	80390
肇　庆	71866	63214	58180	54568	49310	42988
清　远	77806	68252	63468	57684	55226	46310
潮　州	40794	37812	35524	33124	31538	26564
揭　阳	119182	107606	103462	95802	98602	79078
云　浮	47526	41598	39054	35016	32808	27536

7-37 各市涉外及华侨、港澳台居民登记结婚件数

单位：对

市 别	2015	2017	2018	2019	2020	2021
全 省	**7717**	**7731**	**9403**	**9398**	**4144**	**4912**
广 州	1014	1090	918	823	369	483
深 圳	719	759	839	903	479	738
珠 海	450	289	337	310	230	262
汕 头	105	112	152	162	128	75
佛 山	278	288	258	304	129	171
韶 关	126	105	118	93	43	44
河 源	109	85	113	97	46	58
梅 州	250	175	243	220	90	113
惠 州	233	301	300	286	103	176
汕 尾	903	1037	763	809	206	432
东 莞	169	170	154	159	74	132
中 山	243	213	188	188	113	138
江 门	1974	1829	1896	1586	492	514
阳 江	131	219	526	559	250	147
湛 江	262	268	621	782	410	416
茂 名	193	139	324	539	299	280
肇 庆	153	148	164	155	71	73
清 远	162	164	515	379	194	143
潮 州	26	60	295	346	175	129
揭 阳	120	127	225	327	135	212
云 浮	97	153	454	371	108	176

7-38 各市香港居民登记结婚人数

单位：人

市别	2015	2017	2018	2019	2020	2021
全省	**2436**	**2682**	**2189**	**2259**	**713**	**1575**
广州	172	390	167	159	54	128
深圳	233	232	273	312	129	309
珠海	28	20	23	26	12	22
汕头	27	38	22	19	34	14
佛山	97	91	62	92	32	44
韶关	40	46	20	26	9	16
河源	56	38	46	34	15	30
梅州	60	52	62	36	22	43
惠州	130	185	171	171	56	123
汕尾	840	960	668	669	144	350
东莞	54	58	61	52	14	60
中山	46	34	32	34	4	26
江门	306	278	292	330	78	153
阳江	56	21	44	53	15	36
湛江	60	54	50	60	14	45
茂名	45	35	56	52	21	42
肇庆	55	45	42	41	23	31
清远	44	38	34	29	15	28
潮州	3	1		9		6
揭阳	46	31	25	32	13	42
云浮	38	35	39	23	9	27

7-39 各市离婚登记

单位：对

市　别	2015	2017	2018	2019	2020	2021
全　省	**167544**	**193846**	**203181**	**222463**	**222287**	**144933**
广　州	24722	25998	23275	25298	24919	22118
深　圳	22664	25449	27806	31085	39461	19787
珠　海	4189	4578	5341	6050	5647	4157
汕　头	3476	4524	4738	5313	4791	3435
佛　山	9439	10832	11268	12903	11939	8741
韶　关	7552	8695	8997	9291	8769	5427
河　源	7424	8538	9051	9718	9522	5362
梅　州	8709	9988	10566	11439	10798	5911
惠　州	6914	7855	8569	9720	9064	7480
汕　尾	4699	5536	5824	6044	5823	3873
东　莞	3672	4622	5578	6725	8403	5928
中　山	3991	4522	5045	5357	5192	3995
江　门	7319	8454	8816	9107	7973	5408
阳　江	4680	5706	6143	6463	5601	3807
湛　江	10386	12209	13135	14388	13493	7923
茂　名	9049	11418	12283	13267	12108	7504
肇　庆	7830	8744	9263	10022	8758	5799
清　远	9025	11547	11738	12934	13003	7678
潮　州	1947	2477	2769	3178	2900	1858
揭　阳	5348	6543	7060	7949	7975	5059
云　浮	4509	5611	5916	6212	6148	3683

7-40 各市婚姻登记服务机构数

单位：个

市 别	2015	2017	2018	2019	2020	2021
全 省	**133**	**58**	**56**	**58**	**57**	**58**
广 州	9	8	8	10	11	11
深 圳	2	2	2	2	2	3
珠 海	4	4	4	4	4	4
汕 头	7	1	1	1	1	1
佛 山	4	3	2	2	2	2
韶 关	9	1	1	1	2	2
河 源	6	5	5	5	5	5
梅 州	8	1	1	1	1	1
惠 州	3	1	1	1	1	1
汕 尾	7	4	3	3	1	1
东 莞	1	1	1	1	1	1
中 山	1	1	1	1	1	1
江 门	7	3	3	3	2	2
阳 江	4	3	3	3	3	3
湛 江	8	6	6	6	6	6
茂 名	5	4	4	4	4	4
肇 庆	9	3	2	2	2	2
清 远	3	1	2	2	2	2
潮 州	4	2	2	2	2	2
揭 阳	29	2	2	2	2	2
云 浮	3	2	2	2	2	2

7-41 各市殡葬服务机构数

单位：个

市　别	2015	2017	2018	2019	2020	2021
全　省	**314**	**243**	**236**	**256**	**247**	**247**
广　州	19	19	20	21	18	17
深　圳	29	10	9	10	10	9
珠　海	4	3	3	4	4	4
汕　头	10	9	9	15	12	12
佛　山	35	15	13	13	16	18
韶　关	19	18	18	22	21	23
河　源	10	10	10	14	14	14
梅　州	18	23	22	28	24	23
惠　州	6	6	6	7	8	9
汕　尾	14	10	10	8	8	8
东　莞	6	5	3	3	4	4
中　山	3	3	3	2	2	2
江　门	21	19	19	18	15	15
阳　江	10	9	9	9	9	9
湛　江	14	15	15	15	16	17
茂　名	19	9	8	8	8	8
肇　庆	23	20	20	20	20	20
清　远	19	15	15	15	14	14
潮　州	5	5	5	5	5	5
揭　阳	19	9	8	8	8	8
云　浮	11	11	11	11	11	8

7-42 各市火化遗体数

单位：具

市 别	2015	2017	2018	2019	2020	2021
全 省	**450619**	**471898**	**472643**	**480585**	**486597**	**507185**
广 州	58351	61195	62576	64132	64382	64382
深 圳	15001	16084	16488	17710	18433	18433
珠 海	6706	7694	7842	8265	8668	8668
汕 头	21546	26709	27417	28753	29629	29629
佛 山	27314	28594	28403	29129	29736	29736
韶 关	16671	15553	17362	18136	18221	18221
河 源	14054	15870	16094	16729	16725	16725
梅 州	29823	29887	30342	31413	31471	31471
惠 州	15637	17295	17700	18582	19887	19887
汕 尾	9486	10974	11778	12785	13767	13767
东 莞	15522	16195	16508	17819	18166	18166
中 山	12020	12582	12641	13285	13919	13919
江 门	29421	30348	30624	30349	30938	30938
阳 江	14142	14679	14701	15327	15861	15861
湛 江	38004	38933	29083	27769	29393	29393
茂 名	18219	18558	19263	19241	28272	28272
肇 庆	23088	24240	23711	25365	25727	25727
清 远	22666	23695	24784	25180	25230	25230
潮 州	16921	16715	17094	17526	17544	17544
揭 阳	31348	31211	33286	34037	35172	35172
云 浮	14679	14887	14946	15065	16044	16044

7-43-0 历年民政事业费支出（一）

单位：亿元

年份	民政事业费总支出	抚恤费	军队、离退休费	社会福利费	城市居民最低生活保障事业费	农村及其他社会救济费	自然灾害	地方离、退休人员费	其他
2003	34.18	5.60	3.36	6.49	2.92	3.49	1.56	0.93	7.64
2004	38.62	7.02	4.44	8.75	3.34	5.41	1.01	1.32	7.33
2005	48.34	8.27	5.00	7.87	3.92	8.35	3.53	1.08	10.32
2006	63.59	9.94	6.33	9.39	4.24	11.80	9.73	1.15	11.02

7-43-1 历年民政事业费支出（二）

单位：亿元

年份	民政事业费总支出	抚恤费	军队、离退休费	社会福利费	城市居民最低生活保障事业费	农村及其他社会救济费	其他城镇社会救济	自然灾害	地方离、退休人员费	其他
2007	72.01	11.33	10.13	10.48	5.38	11.43	2.03	3.35	1.87	16.02

7-43-2 历年民政事业费支出（三）

年份	民政事业费总支出	抚恤	退役安置	城市居民最低生活保障	农村最低生活保障	农村社会救济	其他城镇社会救济	社会福利	自然灾害生活救助	行政事业单位离退休	其他
2008	83.45	14.15	9.89	6.97	12.95	4.88	3.05	9.03	4.43	2.21	15.88
2009	102.11	16.27	13.52	8.01	16.31	5.71	3.38	13.67	2.20	2.44	20.61
2010	115.43	17.47	15.08	7.97	16.48	6.31	3.53	10.18	4.60	2.53	31.28
2011	148.07	21.04	18.60	9.74	24.74	7.67	3.81	17.21	2.85	2.71	39.69

7-43-3 历年民政事业费支出（四）

年份	民政事业费总支出	抚恤	退役安置	社会福利	城市最低生活保障	农村最低生活保障	其他社会救济	医疗救助	自然灾害生活救助	离退休人员费	其他
2012	166.90	25.11	21.15	27.65	10.59	29.39	13.98	6.85	3.00	3.15	26.03
2013	198.17	29.61	20.65	30.84	13.05	34.01	17.95	8.97	6.88	3.45	32.76
2014	223.71	32.07	22.91	34.92	15.46	37.81	22.22	12.53	5.16	3.75	36.88
2015	259.52	35.81	29.98	40.89	15.95	39.35	24.85	16.69	5.11	4.20	46.68
2016	305.67	42.05	30.51	55.33	17.77	43.94	27.47	22.92	3.74	5.55	56.39
2017	372.35	45.57	34.13	80.64	16.63	47.67	36.50	30.29	2.71	6.44	71.78

7-43-4 历年民政事业费支出（五）

年份	民政事业费总支出	社会福利	城市最低生活保障	农村最低生活保障	临时救助	特困人员供养	其他社会救助	民政管理事物	行政事业单位养老支出	其他
2018	263.11	89.25	14.53	47.82	11.04	24.44	4.64	48.84	4.35	18.20
2019	282.65	109.50	13.46	51.15	7.91	27.89	2.85	44.70	4.18	21.01
2020	311.23	117.74	15.20	67.54	8.42	31.44	1.74	42.01	4.62	22.51
2021	324.27	131.47	14.53	64.92	6.28	31.18	1.75	47.26	4.68	22.20

注：1. 往年其他支出包含民政管理事务支出，从18年起民政管理事务支出单独统计；
2. “其他社会救济”改为“其他社会救助”；
3. “行政事业单位离退休”改为“行政事业单位养老支出”。

7-44 历年民政基本建设投资情况

单位：万元、个、平方米

年份	本年计划投资	本年实际完成投资	国家预算内投资	国内（银行）贷款	利用外资	福利彩票公益金	其他	在建项目数/在建项目规模	本年完工项目规模
2010	46477	41242	11511	2619		6869	20243	247	
2011	97643	94506	54425	600		10920	28561	238	
2012	60869	61620	28131	2009		13743	17737	244	
2013	88915	78522	36663			29521	12339	240	
2014	95278	88695	55326	310	80	21852	11128	184	
2015	102436	97290	56688			32341	8261	881554	
2016	174596	174956	62997			33905	78054	1313698	
2017	111063	111010	56353			34153	20504	1708971	217926
2018	147603	128237	67245			25174	35819	1901061	295852
2019	120414	109849	71799	1300		15336	21414	1670499	156803
2020	141311	142472	100721	4168		12726	24857	1724221	144449
2021	126106	131006	59325	8571		14576	48533	1757889	203963

7-45 各市民政事业费支出水平

地区	2021年			2020年		
	民政事业费支出（亿元）	每万人民政事业费支出（万元/万人）	排名	民政事业费支出（亿元）	每万人民政事业费支出（万元/万人）	排名
全省	**324.27**	**255.65**	—	**311.23**	**246.54**	—
省本级	5.02	—	—	4.41	—	—
广州	60.75	322.95	10	58.96	314.64	10
深圳	27.35	154.70	18	26.36	149.46	18
珠海	7.01	284.23	11	5.45	222.39	15
汕头	12.94	234.01	15	12.21	221.89	16
佛山	14.61	151.97	20	10.90	114.48	20
韶关	10.50	367.16	6	9.78	342.69	7
河源	11.24	395.55	4	11.11	391.73	3
梅州	15.32	395.28	5	15.38	397.29	2
惠州	14.32	236.03	14	14.19	234.31	13
汕尾	12.13	451.55	1	11.51	431.12	1
东莞	6.48	61.47	21	7.45	71.06	21
中山	6.80	152.29	19	6.33	142.81	19
江门	11.07	228.98	16	10.69	222.46	14
阳江	10.37	395.78	3	9.20	353.23	5
湛江	23.80	338.50	9	24.38	349.27	6
茂名	17.54	281.97	12	17.84	288.72	11
肇庆	14.14	342.36	8	13.99	339.89	8
清远	13.78	346.01	7	13.33	335.43	9
潮州	4.54	176.21	17	4.66	181.45	17
揭阳	14.56	259.21	13	14.09	252.52	12
云浮	10.00	417.75	2	9.01	377.91	4

7-46 各市社会组织发展情况

地区	2021年			2020年		
	社会组织数（个）	每万人拥有社会组织数量(个/万人)	排名	社会组织数（个）	每万人拥有社会组织数量(个/万人)	排名
全省	**71834**	**5.66**	—	**71845**	**5.69**	—
省本级	3374	—	—	3322	—	—
广州	8030	4.27	21	8095	4.32	21
深圳	10522	5.95	8	10742	6.09	8
珠海	2431	9.86	1	2443	9.97	1
汕头	2621	4.74	18	2656	4.83	16
佛山	5132	5.34	12	5160	5.42	12
韶关	1936	6.77	5	1943	6.80	4
河源	1999	7.04	2	1928	6.80	5
梅州	2443	6.30	7	2532	6.54	7
惠州	3513	5.79	11	3392	5.60	11
汕尾	1380	5.14	13	1339	5.02	14
东莞	4755	4.51	19	4626	4.41	19
中山	2217	4.96	14	2273	5.13	13
江门	3118	6.45	6	3463	7.21	2
阳江	1775	6.77	4	1734	6.65	6
湛江	3342	4.75	17	3267	4.68	17
茂名	2779	4.47	20	2698	4.37	20
肇庆	2438	5.90	9	2402	5.83	9
清远	2350	5.90	10	2297	5.78	10
潮州	1805	7.01	3	1762	6.87	3
揭阳	2699	4.81	16	2609	4.68	18
云浮	1175	4.91	15	1162	4.87	15

7-47 各市社工发展情况

地区	2021年			2020年		
	持证社工人数（人）	每万人中持证社工人数（人/万人）	排名	持证社工人数（人）	每万人中持证社工人数（人/万人）	排名
全省	**121569**	**9.58**	—	**113166**	**8.96**	—
省本级	1894	—	—	1894	—	—
广州	25850	13.74	4	24284	12.96	5
深圳	29701	16.80	1	26875	15.24	1
珠海	3944	15.99	2	3642	14.87	2
汕头	1623	2.93	14	1484	2.70	14
佛山	12642	13.15	6	11989	12.60	6
韶关	3904	13.65	5	3722	13.04	4
河源	702	2.47	15	602	2.12	15
梅州	1241	3.20	13	1092	2.82	13
惠州	7929	13.07	7	7577	12.51	7
汕尾	533	1.98	17	469	1.76	16
东莞	10301	9.78	9	9735	9.29	9
中山	6145	13.76	3	5941	13.41	3
江门	5121	10.59	8	4831	10.06	8
阳江	1063	4.06	12	986	3.78	12
湛江	886	1.26	21	751	1.08	21
茂名	1110	1.78	20	1001	1.62	19
肇庆	2149	5.20	11	1974	4.79	11
清远	2751	6.91	10	2559	6.44	10
潮州	491	1.91	18	428	1.67	18
揭阳	1145	2.04	16	958	1.72	17
云浮	444	1.86	19	372	1.56	20

7-48 主要年份广东民政事业费支出情况

单位：万元

年份	民政事业费总支出	城市居民最低生活保障支出	农村居民最低生活保障支出
1978			
1980	8337		
1990	21863		
2000	144461	11460	7874
2010	1154287	79665	164825
2015	2595187	159530	393493
2016	3056715	177732	439407
2017	3723481	166329	476739
2018	2631090	145315	478191
2019	2826465	134570	511535
2020	3112303	151952	675415
2021	3242659	145289	649222

7-49 主要年份广东低保人数基本情况

年 份	城乡居民最低生活保障人数（万人）	#城镇	农村
1998	26.2	7.9	18.3
2000	38.0	14.9	23.1
2001	45.7	17.2	28.5
2002	86.8	30.3	56.5
2003	102.4	35.3	67.1
2004	116.3	37.8	78.5
2005	167.5	42.1	125.4
2006	172.8	38.9	133.9
2007	176.1	37.8	138.3
2008	200.3	39.7	160.6
2009	212.1	40.9	171.2
2010	224.7	40.7	184.0
2011	224.1	40.0	184.1
2012	215.0	37.2	177.8
2013	197.2	34.0	163.2
2014	190.4	31.6	158.8
2015	183.3	29.7	153.6
2016	170.6	25.5	145.1
2017	169.6	22.8	146.8
2018	141.1	17.3	123.8
2019	140.4	15.7	124.7
2020	143.0	15.2	127.8
2021	142.3	15.0	127.3

7-50 主要年份广东省低保水平情况对比

年份	城市居民最低生活保障			农村居民最低生活保障			农村特困人员救助供养		
	人数（万人）	总支出（亿元）	人均支出（元）	人数（万人）	总支出（亿元）	人均支出（元）	人数（万人）	总支出（亿元）	人均支出（元）
1978							12.33	0.06	48.83
1980							12.60	0.08	64.38
1990							15.68	0.81	515.67
2000	14.94	1.15	766.95	23.13	0.79	340.40	10.65	1.76	1650.77
2010	40.65	7.97	1959.77	184.01	16.48	895.76	25.45	5.40	2121.17
2015	29.69	15.95	5372.64	153.60	39.35	2561.73	24.01	17.26	7186.44
2016	25.46	17.77	6979.63	145.14	43.94	3027.55	23.20	18.16	7829.80
2017	22.85	16.63	7279.65	146.77	47.67	3248.27	22.61	20.84	9219.36
2018	17.34	14.53	8379.51	123.75	47.82	3864.13	22.02	23.23	10551.56
2019	15.66	13.46	8595.26	124.74	51.15	4100.94	21.44	25.28	11792.35
2020	15.21	15.20	9991.98	127.76	67.54	5286.41	20.93	28.38	13556.83
2021	15.00	14.53	9685.53	127.33	64.92	5098.81	20.21	27.79	13749.73

7-51 各市退役军人社会服务机构单位数(2021 年)

单位：个

市别	光荣院	优抚医院	军休所	军供站	军队离退休人员管理中心	烈士纪念设施管理保护单位
全省	**30**	**12**	**64**	**11**	**5**	**45**
省本级		3		1		
广州			23	1	1	3
深圳				1	1	1
珠海					1	1
汕头			3	1		2
佛山	1		2			
韶关		1	3	1		8
河源	3		1	1		3
梅州	5	1	3	1		8
惠州	4	1	1			1
汕尾		1	3	1		4
东莞	1		1	1		
中山	1					1
江门			3			1
阳江		1	2			
湛江	4	1	9	1	1	1
茂名	3		4		1	2
肇庆	4	2	1	1		4
清远						
潮州	1		2			
揭阳	3	1	3			1
云浮						4

7-52 各市抚恤、补助优抚对象总人数(2021年)

单位：人

市别	抚恤、补助优抚对象总人数	定期抚恤人数					定期补助人数合计
		定期抚恤人数合计	烈属	因公牺牲军人遗属	病故军人遗属	伤残人员	
全省	**401831**	**34576**	**1947**	**692**	**1209**	**30728**	**367255**
省本级	48	39				39	9
广州	23092	4017	90	54	54	3782	19075
深圳	4494	2031	25	11	11	1963	2463
珠海	3467	533	19	9	9	493	2934
汕头	28371	2608	76	54	54	2408	25763
佛山	10574	1094	89	19	19	954	9480
韶关	15756	1426	72	24	24	1269	14330
河源	17871	2091	98	32	32	1888	15780
梅州	25119	1855	138	51	51	1551	23264
惠州	15544	1181	59	23	23	1046	14363
汕尾	12393	1429	387	17	17	975	10964
东莞	9760	594	38	6	6	535	9166
中山	8407	370	28	9	9	319	8037
江门	20251	1153	80	36	36	977	19098
阳江	16208	760	58	23	23	645	15448
湛江	36869	3424	183	74	74	3047	33445
茂名	39186	2560	93	61	61	2300	36626
肇庆	21687	1194	55	30	30	1068	20493
清远	21759	938	84	23	23	777	20821
潮州	20153	1424	49	42	42	1282	18729
揭阳	36281	2949	184	75	75	2599	33332
云浮	14541	906	42	19	19	811	13635

7-53 退役军人社会服务事业经费情况（2021年）

单位：万元

市 别	社会服务事业费总计	抚恤和生活补助经费	优抚事业单位经费	军休服务管理机构补助经费	自主就业退役士兵一次性经济补助经费
全 省	**642374.69**	**546700.83**	**36006.06**	**6450**	**53217.8**
省本级	18763.45	1907.55	3403.4	150	13302.5
广 州	134504.51	91900.4	4615.29	3715	34273.82
深 圳	35095.82	18113.99	3209.65	445	13327.18
珠 海	12835.82	8315.97	397.75	188	3934.1
汕 头	40203.47	36551.46	551.94	141	2959.07
佛 山	26219.76	15332.09	160.98	134	10592.69
韶 关	21942.36	18849.19	1128.28	152	1812.89
河 源	26965.93	22577.55	2872.96	71	1444.42
梅 州	35387.06	29860.39	2571.23	124	2831.44
惠 州	32583.72	24372.46	1661.66	164	6385.6
汕 尾	14535.07	12503.21	449.22	81	1501.64
东 莞	26080.27	17186.27	1600.11	60	7233.89
中 山	13360.4	8652.21	345	18	4345.19
江 门	39129.11	29474.25	2193.29	115	7346.57
阳 江	19244	15961.43	1422.61	58	1801.96
湛 江	46028.26	40679.41	1433.18	553	3362.67
茂 名	46628.1	42219.23	592.19	59	3757.68
肇 庆	29771.74	24899.76	2266.32	58	2547.66
清 远	25163.23	22833.56		20	2309.67
潮 州	18866.94	17782.11		56	1028.83
揭 阳	36741.29	32021.89	4640.4	79	2452.54075
云 浮	16502.34	14706.45	490.6	9	1296.29

主要统计指标解释

民政事业费 包括社会福利、社会救助、民政管理事务、行政事业单位离退休和其他款项用于民政支出。

社会福利院 是指政府举办、提供食宿的，主要收养城市中无亲属子女赡养、无生活来源、无劳动能力的孤老、孤儿和残疾人为对象的综合性社会福利事业单位。

特困人员救助供养机构 办理注册登记，为特困老年人等提供24小时集中居住和收留抚养照料服务的机构。

儿童福利院 是指民政部门设立的，主要收留抚养依法由民政部门担任监护人的未成年人的，办理了注册登记的机构。

未成年人救助保护机构 是指对未成年人实施救助，提供基本生活照料和教育、心理疏导、行为矫治等服务的专门机构。

流浪乞讨人员救助管理机构 是指救助生活无着流浪乞讨人员的专门单位。

社区服务中心 是指建设在乡、镇、街道（或片区）层面，对社区服务站具有指导功能的社区服务类机构（设设施）。乡镇（街道）依托社区服务中心，为辖区居民办理各类政务服务事项、提供各类公共服务，整合各类便民利民服务、志愿服务；同时为社区服务机构建设、组织建设、队伍建设和信息化建设提供支持。指导和组织社区做好法律法规和政策宣传工作。

社区服务站 是指建设在村、社区层面，直接为城乡居民提供服务的社区服务类机构（设施），其名称可称“××村（社区）党群服务站（中心）”等。村（社区）党组织和村（居）民委员会依托社区服务站，协助提供就业和社会保障，医疗卫生和计划生育，救助、养老、未成年人保护和残疾人照护，教育和文化体育、法律和公共安全、农业生产等社区公共服务，发展社区便民利民服务、组织开展社区志愿服务。

城市（农村）最低生活保障 最低生活保障是指国家对家庭人均收入低于最低生活保障标准，且符合当地最低生活保障家庭财产状况规定的家庭给予最低生活保障金，以保证该家庭成员基本生活所需的社会保障制度。

孤儿 是指失去父母或查找不到生父母的未满18周岁、由地方县级以上民政部门依据有关规定和条件认定的、并已经领取了孤儿基本生活费的未成年人。

儿童收养登记 是指中国公民以及外国人在中国境内收养子女和协议解除收养关系，在县级及以上民政部门办理的收养登记和解除收养关系登记。

抚恤、补助优抚对象总人数 包括定期抚恤人数、定期补助人数二部分，其中定期抚恤人数包括烈属、因公牺牲军人遗属、病故军人遗属和伤残人员人数。

退役军人社会服务事业经费 包括抚恤和生活补助经费、优抚事业单位经费、军休服务管理机构补助经费、自主就业退役士兵一次性经济补助经费四部分。

八、体育

简要说明

1. 本篇资料主要反映广东省体育事业发展情况。

2. 本篇资料主要包括：

(1) 全省体育运动情况。

(2) 地区分全省和各地级以上市。

3. 统计资料来源：本篇资料由广东省体育局负责整理、审核、提供。

2021年广东体育发展概述

2021年是广东体育事业实现“十四五”开门红的一年，也是体育强省建设迈出坚实步伐的一年。省政府出台了《广东省全民健身实施计划（2021-2025年）》，印发了《广东省“十四五”体育发展规划》《关于加强广东省全民健身场地设施建设 发展群众体育的实施意见》，部分指标高于全国水平。广东运动员在第32届奥运会夺得5金6银2铜，在十四届全运会获得75金42银66铜，金牌、奖牌总数均位居全国第一，成功申办2025年第十五届全运会。汕头亚青会场馆建设全面完工，清远省运会筹备工作稳步推进。体教融合进一步深化，青少年身体素养和健康水平持续提高。体育彩票销量和公益金筹集量位居全国第一。

东京奥运会陕西全运会实现双丰收。广东44名运动员、11名工作人员进入中国代表团参加第32届奥运会，获5金6银2铜26项次前八名，参赛人数、项数和获得奖牌数、前八名项次均超越上届里约奥运会，涌现出苏炳添、谢思埸、全红婵、樊振东、汤慕涵等一批优秀运动员。广东代表团1200多名运动员参加第十四届全运会，获75金42银66铜，金牌、奖牌总数均位居全国第一，在全运赛场上充分展现了广东速度、广东质量、广东风采。其中竞体项目获54金32银56铜，打破1项世界纪录、1项亚洲纪录、4项全国纪录；群体项目获21金10银10铜，以及展演项目3个一等奖、4个二等奖。此外，广东代表团在反兴奋剂、赛风赛纪、疫情防控和安全工作实现“零事故”，22支队伍、87名运动员获得“体育道德风尚奖”，实现运动成绩和精神文明双丰收。

职业体育蓬勃发展。广东省三大球职业俱乐部数量位居全国前列，其中足球9家，篮球5家，排球2家。广东宏远篮球俱乐部获得中国男子篮球职业联赛（CBA）总决赛第十一冠，实现三连冠。深圳昆仑鸿星女子冰球俱乐部获得俄罗斯女子冰球联赛（WHL）常规赛冠军，并在季后赛中闯入总决赛。

全民健身与全民健康深度融合。一是加强全民健身政策顶层设计，印发了《广东省全民健身实施计划（2021-2025年）》，为指导未来五年我省全民健身事业发展具有重要意义；印发了《关于加强广东省全民健身场地设施建设 发展群众体育的实施意见》《广东省“十四五”全民健身场地设施补短板三年行动方案》，重点推进市、县（区）公共体育场地设施短板有序、充足补齐；编制了《广东省体育设施空间规划（2020-2035年）》，明确市、县体育设施专项规划编制要求。二是大力推进体育场地设施建设，截止2021年底，全省体育场地数量超31万个，健身步道1.97万公里，体育场地面积3.2亿平方米，人均场地面积2.54平方米。安排专项经费支持粤东西北地区社区体育公园器材配置和维护，联合省住建厅推动全省建设48个社区体育公园。争取中央资金2290万元支持90个大型公共体育场馆向社会免费或低收费开放，不断提高场馆开放服务水平。三是社会组织监管服务稳步推进，印发了《促进省级体育社会团体健康有序发展的实施意见》，实行“三管三放”等多项举措，文件出台走在全国前列。落实脱钩改革“5分离”工作，完成了19个非奥运项目体育协会脱钩，对54个省级体育社团进行前置审查，联合开展规范社会组织法人治理专项整治和评比达标表彰活动清查工作。四是广泛开展全民健身赛事活动，连续六年成功举办南粤古驿道定向大赛，成功举办中国游泳争霸赛、中国网球巡回赛、中国足协超级联赛、沃尔沃中国公开赛、全国青少年无线电测向锦标赛、广东省篮球联赛、“广州100”越野赛、深圳踏青日、韶关穿越丹霞徒步赛等活动以及珠海、东莞、清远、肇庆、梅州等市运会，承办全国、省级赛事活动132项，赛事活动丰富多彩，满足不同人群健身多元化需求。五是科学健身服务水平明显提升，开展“全民健身大讲堂”、健身知识讲座、健身技能指导，不断提升国民体质测定、社会体育指导员服务等科学健身指导水平。

体育产业健康发展。一是体育产业结构持续优化，2020 年广东省体育产业总产出（总规模）为 5295.44 亿元，增加 1811.4 亿元，占当年全省 GDP 的比重 1.64%，体育制造业占比逐步下降，服务业增速较快。二是持续打造体育产业资源交流平台，推动广东国际体育用品博览会暨粤港澳国际体育用品博览会和广东体育产业发展论坛转型升级；拓展 2B+2C 的线上赛事活动“湾区运动汇”，推动广东省体育业线上线下全方位发展；支持广州成功举办中国体育文化博览会和中国体育旅游博览会；开展 2021 年全省体育产业示范基地、单位、项目申报评选和培育工作，广州融创文旅城、天人山水被评定为国家体育旅游示范项目。三是体育彩票销量和公益金筹集位居全国第一，全年销售体育彩票 216.84 亿元，同比增长 32.56%（全国平均增长 21.9%），筹集公益金 55.33 亿元，提供社会就业岗位 2 万多个，代销者销售收入 17.1 亿元。

青少年体育发展基础进一步夯实。一是清远省运会筹办工作取得新成效，顺利推进比赛场馆建设，发布了会徽、会歌、吉祥物、主题口号“四项标识”，举办了倒计时一周年启动仪式，初步完成了开闭幕式创意策划执行方案。二是体教融合实施工作取得新进展，会同省教育厅拟定并审议通过了《广东省关于深化体教融合促进青少年健康发展的实施方案》；联合省教育厅开展青少年体育冬夏令营校园活动，围绕“奔跑吧少年”主题，广泛开展“粤运动越健康”和“点亮粤港澳助力全运会”线上运动健身活动。三是夯实青少年体育后备人才培养基础，修订了《广东省第十六届省运会竞赛规程总则》及相关文件，建立了广东省青少年体育后备人才培养单位办训办学评估管理办法和工作机制，向省府常务会专题汇报广东省基层体校发展和体教融合工作有关建议。

乡村振兴战略有序衔接。一是体育助力乡村振兴工作成效明显，援建的体育公共设施大大改善村容村貌，举办的赛事活动有力带动旅游、农业农村同步发展，圆满完成了脱贫攻坚目标任务。广东省体育局对口帮扶的联安村、低埇村获省委省政府授予“广东省脱贫攻坚突出贡献集体”；联安村获国家体育总局授予“全国群体体育先进集体”。强化党建引领，选派工作队对口帮扶梅州市横陂镇工作有序推进，有效衔接乡村振兴战略。二是持续做好援疆援藏工作，继续开展足球援疆援藏活动，积极筹措捐赠了一批足球训练器材；广东省体育局与林芝签署的“粤林体育苗圃计划”实施协议列入广东省“十四五”援疆规划。

疫情防控扎实抓牢。一是坚决落实各项疫情防控工作部署，制定疫情防控工作方案，指导全局系统重点场所制定完善疫情防控方案和应急预案，指导各地市体育赛事活动进行风险评估和安全研判，落实属地防控责任，坚持分区分级防控。二是扎实做好国家队回国隔离和十四届全运会疫情防控工作，全年协调安排国家皮划艇队、跳水队、跆拳道队、空手道队、蹦床队、篮球队等 188 人次出访回国后在广东隔离式训练，以及东京奥运会内地精英运动员代表团（63 人）访港澳隔离工作；完成了十四运会广东代表团 1200 多人的疫情防控工作，协调落实香港代表团 163 人次入境后在深圳隔离训练工作。

撰稿：黄文斌

8-1 体育系统分行政级别机构数

单位：个

年 份	合计			省级		
	小计	独立	合并	小计	独立	合并
2016	391	338	53	20	20	
2017	394	324	70	21	21	
2018	376	312	64	21	21	
2019	370	226	144	21	21	
2020	389	230	159	20	20	
2021	371	205	166	15	15	

8-1 续表

单位：个

年 份	市级			县级		
	小计	独立	合并	小计	独立	合并
2015	130	124	6	246	203	43
2017	185	180	5	188	123	65
2018	127	122	5	228	169	59
2019	124	105	19	225	100	125
2020	123	102	21	246	108	138
2021	114	94	20	242	96	146

8-2 体育系统分单位类型机构数

单位：个

指 标	2015			2019			2020			2021		
	小计	独立	合并	小计	独立	合并	小计	独立	合并	小计	独立	合并
合 计	**381**	**328**	**52**	**370**	**226**	**144**	**389**	**230**	**159**	**371**	**205**	**166**
体育行政机关	136	84	52	151	7	144	171	12	159	172	6	166
运动项目管理部门	7			7	7		8	8		8	8	
职业、运动技术学院	2			2	2		2	2		1	1	
体育运动学校	18			20	20		20	20		18	18	
业余体校	46			57	57		58	58		57	57	
单项运动学校	4			5	5		3	3		2	2	
训练基地	7			5	5		5	5		5	5	
体育场馆	55			54	54		53	53		43	43	
体育科研机构	2			2	2		2	2		2	2	
其他事业单位	100			64	64		64	64		60	60	
其他机构	3			3	3		3	3		3	3	

8-3 体育系统人员情况

单位：人

指 标	2017	2018	2019	2020	2021
合 计	**10675**	**10186**	**11814**	**12429**	**11987**
体育行政机关	2054	2022	3212	3772	3698
运动项目管理部门	2240	2589	2748	2607	2281
职业、运动技术学院	564	662	749	745	451
体育运动学校	1445	1272	1467	1879	1738
少年儿童体育学校（业余体校）	1070	1033	1112	1041	1070
单项运动学校	147	126	121	125	48
训练基地	344	108	84	90	184
体育场馆	1587	1277	1337	1235	1168
体育科研机构	61	66	63	64	72
其他事业单位	1152	1019	914	854	1258
其他机构	11	12	7	17	19

8-4 体育国际交流情况

交流层次	单位	交流性质			交流类型		交流类型		交流形式	
		合计	来访	出访	世界	洲际	双边	其他	政府间	民间
2015 年										
合 计		**2811**	**1848**	**963**	**1750**	**120**	**941**		**2461**	**350**
国家	（人次）	1272	547	725	1540	95	187		547	
省级	（人次）	1539	1301	238	210	25	754		1914	350
地级	（人次）									
2018 年										
合 计		**2288**	**1110**	**1178**	**1127**	**183**	**667**	**1909**	**3041**	**545**
国家	（人次）	505	10	495	896	109	478	1	1219	
省级	（人次）	1783	1100	683	231	74	189	1908	1822	545
地级	（人次）									
2019 年										
合 计		**4310**	**3200**	**1110**	**1402**	**9**	**1393**	**2908**	**4310**	
国家	（人次）	426		426	426	9	93	13	426	
省级	（人次）	3884	3200	684	976		1300	2895	3884	
地级	（人次）									
2020 年										
合 计		**433**	**386**	**47**	**28**	**7**	**5**	**4**	**433**	
国家	（人次）	209	180	38	20	7	5	3	209	
省级	（人次）	224	206	9	8			1	224	
地级	（人次）									
2021 年										
合 计		**109**	**25**	**84**	**2**	**3**	**79**		**109**	
国家	（人次）	84		84	2	3	79		84	
省级	（人次）	25	25						25	
地级	（人次）									

8-4 续表

交流层次	单位	交流性质			交流类型		交流类型		交流形式	
		合计	来访	出访	世界	洲际	双边	其他	政府间	民间
2015 年										
合 计		**185**	**23**	**162**	**120**	**7**	**58**		**175**	**10**
国家	（人次）	127	4	123	95	7	8		4	
省级	（人次）	58	19	39	25		50		171	10
地级	（人次）									
2018 年										
合 计		**283**	**9**	**274**	**123**	**45**	**36**	**39**	**192**	**3**
国家	（人次）	176	1	175	86	40	18	1	121	
省级	（人次）	107	8	99	37	5	18	38	71	3
地级	（人次）									
2019 年										
合 计		**279**	**13**	**266**	**219**	**6**	**213**	**60**	**279**	
国家	（人次）	220	4	216	170	6	35	9	178	
省级	（人次）	59	9	50	49		178	51	101	
地级	（人次）									
2020 年										
合 计		**28**	**6**	**22**	**14**	**4**	**2**	**2**	**28**	
国家	（人次）	21	1	20	13	4	2	1	21	
省级	（人次）	7	5	2	1			1		
地级	（人次）									
2021 年										
合 计		**26**	**1**	**25**	**2**	**3**	**21**		**26**	
国家	（人次）	25		25	2	3	20		25	
省级	（人次）	1	1				1		1	
地级	（人次）									

8-5 当年等级运动员发展情况

单位：人

年份	合计		国际级运动健将		运动健将		一级		二级	
	合计	# 女	合计	# 女	合计	# 女	合计	# 女	合计	# 女
2015	2446	1038	18	10	178	66	571	218	1679	744
2017	3329	1426			77	14	892	417	2360	995
2018	4368	1765	12	5	123	52	1010	415	3223	1293
2019	3620	1523	12	5	121	58	1095	487	2392	973
2020	6458	2459	2	1	3	1	1019	374	5434	2083
2021	4043	1623	4	3	64	26	793	345	3182	1249

8-6 当年等级裁判员发展情况

单位：人

年份	合计		国际级		国家级		一级		二级	
	合计	# 女	合计	# 女	合计	# 女	合计	# 女	合计	# 女
2015	1852	542					19	2	1833	540
2017	1863	585					73	13	1790	572
2018	4428	1159					1162	327	3266	832
2019	3436	984					770	20	2666	964
2020	3661	895	1	1	1	1	830	169	2829	724
2021	2485	703	35	8	136	27	267	55	2047	613

8-7 等级公益性社会体育指导员发展情况

单位：人

指 标	本年度认证人数	截至年末认证总人数	本年参加社会指导员的培训人数
2015 年合计	**19264**	**224481**	**19872**
国家级		328	
一级	31	4299	100
二级	3798	34841	3850
三级	15435	185013	15922
2017 年合计	**20056**	**264373**	**21078**
国家级	32	628	45
一级	707	6219	738
二级	4054	44060	4113
三级	15263	213466	16182
2018 年合计	**18821**	**283194**	**19560**
国家级	101	729	123
一级	688	6907	963
二级	3685	47925	3816
三级	14347	227633	14658
2019 年合计	**61724**	**344918**	**62764**
国家级	125	854	127
一级	512	7419	813
二级	21359	69284	21853
三级	39728	267361	39971
2020 年合计	**11956**	**356874**	**12302**
国家级		854	
一级	310	7729	405
二级	2119	71403	2341
三级	9527	276888	9556
2021 年合计	**27482**	**384356**	**27960**
国家级	125	696	125
一级	516	7286	568
二级	6943	65448	7369
三级	19898	310926	19898

8-8 国民体质监测站点基本情况

单位：个、人

指 标	2015				2019				2020				2021			
	合计	国家	省	县区	合计	国家	省	县区	合计	国家	省	县区	合计	国家	省	县区
总站（点）数	1		1		1		1		2		2		2		2	
组建测试队	2		2		2		2		3		3		2		2	
测试工作人员数	40		40		20		20		45		45		40		40	
累计受测人员数	81469		81469		120070		120070		124670		124670		128970		128970	
本年度受测人员数	3161		3161		10500		10500		4600		4600		4300		4300	
本年度测试达标人数	2981		2981		9796		9796		4246		4246		3990		3990	
本年度测试达标（%）	94.3		94.3		92.7		92.7		92.3		92.3		92.8		92.8	

8-9 体育比赛和体育活动情况

指 标	单位	2015	2017	2018	2019	2020	2021
体育比赛成绩							
破世界纪录	（项）	3	1	4	1	1	3
获世界冠军	（人次）	17	21	26	30	1	10
破亚洲纪录	（项）	2	1	6	7	2	6
破全国纪录	（项次）	5	3	12	17	5	8
获得全国冠军	（项次）	138	148	151	102	114	124
体育活动开展情况							
举办全民健身活动次数	（次）	4886	4680	4700	5971	2959	2000

8-10 全省体育场地情况

指 标	单位	2018	2019	2020	2021
一、综合指标					
场地数量	（个）	262900	286405	291603	310575
场地面积	（万平方米）	27466	29363	30068	32205
建筑面积	（万平方米）	2741	3332	3443	3945
建设投资	（亿元）	1203	1964	2195	2185
人均场地面积	（平方米）	2.42	2.55	2.39	2.54
二、基础运动场地		**19529**	**20923**	**21125**	**22157**
田径场地	（个）	14500	14976	14987	15452
游泳场地	（个）	5029	5947	6138	6705
三、球类运动场地		**191982**	**205807**	**208582**	**217863**
足球场地	（个）	9514	10554	11051	11606
篮球场地	（个）	95500	99995	100955	104397
排球场地	（个）	6168	6418	6448	6551
乒乓球场地	（个）	55000	60584	61597	65374
羽毛球场地	（个）	25800	28256	28531	29935
四、冰雪运动场地		**19**	**20**	**23**	**27**
滑冰场地	（个）	17	16	18	21
滑雪场地	（个）	2	4	5	6
五、体育健身场地		**48896**	**58356**	**61472**	**69991**
全民健身路径	（个）	31700	37124	38643	42249
健身房	（个）	5996	6304	6763	7994
健身步道	（公里）	11200	14928	16066	19748
六、大型体育场馆		**95**	**126**	**126**	**125**
体育场	（个）	15	20	20	20
体育馆	（个）	69	92	92	91
游泳馆	（个）	11	14	14	14

注：2020年人均场地面积采用最新人口统计数计算。

8-11 彩票公益金使用情况

单位：万元

指标名称	2015	2017	2018	2019	2020	2021
彩票公益金收入	198617	200915	195374	214839	167761	160239
其中：本年彩票公益金	169363	165841	169588	195878	157309	155710
上年结余	29254	35074	25786	18961	10452	4529
彩票公益金支出	123520	162335	170774	202758	157286	153243
其中：用于体育事业的彩票公益金	126052	162335	170774	202758	157286	153243
1. 体育设施	34096	37538	44407	29387	26146	12539
2. 群众体育	30240	49214	45952	46382	34510	42724
3. 竞技体育	46206	54258	51536	72368	57650	46077
4. 青少年体育	7040	11312	17993	24565	21931	22161
5. 其他（含体育扶贫）	8470	10013	10886	30056	17049	29742

8-12 体育彩票发行情况表

单位：万元、个

指标名称	2015	2017	2018	2019	2020	2021
本年销售体育彩票金额	1519266	1939389	2471864	2009125	1635854	2168419
其中：电脑彩票	1366793	1801260	2342912	1851851	1473388	1878468
即开型彩票	152473	138129	128952	157274	162466	289951
体育彩票公益金提取额		473703	581451	507509	434320	543680
其中：电脑彩票		446077	555661	476054	401827	485690
即开型彩票		27626	25790	31455	32493	57990
发行费情况						
其中：上年结余		8849	7399	12754	9714	831
本年本级收入		217879	243331	186398	161981	197555
本年本级发行费支出		66596	46357	35064	26265	25585
体育彩票销售佣金		152792	191551	154341	144306	171095
年末结余		7399	12822	9748	1123	1706
体育彩票销售网点数量	9880	11973	11803	13409	15750	12806

注：2020年体育彩票销售网点包含即开票销售网点，其余年度未包含。

主要统计指标解释

体育场地面积 指体育训练、比赛和健身活动的有效面积，含活动区（划线区）、安全区、缓冲区、无障碍区面积等。带看台的场地从看台下计算，有内墙从内墙计算。包括分项体育场地面积及附属用房体育场地面积。

人均体育场地面积 指体育场地面积与常住人口的比值。

健身房 包含社区健身中心、健身房、体能训练馆。

全民健身路径 指在社区、村、公园、绿地等地建设，由室外健身器材组成、占地不多、经济实用、可免费使用的体育健身设施。

健身步道 包含登山步道、步行道、自行车骑行道、步行骑行综合道。

体育场 指设有标准田径跑道（400米环形跑道至少8条，直跑道8-10条）、标准足球场（场地为105×68米）等的室外体育场地。

体育馆 指设有比赛和练习场地、看台和辅助用房等设施，可开展球类、体操等单项或多项体育比赛，固定座席大于500个的室内体育建筑。

游泳馆 指可供开展游泳、花样游泳、水球、跳水等运动的室内游泳场地。水池一般不小于25米×16米。

等级裁判员 是指经考核正式批准授予等级裁判员称号的裁判员。裁判员等级分为国际裁判、国家级裁判、一级裁判、二级裁判、三级裁判。

九、广播电影电视、新闻出版、档案

简要说明

1. 本篇资料主要反映广东省广播电视、电影、新闻出版行业和档案机构的基本情况。

2. 本篇资料主要包括：

(1) 全省电影放映情况，全省广播电视从业人员和总收入，广播电视节目播出情况，广播电视节目制作情况，广播电视台（站）情况，有线电视用户数量，广播电视覆盖情况等。

(2) 地区分全省和 21 个地级以上市。

(3) 年份有当年、近 5 年和 1978 年以来连续年份。

3. 统计资料来源：本篇资料由广东省委宣传部、广东省广电局、广东省办公厅档案局负责整理、审核、提供。

9-1 广播电视综合情况(2021年)

指　　标	单位	合计
广播电台	(座)	2
电视台	(座)	3
广播电视台	(座)	95
有线广播电视用户数	(万户)	1710
数字电视用户数	(万户)	1642
从业人员	(人)	79888
总收入	(万元)	10715767
资产总额	(万元)	26315430
广播影视节目制作经营机构	(家)	2841

9-2 广播电视从业人员和收入情况(2021年)

指　　标	从业人员(人)	编播人员	本年总收入(万元)	广告收入	网络收入
合 计	**79888**	**11423**	**10715767**	**1929429**	**882404**
省 级	14872	1207	1009390	98411	546219
地市级	23782	5268	7718749	1565115	239591
县 级	41234	4948	1987628	265903	96594

9-3　各市广播电视从业人员和收入情况（2021 年）

市　别	从业人员（人）	编播人员	本年总收入（万元）	广告收入	网络收入
全　省	**79888**	**11423**	**10715767**	**1929429**	**882404**
省　级	14872	1207	1009390	98411	546219
广　州	22456	1698	4814223	295833	115926
深　圳	20910	2785	4354356	1439125	174547
珠　海	1815	246	94955	6782	1416
汕　头	890	248	17672	4021	2638
佛　山	2414	626	62291	18019	
韶　关	977	290	20770	1165	2807
河　源	657	216	11236	1408	1371
梅　州	1441	474	21816	6148	3896
惠　州	1520	607	38053	11777	
汕　尾	415	124	10514	362	
东　莞	1351	305	30615	11917	
中　山	844	217	26710	3011	
江　门	1258	403	32162	8660	8599
阳　江	1078	249	15620	532	5343
湛　江	1828	347	35303	5814	4090
茂　名	894	298	29067	1079	4819
肇　庆	934	313	27689	1944	510
清　远	1005	231	29878	5288	5666
潮　州	548	139	12439	4221	1266
揭　阳	1171	222	13831	2649	2085
云　浮	610	178	7177	1264	1207

9-4 各市广播电视从业人员情况

单位：人

市 别	2015	2017	2018	2019	2020	2021
全 省	**53547**	**80475**	**71127**	**73840**	**74375**	**79888**
省 级	19468	14070	14940	14683	14411	14872
广 州	4241	18250	18646	18053	20395	22456
深 圳	11234	17937	15085	18904	17785	20910
珠 海	640	1208	1028	1452	2825	1815
汕 头	466	593	1512	1024	848	890
佛 山	1083	3872	1860	1861	2264	2414
韶 关	1647	883	990	1221	982	977
河 源	776	934	700	1005	714	657
梅 州	1150	1728	1722	1780	1528	1441
惠 州	1032	2194	1329	1394	1443	1520
汕 尾	660	705	526	320	396	415
东 莞	639	3692	1288	963	1168	1351
中 山	832	1772	860	864	878	844
江 门	1696	2100	1450	1565	1371	1258
阳 江	631	1770	1398	1179	997	1078
湛 江	2157	2396	2325	2014	1762	1828
茂 名	882	1060	907	886	747	894
肇 庆	820	1285	923	914	1017	934
清 远	810	888	1223	1212	588	1005
潮 州	635	720	580	737	575	548
揭 阳	1536	1756	1361	1303	1253	1171
云 浮	512	662	474	506	428	610

9-5 各市广播电视总收入情况

单位：万元

市别	2015	2017	2018	2019	2020	2021
全省	**2612823**	**4160560**	**4522089**	**7802302**	**9634572**	**10715767**
省级	1346099	956735	1017429	1059463	1073529	1009390
广州	158387	1162170	1604351	1826507	3564489	4814223
深圳	770883	1345042	1407259	4353683	4465316	4354356
珠海	13806	49690	48388	80133	87577	94955
汕头	12006	10835	60207	43063	25430	17672
佛山	36536	117058	51672	107261	75383	62291
韶关	23668	14866	17210	21876	20690	20770
河源	10973	18433	11239	12058	11887	11236
梅州	22622	27568	24694	28452	25421	21816
惠州	14232	59975	30961	34441	32281	38053
汕尾	6670	7100	7477	9419	9847	10514
东莞	17784	117175	43858	26488	23175	30615
中山	24675	56227	30019	33414	34205	26709
江门	32563	46423	27464	30064	33538	32162
阳江	11635	20224	9227	11420	12788	15620
湛江	31487	35139	27899	22908	34139	35303
茂名	15411	21857	20822	17543	16798	29067
肇庆	13887	23800	14182	13138	26947	27689
清远	18608	21067	31589	36468	25958	29878
潮州	9372	17173	14869	15725	12727	12439
揭阳	13625	22163	13167	11853	14585	13831
云浮	7893	9841	8108	6926	7861	7177

9-6 各市广播电视广告收入情况

单位：万元

市 别	2015	2017	2018	2019	2020	2021
全 省	**821530**	**843989**	**1139336**	**420959**	**253418**	**1929429**
省 级	381737	193273	174612	126423	96070	98411
广 州	35865	110309	272993	117498	26174	295833
深 圳	264192	403796	565369	73312	53435	1439125
珠 海	10151	13345	4469	6780	3597	6782
汕 头	9905	8076	7829	6205	4321	4021
佛 山	28136	22929	23836	21847	13626	18019
韶 关	4308	2367	3705	1773	1317	1165
河 源	2015	2139	1789	1709	1182	1408
梅 州	8686	6558	7474	7225	5257	6148
惠 州	6265	10757	11370	4876	7371	11777
汕 尾	1416	996	974	734	230	362
东 莞	14529	13864	14451	11032	7873	11917
中 山	10916	9930	5785	4170	2727	3011
江 门	11837	10989	10836	8026	8875	8660
阳 江	3024	1567	1774	798	690	532
湛 江	1198	3614	4037	2845	3369	5814
茂 名	1298	3641	2853	2956	1827	1079
肇 庆	5135	2872	1488	2108	1601	1944
清 远	7411	10396	11002	11350	5472	5288
潮 州	5440	5404	7209	4950	4153	4221
揭 阳	6085	5508	3719	3491	2725	2649
云 浮	1980	1661	1762	850	1526	1264

9-7 各市广播电视网络收入情况

单位：万元

市　别	2015	2017	2018	2019	2020	2021
全　省	**777572**	**795897**	**809182**	**820607**	**870373**	**882404**
省　级	440128	476612	508705	512472	552674	546219
广　州	105692	110334	101911	97226	109594	115926
深　圳	133166	136505	133699	148197	143934	174547
珠　海					1348	1416
汕　头			3591	3346	2772	2638
佛　山						
韶　关	9865	5312	2839	4471	3092	2807
河　源	5196	2432	2340	1825	1541	1371
梅　州	8754	5512	6683	5816	5245	3896
惠　州	431					
汕　尾	2159	1698				
东　莞					3	
中　山	137					
江　门	18648	11289	9950	12770	15200	8599
阳　江	2919	6575	1344	3067	4251	5343
湛　江	17385	8648	6673	5544	4590	4090
茂　名	11418	9824	7610	5132	4911	4819
肇　庆	2553	1731	1181	777	691	510
清　远	7873	6555	10800	10279	10297	5666
潮　州	2392	5630	5749	5598	6593	1266
揭　阳	4153	3575	3414	2461	2228	2085
云　浮	4702	3664	2693	1625	1410	1207

9-8 广播电视基本情况

年份	从业人员（人）	编播人员	本年总收入（万元）	广告收入	网络收入
2015	53547	8345	2612823	821530	777572
2017	80475	10302	4160560	843989	795897
2018	71127	9411	4522089	1139336	809182
2019	73840	10097	7802302	2074263	820607
2020	74375	10606	9634572	1997789	870373
2021	79888	11423	10715767	1929429	882404

9-9 广播电视播出情况(2021年)

指标	广播节目套数（套）	全年公共广播节目播出时间（小时）	电视节目套数（套）	全年公共电视节目播出时间（小时）
合计	**139**	**828676**	**156**	**858793**
省级	9	78527	13	104326
地市级	58	396918	63	409587
县级	72	353231	80	344880

9-10　各市广播电视播出情况(2021 年)

市　别	广播节目套数(套)	全年公共广播节目播出时间(小时)	电视节目套数(套)	全年公共电视节目播出时间(小时)
全　省	**139**	**828676**	**156**	**858793**
省　级	9	78527	13	104326
广　州	8	56894	10	68778
深　圳	7	36968	15	108838
珠　海	4	32421	2	13140
汕　头	6	40795	6	37060
佛　山	6	52560	5	32734
韶　关	10	36404	10	53106
河　源	6	25353	7	34691
梅　州	7	24122	9	36968
惠　州	7	47749	6	37224
汕　尾	5	25628	5	26761
东　莞	3	23774	2	12363
中　山	2	13760	3	19710
江　门	7	48347	8	48212
阳　江	3	23644	6	19807
湛　江	7	38191	7	30603
茂　名	7	33353	7	37137
肇　庆	9	58709	11	40793
清　远	9	41376	8	27949
潮　州	5	23723	5	21650
揭　阳	7	39248	6	23068
云　浮	5	27130	5	23875

9-11 各市公共广播节目播出时间情况

单位：小时

市别	2015	2017	2018	2019	2020	2021
全省	**747116**	**783086**	**808415**	**818964**	**801087**	**828676**
省级	78388	73797	77567	78264	78107	78527
广州	54186	52583	54145	48703	57228	56894
深圳	36394	37547	32789	30622	36837	36968
珠海	29565	13893	30601	20002	31370	32421
汕头	26280	24132	40304	40303	39713	40795
佛山	52560	52560	52560	52560	52704	52560
韶关	19117	22744	20357	25861	32046	36404
河源	17884	25002	25503	24839	25201	25353
梅州	37531	30958	31541	51283	24219	24122
惠州	47834	47926	45862	47309	47356	47749
汕尾	24890	27903	33075	28369	22664	25628
东莞	23768	23725	23725	23725	23774	23774
中山	14600	14620	14600	14600	14600	13760
江门	46538	53466	53291	47572	48252	48347
阳江	6972	20192	21339	21343	21474	23644
湛江	33030	32854	32835	38668	41985	38191
茂名	19812	39784	22502	30396	17700	33353
肇庆	52082	59316	60585	61576	58778	58709
清远	36536	35552	41479	39469	36400	41376
潮州	32839	26132	26134	26133	23723	23723
揭阳	39428	40091	39380	39360	39366	39248
云浮	16882	28309	28241	28007	27590	27130

9-12 各市公共电视节目播出时间情况

单位：小时

市　别	2015	2017	2018	2019	2020	2021
全　省	**728129**	**803502**	**848494**	**877503**	**902869**	**858793**
省　级	61849	96805	99434	106729	109400	104326
广　州	98352	101803	103809	97799	76484	68778
深　圳	102649	109414	87627	95030	55818	108838
珠　海	15634	16030	15394		107243	13140
汕　头	22103	22103	35989	36129	13140	37060
佛　山	33368	34303	33001	32381	37122	32734
韶　关	14034	20758	40863	55312	32841	53106
河　源	24926	26768	25623	29685	57074	34691
梅　州	28940	35445	34536	38429	31299	36968
惠　州	28200	38187	43881	44110	31215	37224
汕　尾	15761	12006	27192	27435	70039	26761
东　莞	13140	12410	12774	12592	37632	12363
中　山	19710	19710	19710	13870	29604	19710
江　门	49636	58818	58415	54185	23524	48212
阳　江	13730	14180	18323	17974	35237	19807
湛　江	17171	34057	24248	31108	19876	30603
茂　名	22573	39538	38279	27693	32672	37137
肇　庆	13140	13140	31820	49602	13140	40793
清　远	80741	32030	30396	30797	12775	27949
潮　州	20161	25488	25506	29667	26393	21650
揭　阳	19658	23007	24351	22818	26393	23068
云　浮	12653	17502	17323	24158	23948	23875

9-13 广播电视播出情况

年 份	广播节目套数（套）	全年公共广播节目播出时间（小时）	电视节目套数（套）	全年公共电视节目播出时间（小时）
2015	206	747116	222	728129
2017	131	783086	154	803502
2018	135	808415	159	848494
2019	137	818964	165	877503
2020	137	801087	164	902869
2021	139	828676	156	858793

9-14 广播电视节目制作情况（2021年）

指 标	全年制作广播节目时间（小时）	全年制作电视节目时间（小时）
合 计	**648061**	**201968**
省 级	76757	14170
地市级	404681	64097
县 级	166623	123701

9-15 各市广播电视节目制作情况(2021 年)

市 别	全年制作广播节目时间（小时）	全年制作电视节目时间（小时）
全 省	**648061**	**201968**
省 级	76757	14171
广 州	55039	30868
深 圳	29695	93989
珠 海	61072	1317
汕 头	19307	3376
佛 山	51744	1965
韶 关	7814	5541
河 源	10000	2602
梅 州	5612	516
惠 州	31634	9264
汕 尾	20701	8031
东 莞	23798	615
中 山	13760	799
江 门	41579	4852
阳 江	42404	1234
湛 江	20337	2128
茂 名	26610	7080
肇 庆	23749	3232
清 远	26621	2882
潮 州	11772	706
揭 阳	23998	2354
云 浮	24058	4446

9-16 各市制作广播节目时间情况

单位：小时

市别	2015	2017	2018	2019	2020	2021
全省	**678389**	**595865**	**603454**	**572303**	**662735**	**648061**
省级	79554	47791	70149	71190	78107	76757
广州	84244	51638	54958	46999	55174	55039
深圳	34631	37505	38522	38933	31015	29695
珠海	56030	55036	30183	15687	81508	61072
汕头	25872	12240	27507	27516	18712	19307
佛山	51533	52584	64158	52725	50441	51744
韶关	26529	14478	5557	7028	4794	7814
河源	11261	10525	10392	12890	14351	10000
梅州	13296	15838	15389	8847	5781	5612
惠州	31873	33437	29097	31488	32398	31634
汕尾	16700	12536	21617	21623	16390	20701
东莞	23768	23737	23732	23962	23786	23798
中山	15436	7171	17239	17175	31300	13760
江门	40593	41048	43474	39913	39311	41579
阳江	7105	18762	19165	18669	44167	42404
湛江	29444	11120	14131	18440	18755	20337
茂名	7024	44575	10612	20950	22166	26610
肇庆	38902	38661	39470	43522	26144	23749
清远	25865	21912	13776	13606	8713	26621
潮州	13013	12835	14082	14043	11042	11772
揭阳	23568	25561	24931	22220	24969	23998
云浮	22148	6875	15313	4877	23711	24058

9-17 各市制作电视节目时间情况

单位：小时

市别	2015	2017	2018	2019	2020	2021
全省	**334711**	**252812**	**257035**	**266223**	**206714**	**201968**
省级	155649	10965	15258	18310	16592	14171
广州	13155	69047	31349	33815	16561	30868
深圳	46603	54046	103622	135275	114991	93989
珠海	3616	2650	4292	2241	1420	1317
汕头	1117	1112	3833	1574	3384	3376
佛山	2718	2813	3333	2797	1407	1965
韶关	7966	12513	9248	1878	1779	5541
河源	3296	2210	2893	3630	3050	2602
梅州	4868	5342	4043	3010	1285	516
惠州	3994	1832	2258	2249	8285	9264
汕尾	3274	6460	8938	9008	2020	8031
东莞	2680	1931	911	902	1130	615
中山	2484	768	9282	1245	1793	799
江门	11310	17620	10914	8631	4907	4852
阳江	1797	588	621	524	1172	1234
湛江	2942	4456	3194	4731	2706	2128
茂名	2729	25375	16860	11479	9492	7080
肇庆	1845	8650	7239	8758	4716	3232
清远	53597	13872	5918	4986	1091	2882
潮州	1147	1403	2373	2369	746	706
揭阳	2877	5923	5963	5219	3578	2354
云浮	5047	3236	4693	3592	4609	4446

9-18　广播电视制作情况

年　份	全年制作广播节目时间（小时）	全年制作电视节目时间（小时）
2015	678388	334711
2017	595865	252812
2018	603454	257035
2019	572303	266223
2020	662735	206714
2021	648061	201968

9-19　广播电视有线传输情况

年　份	有线广播电视用户数（万户）	数字电视用户数（万户）
2015	1973	1487
2017	1798	1692
2018	1845	1761
2019	1767	1705
2020	1706	1639
2021	1710	1642

9-20 广播电视覆盖情况

单位：%

年　份	广播综合人口覆盖率	电视综合人口覆盖率
1980	21.7	44.7
1981	30.0	68.0
1982	69.0	73.0
1983	69.8	74.5
1984	69.8	74.5
1985	70.3	80.0
1986	71.5	82.0
1987	75.0	82.0
1988	78.0	84.0
1989	82.4	86.3
1990	90.1	90.6
1991	90.3	90.8
1992	90.4	90.9
1993	90.4	91.0
1994	90.6	91.0
1995	90.6	91.0
1996	92.0	92.4
1997	92.0	92.4
1998	92.0	92.4
1999	96.0	96.4
2000	96.0	96.4
2001	96.0	96.4
2002	96.0	96.4
2003	96.0	96.4
2004	96.1	96.4
2005	96.1	96.4
2006	96.4	96.7
2007	97.0	97.3
2008	97.1	97.4
2009	97.5	97.7
2010	98.0	98.0
2011	98.0	98.0
2012	99.9	99.9
2013	99.9	99.9
2014	99.9	99.9
2015	99.9	99.9
2016	99.9	99.9
2017	99.9	99.9
2018	99.9	99.9
2019	99.98	99.98
2020	99.98	99.98
2021	99.98	99.98

9-21 电影基本情况(2021年)

指 标	在册放映单位（个）	座位数（个）	放映场次（万场次）	观众人数（万人次）	放映收入（万元）
合 计	**2,839**	**1,211,933**	**1,492.35**	**16,385.72**	**601,553**
农 村	1,423		23.06	1,714.63	
城 市	1,416	1,211,933	1,469.29	14,671.09	601,553
其中：中影南方新干线	490	390,082	506.66	4,810.54	193,451
金逸珠江院线	139	118,883	138.22	1,469.52	59,862
广东大地	169	131,130	152.61	1,497.94	60,453
深影橙天	44	28,525	36.89	271.70	10,468

注：1. 农村在册放映单位指流动放映队，没有座位数统计指标。
2. 城市指院线的电影放映情况，未含院线外的电影放映情况。

9-22 图书、杂志、报纸出版数量

项 目	单位	2015	2017	2018	2019	2020	2021
图书出版							
种数	（种）	10089	9868	11033	11061	10970	11565
总印数	（万册）	31287	30202	35257	39460	43448	50568
总印张数	（千印张）	2434970	2316856	2635074	3122677	3394245	3982348
杂志出版							
种数	（种）	382	381	380	380	380	380
总印数	（万册）	14458	11428	10753	10480	9887	9539
总印张数	（千印张）	844427	607564	562385	539431	492203	475097
报纸出版							
种数	（种）	100	99	99	97	97	92
总印数	（万份）	327660	274299	221184	171635	153310	144834
总印张数	（千印张）	20081573	14268079	9991560	6598193	5117384	4601690

9-23 期刊出版情况(2021 年)

项　目	种数（种）	平均期印数（万册）	总印数（万册）	总印张数（千印张）	总金额（万元）
合　计	**380**	**434.93**	**9538.68**	**475097.49**	**84205.59**
综　合	26	13.02	155.30	8468.30	2147.29
哲学、社会科学	97	202.87	4543.17	215981.45	32728.99
自然科学、技术	180	161.17	3582.12	182731.68	33334.72
文化、教育	46	46.51	1128.99	57207.80	13546.87
文学、艺术	31	11.36	129.10	10708.26	2447.72
其中：少儿读物	10	45.77	1311.65	35052.53	9528.92
画　刊	3	1.74	19.64	1637.04	386.88

9-24 报纸出版情况(2021年)

项　目	种数（种）	平均每期印数（万份）	总印数（万份）	总印张（千印张）	定价总金额（万元）
合　计	**92**	**538.12**	**144834**	**4601690**	**251129**
综合报	46	412.99	128669	4072116	218117
专业报	30	74.11	10744	394819	20766
生活服务报	10	8.37	404	32827	2968
读者对象报	5	37.76	4519	91958	7783
文摘报	1	4.89	499	9971	1496
1. 省级	31	249.67	59359	2247762	110871
综合	5	184.69	50509	1846295	91188
专业报	16	47.81	6278	325117	14812
生活服务报	9	8.07	388	32671	2905
读者对象报	1	9.10	2184	43680	1966
文摘报					
2. 地市级	61	288.45	85475	2353928	140258
综合报	41	228.31	78160	2225822	126929
专业报	14	26.30	4466	69702	5955
生活服务报	1	0.30	16	156	62
读者对象报	4	28.66	2335	48278	5817
文摘报	1	4.89	499	9971	1496

9-25 图书出版情况(2021 年)

项　目	种数(种)			租型图书种数(种)	总印数(万册、张)			
	合计	新出	重印		合计	新出	重印	租型
合　计	**11565**	**5692**	**5873**	**128**	**50566.37**	**13538.89**	**24697.65**	**12329.83**
马克思主义、列宁主义、毛泽东思想	13	3	10		2.06	0.13	1.93	
哲学	134	80	54		88.58	62.74	25.84	
社会科学总论	85	52	33		24.51	16.23	8.29	
政治、法律	285	211	74	4	1055.88	120.56	298.88	636.45
军事	21	11	10		12.48	6.41	6.07	
经济	512	312	200		283.02	146.29	136.73	
文化	6446	2427	4019	124	45379.98	11220.62	22465.97	11693.39
语言	274	135	139		218.31	130.82	87.49	
文学	1450	894	556		2456.68	1349.34	1107.33	
艺术	557	423	134		214.80	148.60	66.20	
历史、地理	590	455	135		395.99	133.88	262.11	
自然科学总论	9	3	6		2.88	1.53	1.35	
数理科学、化学	55	9	46		12.01	2.02	9.98	
天文学、地球科学	29	19	10		9.49	6.89	2.60	
生物科学	52	28	24		33.03	19.77	13.26	
医药卫生	404	264	140		169.11	84.66	84.45	
农业科学	43	27	16		10.74	5.55	5.19	
工业技术	418	199	219		138.49	51.03	87.45	
交通运输	39	27	12		9.02	5.79	3.24	
航空、航天	6	4	2		2.31	1.31	1.00	
环境科学	39	23	16		12.20	3.21	8.99	
综合性图书	104	86	18		34.80	21.49	13.31	

注：不包含不适用《中国标准书号》部分。

9-25 续表

项目	总印张（千印张）				定价总金额（万元）			
	合计	新出	重印	租型	合计	新出	重印	租型
合 计	**3982308.43**	**1188396.81**	**1893227.34**	**900684.28**	**783088.85**	**278895.14**	**413902.74**	**90290.97**
马克思主义、列宁主义、毛泽东思想	146.72	22.61	124.12		60.50	8.61	51.89	
哲学	11124.82	6851.71	4273.11		4548.95	3168.38	1380.57	
社会科学总论	3601.80	2300.03	1301.78		1625.87	1279.17	346.69	
政治、法律	80572.59	20460.83	23088.35	37023.41	15692.23	6500.84	5425.47	3765.92
军事	2210.98	1027.01	1183.97		597.15	328.89	268.26	
经济	36805.47	20435.52	16369.95		16619.90	10722.00	5897.90	
文化	3430058.80	901813.33	1664584.60	863660.87	579883.67	151193.08	342165.54	86525.05
语言	24071.39	11830.78	12240.61		9123.16	5943.55	3179.61	
文学	281347.11	158316.59	123030.51		96409.95	58374.65	38035.30	
艺术	24439.44	18157.83	6281.61		15483.51	13034.32	2449.19	
历史、地理	33936.34	21579.19	12357.15		17659.50	12395.89	5263.61	
自然科学总论	286.50	138.90	147.60		220.93	156.34	64.59	
数理科学、化学	1570.41	263.64	1306.77		411.54	87.71	323.83	
天文学、地球科学	890.78	673.26	217.53		588.63	447.08	141.55	
生物科学	2899.19	1817.70	1081.49		1988.12	1506.65	481.46	
医药卫生	19232.11	10802.45	8429.66		8747.76	5691.68	3056.08	
农业科学	1331.30	874.70	456.60		885.10	585.11	299.98	
工业技术	20279.91	6321.23	13958.68		8057.98	4100.74	3957.24	
交通运输	891.59	582.75	308.84		510.79	374.21	136.58	
航空、航天	143.99	109.41	34.58		78.32	50.32	28.00	
环境科学	1476.63	518.76	957.87		509.27	253.56	255.72	
综合性图书	4990.54	3498.59	1491.95		3386.02	2692.35	693.67	

9-26 电子出版物出版情况(2021年)

单位：种、万张

	合计		# 新版	
	种数	数量	种数	数量
总 计	**426**	**989.13**	**193**	**304.37**
CD-ROM	265	926.10	93	255.95
DVD-ROM	77	52.59	39	39.30
CD-I 及其他	84	10.44	61	9.12

9-27 录像制品出版情况(2021年)

单位：种、万盒(张)

	合计		# 新版	
	种数	数量	种数	数量
总 计	**189**	**35.58**	**183**	**13.49**
VT				
VCD				
DVD-V	179	35.27	173	13.18

9-28 录音制品出版情况(2021年)

单位：种、万盒(张)

	合计		# 新版	
	种数	数量	种数	数量
总 计	**951**	**414.12**	**830**	**155.33**
AT	45	9.39	24	0.89
CD	646	354.27	571	135.06
DVD-A				

9-29　档案机构基本情况(2021年)

指　　标	单位	各级各类档案馆
机构数	(个)	188
从业人员	(人)	2538
专职		2277
一、馆藏档案情况		
全宗	(个)	20222
案卷	(卷)	46574318
以件为保管单位档案	(件)	36397209
电子档案		
其中: 数码照片	(GB)	49782
数字录音、数字录像	(GB)	201202
实物档案	(件)	2227321
档案数字化成果		
纸质档案		
案卷	(卷)	30616580
以件为保管单位档案	(件)	26054950
二、档案利用情况		
1. 已开放档案		
案卷	(卷)	3427530
以件为保管单位档案	(件)	2018400
2. 开放档案目录		
案卷级	(万条)	323
文件级	(万条)	2150
3. 本年利用档案		
人次	(人次)	5974411
卷(件)次		8517537

9-30 各市各类档案馆基本情况(2021 年)

市别	档案馆(个)	从业人员(人)	馆藏档案	
			全宗(个)	案卷(卷)
全省	**174**	**2298**	**19797**	**47794964**
广州	14	386	2135	16850498
深圳	11	147	771	3166517
珠海	5	62	735	1198323
汕头	10	122	1193	735554
佛山	8	164	1147	2788992
韶关	13	132	1654	1267372
河源	8	78	828	684663
梅州	13	121	1072	968433
惠州	8	109	1101	1581231
汕尾	5	51	369	221613
东莞	3	24	321	521583
中山	2	112	262	9620755
江门	11	146	949	1424205
阳江	6	92	794	671790
湛江	13	124	1187	1082535
茂名	7	90	918	715340
肇庆	10	69	1052	1964885
清远	10	93	1668	1467404
潮州	5	41	558	308133
揭阳	6	63	465	199654
云浮	6	72	618	355484

注：本表不包含省直数据。

主要统计指标解释

广播（电视）节目套数 是指用固定的频率（频道）自办广播（电视）节目，并编排有整套节目时间表，定期向听众（观众）播放节目名称和播出时间。

广播综合人口覆盖率 是指广播综合覆盖的人口与总人口的比率。

电视综合人口覆盖率 是指电视综合覆盖人口与总人口的比率。

图书 是指不少于49页并在“古籍”范围以外的图书。少儿读物、连环画49页以上的按图书统计，48页以下的按小册子统计到“其他”类中。

报刊 报纸是指刊登当前实践的专题或综合新闻，每周至少出版一张并按年、月、日出版的定期或不定期的一种连续出版物。

档案利用卷次 按当年每日提供案卷的数量累计填报。一个利用者上、下午利用同一案卷，按1卷次计算；一个利用者连续若干天利用同一案卷，用1天计算1卷次；一个案卷外借若干天，按1卷次计算。

十、社会参与

简要说明

1. 本篇资料主要反映广东省工会、共青团、注册志愿者、妇联、残联、文联、人大、政协、宗教、扶贫等情况。

2. 本篇资料主要包括：

(1) 工会数量、会员人数及构成；共青团组织数量、团干部及团员数量；志愿者组织数量及分布、注册志愿者参与状况；妇联组织数量及分布、妇女参与状况；残疾人康复与发展、残疾人就业；省级艺术家会员情况；人大代表和政协委员数量及构成；宗教活动场所、宗教教职人员等。

(2) 地区分全省和各地级以上市。

(3) 年份主要为当年、近 5 年和 1978 年以来数据。

3. 统计资料来源：本篇资料由省总工会、共青团广东省委员会、省妇女联合会、省残疾人联合会、省人民代表大会、中国人民政治协商会议广东省委员会、省民族宗教事务委员会、省文联负责整理、审核、提供。

10-1 工会基层组织建设状况(2021 年)

分组	基层工会(个)	独立基层工会	联合基层工会	基层工会涵盖单位(个)	职工(人)	女性
总 计	**136791**	**128921**	**7870**	**382744**	**21435428**	**9402461**
国有企业(仅指非公司制企业，不包括国有独资公司、国有控股公司)	3973	3850	123	5533	1096537	337613
集体企业	2076	1853	223	4912	216930	81541
股份合作企业	975	922	53	3575	187382	77673
联营企业	144	116	28	4172	41447	21552
国有独资公司	1309	1261	48	1928	286720	88982
其他有限责任公司	16060	15903	157	18473	1894833	773124
股份有限公司中的国有控股公司	1023	998	25	1420	532595	200738
其他股份有限公司	2465	2364	101	9603	851517	350853
私营企业	62167	59687	2480	120653	6409319	2769149
其他内资企业	679	626	53	1636	95578	42640
港澳台商投资企业	6423	6382	41	7543	1906138	896615
外商投资企业	3972	3926	46	4278	1250234	576961
财政拨款的事业单位	10997	10669	328	16215	1298842	725500
其他事业单位	6164	5534	630	35576	1114428	596351
机关	10052	9623	429	19398	1174184	409066
个体经济组织	2032	999	1033	34887	735424	364205
社会团体	1406	618	788	44655	917134	399655
民办非企业单位	1838	1793	45	2472	142135	91003
基金会	11	6	5	23	418	161
其他组织	3025	1791	1234	45792	1283633	599079

10-1 续表

分　　组	农民工	女性农民工	工会会员（人）	女性	农民工	女性农民工
总 计	**11274491**	**4822962**	**20019570**	**8753172**	**10476773**	**4492279**
国有企业（仅指非公司制企业，不包括国有独资公司、国有控股公司）	246498	71292	1041611	326018	223897	67453
集体企业	92545	37602	204645	77325	87743	35551
股份合作企业	104823	41237	165097	69791	85283	34679
联营企业	27563	13329	37372	19559	24234	11275
国有独资公司	63931	17456	274750	84745	57001	14276
其他有限责任公司	1014098	417437	1754412	716418	938291	387434
股份有限公司中的国有控股公司	124532	37966	506801	190320	115313	34432
其他股份有限公司	469312	181175	786966	323420	438982	169990
私营企业	4220332	1812651	5998760	2596218	3953316	1716260
其他内资企业	74120	31850	86127	38830	66548	28756
港澳台商投资企业	1461181	686588	1740997	830804	1355350	646171
外商投资企业	838343	385750	1152318	540723	780380	356820
财政拨款的事业单位	144976	56383	1267541	709159	139874	53669
其他事业单位	407187	192378	1077119	577852	392193	187353
机关	161784	64422	1150446	403563	158047	63134
个体经济组织	491343	173669	704326	348822	471376	167017
社会团体	556001	253440	773197	341963	505900	216525
民办非企业单位	51558	29346	130705	84701	46910	27575
基金会	75	16	411	156	74	12
其他组织	724289	318975	1165969	472785	636061	273897

10-2 工会基层组织建设状况（2021）

分组	专职工会工作人员（人）	女性	兼职工会工作人员（人）	女性	有女职工的工会数（个）
总 计	**50409**	**23022**	**509671**	**229773**	**134598**
国有企业（仅指非公司制企业，不包括国有独资公司、国有控股公司）	3341	1661	24120	10297	3884
集体企业	581	307	5641	2400	2031
股份合作企业	252	159	3749	1658	972
联营企业	65	51	617	289	143
国有独资公司	819	411	8661	4089	1299
其他有限责任公司	4694	2189	60103	27870	15875
股份有限公司中的国有控股公司	1027	586	11189	5630	1017
其他股份有限公司	1154	561	11324	5057	2435
私营企业	17821	7079	187430	79241	61235
其他内资企业	1189	490	1798	770	668
港澳台商投资企业	2783	1264	28583	12820	6347
外商投资企业	1673	860	19131	8241	3941
财政拨款的事业单位	2929	1661	55045	28247	10917
其他事业单位	2853	1557	24994	11920	6126
机关	4270	1722	41411	18189	9592
个体经济组织	411	184	4405	1999	2006
社会团体	592	254	5653	2890	1365
民办非企业单位	908	571	5836	3945	1798
基金会	0	0	50	24	9
其他组织	3047	1455	9931	4197	2938

10-2 续表

分　　组	本级工会建立女职工组织（个）			本级工会女职工工作人员（人）	
	建立女职工委员会	仅设立女职工委员	未建立	专职	兼职
总　计	**93472**	**22988**	**20331**	**13485**	**204812**
国有企业（仅指非公司制企业，不包括国有独资公司、国有控股公司）	2435	951	587	797	6966
集体企业	1113	579	384	187	2368
股份合作企业	694	137	144	91	1373
联营企业	96	26	22	17	210
国有独资公司	806	320	183	197	2700
其他有限责任公司	11535	2303	2222	1416	26161
股份有限公司中的国有控股公司	719	177	127	262	2992
其他股份有限公司	1771	420	274	338	4332
私营企业	42876	9719	9572	4554	81205
其他内资企业	454	94	131	508	822
港澳台商投资企业	4796	816	811	695	11450
外商投资企业	2968	539	465	555	7361
财政拨款的事业单位	7459	2409	1129	921	20750
其他事业单位	4405	1086	673	1023	9793
机关	6277	2037	1738	774	15179
个体经济组织	1011	452	569	156	1861
社会团体	999	163	244	165	2474
民办非企业单位	1335	224	279	456	3091
基金会	4	4	3	0	17
其他组织	1719	532	774	373	3707

10-3 共青团基本情况(2016-2021 年)

类别	单位	2016	2017	2018	2019	2020	2021
基层团委数	(个)	10378	9186	9293	9463	9718	10303
基层团工委数	(个)	561	547	554	656	694	763
团总支数	(个)	10610	8999	6853	6985	7561	7653
团支部数	(个)	177817	192383	231923	221227	257383	273598
团员数	(人)	4747278	4208196	4644880	5375101	5269786	5597914
专职团干部数	(人)	3535	4322	6506	29239	8302	12557
兼职团干部数	(人)	192993	227654	364231	307121	424585	446575

注:1. 数据截止时间为 2021 年 12 月 31 日,下同。
2. 团员人数包含保留团籍的党员人数,下同。
3. 2019 年对“专职团干部”统计口径进行了调整,因此与其余年份存在较大差异。

10-4 共青团分类情况(2021 年)

领域	团组织(个)				团员(人)			团干部(人)	
	基层团委数	基层团工委数	团总支数	团支部数	团员数	保留团籍的党员数	新发展团员数	专职团干部数	兼职团干部数
全省合计	**10303**	**763**	**7653**	**273598**	**5597914**	**272503**	**241483**	**22069**	**446575**
社会领域合计	5628	727	2692	81166	2154177	204416	9419	6857	158525
机关事业单位	2669	650	813	15749	343655	57314	3418	3508	39611
国有企业、集体企业	1595	3	829	12097	222316	23634	510	651	33735
城市社区	858	4	342	8635	487827	34123	941	565	17552
农村	174		484	21274	874670	64653	1628	1378	41330
非公企业	306	52	199	21087	206266	23103	2278	672	23520
社会组织	26	18	25	2324	19443	1589	644	83	2777
学校领域合计	4346	25	4510	173275	3233303	65532	209696	14371	272444
本科及以上高等院校	848		1095	57920	1343214	50150	10793	5597	117629
高等职业院校 / 大专院校	247		684	38886	708493	5573	12693	4350	68511
中等职业学校 / 中专院校	3			276	4474	33	608	12	209
职业高中	60		52	2339	21664	125	4374	109	2570
普通高中	974	22	992	47378	870834	3726	90467	2272	53631
初中	2104	3	1423	15534	172379	5553	79752	1544	18009
技工学校	110		264	10942	112245	372	11009	487	11885
其他	329	11	451	19157	210434	2555	22368	841	15606

注:1. 其他项为录入系统时不确定行业类别的数量。
2. 此表中团组织数未统计领导机关团委的数量。

10-5 各市团组织团员情况（2021 年）

市　别	团组织数（个）		团员数（人）	
	机关事业单位	国有企业、集体企业	机关事业单位	国有企业、集体企业
广　州	3047	2503	54325	42114
深　圳	2803	3193	58886	55227
珠　海	469	311	7568	4925
汕　头	708	146	14505	1492
佛　山	1127	310	25209	6904
韶　关	687	161	8433	2086
河　源	579	50	6332	694
梅　州	634	112	9102	1397
惠　州	757	189	13236	2183
汕　尾	326	59	4618	725
东　莞	954	409	14222	5681
中　山	717	173	9994	1718
江　门	866	156	14461	1810
阳　江	390	121	5203	1068
湛　江	775	476	13307	6059
茂　名	632	130	10471	2093
肇　庆	803	142	13040	1893
清　远	543	99	8464	1140
潮　州	303	54	7040	897
揭　阳	440	88	6228	1355
云　浮	400	48	4957	604

10-6 各市学校团组织、团员情况(2021年)

市别	团组织数(个)						
	本科及以上高等院校	高职院校/大专院校	中职学校/中专学校	职业高中	普通高中	初中	技工学校
广州	3426	2469	5016	407	4079	1400	2223
深圳	2603	2101	1461	324	3721	2041	636
珠海	3441	706	631	204	899	390	230
汕头	712	455	870		3058	907	387
佛山	1382	995	1216	464	3020	924	369
韶关	949	570	1048	8	1358	672	427
河源		765	813	26	2036	957	208
梅州	890	148	888	177	3046	971	253
惠州	942	1328	1740	59	2683	1042	741
汕尾		380	364		1489	471	133
东莞	2526	1194	1644	30	2100	1013	546
中山	601	759	881	270	1320	464	306
江门	749	1451	1014	173	1974	593	356
阳江		455	445	99	1300	563	106
湛江	4640	929	1456	108	3614	1566	338
茂名	1039	1644	1766	26	4183	1439	476
肇庆	2088	1748	1516	2	1431	833	430
清远		605	882	2	1710	635	285
潮州	730	67	321	44	1272	396	92
揭阳		571	728	7	3582	1291	46
云浮		555	621	2	1269	438	163

10-6 续表

市别	团员数（人）						
	本科及以上高等院校	高职院校/大专院校	中职学校/中专学校	职业高中	普通高中	初中	技工学校
广州	84086	44726	54917	3445	79072	16582	27793
深圳	61757	36388	17277	3177	70052	16749	8699
珠海	72872	8302	5364	1806	14343	2834	1744
汕头	15321	9213	6878		51889	10756	2672
佛山	28268	17805	12386	4411	51199	10537	4034
韶关	23727	8229	10175	222	25700	4493	3240
河源		11558	8308	282	30036	5779	1637
梅州	24303	2595	6538	1113	46108	5175	1980
惠州	20362	26063	19119	377	44084	8722	7739
汕尾		7136	4504		23797	4442	774
东莞	58224	17367	18109	299	39137	14478	6321
中山	15500	11607	7979	2118	22949	3629	3310
江门	19236	28370	7570	958	35906	4932	2566
阳江		7587	3830	645	23756	4574	687
湛江	97960	18220	14957	1253	63494	16320	2430
茂名	23974	37028	16430	315	83581	10987	4283
肇庆	51385	30610	12280	73	34194	6633	3179
清远		11221	7026	46	30251	7447	2092
潮州	18352	1618	3454	758	20226	3435	990
揭阳		8218	6029	141	52884	9695	370
云浮		8337	6140	18	23280	3747	1480

10-7 各市团员基本情况(2021年)

市别	性别分布		年龄分布				
	男	女	14-15岁	16-18岁	19-22岁	23-28岁	28岁以上
广州	228664	290468	21552	93077	169529	226697	7874
深圳	223866	235104	19998	73248	130433	228653	5979
珠海	61952	80748	4100	19443	66018	51416	1149
汕头	84701	128041	9596	49790	66971	84336	2145
佛山	112750	147363	13676	51916	80509	111044	3020
韶关	53393	79385	6268	30100	50271	43908	2125
河源	44979	73149	7047	30586	39994	38988	1783
梅州	77624	109888	8201	41999	65875	68789	2608
惠州	81926	115092	11600	48872	71057	63080	2117
汕尾	39706	55045	5961	22527	31271	34118	1145
东莞	113962	128501	14691	46341	90804	87512	3105
中山	51422	68800	6008	24589	42803	44556	1974
江门	72286	106725	7576	36075	68728	63798	2520
阳江	38448	52423	5432	22761	27610	33544	1567
湛江	150750	207761	12139	73500	149741	120463	2356
茂名	143996	181123	13797	80094	118354	110599	2423
肇庆	82368	123551	6838	45620	89373	62260	1485
清远	48041	78916	6464	30173	42030	46744	1711
潮州	35412	64537	4443	19947	35353	39235	821
揭阳	75349	114037	10404	47928	60412	68530	2361
云浮	35378	55837	4488	23785	28092	33956	974

10-7 续表

单位：人

市别	民族		学历		
	汉族	少数民族	初中	高中或高中同等学历	大专及以上
广州	508575	10834	106228	137347	254268
深圳	442670	16693	76249	104666	259028
珠海	137500	5316	21807	43921	71580
汕头	211939	830	51923	62263	81774
佛山	254808	5719	57121	69177	121194
韶关	130482	2309	32541	39996	52620
河源	116912	1226	33599	34061	43232
梅州	187059	477	47837	55746	70985
惠州	194061	3105	55163	60805	69437
汕尾	94581	266	25661	27151	36475
东莞	237265	5548	58579	65874	105004
中山	117255	3078	30129	32461	51469
江门	175571	3705	42864	54948	68853
阳江	89866	1019	25793	24153	34228
湛江	355135	3405	85824	128033	123318
茂名	323496	1634	92731	100585	113351
肇庆	203230	2767	58408	65496	70816
清远	119197	7774	33946	35371	48525
潮州	99495	462	24595	31785	37541
揭阳	188953	450	54389	53319	66720
云浮	90737	510	26493	23518	32917

10-8 各市新发展团员情况（2021年）

市别	性别分布		年龄分布			
	男	女	14-15岁	16-18岁	19-22岁	23-28岁
全省	**105954**	**141628**	**114524**	**103841**	**24699**	**4934**
广州	11826	15355	11578	12988	1961	679
深圳	9812	11523	11359	7907	1328	773
珠海	1965	2781	2084	1893	613	153
汕头	4671	6515	5157	5413	551	43
佛山	6741	9098	7985	6688	820	471
韶关	3107	4322	3517	3273	563	71
河源	2870	4479	4100	2872	232	141
梅州	3527	4931	4452	3613	343	50
惠州	4407	6398	6479	3519	739	87
汕尾	2806	4124	3768	2834	267	83
东莞	6817	8453	8352	5665	912	346
中山	3205	4510	3751	3243	500	206
江门	3819	5835	4216	4336	960	188
阳江	2404	3703	3139	2572	329	63
湛江	6339	8132	6798	6084	1384	201
茂名	6236	8178	7116	5922	1145	214
肇庆	3623	5499	4120	3980	867	165
清远	3083	5277	4082	3732	333	210
潮州	2196	3281	2769	2456	238	8
揭阳	5142	6949	5764	5435	818	64
云浮	2058	3620	2833	2524	240	86
省属中学	367	323	400	288	2	
省属高校	6903	6233	189	3471	8003	132
省直机关	1666	1816	262	2250	949	9
其他有关单位	364	293	254	883	602	491

10-8 续表

单位：人

市别	民族		学历		
	汉族	少数民族	初中	高中或高中同等学历	大专及以上
全省	**242113**	**5550**	**131259**	**51393**	**19478**
广州	26552	662	15465	5624	1908
深圳	20700	703	12058	4285	1397
珠海	4531	224	2127	1062	546
汕头	11144	43	6374	1938	211
佛山	15379	567	9126	3279	957
韶关	7283	147	3935	1554	533
河源	7274	75	4167	1449	225
梅州	8429	29	4632	1486	202
惠州	10594	237	6515	1600	572
汕尾	6937	22	4037	1249	173
东莞	14740	555	8570	2759	940
中山	7348	374	4608	1267	444
江门	9240	451	4848	2227	608
阳江	6015	93	3550	1184	172
湛江	14354	118	7255	3218	773
茂名	14339	75	8038	3065	556
肇庆	8904	231	5068	1652	670
清远	7972	388	4672	1646	316
潮州	5441	37	2968	1013	137
揭阳	12055	38	6448	2660	387
云浮	5652	39	3003	1100	149
省属中学	672	21	442	153	
省属高校	12803	341	1117	5242	6740
省直机关	3411	71	2091	624	712
其他有关单位	344	9	145	57	150

10-9 全省志愿服务数据情况（2016-2021年）

指标	单位	2016	2017	2018	2019	2020	2021
累计注册志愿者人数	（人）	6411605	8604076	10552084	11618729	12997982	14076517
累计志愿服务组织及团体数	（个）	49641	71677	83730	94105	131748	134866
志愿服务组织及团体年平均开展志愿服务活动数	（场次）	1.37	2.5	3.6	5.16	3.73	4.54
注册志愿者年人均服务时长	（小时）	5.04	5.9	5.47	4.48	3.42	2.93
注册志愿者证申请量	（人次）	/	900088	2087288	3103958	4133581	5047098

10-10 各市志愿服务数据情况（2021年）

市别	注册志愿者人数（人）	志愿服务组织及团体数（个）	2020年累计服务时长（小时）
广州	4833093	30735	16603001
深圳	2621611	27190	7974834
珠海	511480	4238	1861890
汕头	999664	7457	2324895
佛山	1352758	9701	3642020
韶关	470048	6437	2713811
河源	240349	3058	2376840
梅州	518370	4141	2515800
惠州	396363	3681	1682973
汕尾	437569	4765	2310731
东莞	1430449	11694	3861914
中山	554230	18492	3350693
江门	762010	13431	2833633
阳江	345454	3208	1140890
湛江	679536	5975	1896997
茂名	948413	8985	5304825
肇庆	719385	5670	1482584
清远	628505	4899	2075606
潮州	230390	2488	900726
揭阳	659401	4928	1916829
云浮	248954	2782	913784

注：1. 系统统计逻辑存在将同一志愿者（或同一志愿服务组织／团体）纳入不同地市的统计数据内的情况，各地市的数据会存在一定的重复，全省累计数据会小于本表中各地市数据相加值。

2. 深圳、江门志愿服务数据来源于深圳、江门义工系统，暂不计入未经岗前培训的义工。

10-11 各市志愿服务数据分类统计表（2021 年）

地 市	政治面貌				性别分布		
	党员	团员	民主党派	其他	男	女	未知
广 州	994202	2133225	47799	1657867	2223115	2608744	1234
深 圳	457454	1233737	18768	911652	1218818	1402712	81
珠 海	134067	182983	789	193641	235879	275427	174
汕 头	164199	234689	1046	599730	485209	514438	17
佛 山	193500	390831	636	767791	700012	652169	577
韶 关	120690	175000	679	173679	220598	249437	13
河 源	40857	115975	237	83280	104692	135651	6
梅 州	118228	185661	848	213633	241863	276478	29
惠 州	28524	194254	486	173099	178282	217994	87
汕 尾	119294	111542	1023	205710	226841	210665	63
东 莞	377635	383435	1355	668024	714947	715196	306
中 山	64750	197246	1703	290531	252625	301465	140
江 门	152868	293108	366	315668	395337	366635	38
阳 江	111380	98885	386	134803	168187	177244	23
湛 江	167273	317078	845	194340	321104	358422	10
茂 名	160622	343405	744	443642	468299	480101	13
肇 庆	320800	198359	908	199318	353964	365393	28
清 远	274489	165151	396	188469	300868	327605	32
潮 州	56073	98567	234	75516	94632	135755	3
揭 阳	96166	162552	923	399760	341218	318176	7
云 浮	104163	75053	252	69486	118191	130740	23

10-11 续表

单位：人

地市	年龄分布								
	14岁以下	14-18岁	19-22岁	23-30岁	31-40岁	41-50岁	51-60岁	61-70岁	70岁以上
广州	276220	670208	1012127	1436863	834203	372507	158232	52695	20038
深圳	119497	311179	217556	453629	770311	410466	268374	55039	15560
珠海	32320	61848	97538	154829	83066	47377	24042	7315	3145
汕头	14812	128594	190538	191391	204819	145559	79901	33704	10346
佛山	60679	180973	211754	360958	279244	164639	65858	18947	9706
韶关	19002	65067	82665	132191	69407	51765	38593	8815	2543
河源	8326	46746	62929	55846	36651	21293	7606	818	134
梅州	43591	94999	95531	119121	71548	56969	29562	5400	1649
惠州	16208	123467	109451	74452	40197	23301	8036	1037	214
汕尾	9879	79062	77665	100632	80054	45996	32952	9243	2086
东莞	50083	146080	165170	307440	448317	227194	70214	12437	3514
中山	18711	102754	97576	96598	79123	46612	108553	3302	1001
江门	83465	95046	124491	203110	109038	72898	44587	20233	9142
阳江	14687	83538	61568	73272	64139	32647	13346	1575	682
湛江	16892	131722	213926	215722	46919	33038	15616	3554	2147
茂名	8093	139032	190504	207093	153490	119866	86769	31120	12446
肇庆	20283	79659	147546	221726	126426	72489	39502	8933	2821
清远	20122	103256	110636	168784	107381	61754	37564	11147	7861
潮州	3768	46328	57228	74406	25241	14600	7603	1047	169
揭阳	5110	74678	168417	143095	97299	75252	62942	25387	7221
云浮	1937	33182	46124	70781	40925	29373	17786	6080	2766

10-12 全省妇联组织和主要活动情况

项　　目	单位	2015	2017	2018	2019	2020	2021
一、妇联组织							
县（市、区）妇联	（个）	119	121	142	146	147	146
乡（镇）妇联	（个）	1139	1143	1142	1143	1142	1138
村妇联（2016年由村妇代会改为村妇联）	（个）	18368	19319	19420	19389	19427	19446
街道妇联	（个）	448	468	467	482	486	490
社区妇联	（个）	1321	6575	6586	6677	6714	6862
团体会员	（个）	331	324	332	315	333	344
二、妇女儿童社会活动基本情况							
妇女之家数	（个）	25256	26492	27450	27644	27059	28458
儿童之家数	（个）	9479	17779	20801	26712	26960	27329
家长学校数	（万个）	40985	32743	31800	27468	26602	31131
家长学校培训人次	（万人次）	11182594	9529300	5640000	5243730	5517580	9553555
广东省巾帼志愿者	（万人）	267554	394557	400756	400960	447898	464992
三、妇女儿童权益保护基本情况							
妇联干部任人民陪审员数	（人）	468	365	397	401	435	467
由妇联系统创办的维权服务机构数	（个）	159	127	132	166	166	166
为妇女儿童提供信访、热线咨询等服务数	（万件次）	30174	2.626	2.725	3.01	3.4149	30947
为妇女儿童提供法律援助案件数	（件）	1038	1000	1000	1030	1000	1000
四、荣获表彰情况							
三八红旗手标兵	（个）			10		10	20
三八红旗手	（个）	1346	1774	1731	1948	2274	2289
三八红旗手集体	（个）	987	798	858	847	897	954
巾帼文明岗	（个）	332	2278	1803	1729	1780	1528
巾帼建功标兵	（个）	170	165	75	51	54	23
巾帼建功先进集体	（个）	70	52	4	16	10	1
各级揭晓“最美家庭”	（户）	17432	34273	31310	32881	32892	36879

10-13 各市持证残疾人数(2021 年)

单位：人

市别	持证残疾人总数	残疾类别						
		视力	听力	言语	肢体	智力	精神	多重
全省	**1789714**	**142127**	**165632**	**30022**	**792485**	**196089**	**352684**	**110675**
广州	175883	12747	23869	1478	77537	20004	30870	9378
深圳	38242	2001	4376	661	13774	4357	10228	2845
珠海	23217	1891	4394	244	10117	2158	3558	855
汕头	71322	3790	5036	727	26540	11261	19043	4925
佛山	75847	5169	12497	1122	32535	9457	12373	2694
韶关	93394	8721	8656	1452	45556	10749	13349	4911
河源	99064	10113	8723	2920	44502	9611	18434	4761
梅州	126032	10481	6368	2442	54247	15462	26076	10956
惠州	64992	4241	5549	655	26742	7776	15767	4262
汕尾	56196	2874	2741	1077	24407	8168	13153	3776
东莞	49178	4528	6753	1133	23662	3906	7091	2105
中山	29906	1343	4605	594	12364	3356	5594	2050
江门	71449	5589	4621	764	32578	7629	15451	4817
阳江	64352	4550	4031	1064	31460	4943	14729	3575
湛江	144110	12426	8298	2730	68411	17883	27477	6885
茂名	151715	11954	8163	3142	72105	15387	32727	8237
肇庆	116582	12937	19753	1952	45893	9783	19638	6626
清远	107463	9436	7465	1437	51579	11011	19544	6991
潮州	38343	2908	2175	840	15799	4850	9217	2554
揭阳	91327	6136	4921	2390	34286	12109	21504	9981
云浮	101100	8292	12638	1198	48391	6229	16861	7491

注：数据截止至 2021 年 12 月 31 日各市已办证持证数据。

10-14 残联组织建设情况

项目	单位	2016	2017	2018	2019	2020	2021
省级							
1. 省级残联数	（个）	1	1	1	1	1	1
2. 残联机关工作人员总数	（人）	52	52	52	52	55	55
# 残疾人干部人数	（人）	7	7	5	5	4	4
3. 所属事业单位单位个数	（个）	5	5	5	4	4	3
工作人员总数	（人）	276	276	213	171	112	122
# 残疾人数	（人）	15	15	9	7	5	5
4. 举办干部培训班	（期）	5	5			1	
# 培训人次	（人次）	150	150			60	
5. 举办残疾人干部培训班	（期）	1	1				
# 培训人次	（人次）	30	30				
地市级							
1. 地市级残联数	（个）	21	21	21	21	21	21
2. 残联机关工作人员总数	（人）	332	334	336	344	345	352
# 残疾人干部人数	（人）	21	21	25	29	33	33
3. 所属事业单位个数	（个）	75	76	76	74	73	69
工作人员总数	（人）	2595	2672	2784	2954	2545	2531
# 残疾人数	（人）	102	103	102	100	83	77
4. 举办干部培训班	（期）	122	119	37	14	29	29
# 培训人次	（人次）	1900	1901	1548	1798	1460	1522
5. 举办残疾人干部培训班	（期）	12	13	4	5	15	9
# 培训人次	（人次）	498	739	583	566	644	388
县市区							
1. 县（市、区）残联数	（个）	137	137	137	135	132	133

10-14 续表

项　　目	单位	2016	2017	2018	2019	2020	2021
2. 残联机关工作人员总数	（人）	1172	1188	1188	1227	1181	1192
# 残疾人干部人数	（人）	63	55	54	46	50	52
3. 所属事业单位单位个数	（个）	182	180	183	178	180	171
工作人员总数	（人）	1098	1100	871	1119	1111	1172
# 残疾人数	（人）	53	57	58	54	42	48
4. 举办干部培训班	（期）	220	236	195	282	251	274
# 培训人次	（人次）	8525	9437	5283	9545	7876	8701
乡镇街道							
1. 应建残联数	（个）	1640	1648	1649	1649	1646	1635
2. 已建残联数	（个）	1634	1640	1644	1645	1645	1634
3. 残联机关实有工作人员	（人）	2030	2092	2221	2207	2141	2110
4. 专职残联理事长数	（人）	412	390	459	445	419	409
5. 兼职残联理事长数	（人）	365	345	282	274	273	280
6. 残疾人专职委员	（人）	2123	2069	2325	2295	2348	1990
7. 举办干部培训班	（期）	878	1014	1019	1732	1231	1123
# 培训人次	（人次）	7543	9954	6917	19959	9147	11092
村（社区）							
1. 村（含农村社区）残疾人组织建设							
# 应建残协数	（个）	19330	19292	19311	19254	19265	19199
# 已建残协数	（个）	18444	18772	18661	18617	18388	18036
# 残疾人专职委员数	（人）	19425	18577	17739	18292	17739	14811
2. 社区残疾人组织建设							
# 应建残协数	（个）	5530	5570	5259	5173	5186	5337
# 已建残协数	（个）	5106	5157	4845	4889	4884	5049
# 残疾人专职委员数	（人）	4041	4011	3812	3838	3420	2927

10-15 残疾人基本康复服务

指标名称		单位	2018	2019	2020	2021
总体康复服务情况	得到基本康复服务	人	310671	315227	343930	314068
	其中：得到辅助器具适配服务	人	71049	54211	57054	55797
	农村低收入残疾人	人	/	/	/	78147
按残疾类别	视力残疾人	人	16916	17812	16129	12083
	听力残疾人	人	14478	17350	19405	18712
	言语残疾人	人	1087	1684	3116	2301
	肢体残疾人	人	116614	106259	101573	80878
	智力残疾人	人	23394	22956	28247	21874
	精神残疾人	人	118183	124717	146783	145715
	多重残疾人	人	16882	18607	21363	19871
	0-17 岁未持证残疾儿童	人	3117	5842	7309	12634
按年龄	0-6 岁残疾儿童	人	12370	13970	16833	23340
	7-17 岁残疾儿童	人	13789	16394	20706	19285
	18-59 岁残疾人	人	194076	185655	203092	178171
	60 岁及以上残疾人	人	90436	99208	103302	93272
接受康复服务内容情况	康复医疗	人	/	128730	142555	150105
	功能训练	人	/	25679	26144	33954
	辅助器具	人	/	54211	57054	55797
	支持性服务	人	/	119688	130814	86314

10-16 持证残疾人就业情况

指标名称	单位	2018	2019	2020	2021
就业总人数合计	人	288867	291202	302334	311551
按比例就业	人	60986	61644	64699	68124
集中就业	人	7087	6663	6351	6143
个体就业	人	12974	12354	12421	12642
公益性岗位就业	人	5442	5375	5368	5218
辅助性就业	人	5984	7027	7825	8801
农村种养加	人	132282	131454	133347	132311
灵活就业（含社区就业、居家就业）	人	64112	66685	72323	78312

10-17 残疾人教育情况

项　　目	单位	2016	2017	2018	2019	2020	2021
高中阶段教育							
1. 特殊教育普通高中机构数（盲校与聋校）	（个）	8	6	6	7	7	7
2. 特殊教育普通高中的在校学生数	（人）	543	462	444	412	390	618
3. 残疾人中等职业教育机构数	（个）	8	10	11	9	9	9
4. 残疾人中等职业教育在校学生数	（人）	1116	1547	1307	1172	1693	1257
高等教育							
1. 省内高等特殊教育学院录取残疾人数	（人）	85	76	76	89	72	110
专科（高职）学校个数:	（个）	2	2	2	2	2	2
专科（高职）录取人数:	（人）	85	76	76	89	72	110
其中: 视力残疾	（人）	33	22	24	29	12	30
听力残疾	（人）	52	54	30	33	26	35
其他残疾				22	27	34	45
2. 全国普通高等院校录取残疾人数	（人）	485	550	565	679	714	795
本科及以上录取人数	（人）	167	185	177	204	206	279
其中: 视力残疾	（人）	15	19	21	20	18	24
听力残疾	（人）	21	28	35	42	51	58
肢体残疾	（人）	122	127	112	128	128	178
其他残疾	（人）	9	11	10	14	15	19
专科（高职）录取人数	（人）	318	365	387	475	502	516
其中: 视力残疾	（人）	24	40	33	47	45	45
听力残疾	（人）	24	39	56	66	65	85
肢体残疾	（人）	254	265	264	322	321	304
其他残疾	（人）	16	21	34	40	71	82

10-18 残疾人宣传与文化活动

项目		宣传			文化			
		组织新闻发布会（次）	广播电台残疾人专题节目（个）	电视手语栏目（个）	盲文书架及盲人有声读物图书室（个）	残疾人文化周（场次）	残疾人文化艺术类的比赛及展览	残疾人艺术团队（个）
2016	省级	2	1	1	1	3	5	1
	地市级	30	11	9	13	73	35	22
2017	省级	2	1	1	1	4	5	1
	地市级	31	14	11	17	76	39	34
2018	省级	2	1	1	1	3	4	1
	地市级	32	14	11	17	91	50	39
2019	省级	2	2	1	1	3	4	1
	地市级	35	16	15	18	93	55	52
2020	省级	2	1	1	1	3	3	1
	地市级	4	14	13	19	81	52	12
2021	省级	1	1	1	1	1	1	1
	地市级	2	15	15	20	93	47	12

10-19 省十三届人民代表大会代表构成情况统计（2021年）

单位：人，%

代表构成	数量	代表构成	数量
代表总数	**777**	工农	
性别		人数	185
男		比重	23.81%
人数	518	解放军	
比重	66.67%	人数	27
女		比重	3.48%
人数	259	党政领导干部	
比重	33.34%	人数	97
民族		比重	12.49%
汉族		归侨侨眷	
人数	754	人数	35
比重	97.04%	比重	4.51%
少数民族		中共党员	
人数	23	人数	503
比重	2.96%	比重	64.74%

10-20 政协第十二届广东省委员会委员情况（2021年）

单位：人

委员情况	数量	委员情况	数量
委员总数	**789**	学历	
基本情况		研究生	482
中共党员	298	大学本科	222
非中共党员（其中民主党派）	491	大学专科及以下	85
#民主党派	209	年龄	
女	157	35岁及以下	3
少数民族	20	36～45岁	57
宗教人士	11	46～54岁	191
非公有制经济人士	183	55～60岁	387
新社会阶层	6	61～69岁	141
港澳台人士	145	70岁以上	10
香港人士	103	常委人数	137
澳门人士	35	中共党员	39
台籍人士	7	非中共党员	98
		女	24

10-21 各市宗教活动场所（2021 年）

单位：处

市别	寺观教堂					固定处所				
	佛教	道教	伊斯兰教	天主教	基督教	佛教	道教	伊斯兰教	天主教	基督教
全　省	**1097**	**125**	**7**	**303**	**562**	**578**	**123**	**3**	**75**	**230**
广　州	15	6	4	4	17	18	2		4	22
深　圳	10		1	7	14	7	1		5	18
珠　海	2							1	1	7
汕　头	198	3		43	69	138	8		4	11
佛　山	15	4		12	17	3	2			4
韶　关	15	4		6	12	4			1	9
河　源	33	19		21	68	32	12			18
梅　州	215	11		31	79	106	12		3	37
惠　州	30	12		6	9	51	26	1	6	28
汕　尾	36	10		63	28	44	10		8	9
东　莞	18	6		1	8	24		1	1	8
中　山	8	1		2	7	1				2
江　门	11	3		11	32	8			1	4
阳　江	10			1	2	10				4
湛　江	194	2		11	33	37	7		4	7
茂　名	18	19		2	5	24	32			4
肇　庆	6	1	2	6	8	8	2			7
清　远	11	9		3	25	1				12
潮　州	113			26	52	17				4
揭　阳	127	14		45	71	29	9		37	12
云　浮	11			2	4	16				3
省佛协	1									
省道协		1								
省伊协										
省天主教两会										
省基督教两会					2					

10-22 各市宗教教职人员(2021年)

单位：人

市别	佛教		道教		伊斯兰教		天主教			基督教				小计
	僧	尼	乾道	坤道	阿訇	主教	神父	执事	修女	牧师	长老	传道	教士	
全省	**2701**	**2817**	**961**	**544**	**40**	**5**	**87**		**115**	**365**	**138**	**422**	**322**	**8517**
广州	223	60	144	12	32	1	33		49	36	1	9	45	645
深圳	99	4	10	2	13		7			65	7	4	39	250
珠海	59	1	3	1	1		3			15		2	8	93
汕头	362	443	10	20		1	12		6	43	14	55	16	982
佛山	74	88	50	4			9		15	13	5	3	66	327
韶关	160	109	9	1			6		5	4	6	18	2	320
河源	55	18	94	48			6		2	26	24	64	6	343
梅州	110	196	25	42		1	7		11	27	31	63	22	535
惠州	114	52	157	13	1		11		4	18	2	8	22	402
汕尾	94	129	26	39			51		4	7	4	17	4	375
东莞	57	37	20	6	7		5		3	12		1	30	178
中山	33	15	7	2			2		1	29			21	110
江门	45	42	13	4		3	4		25	46	2	20	23	227
阳江	56	23					1		1	4		10	3	98
湛江	321	1745	133	39		2	14		24	34	13	13	18	2356
茂名	43	28	82	26			1			1			8	189
肇庆	44	15	13	1	1		2		2	3		9	6	96
清远	27	11	41	7			2			12	7	34	24	165
潮州	131	110					7		2	19	9	17		295
揭阳	210	242	63	216			48		14	39	12	63	34	941
云浮	51	2					1		2	2		4	3	65

10-23 省级艺术家会员情况表（2017-2021 年）

指标名称	单位	2017	2018	2019	2020	2021
一、戏剧家协会会员人数	人	2668	2686	2752	2823	2686
其中：男性	人	1764	1776	1816	1859	1776
女性	人	904	910	936	964	910
戏剧家协会会员人数性别比	女性为 100	195.13	195.16	194.02	192.84	195.16
二、电视艺术家协会会员人数	人	1354	1365	1403	1350	1365
其中：男性	人	1078	1085	1113	834	1085
女性	人	276	280	290	516	280
电视艺术家协会会员人数性别比	女性为 100	390.58	387.5	383.79	161.63	387.50
三、电影家协会会员人数	人	819	872	937	987	872
其中：男性	人	627	663	635	673	663
女性	人	192	209	302	314	209
电影家协会会员人数性别比	女性为 100	326.56	317.22	210.26	214.33	317.22
四、音乐家协会会员人数	人	4176	4300	4543	4755	4300
其中：男性	人	2403	2520	2654	2500	2520
女性	人	1773	1780	1880	2255	1780
音乐家协会会员人数性别比	女性为 100	135.53	141.57	141.17	110.86	141.57
五、舞蹈家协会会员人数	人	872	911	1407	1480	911
其中：男性	人	243	255	561	586	255
女性	人	629	656	846	894	656
舞蹈家协会会员人数性别比	女性为 100	38.63	38.87	66.31	65.55	38.87
六、美术家协会会员人数	人	3796	3902	4230	4422	3902
其中：男性	人	3105	3185	3440	3571	3185
女性	人	691	717	790	851	717
美术家协会会员人数性别比	女性为 100	449.35	444.21	435.44	419.62	444.21

10-23 续表

指标名称	单位	2017	2018	2019	2020	2021
七、书法家协会会员人数	人	4885	5227	5706	5635	5227
其中：男性	人	4492	4797	4881	5060	4797
女性	人	393	430	825	575	430
书法家协会会员人数性别比	女性为 100	1143	1115.58	591.64	880	1115.58
八、民间文艺家协会会员人数	人	2071	2120	2238	2387	2120
其中：男性	人	1756	1787	1860	1971	1787
女性	人	315	333	378	416	333
民间文艺家协会会员人数性别比	女性为 100	557.46	536.64	492.06	473.8	536.64
九、文艺评论家协会会员人数	人	490	513	542	552	513
其中：男性	人	366	383	395	399	383
女性	人	124	130	147	153	130
文艺评论家协会会员人数性别比	女性为 100	295.16	294.62	268.7	260.78	294.62
十、摄影家协会会员人数	人	5507	6126	6449	6781	6126
其中：男性	人	4678	5092	5289	5527	5092
女性	人	829	1034	1160	1254	1034
摄影家协会会员人数性别比	女性为 100	564.29	492.46	455.95	440.75	492.46
十一、杂技家协会会员人数	人	807	827	806	823	827
其中：男性	人	425	435	547	576	435
女性	人	382	392	259	247	392
杂技家协会会员人数性别比	女性为 100	111.26	110.97	211.2	211.2	110.97
十二、曲艺家协会会员人数	人	1313	1333	1424	1506	1333
其中：男性	人	808	821	873	905	821
女性	人	505	512	551	601	512
曲艺家协会会员人数性别比	女性为 100	160	160.35	158.44	150.58	160.35

主要统计指标解释

基层团组织 是指企业、农村、机关、学校、科研院所、街道社区、社会团体、社会中介组织、人民解放军连队、人民武装警察部队中队和其他基层单位的团组织。

机关事业单位团组织、团干部 含乡镇、街道团组织、团干部。

农村团员 不含学生团员、企业团员、外出务工团员。

企业团员 含外来务工团员。

中专学校列入中职学校类别统计。

专兼职团干部 专职团干部是指在按照“三定”方案单独设置的团组织机构中，有正式编制（或岗位设置）的团干部；兼职团干部是指以团的工作为辅，在团内兼职的团干部。

宗教活动场所 是指信教公民开展集体宗教活动的寺院、宫观、清真寺、教堂（简称寺观教堂）和其他固定宗教活动处所，是非营利性组织。寺观教堂和其他固定宗教活动处所的区分标准由省、自治区、直辖市人民政府宗教事务部门制定，报国务院宗教事务部门备案。其中，寺院包括佛教寺、庙、宫、庵、禅院等；宫观包括道教的宫、观、祠、庙、府、洞等；清真寺，即伊斯兰教信徒进行集体宗教活动的场所；教堂，即天主教、基督教信徒进行集体宗教活动的场所。其他固定宗教活动处所主要是指除寺观教堂以外，供信教公民经常进行集体宗教活动的固定活动场所。

宗教教职人员 是指各宗教专门从事教务活动的人员。宗教教职人员的范围，由各全国性宗教团体依本宗教的教义教规并结合实际情况确定。根据各全国性宗教团体制定的教职人员认定办法，宗教教职人员一般具体指：汉传佛教的比丘、比丘尼，藏传佛教的僧人（含活佛），南传佛教的比库（都、法、召章）、帕希提（吴巴赛）、帕萨米、帕袪巴、帕松列、帕松列尚卡拉扎；道教的全真派和正一派道士；伊斯兰教的阿訇、毛拉等；天主教的主教、助理主教、辅理主教、司铎（神甫）、执事、修女；基督教的主教（或称“监督”）、牧师（包括个别教会传统中相当于牧师的长老）、教师（或称“副牧师”）、长老、传道员（或称“教士”）。

戏剧家协会会员人数 指报告期末，在省文联的广东省戏剧家协会会员人数。

电影家协会会员人数 指报告期末，在省文联的广东省电影家协会会员人数。

电视艺术家协会会员人数 报告期末，在省文联的广东省电视艺术家协会的会员人数。

音乐家协会会员人数 报告期末，在省文联的广东省音乐家协会的会员人数。

舞蹈家协会会员人数 报告期末，在省文联的广东省舞蹈家协会的会员人数。

美术家协会会员人数 报告期末，在省文联的广东省美术家协会的会员人数。

书法家协会会员人数 报告期末，在省文联的广东省书法家协会的会员人数。

民间文艺家协会会员人数 报告期末，在省文联的广东省民间文艺家协会的会员人数。

文艺评论家协会会员人数 报告期末，在省文联的广东省文艺评论家协会的会员人数。

摄影家协会会员人数 报告期末，在省文联的广东省摄影家协会的会员人数。

杂技家协会会员人数 报告期末，在省文联的广东省杂技家协会的会员人数。

曲艺家协会会员人数 报告期末，在省文联的广东省曲艺家协会的会员人数。

十一、基本公共服务主要指标

简要说明

1. 本篇资料主要反映广东省基本公共服务等情况。

2. 本篇资料主要包括：

(1) 基本公共教育、劳动就业服务、社会保险、基本社会服务、医疗卫生服务、住房保障、农业农村、水利等。

(2) 地区为全省。

(3) 年份主要为当年和近 5 年数据。

3. 统计资料来源：本篇资料由省卫健委、省教育厅、省财政厅、省人力资源和社会保障厅、省住房和城乡建设厅、省民政厅、省农业农村厅、省水利厅审核、提供。

11-1 基本公共教育

指 标	单位	2013	2014	2015
九年义务教育				
生师比城乡比	乡村 =1	1.22	1.22	1.21
生均教学及辅助用房面积城乡比	乡村 =1	0.63	0.63	0.63
义务教育免费住宿学生数	万人			
义务教育学生营养改善计划受益学生数	万人	3.42	5.21	22.6
初中毕业生升学率	%	92.53	90.89	93.49
九年义务教育巩固率	%	91.7	92.8	93.74
高中阶段教育				
普通高中家庭经济困难学生受资助学生数	万人	21.3	21.23	20.91
中等职业教育师生比	教师 =1	31	28.36	26.06
中等职业教育双师型教师比重	%	34.11	37.02	40.92
中等职业教育免费学生数	万人	69.92	73.23	73.63
中等职业教育与普通高中在校学生数之比	普通高中 =1	0.64	0.6	0.57
学前教育				
公办幼儿园在园幼儿数占全部在园幼儿数比重	%	38.76	36.7	35.1
学前三年毛入园率	%	95.49	95.67	100.97

注：1. 2010 年城乡区划分类为城市、县镇、农村，从 2011 年起重新调整城乡区划分类为城区、镇区和乡村。
2. 义务教育学生营养改善计划 2016 年增加了广州市奖补资金，导致 2016 年比 2015 年增加较大。
3. 中等职业教育免费学生数由于 2012 年调整统计口径，导致 2012 年比 2011 年增加较大。
4. 义务教育免费住宿学生数暂时没有数据。

11-1 续表

指 标	单位	2016	2017	2018	2019	2020	2021
九年义务教育							
生师比城乡比	乡村 =1	1.19	1.16	1.13	1.10	1.03	1.06
生均教学及辅助用房面积城乡比	乡村 =1	0.71	0.75	0.78	0.79	0.83	0.86
义务教育免费住宿学生数	万人						
义务教育学生营养改善计划受益学生数	万人	21.41	25.58	29.36	27.92	27.52	29.23
初中毕业生升学率	%	94.33	97.99	97.45	98.86	98.76	97.64
九年义务教育巩固率	%	94.37	93.42	94.71	95.43	96.11	96.22
高中阶段教育							
普通高中家庭经济困难学生受资助学生数	万人	20.27	19.7	21.49	20.97	19.24	20.08
中等职业教育师生比	教师 =1	23.8	21.99	19.66	19.52	19.77	20.09
中等职业教育双师型教师比重	%	41.72	40.94	41.51	41.22	41.01	39.76
中等职业教育免费学生数	万人	74.04	71.9	67.86	67.79	69.15	70.44
中等职业教育与普通高中在校学生数之比	普通高中 =1	0.54	0.53	0.47	0.47	0.46	0.45
学前教育							
公办幼儿园在园幼儿数占全部在园幼儿数比重	%	33.58	32.1	30.3	29.6	41.1	43.99
学前三年毛入园率	%	105	109.08	112.46	111.57	107.04	104.14

注：1. 2010 年城乡区划分类为城市、县镇、农村，从 2011 年起重新调整城乡区划分类为城区、镇区和乡村。
2. 义务教育学生营养改善计划 2016 年增加了广州市奖补资金，导致 2016 年比 2015 年增加较大。
3. 中等职业教育免费学生数由于 2012 年调整统计口径，导致 2012 年比 2011 年增加较大。
4. 义务教育免费住宿学生数暂时没有数据。

11-2 基本劳动就业服务

指标	单位	2015	2017	2018	2019	2020	2021
就业服务和管理							
职业指导人次	人次		757998	843232	798546	669281	842922
创业服务人次	人次		106775	186180	133032	156514	275685
实现就业的就业困难人数	万人	18.4	17.26	16.8	13.89	11.3	11.51
本年消除的零就业家庭户数	户	353	266	217	140	193	30
职业技能培训							
参加职业技能鉴定或职业技能等级认定人次数	万人	1683826	1045362	742270	702789	724688	828098
劳动权益保护							
劳动保障监察举报投诉案件结案率	%		99.98	99.99	99.92	100	100
劳动人事争议仲裁结案率	%	93.85	93.47	92.63	92.73	96.45	96.83

11-3 基本社会保险

指标	单位	2015	2017	2018	2019	2020	2021
基本养老保险							
城镇职工基本养老保险参保人数	万人	5086.5	5287.1	4919.7	4633.4	4873.1	5079.5
城乡居民基本养老保险参保人数	万人	2499.7	2586.7	2656.5	2642.3	2657.2	2680.4
失业、工伤保险							
失业保险参保人数	万人	2930.1	3163.7	3361.7	3500.8	3603.4	3725.1
工伤保险参保人数	万人	3122.7	3402.0	3592.5	3815.8	3866.7	4068.6
社会保险服务保障							
社会保障卡持卡人数	万人	9805	10105	10305	10525	11428	11674
电子社保卡签发人数	万人	/	/	/	/	3628	5205

11-4 基本社会服务

指 标	单位	2015	2017	2018	2019	2020	2021
社会救助							
城乡居民最低生活保障人数	万人	183.3	169.6	141.1	140.4	143.[illegible]	142.3
农村特困人员救助供养人数(农村五保供养人数)	万人	24.0	22.6	22.0	21.4	20.9	20.2
社会福利							
每千老年人口养老床位数	张	28.6	32.9	34.5	34.0	31.8	30.5
养老服务机构收留抚养老年人数	万人	6.6	7.4	7.6	7.9	8.8	8.8
儿童收养救助服务机构床位数	万张	0.5	0.6	0.6	0.6	0.6	0.6
提供住宿的社会工作机构年末在院(站)儿童数	万人	0.9	0.8	0.9	0.8	0.7	0.7
优抚安置							
享受国家抚恤补助的优抚对象人数	万人						
社会服务保障							
每千人口社会服务机构床位数	张	2.26	4.01	4.18	4.38	3.85	3.73
每万人口拥有社会工作专业人才数	人	3.97	5.84	7.09	9.45	8.96	9.63

11-5 基本医疗卫生和人口计划生育

指 标	单位	2015	2017	2018	2019	2020	2021
公共卫生服务							
居民规范化电子健康档案覆盖率（%）	%	90.03	84.56	81.25	83.93	94.31	83.45
7岁以下儿童健康管理率	%	95.92	95.34	94.45	95.18	97.45	96.13
孕产妇系统管理率	%	91.84	92.01	91.87	92.88	95.35	94.44
甲乙类法定报告传染病发病率	1/10万	313.19	346.7	310.94	315.37	272.49	272.51
人均基本公共卫生服务补助经费	元	42.3	56.63	60.17	74.64	80.8	94.6
医疗服务							
每万人口全科医生数	人	1.31	1.95	2.26	2.63	3.12	3.12
每千人口基层医疗卫生机构	人	0.73	0.79	0.85	0.89	0.93	0.98
执业（助理）医师数							
每千人口基层医疗卫生机构床位数	张	0.55	0.57	0.57	0.57	0.58	0.60
乡镇卫生院基础设施建设达标率	%					100	100
中医服务							
每千人口中医类别执业（助理）医师数	人	0.29	0.33	0.35	0.38	0.40	0.41
人口和计划生育							
农村部分计划生育家庭奖励扶助人数	万人	19.78	21.38	21.63	22.39	24.10	25.77

注：居民规范化电子健康档案覆盖率，该指标自2021年起调整，2015-2020年期间统计指标为电子健康档案建档率。

11-6 基本住房保障

指 标	单位	2015	2017	2018	2019	2020	2021
公共租赁住房（廉租住房）							
公共租赁住房（廉租住房）新开工套数	万套	5.28	-	-	-	2.22	1.03
公共租赁住房（廉租住房）实物保障户数（在保）	万户	28.96	46.04	49.99	51.40	52.96	53.11
住房租赁补贴户数（在保）	万户	3.06	2.99	2.89	3.15	4.05	5.12
棚户区改造							
"实际开工的各类棚户区改造住房套数（含货币安置户数）"	万套	8.79	3.84	3.45	2.79	1.95	1.42
农村危房改造							
农村危房改造户数	万户	12.82	7.96	5.73	0.57	0.57	0.31

11-7 社会领域一般公共预算主要支出

单位：万元

指 标	2021 年	2020 年	增幅 (%)
一般公共预算支出	182470084	174307853	4.7
教育支出	37966864	35105572	8.2
文化旅游体育与传媒支出	3955915	4172212	-5.2
文化和旅游	1908829	2058714	-7.3
文物	222190	199258	11.5
体育	544712	397019	37.2
新闻出版电影	32041	31434	1.9
广播电视	251533	279028	-9.9
社会保障和就业支出	21318914	18071954	18.0
残疾人事业	800552	753744	6.2
卫生健康支出	18570959	17729878	4.7

11-8 各市农村无害化卫生厕所普及率

单位：%

市别	2015	2017	2018	2019	2020	2021
合计	**87.2**	**93.0**	**97.0**	**99.7**	**99.8**	**99.44**
广州	97.8	98.7	98.8	100.0	100.0	100
深圳	100.0	100.0	100.0	56.9	90.0	100
珠海	97.2	97.1	91.5	100.0	100.0	100
汕头	94.7	91.4	98.2	99.9	99.9	99.97
佛山	100.0	99.9	98.6	99.8	99.8	99.99
韶关	91.7	95.8	97.3	99.4	99.5	99.58
河源	79.1	88.8	96.5	99.7	99.7	99.27
梅州	81.9	89.9	97.1	99.8	99.8	99.77
惠州	95.0	97.3	99.8	100.0	100.0	100
汕尾	86.3	92.3	98.6	100.0	100.0	99.89
东莞	100.0	100.0	99.9	100.0	100.0	100
中山	100.0	100.0	99.9	100.0	100.0	99.02
江门	85.7	94.4	97.0	99.3	99.4	98.33
阳江	83.6	87.3	94.9	99.4	99.5	98.02
湛江	73.8	86.4	94.6	99.1	99.2	98.31
茂名	70.5	87.4	98.9	99.7	99.7	99.74
肇庆	83.1	92.4	94.8	100.0	100.0	99.15
清远	85.9	92.5	91.9	99.2	99.3	98.39
潮州	95.0	96.5	96.6	99.9	99.9	100
揭阳	93.8	95.8	98.0	100.0	100.0	99.77
云浮	87.7	91.6	97.8	99.3	99.4	98.82

注：1. 本表仅包含以妇幼保健院（所、站）为第一名称的机构，不包含与其他类别医院署办公的妇幼保健院。常住人口数使用七人普调整后数据。

2. 2021年国家调查制度将指标“城乡居民健康档案规范化电子建档率”更名为：居民规范化电子健康档案覆盖率（%）。

3. 人均基本公共卫生服务补助经费按照省财政厅联合审核的数据上报。

11-9 各市农村自来水普及率

单位：%

市　别	2015	2017	2018	2019	2020	2021
合　计	**83.4**	**88.9**	**91.5**	**91.9**	**92.7**	**99.1**
广　州	98.6	98.6	100.0	100.0	100.0	100.0
深　圳	100.0	100.0	100.0	99.5	100.0	100.0
珠　海	100.0	100.0	100.0	100.0	100.0	100.0
汕　头	92.9	97.0	97.2	97.2	97.8	99.3
佛　山	99.2	99.2	100.0	100.0	100.0	100.0
韶　关	73.4	88.7	90.0	92.5	92.9	98.9
河　源	78.9	78.8	86.8	86.8	86.8	98.9
梅　州	70.8	78.2	86.7	89.0	90.0	98.5
惠　州	88.7	95.6	97.0	98.4	98.4	99.3
汕　尾	90.5	91.3	92.5	92.5	92.5	98.6
东　莞	100.0	100.0	100.0	100.0	100.0	100.0
中　山	100.0	100.0	100.0	100.0	100.0	100.0
江　门	86.6	93.2	95.0	95.0	95.0	98.9
阳　江	67.6	86.5	90.0	90.0	90.9	98.9
湛　江	73.2	80.2	80.5	80.5	84.0	98.6
茂　名	51.0	76.4	83.0	83.0	83.0	98.5
肇　庆	81.5	82.5	87.0	87.0	90.0	99.0
清　远	82.7	84.3	88.0	88.0	90.1	99.1
潮　州	93.0	94.4	95.0	95.5	95.8	99.3
揭　阳	79.1	90.4	92.6	92.6	92.6	97.4
云　浮	89.3	90.5	91.0	91.0	91.0	98.8

11-10 各市农村集中供水率

单位：%

市 别	2015	2017	2018	2019	2020	2021
全 省	**84.7**	**91.7**	**95.7**	**95.8**	**96.2**	**99.6**
广 州	99.4	100.0	100.0	100.0	100.0	100.0
深 圳	100.0	100.0	100.0	99.5	100.0	100.0
珠 海	100.0	100.0	100.0	100.0	100.0	100.0
汕 头	99.0	99.0	99.0	99.0	100.0	100.0
佛 山	99.5	100.0	100.0	100.0	100.0	100.0
韶 关	73.4	89.3	95.2	95.2	98.4	99.6
河 源	85.0	91.6	94.0	94.0	94.0	99.8
梅 州	71.6	80.2	91.0	91.0	91.0	99.2
惠 州	88.7	97.2	99.9	99.9	99.9	100.0
汕 尾	96.0	98.0	100.0	100.0	100.0	99.3
东 莞	100.0	100.0	100.0	100.0	100.0	100.0
中 山	100.0	100.0	100.0	100.0	100.0	100.0
江 门	86.6	94.9	98.0	98.0	98.0	99.6
阳 江	74.5	86.5	95.5	95.5	95.5	99.6
湛 江	73.2	88.0	91.0	91.0	91.0	99.3
茂 名	64.0	83.1	91.4	91.4	91.4	99.2
肇 庆	87.4	88.4	91.2	91.2	91.9	99.7
清 远	83.8	87.7	93.0	93.0	95.6	99.8
潮 州	94.3	95.5	95.5	95.8	97.5	100.0
揭 阳	79.2	90.4	94.2	94.2	94.2	98.1
云 浮	90.5	91.4	96.4	96.4	96.4	99.5

注：农村集中供水率：某区域农村集中式供水工程与城市供水管网延伸工程供水人口占该区域农村供水总人口的比例。供水人口指某区域农村户籍人口或常住人口，取高值。

十二、分县（市、区）和全国各地区部分指标基本公共服务主要指标

简要说明

1. 本篇资料主要反映广东省分县区和全国各地区学校、医院、社会组织等情况。

2. 本篇资料主要包括：

(1) 各县区医院数、床位数、人员数；各地区高等学校、高中、中职院校、初中、小学等情况；各省社会组织发展指数、社工发展指数，民政事业费支出水平。

(2) 地区分全省各县区和全国各地区。

(3) 年份主要为 2021 年。

3. 统计资料来源：本篇资料由省教育厅、省卫健委、省民政厅负责整理、审核、提供。

12-1 全省卫生机构、床位、人员数(2021年)

地　区	机构数（个）	床位（张）	在岗职工（人）	卫生技术人员（人）	执业(助理)医师（人）	注册护士（人）
广东省	**57955**	**588953**	**1062390**	**875803**	**320923**	**402047**
广州市	**5814**	**106513**	**227267**	**187703**	**66204**	**88017**
荔湾区	257	7216	13588	11662	4394	5393
越秀区	406	26209	58632	49559	15940	23282
海珠区	388	11717	23761	19829	6716	9573
天河区	909	13890	36320	29580	10865	14038
白云区	912	22538	35073	27149	9222	13269
黄埔区	418	4362	10467	8345	2930	3229
番禺区	575	6619	16130	13608	5461	6149
花都区	619	4491	11912	10165	3874	4715
南沙区	267	1518	4003	3285	1351	1408
从化区	382	2614	5440	4447	1641	2140
增城区	681	5339	11941	10074	3810	4821
韶关市	**2145**	**21106**	**29447**	**24211**	**8108**	**11844**
武江区	216	5670	8032	6449	1951	3515
浈江区	188	2398	3181	2753	998	1303
曲江区	149	1579	2271	1902	740	873
始兴县	155	1019	1639	1391	499	600
仁化县	150	877	1420	1209	434	486
翁源县	271	1948	3038	2329	689	1133
乳源县	132	668	1457	1170	391	523
新丰县	194	1057	1865	1475	533	657
乐昌市	351	4124	3515	3025	965	1573
南雄市	339	1766	3029	2508	908	1181

注：本表数据含村卫生室数。

12-1 续表1

地 区	机构数（个）	床位（张）	在岗职工（人）	卫生技术人员（人）	执业(助理)医师（人）	注册护士（人）
深圳市	**5844**	**51921**	**139789**	**113303**	**45623**	**49599**
罗湖区	399	6222	16631	13483	5060	6373
福田区	983	11561	32121	25705	9836	11739
南山区	752	4549	16402	12916	5504	5634
宝安区	1295	9552	23594	19387	7960	8042
龙岗区	1312	11118	26891	21604	8780	9104
盐田区	79	667	1841	1629	715	641
龙华区	587	2875	9903	8142	3570	3414
坪山区	156	3015	5542	4701	1844	2158
光明区	281	2362	6864	5736	2354	2494
珠海市	**1046**	**11689**	**27092**	**22507**	**8652**	**10443**
香洲区	626	8391	20268	16703	6324	7705
斗门区	244	1908	3952	3380	1367	1594
金湾区	176	1390	2872	2424	961	1144
汕头市	**1963**	**21464**	**35057**	**29769**	**11876**	**13108**
龙湖区	311	2005	3851	3295	1379	1389
金平区	323	10577	16196	13936	5116	6897
濠江区	74	1109	1407	1198	447	520
潮阳区	537	2873	5765	5013	2177	1928
潮南区	331	3203	4015	3307	1392	1315
澄海区	341	1570	3396	2718	1245	953
南澳县	46	127	427	302	120	106
佛山市	**2532**	**39909**	**75127**	**64093**	**22994**	**30052**
禅城区	385	12902	22200	18292	6041	8612
南海区	950	9967	21326	18892	7126	9146
顺德区	784	12072	21426	18423	6775	8606
三水区	246	3050	6503	5366	1832	2384
高明区	167	1918	3672	3120	1220	1304

注：本表数据含村卫生室数。

12-1 续表 2

地　区	机构数（个）	床位（张）	在岗职工（人）	卫生技术人员（人）	执业(助理)医师（人）	注册护士（人）
江门市	**1737**	**25789**	**40637**	**34284**	**11799**	**16220**
蓬江区	202	9020	12608	10474	3510	5260
江海区	100	625	1307	1163	417	560
新会区	267	5154	7164	5977	2086	2732
台山市	429	4569	7029	6199	2063	2969
开平市	250	2789	5221	4283	1346	2019
鹤山市	246	1919	3973	3505	1397	1504
恩平市	243	1713	3335	2683	980	1176
湛江市	**3643**	**42946**	**55552**	**44582**	**14546**	**21258**
赤坎区	246	4722	7379	6125	2039	3006
霞山区	293	7247	10722	9063	2967	4508
坡头区	140	1030	1637	1388	515	567
麻章区	356	2292	4130	3372	1140	1633
遂溪县	483	3793	4905	3915	1260	1766
徐闻县	220	3737	4522	3509	1086	1605
廉江市	758	7072	8563	6660	2113	3178
雷州市	747	8628	7559	5743	1703	2888
吴川市	400	4425	6135	4807	1723	2107
茂名市	**3932**	**38572**	**44332**	**36688**	**14103**	**17084**
茂南区	434	8122	11814	10393	3817	5182
电白区	842	8097	8147	6569	2701	2837
高州市	822	9608	10138	8521	3253	4105
化州市	685	6476	7295	5791	2160	2589
信宜市	1149	6269	6938	5414	2172	2371

注：本表数据含村卫生室数。

12-1 续表 3

地 区	机构数（个）	床位（张）	在岗职工（人）	卫生技术人员（人）	执业(助理)医师（人）	注册护士（人）
肇庆市	**3215**	**20185**	**36030**	**28777**	**9644**	**12912**
端州区	388	6895	10162	8480	2816	4127
鼎湖区	149	722	1497	1221	380	551
高要区	598	2302	4973	3885	1407	1637
广宁县	365	1652	3430	2598	861	1172
怀集县	766	3389	5740	4316	1298	1820
封开县	337	1292	2583	2005	562	872
德庆县	264	1271	2617	2216	824	980
四会市	348	2662	5028	4056	1496	1753
惠州市	**3547**	**23844**	**48861**	**41247**	**15903**	**18686**
惠城区	1233	11497	23601	19927	7595	9159
惠阳区	683	3726	9333	8004	3105	3796
博罗县	717	3841	6361	5378	2314	2272
惠东县	686	3669	7101	5870	2108	2658
龙门县	228	1111	2465	2068	781	801
梅州市	**2947**	**22370**	**34003**	**28150**	**10583**	**11913**
梅江区	286	6441	10163	8616	2923	4062
梅县区	401	2455	4519	3851	1499	1666
大埔县	341	1520	2698	1971	674	826
丰顺县	329	2099	2971	2388	868	920
五华县	566	4756	6064	5034	2104	1860
平远县	203	937	1637	1433	534	612
蕉岭县	157	1072	1476	1276	473	513
兴宁市	664	3090	4475	3581	1508	1454

注：本表数据含村卫生室数。

12-1 续表 4

地　区	机构数（个）	床位（张）	在岗职工（人）	卫生技术人员（人）	执业(助理)医师（人）	注册护士（人）
汕尾市	**1623**	**12340**	**17056**	**12810**	**4764**	**5030**
城 区	246	3006	4057	3336	1172	1527
海丰县	590	4441	5308	3883	1566	1412
陆河县	193	1182	1653	1312	504	496
陆丰市	594	3711	6038	4279	1522	1595
河源市	**2116**	**20429**	**26213**	**21484**	**7134**	**10101**
源城区	284	7228	8931	7564	2360	3945
紫金县	451	3078	4216	3376	1127	1433
龙川县	465	4604	5158	4258	1488	1942
连平县	253	1488	2391	1918	670	776
和平县	303	1630	2735	2185	750	987
东源县	360	2401	2782	2183	739	1018
阳江市	**1810**	**16356**	**22293**	**17713**	**6155**	**8026**
江城区	513	6273	9239	7602	2671	3493
阳东区	261	2088	3077	2642	898	1189
阳西县	251	2187	2888	2168	692	911
阳春市	785	5808	7089	5301	1894	2433
清远市	**2622**	**19664**	**31080**	**25938**	**9268**	**12441**
清城区	661	6541	11319	9385	3514	4560
清新区	411	1521	3296	2745	1122	1293
佛冈县	215	1292	2203	1815	652	806
阳山县	283	1795	2439	1987	610	1018

注：本表数据含村卫生室数。

12-1 续表 5

地　区	机构数 （个）	床位 （张）	在岗职工 （人）	卫生技术人员 （人）	执业（助理）医师 （人）	注册护士 （人）
连山县	87	435	821	662	226	283
连南县	90	445	991	757	230	367
英德市	625	4905	6767	5795	2066	2745
连州市	250	2730	3244	2792	848	1369
东莞市	**3434**	**34463**	**73197**	**61046**	**22884**	**29174**
中山市	**1145**	**16523**	**31426**	**27171**	**10000**	**12926**
潮州市	**2248**	**7680**	**15143**	**11309**	**4763**	**4216**
湘桥区	510	3338	6585	5279	1962	2251
潮安区	1076	2701	5247	3867	1894	1224
饶平县	662	1641	3311	2163	907	741
揭阳市	**3196**	**23395**	**33363**	**27205**	**10676**	**11926**
榕城区	681	5885	8795	7272	2945	3129
揭东区	573	3937	4713	3735	1459	1568
揭西县	420	2358	4111	3319	1115	1497
惠来县	543	2885	4280	3325	1270	1429
普宁市	979	8330	11464	9554	3887	4303
云浮市	**1396**	**11795**	**19425**	**15813**	**5244**	**7071**
云城区	285	2319	4643	3984	1358	1909
云安区	203	605	1036	808	317	336
新兴县	208	1911	3835	3161	983	1460
郁南县	218	1816	2739	2283	684	882
罗定市	482	5144	7172	5577	1902	2484

注：本表数据含村卫生室数。

12-2 全国各地区医疗机构床位情况（2021 年）

单位：张

市别	医疗机构床位数	医院床位数	每千常住人口医疗卫生机构床位数
北京	130259	122287	5.95
天津	68681	62238	5.00
河北	454994	360191	6.11
山西	228946	186067	6.58
内蒙古	166598	133841	6.94
辽宁	324528	278149	7.67
吉林	175296	149946	7.38
黑龙江	260536	221206	8.34
上海	160378	142730	6.44
江苏	548560	429886	6.45
浙江	369875	327374	5.66
安徽	411023	318415	6.72
福建	223813	176316	5.35
江西	307292	223990	6.80
山东	673920	522326	6.63
河南	721329	536984	7.30
湖北	433965	314615	7.44
湖南	532668	389837	8.04
广东	588964	479712	4.64
广西	319045	219722	6.33
海南	61408	48537	6.02
重庆	240741	178223	7.50
四川	662029	497531	7.91
贵州	296902	232086	7.71
云南	330278	256141	7.04
西藏	19650	14808	5.37
陕西	284545	233562	7.20
甘肃	183166	142546	7.36
青海	42153	35825	7.10
宁夏	41191	35703	5.68
新疆	185715	141772	7.17

注：本表数据来源于《2022 中国卫生健康统计提要》。

12-3 2018-2021 主要教育综合指标在全国排位

项　　目	单位	2018			2019			2020			2021		
		全国水平	广东	排位	全国水平	广东	排位	全国水平	广东	排位	全国水平	广东	排位
按常住人口计算	（人）												
每万人口普通本专科在校生		203.66	175.77	27	217.25	181.03	27	234.66	208.33	25	247.99	201.55	28
每万人口成人本专科在校生		42.51	67.08	2	47.91	82.10	1	55.52	95.75	1	59.06	77.38	5
每万人口高中阶段教育在校生		258.19	242.13	20	260.18	237.71	21	268.73	240.46	21	277.83	230.99	25
# 每万人中等职业教育学校在校生		87.31	77.65	18	87.16	75.77	19	90.56	75.24	21	93.05	71.66	25
每万人口普通高中在校生		170.88	164.49	20	173.02	161.94	21	178.17	165.22	21	184.78	159.33	25
每万人口普通初中在校生		334.7	333.48	16	345.94	342.88	17	350.99	351.94	16	355.97	340.61	18
每万人口小学在校生		743.79	884.92	8	756.87	910.83	7	766.07	917.55	6	764.65	856.27	10
每万人口幼儿园在园儿童		334.98	402.11	7	337.82	409.40	7	344.15	416.78	8	340.85	397.10	7
按户籍人口计算	（人）												
每万人口普通本专科在校生		202.92	210.71	12	215.86	216.16	16	232.94	248.38	10	247.39	258.93	12
每万人口成人本专科在校生		42.36	80.41	3	47.60	98.03	1	55.11	114.15	1	58.92	99.42	1
每万人口高中阶段教育在校生		257.25	290.27	7	258.51	283.84	10	266.76	286.68	12	277.16	296.76	11
# 每万人中等职业教育学校在校生		86.99	93.08	12	86.60	90.47	14	89.89	89.70	16	92.83	92.07	17
每万人口普通高中在校生		170.26	197.18	7	171.91	193.37	7	176.86	196.98	9	184.33	204.69	11
每万人口普通初中在校生		333.48	399.78	5	343.71	409.41	5	348.42	419.59	5	355.11	437.58	2
按户籍人口计算	（人）												
每万人口小学在校生		741.08	1060.84	2	752.01	1087.58	2	760.46	1093.93	2	762.80	1100	2
每万人口幼儿园在园儿童		333.75	482.04	2	335.65	488.84	2	341.63	496.90	2	340.02	510	1
小学教师达标率	（%）	99.97	99.99	11	99.97	99.98	19	99.98	99.99	14	99.98	100.00	5
小学教师专科以上学历的比重	（%）	96.49	98.14	8	97.26	98.55	8	97.88	98.90	9	98.43	99.19	8
普通初中教师达标	（%）	99.86	99.97	6	99.88	99.98	5	99.89	99.98	8	99.91	99.98	9
普通高中教师达标	（%）	98.41	99.23	7	98.62	99.35	6	98.79	99.26	8	98.82	99.48	7
普通高校教师高职称比	（%）	43.2	40.87	18	43.29	40.38	21	43.30	40.74	21	42.88	40.35	21
普通高校学校数	（所）	2663	152	2	2688	154	2	2738	154	2	2756	160	2
成人高校学校数	（所）	277	14	5	268	14	5	265	14	5	256	14	4
普通本专科招生数	（人）	7909931	573287	2	9149026	616331	3	9674518	866140	1	10013151	694317	3
成人本专科招生数	（人）	2733119	326377	1	3022088	425138	1	3637630	453516	1	3785288	431525	2
普通本专科在校生数	（人）	28310384	1963170	3	30315262	2053977	3	32852948	2400227	2	34961307	2539779	2
成人本专科在校生数	（人）	5909878	749161	1	6685603	931474	1	7772942	1103093	1	8326521	975147	1
研究生在校生数	（人）	2731257	127260	7	2863712	136154	6	3139598	154748	6	3332373	174309	6

12-4 各地区高等学校普通本、专科学生数(2021)

地区	学校数（所）	招生数（人）	本科	专科	在校学生数（人）	本科
全国	**2738**	**9674518**	**4431154**	**5243364**	**32852948**	**18257460**
北京	92	154652	134757	19895	608866	536068
天津	56	163162	91443	71719	572152	368219
河北	125	474328	218306	256022	1604798	874520
山西	85	235652	125742	109910	841986	527382
内蒙古	54	134292	63462	70830	486647	271093
辽宁	114	341587	175147	166440	1140799	712090
吉林	64	189064	122096	66968	726957	500763
黑龙江	80	231344	138466	92878	825601	560129
上海	63	142420	98211	44209	540693	399984
江苏	167	593204	283020	310184	2014698	1174114
浙江	109	308989	155873	153116	1148737	661251
安徽	120	412458	169449	243009	1368465	710031
福建	89	279875	130517	149358	947187	537206
江西	105	375714	152986	222728	1241984	610232
山东	152	625464	266708	358756	2291483	1136995
河南	151	718525	292884	425641	2492185	1250704
湖北	129	464103	223474	240629	1616873	934013
湖南	128	448669	195665	253004	1510332	781798
广东	160	751886	354583	397303	2539779	1285727
广西	82	353979	136187	217792	1184167	560024
海南	21	68733	31530	37203	230062	125661
重庆	68	273887	119841	154046	915556	488277
四川	132	538082	242928	295154	1800903	993825
贵州	75	260195	96401	163794	840249	394044
云南	82	268331	113741	154590	964205	499409
西藏	7	11586	7308	4278	38556	27012
陕西	96	358026	177512	180514	1210048	722213
甘肃	50	169398	74031	95367	581062	307485
青海	12	20555	9806	10749	74111	42470
宁夏	20	45657	23121	22536	146679	89421
新疆	56	146447	63468	82979	486680	238494

注：学校数为普通高校数。教育部公布本科不含专科起点本科学生数，专科的招生数不含五年制高职转入学生数。

12-4 续表

地 区	专 科（人）	毕（结）业生数（人）	本 科	专 科	授予学位数（个）
全 国	**14595488**	**7971991**	**4205097**	**3766894**	**4169808**
北 京	72798	150569	124729	25840	124339
天 津	203933	142720	84316	58404	84781
河 北	730278	385125	192224	192901	191459
山 西	314604	218806	129035	89771	127623
内蒙古	215554	130772	64977	65795	63870
辽 宁	428709	255997	168423	87574	167767
吉 林	226194	176893	120607	56286	119495
黑龙江	265472	192631	127638	64993	127007
上 海	140709	135605	91637	43968	91041
江 苏	840584	512941	281438	231503	277017
浙 江	487486	286558	152455	134103	151402
安 徽	658434	326840	166654	160186	165197
福 建	409981	207706	124411	83295	123989
江 西	631752	309211	134251	174960	133385
山 东	1154488	605382	274840	330542	275152
河 南	1241481	638155	302728	335427	300535
湖 北	682860	401779	218641	183138	216120
湖 南	728534	376043	175258	200785	173927
广 东	1254052	574407	282227	292180	282311
广 西	624143	262817	119756	143061	116940
海 南	104401	51260	27431	23829	26486
重 庆	427279	211567	112852	98715	111015
四 川	807078	433106	222385	210721	221481
贵 州	446205	194515	84786	109729	82922
云 南	464796	235206	117049	118157	115630
西 藏	11544	9846	6020	3826	5779
陕 西	487835	291648	167048	124600	165531
甘 肃	273577	133490	71341	62149	70744
青 海	31641	19632	9224	10408	9182
宁 夏	57258	34134	18623	15511	18418
新 疆	248186	90947	39905	51042	38455

注：学校数为普通高校数。学生数包括成人高校的普通本专科学生数。教育部公布的招生数不含专升本的学生数。

12-5 各地区普通高中基本情况（2021）

地 区	学校数（所）	招生数（人）	在校学生数（人）	毕业生数（人）	教职工数（人）	专任教师
全 国	**14235**	**8764435**	**24944529**	**7865315**	**7451778**	**6636043**
北 京	321	61071	160152	52094	92920	73715
天 津	185	62445	168573	54729	57262	49577
河 北	707	560803	1517453	455028	416410	368039
山 西	518	221156	654491	227103	227354	192452
内蒙古	305	143101	405893	142672	137043	109531
辽 宁	425	205370	594265	208722	204230	177143
吉 林	257	151566	428406	139803	139899	116828
黑龙江	370	194509	556509	188363	175406	148704
上 海	262	59721	166407	52293	93519	77613
江 苏	585	423390	1155411	311320	404454	364809
浙 江	622	283392	809004	255062	267861	240072
安 徽	661	390799	1133579	351280	322028	287327
福 建	550	232939	664046	195880	192807	172819
江 西	519	385087	1104548	332836	255777	243288
山 东	682	636233	1759785	542034	558935	517699
河 南	925	784377	2248585	690268	613104	551317
湖 北	536	313182	891704	273954	263534	229439
湖 南	660	448890	1273403	385595	356161	327802
广 东	1076	705236	2007726	592106	709301	472469
广 西	499	408710	1151497	336609	262286	234665
海 南	127	65036	181850	55721	60346	51487
重 庆	264	217321	626265	208130	143330	131654
四 川	792	473766	1408814	455983	431477	393493
贵 州	471	331313	975235	340290	237403	213104
云 南	601	359998	971639	283730	241931	223997
西 藏	38	26674	75004	20335	19345	18802
陕 西	464	212548	654448	241318	204272	177710
甘 肃	364	171813	515813	181187	153314	144645
青 海	106	44908	129312	41901	35420	32344
宁 夏	68	56778	160796	49120	36355	34496
新 疆	316	165734	498125	193593	186255	160182

注：教职工数、专任教师数为普通高中和普通初中之和。

12-6 各地区中等职业学校(机构)学生情况(2021)

地 区	招生数(人)	应届毕业生	初中毕业生	在校学生数(人)	毕业生数(人)	获得职业资格证书	预计毕业生数
全 国	**4846056**	**4425726**	**4325103**	**12678379**	**3834642**	**2579124**	**3851372**
北 京	15991	14750	14238	46376	17864	7759	14807
天 津	26928	26530	25218	78390	29966	19264	26579
河 北	344688	313241	300609	837855	267526	198578	257585
山 西	109847	100396	97833	301205	100866	81645	91702
内蒙古	67926	64746	63923	175446	56234	28015	51157
辽 宁	94147	88254	87056	256489	97951	43924	75570
吉 林	44765	41544	40590	118915	40411	15823	33552
黑龙江	59782	48598	45266	163552	60499	19205	46551
上 海	39646	33948	33676	104770	32552	24747	32385
江 苏	225110	216474	212412	624464	208509	172596	189090
浙 江	209668	205106	204946	569080	168308	155541	167149
安 徽	328818	292850	277692	791146	256180	190796	262791
福 建	132726	125850	125139	358090	98585	79712	104816
江 西	177094	167098	166965	445493	107960	34738	118025
山 东	297527	289913	284820	777416	233426	134605	223133
河 南	409613	382590	372917	1149685	324853	202421	359769
湖 北	152287	149403	148645	420328	117794	85869	123841
湖 南	248228	241900	238593	682951	207929	154130	206843
广 东	335993	317885	309236	903049	260465	154005	278795
广 西	270668	210548	198652	699890	191496	102092	205908
海 南	48301	38761	36269	123339	37227	9164	35334
重 庆	132293	130323	130081	342379	91948	69568	95612
四 川	336741	313049	309675	817131	282042	236981	260117
贵 州	145981	136974	133258	403573	134772	86762	135953
云 南	265169	165927	164900	599212	151012	103444	203585
西 藏	14776	9158	8935	32120	6272	486	9127
陕 西	107041	103846	101026	279787	73941	49960	72655
甘 肃	81384	77249	76544	194601	57328	42280	50807
青 海	32924	23609	20770	85922	20236	7183	21099
宁 夏	26444	25420	25316	75524	22446	11342	23830
新 疆	85658	83371	78400	256419	72385	37217	90611

注：中等职业学校数据不含技工数。

12-7 各地区普通初中基本情况(2021)

地　区	学校数（所）	招生数（人）	在校学生数（人）	毕业生数（人）	专任教师（人）
全　国	**52805**	**16320964**	**49140893**	**15352918**	**3860741**
北　京	335	122123	330478	88151	38079
天　津	345	109837	321813	94025	29208
河　北	2466	996825	3015526	967044	219810
山　西	1709	341588	1115602	370368	108585
内蒙古	711	219883	661608	222230	60849
辽　宁	1518	327531	1002283	339121	98857
吉　林	1187	188411	622419	221110	67148
黑龙江	1414	231462	865371	278094	86893
上　海	588	134759	468062	96016	44714
江　苏	2258	875007	2542608	747658	212577
浙　江	1748	553866	1636425	539436	133141
安　徽	2846	749466	2239554	707454	165538
福　建	1262	517204	1452519	426977	107931
江　西	2196	685748	2204109	686917	145462
山　东	3238	1239966	3727055	1125213	304476
河　南	4695	1540534	4721421	1484618	340500
湖　北	2114	581140	1708335	526830	135046
湖　南	3384	824305	2519696	786850	189015
广　东	3832	1546199	4292084	1263627	315086
广　西	1754	755489	2254893	707317	152003
海　南	410	131833	381382	116564	27973
重　庆	868	380556	1149781	349464	83469
四　川	3677	931693	2797872	868254	218397
贵　州	2020	593658	1780696	611113	128990
云　南	1691	603950	1823665	625145	139305
西　藏	105	47983	142938	44024	12371
陕　西	1641	399767	1168305	353880	101110
甘　肃	1472	278517	874149	285311	81239
青　海	263	73923	224530	74420	16833
宁　夏	247	92407	292625	97660	20679
新　疆	895	371908	1040503	307463	89614

12-8 各地区小学基本情况(2021)

地 区	学校数(所)	招生数(人)	在校学生数(人)	毕业生数(人)	专任教师(人)
全 国	**157979**	**18080902**	**107253532**	**16403201**	**5592104**
北 京	934	202157	995046	136671	56412
天 津	885	133843	730143	110370	43909
河 北	11625	1163298	6959229	1005247	374589
山 西	5153	410415	2352802	347823	148748
内蒙古	1652	239951	1381519	220333	94059
辽 宁	2827	347196	1967439	328314	111891
吉 林	3464	190858	1187540	189659	88281
黑龙江	1407	200964	1244214	235017	84969
上 海	684	187712	860960	142333	47609
江 苏	4144	970944	5808208	886680	299112
浙 江	3308	645931	3727273	569009	188669
安 徽	7464	781418	4682378	740148	220690
福 建	5129	616956	3436133	520960	170479
江 西	7199	617763	4063050	682445	209618
山 东	9619	1296317	7432850	1251619	390014
河 南	17687	1659936	10215856	1541747	523856
湖 北	5386	627097	3808514	579311	183885
湖 南	7245	848870	5342513	812917	251167
广 东	10599	1838010	10790100	1590812	470478
广 西	8000	859087	5071781	746774	270105
海 南	1379	143363	862133	132452	45120
重 庆	2754	323449	2024671	371555	123261
四 川	5679	881239	5529052	922320	272716
贵 州	6855	648934	3972666	581395	199984
云 南	10688	649064	3892241	607950	225616
西 藏	827	63087	352875	51570	24135
陕 西	4610	514146	2892019	398105	157708
甘 肃	5252	350883	2009079	279871	133458
青 海	733	84241	507745	74568	23673
宁 夏	1149	100918	592434	93604	31621
新 疆	3641	550203	2780051	372918	141881

注：教职工、专任教师均仅取小学及小学教学点数

12-9 各地区特殊教育基本情况(2021)

地　区	学校数（所）	招生数（人）	在校学生数（人）	毕业生数（人）	教职工数（人）	专任教师
全　国	**2244**	**149046**	**880800**	**121411**	**76415**	**66169**
北　京	20	1218	7308	1507	1278	1044
天　津	20	595	4961	634	817	673
河　北	163	5956	37728	4595	4126	3625
山　西	85	3667	20126	2939	2402	2043
内蒙古	53	2170	13867	2009	2062	1746
辽　宁	86	2638	15310	2119	3022	2285
吉　林	51	2153	12442	1554	1907	1648
黑龙江	72	2355	16358	1954	2425	2128
上　海	31	1323	8397	1429	1768	1415
江　苏	106	6389	37269	5031	4305	3749
浙　江	86	3450	21455	3415	3175	2933
安　徽	77	6048	40674	3719	2167	1979
福　建	74	5067	28130	4366	2586	2312
江　西	95	6743	40167	7825	2136	1922
山　东	152	7701	47976	6210	6496	5784
河　南	149	10078	62990	4297	4679	4287
湖　北	88	4444	28871	2889	2216	1950
湖　南	95	8040	54119	7332	2911	2624
广　东	150	13198	71170	9289	8407	6589
广　西	83	7469	41627	5140	2407	2031
海　南	14	1102	5534	574	614	441
重　庆	39	4675	27006	4107	1195	1072
四　川	132	11867	64979	13123	3538	3220
贵　州	77	6948	42053	6135	2236	1981
云　南	70	7808	45984	8759	2720	2483
西　藏	7	1279	7096	939	325	297
陕　西	70	3185	19361	3156	1912	1614
甘　肃	44	3676	21468	2233	1273	1092
青　海	15	1393	7848	1197	276	215
宁　夏	15	1319	7473	1125	518	458
新　疆	32	5740	28421	5015	1462	1277

12-10　各县区中等职业教育基本情况(2021)

地　区	学校数（所）	毕业生数（人）	招生数（人）	在校生数（人）	教职工数（人）	专任教师数（人）
广东省	**382**	**260465**	**335993**	**903049**	**57214**	**44944**
广州市	**78**	**57864**	**57152**	**171402**	**9541**	**6905**
荔湾区	5	1659	1456	4591	314	235
越秀区	10	8533	12281	33136	1338	879
海珠区	14	12915	9551	29498	1901	1305
天河区	24	17172	12428	41636	2206	1567
白云区	11	7621	9481	26035	1365	1007
黄埔区	2	1719	1457	4923	268	202
番禺区	3	2951	3507	10105	594	501
花都区	3	1527	1463	4981	424	290
南沙区	1	561	529	1787	108	100
从化区	2	1027	2568	6758	416	318
增城区	3	2179	2431	7952	607	501
韶关市	**14**	**9050**	**11940**	**34127**	**2243**	**1866**
武江区	2	1711	1005	4672	472	290
浈江区	4	3240	4290	11465	679	581
曲江区	1	428	1094	2905	153	136
始兴县	1	568	531	1739	115	114
仁化县	1	336	519	1585	122	107
翁源县	1	738	1290	3361	202	182
乳源瑶族自治县	1	349	616	1557	102	88
新丰县	1	362	773	1833	115	103
乐昌市	1	714	940	2600	144	136
南雄市	1	604	882	2410	139	129
深圳市	**15**	**12519**	**14144**	**40186**	**3985**	**2886**
罗湖区	1	1009	1417	3933	371	343
福田区	2	2000	2068	6147	547	412
南山区	2	1101	1012	3240	446	337
宝安区	4	3276	4569	12065	992	755
龙岗区	3	1950	2159	6031	810	473
盐田区	1	745	705	2222	199	176
龙华区	0	0	0	0	0	0

12-10 续表 1

地　区	学校数（所）	毕业生数（人）	招生数（人）	在校生数（人）	教职工数（人）	专任教师数（人）
坪山区	1	1048	760	2518	214	132
光明区	1	1390	1454	4030	406	258
珠海市	**8**	**6407**	**7142**	**20634**	**1269**	**1078**
香洲区	5	5449	5681	16650	1038	889
斗门区	3	813	1210	3313	231	155
金湾区	0	145	251	671	0	34
汕头市	**15**	**7656**	**11784**	**30214**	**2039**	**1646**
龙湖区	6	3076	3950	10689	646	496
金平区	3	2091	3206	8387	639	498
濠江区	1	315	732	2110	153	111
潮阳区	2	902	1905	3947	255	232
潮南区	1	725	1063	2884	154	143
澄海区	1	547	928	2197	177	153
南澳县	1	0	0	0	15	13
佛山市	**27**	**17245**	**22915**	**66284**	**5111**	**3829**
禅城区	3	1733	2693	6781	554	360
南海区	8	5902	6677	20060	1456	1000
顺德区	12	7721	10439	30166	2568	1997
三水区	3	1362	1968	6030	350	318
高明区	1	527	1138	3247	183	154
江门市	**17**	**10068**	**11983**	**32533**	**2051**	**1784**
蓬江区	6	3289	3303	8747	560	482
江海区	1	1016	46	1746	110	90
新会区	1	1327	1858	4943	251	205
台山市	3	1537	2488	5992	367	337
开平市	2	1082	1357	3849	330	300
鹤山市	2	1364	2126	5111	287	233
恩平市	2	453	805	2145	146	137
湛江市	**38**	**16327**	**25475**	**65865**	**3302**	**2719**
赤坎区	7	3741	3793	10928	451	337

12-10 续表 2

地　区	学校数（所）	毕业生数（人）	招生数（人）	在校生数（人）	教职工数（人）	专任教师数（人）
霞山区	4	1749	765	3038	231	212
坡头区	1	135	0	135	51	30
麻章区	13	6847	12312	30805	1343	1071
遂溪县	1	298	247	882	61	58
徐闻县	1	441	563	1823	107	101
廉江市	7	1986	5457	11943	681	561
雷州市	1	502	1580	4131	238	222
吴川市	3	628	758	2180	139	127
茂名市	**12**	**19967**	**26948**	**67182**	**3805**	**3313**
茂南区	2	2275	2255	5267	277	195
电白区	2	1731	2646	6697	351	304
高州市	4	9516	11008	30527	1763	1546
化州市	2	2686	5616	11644	676	597
信宜市	2	3759	5423	13047	738	671
肇庆市	**16**	**16639**	**22892**	**61176**	**3482**	**2920**
端州区	11	13801	17522	48371	2628	2160
鼎湖区	0	0	0	0	0	0
高要区	0	0	0	0	0	0
广宁县	1	465	1120	2327	137	110
怀集县	1	804	1211	3061	193	176
封开县	1	379	311	924	103	92
德庆县	1	75	507	913	70	58
四会市	1	1115	2221	5580	351	324
惠州市	**24**	**14801**	**21370**	**53142**	**3203**	**2472**
惠城区	15	9627	14856	33963	2042	1536
惠阳区	3	1729	2066	6333	327	262
博罗县	4	2227	2709	8261	560	433

12-10 续表 3

地　区	学校数（所）	毕业生数（人）	招生数（人）	在校生数（人）	教职工数（人）	专任教师数（人）
惠东县	1	980	1187	3216	197	172
龙门县	1	238	552	1369	77	69
梅州市	**16**	**7641**	**8704**	**24832**	**1323**	**1007**
梅江区	7	4710	4278	13302	676	444
梅县区	3	525	1207	2718	170	150
大埔县	1	453	585	1839	122	110
丰顺县	1	295	710	1661	90	84
五华县	1	331	852	1794	74	73
平远县	1	333	0	307	23	21
蕉岭县	1	42	0	36	15	15
兴宁市	1	952	1072	3175	153	110
汕尾市	**10**	**4295**	**7397**	**17558**	**1036**	**855**
城　区	4	1280	2301	5158	368	266
海丰县	1	887	1418	3584	158	131
陆河县	1	756	911	2578	175	171
陆丰市	4	1372	2767	6238	335	287
河源市	**13**	**6260**	**11129**	**27200**	**1533**	**1230**
源城区	7	5349	8952	22224	1033	833
紫金县	1	388	659	1661	126	114
龙川县	1	88	358	730	59	49
连平县	1	0	0	0	82	73
和平县	1	315	615	1570	169	115
东源县	2	120	545	1015	64	46
阳江市	**6**	**3792**	**6799**	**16840**	**896**	**707**
江城区	2	1745	2742	7361	366	262
阳东区	1	476	795	2011	103	96
阳西县	1	156	570	1247	52	49
阳春市	2	1415	2692	6221	375	300

12-10 续表 4

地　区	学校数（所）	毕业生数（人）	招生数（人）	在校生数（人）	教职工数（人）	专任教师数（人）
清远市	**14**	**8300**	**13894**	**34293**	**2102**	**1790**
清城区	4	3244	4066	11711	667	630
清新区	1	1532	1924	5526	281	266
佛冈县	2	66	1819	2494	297	203
阳山县	1	419	808	2047	128	115
连山壮族瑶族自治县	1	69	210	351	74	50
连南瑶族自治县	1	36	57	72	34	21
英德市	2	1653	2701	6055	422	354
连州市	2	1281	2309	6037	199	151
东莞市	**21**	**18284**	**22252**	**57362**	**4356**	**3229**
东莞市	21	18284	22252	57362	4356	3229
中山市	**7**	**7661**	**10218**	**26333**	**1866**	**1568**
中山市	7	7661	10218	26333	1866	1568
潮州市	**8**	**2718**	**3906**	**9835**	**910**	**720**
湘桥区	4	2265	2845	7350	436	361
潮安区	1	109	311	623	291	194
饶平县	3	344	750	1862	183	165
揭阳市	**15**	**8015**	**10813**	**26927**	**2114**	**1498**
榕城区	3	3151	3976	10164	567	472
揭东区	4	236	160	560	393	86
揭西县	2	80	563	776	105	100
惠来县	1	15	0	0	79	44
普宁市	5	4533	6114	15427	970	796
云浮市	**8**	**4956**	**7136**	**19124**	**1047**	**922**
云城区	1	584	1522	3887	177	158
云安区	1	0	0	0	16	15
新兴县	2	2295	2795	7835	356	280
郁南县	1	293	830	1563	129	109
罗定市	3	1784	1989	5839	369	360

12-11 各县区普通高中基本情况(2021)

地　区	学校数（所）	毕业生数（人）	招生数（人）	在校生数（人）	教职工数（人）	专任教师数（人）
广东省	**1076**	**592106**	**705236**	**2007726**	**709301**	**157383**
广州市	**124**	**51850**	**54844**	**161633**	**73369**	**14713**
荔湾区	8	4840	4859	14415	5747	1252
越秀区	15	8294	8689	25861	6277	2224
海珠区	11	4268	4315	12773	4815	1109
天河区	13	4568	4889	14441	7334	1503
白云区	13	4844	5238	15138	7937	1451
黄埔区	9	2278	2905	8257	4969	761
番禺区	14	8047	8025	24306	10999	2103
花都区	9	4229	4102	12364	9538	1157
南沙区	9	2227	2678	7326	3474	719
从化区	8	3153	3633	10887	3382	910
增城区	15	5102	5511	15865	8897	1524
韶关市	**25**	**16517**	**18384**	**53177**	**15593**	**4277**
武江区	6	2875	3440	9716	2091	750
浈江区	2	1679	1935	5720	1824	433
曲江区	2	1639	1801	5358	1347	396
始兴县	2	1199	1197	3574	1053	331
仁化县	2	1100	1197	3473	1392	295
翁源县	3	1488	1801	4788	1554	402
乳源瑶族自治县	1	881	1000	2877	829	217
新丰县	1	1222	1195	3457	1037	286
乐昌市	3	2266	2585	7491	2474	576
南雄市	3	2168	2233	6723	1992	591
深圳市	**105**	**44718**	**64932**	**169533**	**97258**	14344
罗湖区	7	3800	5333	15281	5826	1348
福田区	12	8228	9736	28047	9514	2432
南山区	9	4866	5386	15807	10445	1359
宝安区	24	9596	12390	34209	22526	2832
龙岗区	23	11090	16728	42987	25659	3463
盐田区	3	916	1101	3143	999	281
龙华区	15	2901	6796	14591	12274	1316
坪山区	7	1146	3472	6827	4144	608
光明区	5	2175	3990	8641	5871	705

注：自2020年起，教职工数取普通中学学校教职工数，其中九年一贯制学校、十二年一贯制学校的教职工数计入普通中学教职工数；专任教师数则按教育层次进行归类。

12-11 续表 1

地　区	学校数（所）	毕业生数（人）	招生数（人）	在校生数（人）	教职工数（人）	专任教师数（人）
珠海市	**19**	**10276**	**12552**	**35443**	**12261**	**2946**
香洲区	12	5414	6441	18290	7299	1541
斗门区	4	2350	3293	9064	3154	770
金湾区	3	2512	2818	8089	1808	635
汕头市	**98**	**43219**	**47929**	**140739**	**41860**	**10767**
龙湖区	12	5082	5618	16378	4585	1273
金平区	14	5679	6373	18949	4988	1437
濠江区	6	3734	4250	12325	2431	881
潮阳区	31	14829	15381	47914	13274	3680
潮南区	21	9473	10328	29233	11955	2261
澄海区	13	4219	5759	15304	4250	1131
南澳县	1	203	220	636	377	104
佛山市	**66**	**39917**	**46756**	**133772**	**45355**	**10452**
禅城区	11	5933	5882	18133	5240	1451
南海区	22	15950	18493	51489	19540	3809
顺德区	24	13124	15560	44577	13466	3656
三水区	5	3236	4171	12252	4583	961
高明区	4	1674	2650	7321	2526	575
江门市	**50**	**24923**	**29427**	**84916**	**22664**	**6460**
蓬江区	8	3813	4877	13217	4475	1017
江海区	3	1072	1253	3397	1532	278
新会区	12	5771	6975	20557	5313	1530
台山市	8	4143	4991	15272	3665	1129
开平市	8	5157	5322	15753	3498	1253
鹤山市	5	2559	2877	8192	2293	656
恩平市	6	2408	3132	8528	1888	597
湛江市	**57**	**42246**	**45267**	**130341**	**40215**	**10257**
赤坎区	7	3984	4486	12726	3775	1036

注：自 2020 年起，教职工数取普通中学学校教职工数，其中九年一贯制学校、十二年一贯制学校的教职工数计入普通中学教职工数；专任教师数则按教育层次进行归类。

12-11 续表 2

地 区	学校数（所）	毕业生数（人）	招生数（人）	在校生数（人）	教职工数（人）	专任教师数（人）
霞山区	9	6337	6428	19146	6897	1518
坡头区	3	1632	1798	5143	1650	440
麻章区	6	3552	3649	10087	3340	750
遂溪县	3	3655	4232	11826	3527	867
徐闻县	4	3057	3400	9539	3161	774
廉江市	7	6772	8008	22636	6854	1870
雷州市	10	6860	7211	20725	6635	1596
吴川市	8	6397	6055	18513	4376	1406
茂名市	**69**	**50690**	**54484**	**161504**	**41878**	**13390**
茂南区	6	6397	8341	23049	6647	1606
电白区	17	11457	11750	35066	8935	2833
高州市	16	11607	13071	38629	10100	3513
化州市	18	11503	11907	35371	8908	2842
信宜市	12	9726	9415	29389	7288	2596
肇庆市	**42**	**22810**	**25997**	**78014**	**24869**	**6267**
端州区	8	4347	4271	13334	3858	1023
鼎湖区	4	1095	1563	4597	1683	409
高要区	6	3469	3856	12031	3637	1076
广宁县	3	1651	1979	5842	1873	439
怀集县	6	4189	4451	13147	4382	1067
封开县	4	2488	2209	7025	2094	594
德庆县	3	1551	2121	5869	1670	395
四会市	8	4020	5547	16169	5672	1264
惠州市	**46**	**30502**	**40458**	**112554**	**40903**	**7726**
惠城区	14	10819	12541	36795	13962	2549
惠阳区	11	6323	8884	23749	9678	1644
博罗县	10	6396	9612	26076	8597	1798

注：自 2020 年起，教职工数取普通中学学校教职工数，其中九年一贯制学校、十二年一贯制学校的教职工数计入普通中学教职工数；专任教师数则按教育层次进行归类。

12-11　续表 3

地　区	学校数（所）	毕业生数（人）	招生数（人）	在校生数（人）	教职工数（人）	专任教师数（人）
惠东县	7	5236	7023	19518	6617	1288
龙门县	4	1728	2398	6416	2049	447
梅州市	**60**	**26451**	**29566**	**87545**	**24935**	**7356**
梅江区	8	4728	4921	14938	3296	1205
梅县区	9	2458	2635	8292	3013	725
大埔县	8	2266	2357	7621	2145	708
丰顺县	7	2964	3177	9251	2831	780
五华县	12	7159	8300	24245	6079	1872
平远县	3	917	1265	3586	1172	403
蕉岭县	2	1060	1223	3490	1174	389
兴宁市	11	4899	5688	16122	5225	1274
汕尾市	**34**	**17508**	**20620**	**57508**	**18172**	**4196**
城　区	8	3726	3705	11042	2889	977
海丰县	10	4681	6034	15950	5612	1125
陆河县	5	1900	2093	6049	1846	526
陆丰市	11	7201	8788	24467	7825	1568
河源市	**35**	**21351**	**26468**	**74669**	**24028**	**5913**
源城区	11	4463	6771	19154	6820	1423
紫金县	8	3738	5645	14754	3858	1069
龙川县	6	5060	5711	16559	5525	1435
连平县	3	1993	2025	5899	1815	481
和平县	4	2631	2984	8879	3552	756
东源县	3	3466	3332	9424	2458	749
阳江市	**20**	**14575**	**17936**	**51161**	**17503**	**3497**
江城区	8	3990	5425	14302	6137	1048
阳东区	5	3130	3352	9694	4343	732
阳西县	2	2485	3033	8552	2454	546
阳春市	5	4970	6126	18613	4569	1171

注：自 2020 年起，教职工数取普通中学学校教职工数，其中九年一贯制学校、十二年一贯制学校的教职工数计入普通中学教职工数；专任教师数则按教育层次进行归类。

12-11 续表4

地　区	学校数（所）	毕业生数（人）	招生数（人）	在校生数（人）	教职工数（人）	专任教师数（人）
清远市	**32**	**21191**	**25223**	**72035**	**23458**	**5594**
清城区	11	6427	8360	23552	8733	1815
清新区	6	3598	3600	10622	3014	803
佛冈县	2	1508	2028	5467	1349	386
阳山县	2	1414	1772	5058	1978	408
连山壮族瑶族自治县	1	432	547	1653	788	147
连南瑶族自治县	1	835	847	2554	791	192
英德市	7	5379	5745	16846	4938	1349
连州市	2	1598	2324	6283	1867	494
东莞市	**53**	**27563**	**41943**	**107201**	**56079**	**7642**
东莞市	53	27563	41943	107201	56079	7642
中山市	**20**	**15086**	**18878**	**54507**	**22210**	**4029**
中山市	20	15086	18878	54507	22210	4029
潮州市	**33**	**15746**	**17622**	**51371**	**14756**	**4193**
湘桥区	7	4633	5488	15480	3852	1125
潮安区	15	6342	6857	20093	6316	1713
饶平县	11	4771	5277	15798	4588	1355
揭阳市	**65**	**40069**	**49395**	**142326**	**38127**	**9751**
榕城区	13	7262	10244	29394	8000	2205
揭东区	11	6371	8013	22079	4867	1601
揭西县	10	4553	5001	15020	4008	1143
惠来县	8	5601	7437	19630	5776	1219
普宁市	23	16282	18700	56203	15476	3583
云浮市	**23**	**14898**	**16555**	**47777**	**13808**	**3613**
云城区	3	2117	2463	7161	2242	530
云安区	2	943	1238	3604	1489	275
新兴县	5	2664	3140	8759	2332	739
郁南县	4	1956	2189	6211	1910	469
罗定市	9	7218	7525	22042	5835	1600

注：自2020年起，教职工数取普通中学学校教职工数，其中九年一贯制学校、十二年一贯制学校的教职工数计入普通中学教职工数；专任教师数则按教育层次进行归类。

12-12 各县区普通初中基本情况(2021)

地　区	学校数（所）	毕业生数（人）	招生数（人）	在校生数（人）	专任教师数（人）
广东省	**3832**	**1263627**	**1546199**	**4292084**	**315086**
广州市	**427**	**114209**	**145159**	**407956**	**32454**
荔湾区	32	8080	10512	29622	2393
越秀区	19	10583	13112	38055	2967
海珠区	27	9699	11429	33872	2655
天河区	38	11478	13519	39381	3080
白云区	56	14464	17447	50588	3912
黄埔区	31	7773	10596	29171	2448
番禺区	61	15350	19448	55124	4386
花都区	73	13574	17677	47085	3628
南沙区	23	5469	7817	21068	1682
从化区	18	6508	8463	23319	1891
增城区	49	11231	15139	40671	3412
韶关市	**128**	**36146**	**40350**	**112300**	**8305**
武江区	8	5031	6011	16287	1042
浈江区	13	3710	4222	12155	879
曲江区	12	3579	3720	10762	761
始兴县	10	2379	2685	7381	611
仁化县	13	2372	2759	7566	599
翁源县	17	4062	4632	12790	947
乳源瑶族自治县	7	2610	2601	7379	541
新丰县	10	2550	2857	7865	634
乐昌市	22	5237	5996	16452	1225
南雄市	16	4616	4867	13663	1066
深圳市	**370**	**106840**	**143846**	**393641**	**31526**
罗湖区	30	10256	12355	35869	2729
福田区	26	13029	16582	48494	3948
南山区	37	11989	15247	44275	3572
宝安区	64	24133	32090	86429	6738
龙岗区	111	26464	34528	93347	7467
盐田区	4	1702	2149	6333	502
龙华区	50	10502	17377	44546	3563
坪山区	21	3666	5729	14420	1306
光明区	27	5099	7789	19928	1701

12-12 续表1

地　区	学校数（所）	毕业生数（人）	招生数（人）	在校生数（人）	专任教师数（人）
珠海市	**68**	**22170**	**27470**	**78311**	**5703**
香洲区	34	13348	16437	47566	3345
斗门区	23	5585	6819	19171	1480
金湾区	11	3237	4214	11574	878
汕头市	**214**	**75523**	**87366**	**245991**	**18584**
龙湖区	21	7909	10160	28293	2083
金平区	27	10931	11636	34499	2480
濠江区	12	4029	4816	13923	1065
潮阳区	63	24301	26582	74897	5826
潮南区	67	18686	23223	62445	4561
澄海区	21	9277	10525	30723	2327
南澳县	3	390	424	1211	242
佛山市	**162**	**75764**	**92769**	**260195**	**19370**
禅城区	16	9261	11524	32084	2258
南海区	67	28613	36867	101796	7853
顺德区	47	26625	31212	89206	6544
三水区	22	6863	7724	21951	1681
高明区	10	4402	5442	15158	1034
江门市	**147**	**46011**	**54042**	**151976**	**10991**
蓬江区	25	9155	10870	30782	2265
江海区	10	2598	3603	9590	678
新会区	30	9499	10854	30387	2420
台山市	29	7562	8371	24289	1686
开平市	24	7576	8101	23655	1721
鹤山市	13	5300	6497	17957	1114
恩平市	16	4321	5746	15316	1107
湛江市	**245**	**88405**	**111706**	**304459**	**20970**
赤坎区	13	6090	8264	22225	1414

12-12 续表 2

地 区	学校数（所）	毕业生数（人）	招生数（人）	在校生数（人）	专任教师数（人）
霞山区	30	10312	13161	35549	2680
坡头区	13	2415	4090	10255	747
麻章区	18	5844	8473	21821	1441
遂溪县	37	8650	11032	30434	2323
徐闻县	31	7692	10253	27687	1709
廉江市	47	19607	23706	64967	4254
雷州市	34	16614	19619	54850	3836
吴川市	22	11181	13108	36671	2566
茂名市	**200**	**92625**	**109918**	**305187**	**22060**
茂南区	33	13664	15339	43952	3185
电白区	39	18405	24109	64296	4436
高州市	55	22365	24487	70068	5207
化州市	33	21276	26187	71255	5272
信宜市	40	16915	19796	55616	3960
肇庆市	**162**	**53262**	**65295**	**180434**	**11605**
端州区	18	6267	7711	21171	1486
鼎湖区	10	2208	3176	8754	624
高要区	26	7973	10905	29387	1801
广宁县	21	4972	6074	17384	1014
怀集县	26	14176	15369	42529	2697
封开县	17	5205	5672	16329	1244
德庆县	12	4870	6082	16892	954
四会市	32	7591	10306	27988	1785
惠州市	**254**	**77008**	**93084**	**255570**	**17485**
惠城区	78	23523	29675	82254	5621
惠阳区	51	17343	20513	56465	3866
博罗县	54	17416	20644	56262	3745

12-12 续表 3

地 区	学校数（所）	毕业生数（人）	招生数（人）	在校生数（人）	专任教师数（人）
惠东县	54	14511	17332	46952	3287
龙门县	17	4215	4920	13637	966
梅州市	**179**	**52321**	**61253**	**174483**	**13354**
梅江区	12	6335	7270	21057	1578
梅县区	20	5258	7326	19510	1511
大埔县	20	4609	5375	15261	1128
丰顺县	26	6175	7583	22485	1697
五华县	44	16035	16839	48968	3248
平远县	14	2132	2666	7308	697
蕉岭县	13	1903	2370	6463	654
兴宁市	30	9874	11824	33431	2841
汕尾市	**130**	**41202**	**44674**	**124427**	**9077**
城 区	14	5673	6806	18399	1424
海丰县	35	11393	13683	37733	2598
陆河县	11	3857	4356	12047	1033
陆丰市	70	20279	19829	56248	4022
河源市	**165**	**46641**	**55944**	**157861**	**11790**
源城区	28	11186	15408	41523	2831
紫金县	30	10097	11689	34063	2379
龙川县	37	10863	12168	34854	2819
连平县	22	3844	4806	13350	1062
和平县	23	5800	6820	19559	1479
东源县	25	4851	5053	14512	1220
阳江市	**100**	**33045**	**41561**	**112341**	**7748**
江城区	31	9486	11609	31281	2272
阳东区	28	6363	8560	22796	1812
阳西县	20	5293	6365	16497	1277
阳春市	21	11903	15027	41767	2387

12-12 续表 4

地　区	学校数（所）	毕业生数（人）	招生数（人）	在校生数（人）	专任教师数（人）
清远市	**155**	**46964**	**60657**	**166415**	**11320**
清城区	34	12410	17709	47605	3227
清新区	19	8118	9711	27046	1777
佛冈县	12	4005	5606	15304	925
阳山县	23	3941	4503	13573	1064
连山壮族瑶族自治县	9	1043	1495	4090	374
连南瑶族自治县	8	1735	2190	5881	429
英德市	33	11081	14162	38181	2705
连州市	17	4631	5281	14735	819
东莞市	**205**	**79431**	**104844**	**276080**	**18972**
东莞市	205	79431	104844	276080	18972
中山市	**92**	**38122**	47242	130424	8989
中山市	92	38122	47242	130424	8989
潮州市	**112**	**26794**	**32423**	**92630**	**7350**
湘桥区	27	6797	8188	23059	1663
潮安区	54	10969	13945	39598	3066
饶平县	31	9028	10290	29973	2621
揭阳市	**234**	**78932**	**86589**	**249477**	**19498**
榕城区	46	12334	14825	42411	3735
揭东区	45	10256	11702	32957	2681
揭西县	33	8051	9125	26630	2277
惠来县	35	16071	15270	46596	3222
普宁市	75	32220	35667	100883	7583
云浮市	**83**	**32212**	**40007**	**111926**	**7935**
云城区	10	4966	6360	17268	1156
云安区	10	2496	3056	8579	857
新兴县	15	4923	6636	18626	1391
郁南县	20	4542	5893	16143	1199
罗定市	28	15285	18062	51310	3332

12-13 各县区小学基本情况(2021)

地　区	学校数（所）	毕业生数（人）	招生数（人）	在校生数（人）	教职工数（人）	专任教师数（人）
广东省	**10599**	**1590812**	**1838010**	**10790100**	**511483**	**592196**
广州市	**986**	**159637**	**211956**	**1164403**	**57417**	**64993**
荔湾区	52	9679	13132	69297	3041	3725
越秀区	46	11267	12670	72202	3763	4074
海珠区	82	13610	16569	91898	4828	4960
天河区	76	17166	21559	119001	5428	6685
白云区	175	23643	30578	170535	9752	9222
黄埔区	62	9496	14952	79866	3944	4798
番禺区	141	22311	30445	165472	8012	9348
花都区	104	21383	25353	145917	6421	8301
南沙区	61	7339	11259	58734	2654	3134
从化区	67	8168	11299	64797	3487	3223
增城区	120	15575	24140	126684	6087	7523
韶关市	**215**	**40091**	**41433**	**269636**	**14165**	**15188**
武江区	24	5069	5832	35122	1986	1806
浈江区	26	4384	4570	28522	1211	1487
曲江区	19	4050	3706	24994	1490	1517
始兴县	12	2702	2770	18394	993	1045
仁化县	14	2774	2462	18255	1003	1161
翁源县	19	4724	5653	34139	1766	1826
乳源瑶族自治县	12	2562	2856	18753	1012	978
新丰县	23	2885	2938	19156	1232	1177
乐昌市	31	6109	6026	40790	1651	2223
南雄市	35	4832	4620	31511	1821	1968
深圳市	**343**	**155758**	**204514**	**1133041**	**33642**	**63640**
罗湖区	47	13296	15324	88491	4548	5025
福田区	54	16090	22098	120651	5708	7181
南山区	35	16016	20665	116841	3423	6884
宝安区	62	37836	45539	260124	6458	14405
龙岗区	77	38129	50813	278579	6934	15331
盐田区	10	2002	2655	14767	746	794
龙华区	27	18607	28058	147319	2695	7918
坪山区	18	5671	7803	44433	1707	2501
光明区	13	8111	11559	61836	1423	3601

注：小学教职工数仅统计小学及小学教学点的教职工数；专任教师数则按教育层次进行归类。

12-13 续表 1

地　区	学校数（所）	毕业生数（人）	招生数（人）	在校生数（人）	教职工数（人）	专任教师数（人）
珠海市	**144**	**27543**	**34833**	**194961**	**9717**	**10424**
香洲区	79	16819	20347	114498	5660	6088
斗门区	42	6758	8789	49105	2210	2552
金湾区	23	3966	5697	31358	1847	1784
汕头市	**733**	**89789**	**99581**	**584147**	**25051**	**29924**
龙湖区	63	10175	11472	66506	2931	3659
金平区	69	12510	11573	74598	3322	3541
濠江区	37	3616	4077	24310	1192	1370
潮阳区	246	27540	32403	184294	8237	9085
潮南区	207	23131	27596	157134	5204	8065
澄海区	107	12249	11772	73081	3819	3877
南澳县	4	568	688	4224	346	327
佛山市	**417**	**91992**	**115707**	**664264**	**33858**	**36648**
禅城区	76	12796	16377	91647	5434	5214
南海区	138	34945	47691	269459	13904	15499
顺德区	145	30592	35106	207587	9781	10682
三水区	35	8201	9781	56903	2968	3234
高明区	23	5458	6752	38668	1771	2019
江门市	**326**	**54132**	**60154**	**360059**	**16269**	**18417**
蓬江区	49	10317	12013	68524	2946	3617
江海区	19	3647	5151	28321	1140	1446
新会区	64	10822	11309	70292	2865	3683
台山市	56	8240	8672	54151	2730	2974
开平市	57	8754	9141	55498	2808	2860
鹤山市	43	6329	7446	43014	1789	1908
恩平市	38	6023	6422	40259	1991	1929
湛江市	**918**	**111460**	**134215**	**770820**	**37992**	**40475**
赤坎区	16	6653	8758	49037	1557	2441

注：小学教职工数仅统计小学及小学教学点的教职工数；专任教师数则按教育层次进行归类。

12-13 续表 2

地　区	学校数（所）	毕业生数（人）	招生数（人）	在校生数（人）	教职工数（人）	专任教师数（人）
霞山区	26	12839	14236	84839	2322	4243
坡头区	20	4231	6383	35797	1768	1931
麻章区	27	7524	8993	53282	2108	2644
遂溪县	205	11506	14531	81677	4650	4424
徐闻县	70	10963	12982	73682	3443	3787
廉江市	233	23483	27358	158324	8483	7936
雷州市	158	20647	24142	136871	8070	7827
吴川市	163	13614	16832	97311	5591	5242
茂名市	**1398**	**108450**	**118693**	**712258**	**42595**	**40927**
茂南区	98	16221	18123	108172	5459	6368
电白区	221	23400	28907	163730	9696	9410
高州市	299	23015	24728	151433	8687	8639
化州市	397	26229	26611	164658	10418	9188
信宜市	383	19585	20324	124265	8335	7322
肇庆市	**237**	**64502**	**64182**	**408882**	**19061**	**21194**
端州区	22	7665	9224	53387	2312	2859
鼎湖区	11	2761	3352	20165	941	1132
高要区	51	10754	10644	68976	3234	3420
广宁县	25	6277	5575	37529	1934	2007
怀集县	43	15365	13554	91254	4980	5049
封开县	21	5795	5576	36376	1880	1789
德庆县	28	6176	4949	33653	1749	1653
四会市	36	9709	11308	67542	2031	3285
惠州市	**577**	**94606**	**105655**	**633683**	**26441**	**33864**
惠城区	150	31315	37720	219031	8646	11682
惠阳区	126	19974	24446	140977	5160	7129
博罗县	114	20322	20222	127836	5565	6964

注：小学教职工数仅统计小学及小学教学点的教职工数；专任教师数则按教育层次进行归类。

12-13 续表 3

地　区	学校数（所）	毕业生数（人）	招生数（人）	在校生数（人）	教职工数（人）	专任教师数（人）
惠东县	163	17993	18487	113860	5695	6404
龙门县	24	5002	4780	31979	1375	1685
梅州市	**452**	**60535**	**59914**	**373597**	**21516**	**21961**
梅江区	29	6437	6212	38950	2006	2071
梅县区	37	7493	8501	51306	2489	2805
大埔县	46	5834	4618	30176	1864	1891
丰顺县	77	7481	6705	44341	2752	2859
五华县	160	16376	17237	103116	6133	5632
平远县	20	2659	2646	16082	980	985
蕉岭县	20	2382	2198	14940	1046	1078
兴宁市	63	11873	11797	74686	4246	4640
汕尾市	**451**	**44010**	**48705**	**289694**	**16242**	**16917**
城　区	56	6677	7417	42920	2842	2657
海丰县	106	13574	15379	89363	4101	4521
陆河县	79	4281	4333	26066	1777	1663
陆丰市	210	19478	21576	131345	7522	8076
河源市	**363**	**54222**	**46345**	**303570**	**18112**	**20738**
源城区	55	13838	14066	87172	3892	5007
紫金县	79	11103	9640	62271	4512	4542
龙川县	79	11758	8628	59638	3857	4331
连平县	66	5318	4228	27752	1809	1738
和平县	16	6994	5151	36505	1893	2734
东源县	68	5211	4632	30232	2149	2386
阳江市	**165**	**41455**	**40826**	**260989**	**11768**	**15219**
江城区	43	11919	12288	75486	2897	4600
阳东区	37	8257	8024	51098	2326	3350
阳西县	24	6408	6408	40270	2209	2524
阳春市	61	14871	14106	94135	4336	4745

注：小学教职工数仅统计小学及小学教学点的教职工数；专任教师数则按教育层次进行归类。

12-13　续表 4

地　区	学校数（所）	毕业生数（人）	招生数（人）	在校生数（人）	教职工数（人）	专任教师数（人）
清远市	**353**	**59474**	**68962**	**421202**	**21100**	**22668**
清城区	67	15567	21101	120902	5243	6251
清新区	63	10245	10445	65396	3524	3534
佛冈县	40	5721	4806	33238	1816	1762
阳山县	30	4621	6322	36121	1812	2050
连山壮族瑶族自治县	8	1621	1557	10177	472	585
连南瑶族自治县	30	2316	2379	15957	838	883
英德市	69	14019	16681	102934	5825	5640
连州市	46	5364	5671	36477	1570	1963
东莞市	**337**	**123454**	**143850**	**848515**	**34460**	**44168**
东莞市	337	123454	143850	848515	34460	44168
中山市	**211**	**49432**	**61507**	**350094**	**14612**	**18117**
中山市	211	49432	61507	350094	14612	18117
潮州市	**579**	**33632**	**35310**	**213900**	**10866**	**11379**
湘桥区	89	7715	8633	49316	2339	2633
潮安区	263	15813	17374	103673	4889	5501
饶平县	227	10104	9303	60911	3638	3245
揭阳市	**1212**	**86343**	**99139**	**567135**	**30257**	**30154**
榕城区	130	15027	18452	98747	4686	5318
揭东区	138	11721	13565	76560	4209	3985
揭西县	218	9096	8989	56451	3552	3610
惠来县	277	15464	17535	105233	6031	6200
普宁市	449	35035	40598	230144	11779	11041
云浮市	**182**	**40295**	**42529**	**265250**	**16342**	**15181**
云城区	31	6712	8238	48432	2691	2644
云安区	23	3084	3623	22753	1453	1399
新兴县	61	6423	6637	40129	2864	2383
郁南县	25	6077	6048	39847	2442	2390
罗定市	42	17999	17983	114089	6892	6365

注：小学教职工数仅统计小学及小学教学点的教职工数；专任教师数则按教育层次进行归类。

12-14 各县区学前教育基本情况(2021)

地 区	学校数（所）	毕业生数（人）	招生数（人）	在校生数（人）	教职工数（人）	专任教师数（人）
广东省	**21101**	**1800294**	**1672236**	**5003933**	**652841**	**345057**
广州市	**2155**	**184519**	**206847**	**633203**	**94942**	**44206**
荔湾区	120	9547	9398	31930	4814	2212
越秀区	123	10189	9905	33963	5448	2462
海珠区	149	15547	13467	48397	7403	3511
天河区	211	16960	17281	57319	8801	4151
白云区	415	34158	34803	114390	16067	7536
黄埔区	124	11863	16074	44328	6049	3135
番禺区	354	29195	31364	97873	16344	7404
花都区	168	14541	19446	53583	7833	3578
南沙区	135	9741	12403	38913	6313	2753
从化区	112	10060	10449	32566	4234	2024
增城区	244	22718	32257	79941	11636	5440
韶关市	**612**	**40672**	**37453**	**122028**	**15542**	**7776**
武江区	92	4659	4551	15780	2284	1099
浈江区	76	4944	4676	15332	2234	1132
曲江区	51	3890	3982	10921	1400	718
始兴县	52	2981	3179	9905	1045	515
仁化县	40	2484	1856	7807	1044	484
翁源县	63	5850	5117	16999	2017	1029
乳源瑶族自治县	43	2916	2949	8264	1052	531
新丰县	42	2918	2924	7918	1000	532
乐昌市	90	5587	4880	15544	1820	864
南雄市	63	4443	3339	13558	1646	872
深圳市	**1896**	**192965**	**192791**	**597569**	**91756**	**42408**
罗湖区	147	12986	12372	37929	6747	3149
福田区	161	17853	16081	51223	8790	4256
南山区	229	21096	17273	59966	10367	4972
宝安区	385	43130	35967	136625	19598	9154
龙岗区	516	51035	58709	161180	24465	10665
盐田区	34	2441	2900	7604	1273	551
龙华区	256	26509	31715	87009	12237	5818
坪山区	79	7027	7551	23166	3352	1492
光明区	89	10888	10223	32867	4927	2351

12-14 续表 1

地　区	学校数（所）	毕业生数（人）	招生数（人）	在校生数（人）	教职工数（人）	专任教师数（人）
珠海市	**403**	**28885**	**32647**	**100457**	**15507**	**7658**
香洲区	225	16271	16421	56528	9073	4535
斗门区	104	7547	8728	25673	3633	1719
金湾区	74	5067	7498	18256	2801	1404
汕头市	**1209**	**89132**	**67312**	**216751**	**28385**	**17531**
龙湖区	146	9447	7974	28065	4198	2463
金平区	168	8672	7686	26780	3747	2094
濠江区	64	4568	2818	10303	1384	852
潮阳区	274	28455	15348	56732	6206	4545
潮南区	340	24914	22151	58969	7258	4416
澄海区	206	12407	10573	33624	5263	2985
南澳县	11	669	762	2278	329	176
佛山市	**1058**	**111788**	**118050**	**358462**	**51885**	**25349**
禅城区	154	16484	17652	53237	7492	3582
南海区	411	47213	47121	142598	21207	10260
顺德区	357	33984	36452	114724	16585	8299
三水区	88	8614	10231	28747	4063	1863
高明区	48	5493	6594	19156	2538	1345
江门市	**642**	**50921**	**54501**	**158150**	**20178**	**10266**
蓬江区	122	9197	10228	31039	4551	2200
江海区	52	3124	3456	10478	1454	699
新会区	141	8387	7388	26298	3618	1815
台山市	86	8381	9372	26204	2885	1635
开平市	103	8593	9743	27688	3210	1709
鹤山市	88	6875	7226	21287	2899	1490
恩平市	50	6364	7088	15156	1561	718
湛江市	**2073**	**152835**	**119197**	**354285**	**36768**	**22533**
赤坎区	128	9179	7442	19651	2830	1502

12-14 续表 2

地区	学校数（所）	毕业生数（人）	招生数（人）	在校生数（人）	教职工数（人）	专任教师数（人）
霞山区	195	11945	7250	29598	4355	2151
坡头区	72	6842	6505	17875	1773	989
麻章区	176	11760	5939	23052	2819	1589
遂溪县	273	18455	12941	41404	4333	2794
徐闻县	210	13666	10369	32587	3346	1823
廉江市	412	35930	27969	74666	7370	4962
雷州市	314	26118	23784	73573	5013	3711
吴川市	293	18940	16998	41879	4929	3012
茂名市	**1628**	**152988**	**124831**	**339475**	**36964**	**26875**
茂南区	411	25814	15116	47798	7014	3887
电白区	343	40249	35665	83099	8418	5782
高州市	426	33396	27043	73849	8402	5553
化州市	254	32333	27568	78102	8149	6916
信宜市	194	21196	19439	56627	4981	4737
肇庆市	**698**	**64841**	**66544**	**163935**	**20092**	**10427**
端州区	143	8995	9606	29992	4957	2512
鼎湖区	38	2986	3328	10152	1320	618
高要区	139	11533	11890	28360	3302	1687
广宁县	87	5386	4915	14608	1895	937
怀集县	106	14072	13493	27358	2997	1635
封开县	49	6375	7006	15435	1132	613
德庆县	44	5589	5538	12174	1143	777
四会市	92	9905	10768	25856	3346	1648
惠州市	**850**	**89308**	**89292**	**242747**	**30483**	**15311**
惠城区	359	31226	34854	93012	12344	6224
惠阳区	184	19212	18311	52723	6810	3224
博罗县	157	17638	16780	48835	5963	3118

12-14 续表 3

地　区	学校数（所）	毕业生数（人）	招生数（人）	在校生数（人）	教职工数（人）	专任教师数（人）
惠东县	108	16160	17212	35955	3992	2018
龙门县	42	5072	2135	12222	1374	727
梅州市	**934**	**65358**	**56287**	**164728**	**18218**	**11356**
梅江区	95	5847	6505	19078	2643	1362
梅县区	133	8283	9332	23456	2947	1590
大埔县	62	4716	3209	12055	1153	786
丰顺县	118	6727	6434	18011	2530	1418
五华县	222	23383	17793	47717	4033	3297
平远县	43	2823	1657	7038	654	469
蕉岭县	55	2242	1811	7351	902	524
兴宁市	206	11337	9546	30022	3356	1910
汕尾市	**535**	**45168**	**32385**	**103559**	**12245**	**6938**
城　区	73	4923	5801	14731	2040	1130
海丰县	243	13192	6991	36280	4934	2470
陆河县	40	5078	5578	10748	1215	770
陆丰市	179	21975	14015	41800	4056	2568
河源市	**575**	**48372**	**43569**	**118396**	**13586**	**7006**
源城区	131	12023	11751	33289	4410	2227
紫金县	90	10801	11302	23249	2413	1327
龙川县	147	10243	8797	23909	2555	1429
连平县	76	4604	3725	12071	1426	601
和平县	66	5530	3919	13304	1398	763
东源县	65	5171	4075	12574	1384	659
阳江市	**699**	**39080**	**34520**	**109221**	**14585**	**7785**
江城区	206	9318	7832	30641	4706	2399
阳东区	166	6644	8071	23049	3260	1779
阳西县	80	8133	4820	18671	2396	1278
阳春市	247	14985	13797	36860	4223	2329

12-14 续表 4

地　区	学校数（所）	毕业生数（人）	招生数（人）	在校生数（人）	教职工数（人）	专任教师数（人）
清远市	**834**	**65918**	**63231**	**173553**	**21476**	**11073**
清城区	213	18722	21048	53008	6926	3470
清新区	123	10578	9037	26937	3189	1745
佛冈县	72	4896	4238	12791	1672	857
阳山县	64	6135	6698	15930	1958	1034
连山壮族瑶族自治县	27	1674	1598	4650	536	293
连南瑶族自治县	17	2326	2332	5682	623	297
英德市	250	16582	13196	41085	4751	2495
连州市	68	5005	5084	13470	1821	882
东莞市	**1244**	**131371**	**120139**	**388436**	**56181**	**26579**
东莞市	1244	131371	120139	388436	56181	26579
中山市	**560**	**51666**	**51353**	**161069**	**21017**	**10194**
中山市	560	51666	51353	161069	21017	10194
潮州市	**702**	**35487**	**31526**	**104002**	**13533**	**7968**
湘桥区	150	7092	8176	25982	3206	1912
潮安区	424	18281	14391	51727	8089	4596
饶平县	128	10114	8959	26293	2238	1460
揭阳市	**1315**	**112968**	**84902**	**279106**	**26745**	**18159**
榕城区	333	15851	13426	51988	6388	3795
揭东区	256	15000	11202	41444	4635	3086
揭西县	119	14784	8164	28696	2049	1606
惠来县	232	21772	19371	47175	4339	3087
普宁市	375	45561	32739	109803	9334	6585
云浮市	**479**	**46052**	**44859**	**114801**	**12753**	**7659**
云城区	117	7819	8171	24163	3217	1964
云安区	33	4701	4349	8226	800	570
新兴县	72	6643	6354	19542	2431	1235
郁南县	64	7313	7083	17315	1501	873
罗定市	193	19576	18902	45555	4804	3017

12-15 各省社会组织发展指数

地区	2019年			2020年			2021年		
	社会组织数（个）	每万人拥有社会组织数量（个/万人）	排名	社会组织数（个）	每万人拥有社会组织数量（个/万人）	排名	社会组织数（个）	每万人拥有社会组织数量（个/万人）	排名
全国	**866335**	**6.19**	**—**	**894162**	**6.33**	**—**	**901870**	**6.39**	**—**
部本级	2295	—	—	2292	—	—	2279	—	—
北京	12849	5.97	12	13016	5.95	14	12892	5.89	15
天津	5614	3.59	29	6026	4.35	28	6357	4.63	28
河北	30026	3.95	27	34625	4.64	27	36825	4.94	26
山西	16875	4.53	26	17580	5.03	24	18533	5.33	24
内蒙古	16998	6.69	10	16751	6.97	9	17288	7.20	8
辽宁	24782	5.69	13	26185	6.15	12	26893	6.36	12
吉林	13422	4.99	23	13380	5.56	21	13439	5.66	21
黑龙江	19731	5.26	20	20246	6.36	11	20313	6.50	11
上海	16880	6.95	9	17048	6.85	10	17368	6.98	10
江苏	97013	12.02	1	97930	11.56	1	89247	10.49	2
浙江	69277	11.84	2	71299	11.04	2	72825	11.14	1
安徽	32320	5.08	22	34130	5.59	19	35615	5.83	17
福建	31691	7.98	7	34200	8.23	6	35436	8.46	6
江西	26140	5.60	15	27703	6.13	13	28300	6.27	13
山东	56022	5.56	16	60247	5.93	15	63687	6.26	14
河南	44012	4.57	25	47368	4.77	26	49917	5.05	25
湖北	31031	5.24	21	31730	5.49	22	31536	5.41	23
湖南	36876	5.33	19	37118	5.59	20	38384	5.80	18
广东	70860	6.15	11	71845	5.70	17	71834	5.66	20
广西	27118	5.47	17	28921	5.77	16	29485	5.85	16
海南	7888	8.35	6	8419	8.35	5	8830	8.66	4
重庆	17553	5.62	14	18110	5.65	18	18561	5.78	19
四川	44932	5.37	18	45657	5.46	23	45535	5.44	22
贵州	13753	3.80	28	14063	3.65	29	14742	3.83	29
云南	23640	4.87	24	23294	4.93	25	23011	4.91	27
西藏	536	1.53	31	559	1.53	31	633	1.73	31
陕西	30548	7.88	8	31074	7.86	7	31210	7.89	7
甘肃	24644	9.31	4	22820	9.12	4	21554	8.66	5
青海	6084	10.01	3	6173	10.42	3	5997	10.10	3
宁夏	6083	8.76	5	5583	7.75	8	5070	6.99	9
新疆	8842	3.50	30	8770	3.39	30	8274	3.20	30

12-15-1 各省社会组织发展指数

地区	2015年			2017年			2018年		
	社会组织数（个）	每万人拥有社会组织数量（个/万人）	排名	社会组织数（个）	每万人拥有社会组织数量（个/万人）	排名	社会组织数（个）	每万人拥有社会组织数量（个/万人）	排名
全国	**662425**	**4.82**	**—**	**761571**	**5.48**	**—**	**817360**	**5.86**	**—**
部本级	2316	—	—	2344	—	—	2300	—	—
北京	9721	4.48	17	12164	5.6	12	12530	5.82	12
天津	5137	3.32	27	5048	3.24	29	5148	3.3	30
河北	19328	2.6	30	21928	2.92	30	26427	3.5	29
山西	12511	3.41	25	13652	3.69	26	15535	4.18	26
内蒙古	13248	5.28	9	15116	5.98	10	16677	6.58	10
辽宁	20669	4.72	15	22946	5.25	14	23299	5.34	15
吉林	10606	3.85	23	11112	4.09	24	13066	4.83	24
黑龙江	13567	3.56	24	15839	4.18	23	18698	4.96	21
上海	13355	5.53	8	14929	6.17	9	16208	6.69	9
江苏	80385	10.08	1	87024	10.84	1	93061	11.56	1
浙江	43784	7.9	2	51368	9.08	4	55298	9.64	4
安徽	24630	4.01	22	28067	4.49	22	30777	4.87	23
福建	23956	6.24	5	27959	7.15	7	29457	7.47	7
江西	15358	3.36	26	22610	4.89	19	24921	5.36	14
山东	43411	4.41	19	48727	4.87	20	51269	5.1	19
河南	29472	3.11	28	33378	3.49	28	40270	4.19	25
湖北	27605	4.72	14	29469	4.99	17	29933	5.06	20
湖南	27766	4.09	20	33611	4.9	18	35561	5.15	18
广东	53958	4.97	12	63784	5.71	11	67940	5.99	11
广西	22196	4.63	16	24567	5.03	16	25935	5.26	16
海南	5357	5.88	7	6873	7.42	6	7287	7.8	6
重庆	15360	5.09	11	16824	5.47	13	17343	5.59	13
四川	40011	4.88	13	42282	5.09	15	43835	5.26	17
贵州	10533	2.98	29	12700	3.55	27	13413	3.73	27
云南	21128	4.46	18	23184	4.83	21	23723	4.91	22
西藏	572	1.77	31	604	1.79	31	612	1.78	31
陕西	19699	5.19	10	24725	6.45	8	28410	7.35	8
甘肃	18730	7.2	3	27079	10.31	2	27028	10.25	2
青海	3633	6.18	6	5291	8.85	5	6028	9.99	3
宁夏	4857	7.06	4	6548	9.6	3	6300	9.16	5
新疆	9566	4.05	21	9819	4.02	25	9071	3.65	28

12-16 各省社工发展指数

地区	2019年			2020年			2021年		
	持证社工人数（人）	每万人中社工人数（人/万人）	排名	持证社工人数（人）	每万人中社工人数（人/万人）	排名	持证社工人数（人）	每万人中社工人数（人/万人）	排名
全国	**533695**	**3.81**	—	**668368**	**4.73**	—	**736411**	**5.22**	—
北京	36336	16.87	1	36365	16.61	1	39126	17.87	1
天津	10752	6.88	6	12501	9.02	5	13204	9.62	5
河北	8073	1.06	26	10727	1.44	26	12221	1.64	25
山西	6413	1.72	20	8354	2.39	19	9421	2.71	19
内蒙古	5402	2.13	17	7556	3.14	16	8568	3.57	16
辽宁	18728	4.30	7	21251	4.99	9	22331	5.28	9
吉林	10832	4.03	10	12867	5.34	8	13827	5.82	8
黑龙江	8189	2.18	16	9690	3.04	17	9677	3.10	17
上海	26189	10.79	3	30830	12.40	3	32569	13.09	3
江苏	65894	8.17	5	79527	9.38	4	84969	9.99	4
浙江	65244	11.15	2	97746	15.14	2	112565	17.21	2
安徽	13106	2.06	18	16593	2.72	18	18283	2.99	18
福建	17072	4.30	8	23132	5.57	7	26480	6.32	7
江西	5147	1.10	24	7322	1.62	22	8792	1.95	22
山东	28283	2.81	13	38922	3.83	13	44759	4.40	13
河南	9778	1.01	28	12665	1.27	28	14219	1.44	28
湖北	16459	2.78	14	22371	3.87	12	25841	4.43	12
湖南	12341	1.78	19	15652	2.36	20	16724	2.53	20
广东	97803	8.49	4	113166	8.96	6	121569	9.58	6
广西	5400	1.09	25	6524	1.30	27	7297	1.45	27
海南	893	0.95	29	1250	1.24	29	1449	1.42	29
重庆	11331	3.63	11	14282	4.46	11	15817	4.92	10
四川	22373	2.67	15	28768	3.44	15	32083	3.83	15
贵州	2533	0.70	30	3248	0.84	30	3657	0.95	30
云南	5152	1.06	27	6891	1.46	25	8391	1.79	23
西藏	60	0.17	31	128	0.35	31	169	0.46	31
陕西	16282	4.20	9	17772	4.50	10	18927	4.79	11
甘肃	3661	1.38	21	4617	1.85	21	5162	2.07	21
青海	685	1.13	23	884	1.49	24	960	1.62	26
宁夏	2153	3.10	12	2752	3.82	14	3073	4.24	14
新疆	2871	1.14	22	4015	1.55	23	4281	1.65	24

12-16 续表

地区	2015年			2017年			2018年		
	持证社工人数（人）	每万人中社工人数（人/万人）	排名	持证社工人数（人）	每万人中社工人数（人/万人）	排名	持证社工人数（人）	每万人中社工人数（人/万人）	排名
全　国	**206183**	**1.50**	—	**327013**	**2.35**	—	**439266**	**3.15**	—
北　京	20723	9.55	1	26841	12.37	1	32296	14.99	1
天　津	4754	3.07	5	7240	4.65	6	9104	5.84	6
河　北	3652	0.49	24	5044	0.67	26	6537	0.87	27
山　西	2149	0.59	20	3734	1.01	20	5161	1.39	19
内蒙古	1178	0.47	26	2533	1	21	3975	1.57	18
辽　宁	6993	1.60	8	12433	2.85	8	16534	3.79	8
吉　林	4185	1.52	9	6353	2.34	10	9137	3.33	10
黑龙江	3457	0.91	15	5026	1.33	17	6718	1.78	16
上　海	9412	3.90	3	16912	6.99	2	22605	9.33	2
江　苏	27830	3.49	4	42656	5.31	4	55683	6.92	5
浙　江	16134	2.91	6	26414	4.67	5	48276	8.41	3
安　徽	5606	0.91	14	8463	1.35	16	10779	1.7[illegible]	17
福　建	6523	1.70	7	10358	2.65	9	13512	3.43	9
江　西	2488	0.54	22	3491	0.76	23	4292	0.92	24
山　东	9078	0.92	13	15393	1.54	14	21227	2.11	14
河　南	4454	0.47	25	6459	0.68	11	8343	0.87	26
湖　北	5450	0.93	12	9384	1.59	5	12922	2.18	13
湖　南	4471	0.66	18	7040	1.03	8	9548	1.38	20
广　东	43100	3.97	2	65275	5.84	1	82160	7.24	4
广　西	2674	0.56	21	3889	0.80	9	4665	0.95	23
海　南	299	0.33	29	468	0.51	14	692	0.74	29
重　庆	3594	1.19	11	6459	2.10	3	9170	2.96	11
四　川	6931	0.84	16	11850	1.43	6	17120	2.05	15
贵　州	818	0.23	30	1334	0.37	15	2009	0.56	30
云　南	1851	0.39	27	3139	0.65	13	4138	0.86	28
西　藏	17	0.05	31	32	0.09	16	46	0.13	31
陕　西	5068	1.34	10	12780	3.33	2	15056	3.90	7
甘　肃	980	0.38	28	1783	0.68	10	2806	1.06	22
青　海	290	0.49	23	401	0.67	12	537	0.89	25
宁　夏	443	0.64	19	1150	1.69	4	1726	2.51	12
新　疆	1581	0.67	17	2679	1.10	7	3119	1.25	21

12-17 各省民政事业费支出水平

地区	2019年			2020年			2021年		
	民政事业费支出（亿元）	每万人民政事业费支出(万元/万人)	排名	民政事业费支出（亿元）	每万人民政事业费支出(万元/万人)	排名	民政事业费支出（亿元）	每万人民政事业费支出(万元/万人)	排名
全国	**4279.24**	**305.65**	—	**4808.21**	**340.58**	—	**4679.01**	**331.7**	—
部本级	12.14	—	—	11.57	—	—	24.46	—	—
北京	163.83	760.73	1	171.28	782.34	2	162.31	741.46	2
天津	69.73	446.48	9	65.84	474.85	9	63.65	463.62	8
河北	145.11	191.14	30	183.21	245.55	29	158.73	213.11	31
山西	106.84	286.52	21	114.67	328.43	19	116.65	335.19	18
内蒙古	124.26	489.31	6	132.90	552.62	5	127.46	531.09	7
辽宁	113.61	261.07	24	120.03	281.81	24	120.21	284.24	24
吉林	86.53	321.60	14	86.61	359.76	16	86.61	364.67	13
黑龙江	93.95	250.45	25	99.66	312.89	22	98.13	314.00	22
上海	163.94	675.17	3	173.00	695.58	3	171.43	688.76	4
江苏	251.20	311.27	16	269.29	317.75	21	267.15	314.11	21
浙江	161.08	275.36	22	191.44	296.50	23	197.13	301.42	23
安徽	190.71	299.58	19	215.17	352.57	17	217.09	355.13	15
福建	89.64	225.61	28	103.60	249.39	27	105.20	251.26	27
江西	143.42	307.37	17	147.47	326.35	20	152.61	337.86	17
山东	169.10	167.92	31	214.78	211.55	31	254.27	250.02	28
河南	197.94	205.34	29	232.44	233.92	30	218.63	221.22	30
湖北	184.99	312.11	15	227.04	393.12	13	202.29	346.98	16
湖南	173.07	250.16	26	180.37	271.46	25	179.35	270.84	25
广东	282.65	245.33	27	311.23	246.54	28	324.27	255.65	26
广西	143.75	289.81	20	205.61	410.18	12	163.05	323.71	20
海南	25.92	274.40	23	25.62	254.12	26	24.84	243.51	29
重庆	107.15	342.97	13	116.62	363.81	15	116.13	361.54	14
四川	251.20	299.94	18	292.76	349.88	18	278.65	332.83	19
贵州	144.51	398.86	10	176.78	458.43	10	150.92	391.81	11
云南	186.56	384.02	11	215.09	455.62	11	187.31	399.38	10
西藏	20.10	573.35	4	23.52	644.62	4	25.39	693.67	3
陕西	148.36	382.73	12	153.04	387.17	14	144.78	366.15	12
甘肃	128.37	484.90	7	135.78	542.70	6	135.88	545.69	5
青海	45.91	755.31	2	49.16	829.86	1	47.03	791.80	1
宁夏	38.67	556.72	5	39.07	542.49	7	38.96	537.38	6
新疆	114.99	455.72	8	123.58	478.01	8	118.46	457.55	9

注：1 全国数据包括中国人民解放军现役军人数，但不包括香港、澳门特别行政区和台湾地区数据；分省数据中未包括中国人民解放军现役军人数。

2 数据根据年度人口抽样调查推算。

12-17 续表

地 区	2015年			2017年			2018年		
	民政事业费支出（亿元）	每万人民政事业费支出(万元/万人)	排名	民政事业费支出（亿元）	每万人民政事业费支出(万元/万人)	排名	民政事业费支出（亿元）	每万人民政事业费支出(万元/万人)	排名
全 国	**4926.44**	**358.39**	—	**5932.68**	**426.79**	—	**4076.93**	**292.17**	—
部本级	15.59	—	—	26.93	—	—	12.87	—	—
北 京	222.06	1022.86	1	283.04	1303.90	1	141.08	654.93	2
天 津	76.91	497.15	8	97.61	626.91	5	72.36	464.00	8
河 北	180.52	243.12	28	249.10	331.28	28	126.73	167.72	30
山 西	120.14	327.89	21	142.80	385.73	22	96.54	259.66	24
内蒙古	141.01	561.58	4	153.01	605.04	7	122.90	485.03	6
辽 宁	184.45	420.94	11	200.04	457.86	14	134.59	308.75	17
吉 林	105.74	384.10	17	122.94	452.50	15	83.31	308.08	18
黑龙江	150.46	394.70	14	162.17	428.03	18	101.67	269.45	21
上 海	96.65	400.20	13	177.40	733.67	4	144.04	594.27	4
江 苏	260.56	326.67	22	325.23	405.05	19	254.17	315.71	15
浙 江	167.47	302.34	25	210.02	371.26	23	142.34	248.11	25
安 徽	181.22	294.96	26	220.58	352.64	25	165.42	261.60	23
福 建	90.32	235.26	31	103.86	265.56	31	81.30	206.28	28
江 西	157.19	344.25	19	186.88	404.32	20	143.63	309.05	16
山 东	287.14	291.60	27	339.46	339.26	26	157.06	156.32	31
河 南	229.26	241.84	29	260.69	272.72	30	176.23	183.48	29
湖 北	226.98	387.87	15	256.41	434.45	17	177.69	300.30	19
湖 南	230.55	339.90	20	275.91	402.19	21	170.70	247.44	26
广 东	259.52	239.21	30	372.35	333.38	27	263.11	231.89	27
广 西	149.29	311.29	24	178.54	365.48	24	130.12	264.16	22
海 南	29.66	325.60	23	29.96	323.58	29	30.00	321.07	14
重 庆	114.65	380.02	18	156.33	508.39	11	109.18	351.99	13
四 川	315.25	384.26	16	366.36	441.29	16	248.98	298.50	20
贵 州	147.23	417.09	12	173.40	484.37	13	136.32	378.66	10
云 南	231.09	487.33	9	240.44	500.82	12	179.99	372.68	11
西 藏	17.50	540.23	6	27.33	811.09	3	22.12	643.32	3
陕 西	184.79	487.18	10	209.91	547.35	10	138.56	358.55	12
甘 肃	136.76	526.01	7	149.01	567.44	8	125.45	475.66	7
青 海	46.26	786.68	2	57.76	965.85	2	40.49	671.28	1
宁 夏	40.98	595.65	3	42.64	625.23	6	37.57	546.04	5
新 疆	129.24	547.61	5	134.57	550.38	9	110.39	443.92	9

注：1. 全国数据包括中国人民解放军现役军人数，但不包括香港、澳门特别行政区和台湾地区数据；分省数据中未包含中国人民解放军现役军人数。

2. 数据根据年度人口抽样调查推算。